民间的力量

巴蜀地区赛会演剧研究

张志全 著

FOLK POWER

中国戏剧出版社
CHINA THEATRE PRESS

图书在版编目（CIP）数据

民间的力量：巴蜀地区赛会演剧研究 / 张志全著.
—北京：中国戏剧出版社，2019.8
ISBN 978-7-104-04820-6

Ⅰ.①民… Ⅱ.①张… Ⅲ.①戏剧表演—风俗习惯—
研究—四川 Ⅳ.①K892.24

中国版本图书馆 CIP 数据核字（2019）第 133407 号

民间的力量：巴蜀地区赛会演剧研究

责任编辑：黄艳华 张 霞
责任印制：冯志强

出版发行：中国戏剧出版社
出 版 人：樊国宾
社　　址：北京市西城区天宁寺前街 2 号国家音乐产业基地 L 座
邮　　编：100055
网　　址：www.theatrebook.cn
电　　话：010-63385980（总编室）
传　　真：010-63383910（发行部）

读者服务：010-63381560
邮购地址：北京市西城区天宁寺前街 2 号国家音乐产业基地 L 座

印　　刷：鑫海达（天津）印务有限公司
开　　本：787mm×1092mm 1/16
印　　张：21.5
字　　数：330 千
版　　次：2019 年 8 月 北京第 1 版第 1 次印刷
书　　号：978-7-104-04820-6
定　　价：89.00 元

目　录
Contents

绪　论

一、“赛会演剧”界说

何为“赛会演剧”？作为本书的研究对象，有必要首先厘清这一概念。从相关辞典的释义来看，“赛会”基本涵盖仪仗、迎神、巡游等三方面内容。如《辞源》将“赛会”释为“用仪仗、鼓乐、杂戏迎神”[①]；《汉语大辞典》的解释与之相类：“旧俗用仪仗、鼓乐、杂戏迎神像出庙，周游街巷或村庄的酬神活动”[②]；叶大兵、乌丙安主编的《中国风俗辞典》释为：“赛会，又作‘赛神’、‘赛神会’。汉族民间信仰活动。”“每年春、秋两季以仪仗、鼓乐、杂戏周游街巷的还愿酬神的一种活动。”[③]胡孚琛主编的《中华道教大辞典》释为：“指用仪仗、鼓乐、杂戏等迎神，举办祭祀和娱神的活动。”[④]由以上释义可知，无论从语义学，还是民

---

① 广东、广西、湖南、河南辞源修订组、商务印书馆编辑部:《辞源》第4册，商务印书馆1983年修订版，第2972页。

② 罗竹风主编:《汉语大辞典》第十卷，汉语大辞典出版社1992年版，第290页。

③ 叶大兵、乌丙安主编:《中国风俗辞典》“信仰、祭祀类”，上海辞书出版社1990年版，第785页；又见，陈建勤主编《中国风俗小辞典》之“心意民俗”，上海辞书出版社2008年版，第480页。

④ 胡孚琛主编:《中华道教大辞典》，中国社会科学出版社1995年版，第1510页。

俗学、宗教学的角度，均将“赛会”视为“迎神赛会”。又有将“赛会”等同于“赛神”“赛神会”的观点，但《汉语大辞典》将“赛神”释为“设祭酬神”，“赛神会”释为“用仪仗、箫鼓、杂戏迎神，集会酬祭”。显然，这是两个不同的概念，而“赛神会”则与“赛会”意义相近。与此紧密相关的还有一个词语——赛社，《辞源》释为“一年农事既毕，陈酒食以祭田神，聚饮作乐”①，这里的“社”接近于其本义，为土地神灵。然而，在具体的研究中，“赛会”“赛社”并不局限于辞典中所指范围。“赛会”与“赛社”可以通用，迎神赛会也就是迎神赛社，如王淑英《多元文化空间中的湫神信仰仪式及其口头传统》、白秀芹《迎神赛社与民间演剧》等；“赛会演剧”也即“赛社演剧”，车文明《20世纪戏曲文物的发现与曲学研究》中，赛会演剧和赛社演剧时常交替互换。值得注意的是，该著的“赛社演剧”指“以祈福禳灾为目的的宗教祭祀活动中的戏剧演出”，包括神庙演剧、会馆演剧、行会演剧等一切酬神祭祀性演剧，甚至将个人还愿性的演剧也纳入其中②。

与“赛会”概念相近的，还有“庙会”一词。“庙会”是人所共知的一个概念。高有鹏将“庙会”定义为“围绕着庙宇所发生的群体性信仰活动”③。由于清代以来庙会与市集联姻，商品交易成为庙会期间的主要活动，使“庙会”的内涵逐渐发生变化，开始由信仰活动演变为经济活动，“庙会是以庙宇为依托，在特定日期举行的，祭祀神灵、交易货物、娱乐身心的集会”④；而《中国风俗辞典》

---

① 广东、广西、湖南、河南辞源修订组、商务印书馆编辑部：《辞源》第4册，商务印书馆1983年修订版，第2972页。又见：罗竹风主编：《汉语大辞典》第十卷，汉语大辞典出版社1992年版，第289页。

② 参见车文明：《20世纪戏曲文物的发现与曲学研究》，文化艺术出版社2001年版，第62、97页。文曰：“除上述公共性的赛社演剧外，还愿戏、罚戏等个人出资的演戏名目也五花八门，层出不穷，显示出清代赛社演剧的繁盛。”

③ 高有鹏：《中国庙会文化》，上海文艺出版社1999年版，第4页。

④ 小田：《“庙会”界说》，《史学月刊》2000年第3期。

则直接将“庙会”称为“庙市”，指“在寺庙内或寺庙附近的定期集市”[①]。就“庙会”与“赛会”各自指代的范围而言，二者存在着较大的交集，但一般而言，“庙会”无法涵盖祠庙之外的公共区域举行的诸如清醮会之类的赛会，且“庙会”在“庙市”活动兴盛之后更侧重于指代其经济活动，为此，“庙会演剧”显然无法准确概括旧时遍布城乡的民间酬神演剧活动。

本书借鉴车文明对“赛会演剧”的定义，主要聚焦于乡村赛社、神庙演剧、会馆演剧、行会演剧等民间酬神演剧形态。冯天瑜先生在讨论中国文化生态时曾谈道：“文化生态由自然场和社会场交织而成。‘自然场’指人的生存与发展所附丽的自然环境（又称地理环境），‘社会场’指人在生存与发展过程中结成的相互关系，分为经济层与社会层”。[②]立足于这一“文化生态”视角，笔者将“自然场”限定为“巴蜀地区”，其地理空间包括现在行政区划中的四川和重庆。就戏曲发展形态而言，基本上也以“巴蜀地区”为限而产生了区别于贵州、云南、湖北、陕西、西藏等相邻省市的戏曲文化格局，但在形态特征上又形成向上述邻近区域辐射的局面。“社会场”则主要指清代、民国时期，赛会演剧所依存的文化土壤，包括民众的生存境界与日常世界、基层权力网络、秘密社会等。通过解构赛会演剧的“文化生态”，力图揭示赛会演剧嬗变的文化动因和内在逻辑。

二、“赛会演剧”研究简述

（一）

关于赛会演剧的研究，戏曲学界早期主要从迎神赛社的角度切入，探讨民间迎神赛社与戏剧的关系。郭英德为较早关注这一话题的学者，他在《世俗的祭

① 叶大兵、乌丙安主编：《中国风俗辞典》“生产·职业类”，第529页。

② 冯天瑜：《中国文化：生态与特质》，《中国文化研究》，1994年“秋之卷”，第17页。

礼——中国戏曲的宗教精神》中将迎神赛社分为岁时节日、跟社区和祭祖有关的祀日、淫祀以及不定时的喜庆婚丧活动和驱疫求神活动，并从表演形式、表演内容和表演者三个方面勾画出迎神赛社向戏曲转变的轨迹，指出“正是在这样的历史变迁中，中国戏曲从民间迎神赛社的祭祀活动中脱胎而出，由附庸而蔚为大国”①。郑传寅的《节日民俗与戏曲文化》主要考察节日民俗对戏曲文化的影响，他认为节日娱乐的习俗促成了宴集聚戏之俗，包括节令聚戏、嘉庆聚戏、神会聚戏和农闲聚戏等类别，并进而提出节日民俗营建了戏曲文化的传播环境，影响了戏曲的文化形态②。郑先生从节日民俗的角度入手对戏曲文化的讨论，涉及到赛会演剧的节庆性归属和娱乐性特征。这一探讨对于突显“赛会演剧”的戏曲史地位具有重要意义。

戏曲文物的发现开辟了赛会演剧研究的新领域，“宋元戏曲文物中一大部分是与迎神赛社的神庙祭祀活动相联系的”③。一些赛社史料的发掘，以及丰富的戏曲文物遗存，使山西成为赛社仪式及赛社演剧研究的重镇，产生了一系列文献史料整理及理论研究著述，“大家对赛社演剧在戏曲史上之重要地位给予了充分肯定，同时从产生发展、组织操作、礼仪程序、经济运作、活动主体等方面进行了描述分析，初步勾勒出一幅赛社演剧的历史轮廓”④。主要包括对《礼节传簿》《唐乐星图》等赛社抄本的整理、校注，以及赛社形态、赛社与戏剧关系的讨论，这些早期的赛社研究成果大多收入《上党傩文化与祭祀戏剧》⑤《太行神庙及赛社

---

① 郭英德：《世俗的祭礼——中国戏曲的宗教精神》，国际文化出版公司 1988 年版，第 40 页。

② 郑传寅：《节日民俗与戏曲文化》，《四川戏剧》1988 年第 4 期；又见郑传寅：《传统文化与古典戏曲》，湖北教育出版社 1990 年版，第 3—30 页。

③ 廖奔：《宋元戏曲文物与民俗》，文化艺术出版社 1989 年版，第 355 页。

④ 车文明：《20 世纪戏曲文物的发现与曲学研究》，文化艺术出版社 2001 年版，第 61 页。

⑤ 寒声主编：《上党傩文化与祭祀戏剧》，中国戏剧出版社 1999 年版。

演剧研究》[1]，或刊载于《中华戏曲》《民俗曲艺》等上面[2]。车文明的《20世纪戏曲文物的发现与曲学研究》可谓这一时期的集成之作。该著从“赛社演剧”的角度梳理了古代戏曲演出史，体现了对“赛社演剧”的重视。他考察了宋金元以来赛社制度的确立和发展、赛社献艺的生存环境，认为“赛社献艺是中国戏曲生成与生存的基本方式”[3]。

近年来，关于赛社演剧的研究，在方法和视角上得到进一步拓展。2006年8月，由中国艺术研究院戏曲研究所、中国傩戏学研究会等联合主办“赛社与乐户文化国际学术研讨会”，并精选63篇会议论文结集为《赛社与乐户论集》出版。从所收论文来看，讨论范围不再局限于山西一地，也不再局限于宗教和戏曲领域，“分别对赛社、乐户、礼仪文化和民间宗教信仰、民间戏曲、民间艺术、傩戏、傩舞等的历史和现状进行了人类学、民俗学、宗教学、戏曲学、音乐学或舞蹈学等的探索”[4]。王学锋的博士论文《贾村赛社及其戏剧活动研究》以晋东南贾村为考察对象，通过田野调查，分析了传统赛社祭祀格局在当代的恢复及其变化，并进而讨论了贾村赛社祭祀林格局变化中的戏剧形态[5]。王馗《山西上党赛社演出中的行业变迁与演剧形态》通过四通碑刻探讨了泽州乐户与梨园同业行会的历史变迁，以及赛社与演剧形态之关系，指出“赛社祭祀实际成为戏剧存在和发展的生态基础”，“戏剧艺术的职业化越强，其表演的戏剧形态越成熟、越单纯，反之，戏剧艺术的职业化越弱，其表演的戏剧形态越多元，越呈现出诸技并

① 冯俊杰主编：《太行神庙及赛社演剧研究》，台北财团法人施合郑民俗文化基金会2000年版。

② 参见《中华戏曲》第3辑、11辑、13辑、16辑、18辑以及《民俗曲艺》第60辑、61辑、62辑、110辑、115辑、127辑、128辑等相关论文。

③ 车文明：《20世纪戏曲文物的发现与曲学研究》，文化艺术出版社2001年版，第102页。

④ 参见曲六乙为《赛社与乐户论集》（麻国钧、刘祯主编）所作“前言”，中国戏剧出版社2006年版。

⑤ 王学锋：《贾村赛社及其戏剧活动研究》，中国艺术研究院2007年博士论文。

奏的状态，呈显于两级的则是官方和基层民众”。[①]

赛社演剧研究逐渐走出山西，继郭英德、车文明的研究之后，白秀芹的博士论文《迎神赛社与民间演剧》专题讨论迎神赛社与民间演剧关系。该文从内容、形态等方面考察迎神赛社与民间演剧的关系，认为民间武打戏、演剧多猥亵内容的特点以及民间歌舞庆祝戏都明显受到迎神赛社的影响。在此基础上，该文分析了迎神赛社的狂欢性和聚合功能，认为正是这样的特征，使民间演剧得以长久生存，并由此肯定了民间演剧在戏剧史上的重要地位[②]。齐静的博士论文《会馆演剧研究》则系统地考察了会馆演剧形态及其对声腔、剧种和剧坛的影响[③]。此外，涉及这一问题的还有康保成《中国古代戏剧形态与佛教》、麻国钧《中国古典戏剧流变与形态论》、王廷信《昆曲与民俗文化》、周育德《中国戏曲文化》、卜键《从祭赛到戏曲》、李跃忠《演剧、仪式与信仰》等专著以及一些研究地方戏曲的著述，从不同角度探讨赛会演剧的形态和特征。与此同时，这个阶段对神庙剧场戏台的调查研究，为我们深入了解赛会演剧提供了新的视角[④]。不过，由于研究侧重点不同，赛会演剧并未得到整体的观照，民间意识、官民博弈以及社会变迁等对于赛会演剧的影响未及深入探讨。在这个方面，宗教学、人类学、社会史等

---

① 王馗：《山西上党赛社演出中的行业变迁与演剧形态》，《戏曲研究》第 82 辑。

② 白秀芹：《迎神赛社与民间演剧》，中国艺术研究院 2004 年博士论文，第 1 页。

③ 齐静：《会馆演剧研究》，南京大学 2011 年博士论文。

④ 这方面的著作除廖奔《中国戏剧图史》（河南教育出版社 1996 年版）、《中国古代剧场史》（中州古籍出版社 1997 年版）涉及神庙剧场及庙戏外，专题研究神庙剧场的有车文明《中国神庙剧场》（文化艺术出版社 2005 年版）、《中国古戏台调查研究》（中华书局 2011 年版）、曹飞《敬畏与喧闹：神庙剧场及其演剧研究》（中国戏剧出版社 2011 年版）、冯俊杰主编《太行神庙及赛社演剧研究》（台北财团法人施合郑民俗文化基金会 2000 年版）、《山西神庙剧场考》（中华书局 2006 年版）、冯俊杰《古剧场与神庙·神系研究》（西安交通大学出版社 2014 年版）等讨论神庙剧场的专著。

相关学科关于迎神赛会的研究成果[①]，从一定层面上揭示了赛会演剧的多重属性，启发我们从文化生态的视角去审视赛会演剧这一跨学科对象。

（二）

20世纪80年代以来，戏曲学界开启了对傩戏、目连戏的调查和整理工作。从1981年的"湖南傩堂戏座谈会"到1995年的"中国少数民族面具文化展暨学术研讨会"，十余年间召开17次傩戏、目连戏学术研讨会，形成了名副其实的"傩戏""目连戏"研究热潮。中国傩戏学研究会随之成立，傩戏研究逐步向傩文化研究扩展。尤其是王秋桂教授主持的"中国地方戏与仪式之研究"工程的实施，在全国范围内兴起了民间傩戏、傩文化调查研究热，调查范围遍布全国10余个省市，最后均纳入《民俗曲艺》丛书结集出版。学界对这套丛书给予了高度评价，"这套丛书是研究中国傩学、傩文化史、民俗学、民族学、宗教学、文化人类学、民间文艺学、戏剧学等领域相当宝贵的资料文库，也是今后中外学者继续研究、考察上述各学科领域第一手的珍贵资料"[②]。在该项目的推动下，各地傩戏、目连戏的田野考察资料和剧本得到了广泛的挖掘和整理，涌现了一批丰硕的

① 如：王见川、皮庆生《中国近世民间信仰：宋元明清》（上海人民出版社2010年版）、郁喆隽《神明与市民：民国时期上海地区迎神赛会研究》（上海三联书店2014年版）、赵世瑜《狂欢与日常——明清以来的庙会与民间社会》（生活·读书·新知三联书店2002年版）、高有鹏《沉重的祭典——中原古庙会文化分析》（河南大学出版社2000年版）、李乔《中国行业神崇拜》（中国华侨出版社1990年版）、王日根《乡土之链：明清会馆与社会变迁》（天津人民出版社1995年版）、王日根《中国会馆史》（东方出版中心2007年版）、何秉棣《中国会馆史论》（台湾学生书局1966年版）、林国平《闽台民间信仰源流》（福建人民出版社2003年版）、范荧《上海民间信仰研究》（上海人民出版社2006年版）等。

② 曲六乙、钱茀：《东方傩文化概论》，山西教育出版社2006年版，第40页。

研究成果[①]。这些论著对于傩戏、祭祀剧和目连戏形态特征、与戏剧起源的关系等问题的考察，显现出戏曲研究视角的转移和研究领域的拓展。然而，正如王馗在总结目连研究热时谈到的："我们对目连戏的真实面目所知甚少，热烈的讨论带来的只能是对探讨对象的更多迷惑，许多看似定论的结果，立足的仅仅是研究者个人的猜测、有限的资料以及无知带来的固执。"[②] 的确，当研究热潮退去之后，我们再回顾这一段学术史上的"空前盛况"，虽然其间不乏亮点，但从方法到路径，都有亟待改进的地方。

2001 年，刘祯在接受访谈时提到，目连戏、傩戏表演具有仪式性、民俗性和质朴性特点，"在演出的仪式中，在必不可少的'开台'、'扫台'中，寄寓了人们的理想愿望，寄寓了人们纳福禳灾、招祥祛凶宗教式的心理情结。所以，仪式凝结的不仅是'这一场'演出，而且是千百年来民间轰轰烈烈演出永不消歇的动力。民俗性、民俗事象融入民间演出，与戏剧一同构成了民间节庆的主体，在民间五彩缤纷的节庆活动中，戏剧演出占据着主体性地位，它是行为动作的，也是思想精神的""质朴不惟是语言、形式和风格的，更是情感、思想、内在的"[③]。这一段话虽是立足于对 20 世纪末傩戏、目连戏研究的总结，却体现出学术转向的自觉，对于下一步的研究颇具启发意义。王馗的博士论文《鬼节超度

---

① 除了上述所言《民俗曲艺》丛书，代表性的著述还有庹修明《傩戏·傩文化》（中国华侨出版公司 1990 年版）、曲六乙《傩戏·少数民族戏剧及其它》（中国戏剧出版社 1990 年版）、萧兵《傩蜡之风：长江流域宗教戏剧文化》（江苏人民出版社 1992 年版）、顾朴光等《中国傩戏调查报告》（贵州人民出版社 1992 年版）、朱恒夫《目连戏研究》（南京大学出版社 1993 年版）、石生朝与黎建明《目连戏南戏源流与声腔形态研究》（文化艺术出版社 1994 年版）、林河《傩史——中国傩文化概论》（台北东大书局 1994 年版）、刘祯《中国民间目连文化》（巴蜀书社 1997 年版）、凌翼云《目连戏与佛教》（广东高等教育出版社 1998 年版）、麻国钧主编《祭礼·傩俗与民间戏剧》（中国戏剧出版社 1999 年版）、康保成《傩戏艺术源流》（广东高等教育出版社 1999 年版）等专著和论文集，而以此为研究对象的论文更是无法逐一枚举。

② 王馗：《鬼节超度与劝善目连》，国家出版社 2010 年版，第 49—50 页。

③ 廖明君、刘祯：《民间戏剧、戏剧文化的研究及意义——刘祯博士访谈录》，《民族艺术》2011 年第 3 期。

与劝善目连》或可视为这一转向的重要成果。该著在对前期研究作系统梳理的基础上，运用人类学的方法对目连戏的民间状态和群体心理进行解剖，显现出目连戏研究新的视角与阐释路径。他在该博士论文出版时的“自序”中说：“当‘戏曲’——这个艺术体存在于一个有着历史文化发展脉络的群体中的时候，它已经不再是一个单纯的娱乐载体；特别是当戏曲还要用固定的形式延续下去的时候，它一定会上升到这个群体的信仰和心灵中，这不单是戏曲的特例，而是中国文化传统的普遍规则。”[①]“群体的信仰与心灵”成为目连戏研究的主要支点，这与刘祯的观点相应和，并与海外的目连戏研究路径遥相呼应。1987 年美国加州大学伯克莱分校曾举办目连戏国际研讨会，其中 6 篇会议论文于 1989 年结集出版，主编姜士彬（David Johnson）在导言中谈及《目连救母》故事时说，这本书的“大多数此类情节（按：目连地狱寻母等）都涉及死亡、再生与救赎的巨大奥秘。但是所有其他对于民众最重要的东西，诸如不公与复仇、爱情与亲情、荣誉与责任、勇气与背叛等，必然有着固有的核心符号场景。识别和研究它们将有助于更深入地了解传统乃至当下的中国文化”[②]。可见，就目连戏研究而言，展演形态并不是研究的重点，对展演形态的考察须以探寻其深层次的文化内涵和象征意义为旨归。

社会人类学方法与观念的借用与渗透，为近年来傩戏、目连戏研究注入新的活力。尤其是仍然活跃于民间的傩戏、傩仪，本就是人类学田野考察的理想对象。也正是这样，使傩戏、傩文化的研究能够在“热潮”回落之后，仍然吸引着众多的学者参与其中。值得关注的是，与方法的创新相映成趣的，是 21 世纪以来的文化政策，给傩戏研究带来了新的契机。“非遗”的身份认定，在为原本尚存顾忌的民间仪式表演找到护身符的同时，也将“非遗”的视角引向了学界。在

---

① 王馗：《鬼节超度与劝善目连·自序》，国家出版社 2010 年版，第 8 页。

② David Johnson: “Preface and Acknowledgements”. In *Ritual Opera Operatic Ritual: “Mu-Lien Rescues His Mother” in Chinese Popular Culture*, edited by David Johnson, XI. California: University of Califonia, 1989.

这一视角之下，傩戏、傩文化有了重新解读的空间，“传承”顺理成章的成为了关键词。非遗的“传承”往往与地方经济社会发展、旅游开发相结合，从而使傩戏、傩文化融入到当下的语境之中，也因此成就了傩戏、傩文化研究庞大的研究群体和丰富的研究成果。相对而言，在目连研究热渐次回落的二十年里，虽然关于目连戏的考察，在文献开掘、人类学方法的渗透、中外比较视野以及目连戏与现代文学、少数民族文学关系等有新斩获，但从学术会议、田野考察、专著和论文数量等方面都显示出这一研究热潮的消退。总体而言，21 世纪以来的目连戏研究，似乎或多或少受到前一时期预设问题的羁绊，未能在如王馗等所提倡的阐释道路上走得更远，这不能不说是近年来目连研究的一大遗憾。

早在国内开展以“傩戏”“目连戏”为中心的祭祀演剧研究之前，日本学者田仲一成已开始从民间祭祀的角度着手研究古典戏曲，并于 20 世纪末出版《中国戏剧史》①。全书以田野调查史料为基础，结合本时期国内发现的大量戏曲文物史料，通过历时性与共时性的分析研究，从祭祀戏剧的角度重新架构中国戏剧史作出了新的解释。作者在导言中说“在西方及日本的戏剧史研究中，农村戏剧是作为创生出城市戏剧的母体而被重视的”②。基于这一研究思路，作者在勾勒戏剧史的过程中，皆从乡村祭祀礼仪和乡村祭祀戏剧出发，探讨中国戏剧的产生、萌芽、形成、质变及展开等演进历程。在具体的叙述中，他将戏剧类型分为乡村祭祀戏剧、宗族祭祀戏剧、市场地戏剧，分别讨论它们对元杂剧、明代戏曲（女性冤魂戏、目连戏、雅曲、俗剧）、清代戏剧以及近代都市戏剧的影响。比如他认为，宗族戏剧流入都市主要在士人会馆、同乡会馆中演出，市场地戏剧流入都市主要在商人会馆中演出，乡村戏剧流入都市则在工人会馆中演出。《中国祭祀戏

---

① 该著是对《中国祭祀演剧研究》（东京大学出版会 1981 年版）、《中国的宗族与戏剧》（东京大学出版会 1985 年版）、《中国乡村祭祀研究》（东京大学出版会 1989 年版）、《中国巫类戏剧研究》（东京大学出版会 1993 年版）等论著整理后形成的“通史”性著作。此外，他还有《清代会馆戏剧考》也涉及这一话题。

② 田仲一成：《中国戏剧史》，布和译，吴真校译，北京大学出版社 2011 年版，第 1 页。

剧研究》在考察广东三个区县祭祀仪式的基础上，提出"'迎神赛会'中的'巡游'活动，在'神诞'及'建醮'的过程中，不仅都促进了其礼仪形式的文艺化，而且以'巡游'为媒介，使得'神诞'和'建醮'活动联系在一起，这样，其各个部分的文艺化成分得到进一步增强"①，"神人餐宴祭礼仪式"在人们信仰减退之后，"主神和陪神之间或是神巫之间的对舞或对唱转变为祝福舞蹈和庆贺剧；武术表演和模拟性行为的表演转变为杂技和喜剧"②，"幽鬼镇魂祭礼仪式"则"转变为人们观赏的对象，由此'悲剧'就产生了"③。虽然其研究路数和理论架构受到质疑，但他将祭祀仪式、祭祀戏剧与娱人性戏剧结合起来的尝试，从另一个角度揭示了古典戏曲的演进轨迹，也给我们深入探讨祭祀戏剧形态与"赛会演剧"的关系启发良多。

白若思（Rostislav Berezkin）的《多面目连：中华帝国晚期的宝卷》为近年来目连研究的力作。该著结合口头传统与精英文本、民间仪式与宗派教义、文本与表演等方面的互动，深入阐释目连宝卷的演进阶段及历程：宝卷的发展可视为精英与平民、经典文本与口头文学、主流思想与宗派传统持久而复杂的互动过程④。

学界对于赛会演剧的主要展演类型——傩戏、目连戏的相关文献的发掘、展演形态的考察、群体意识的观照及象征意义的探讨，一定程度上有助于理解"赛会演剧"的基本特征和文化意义。然而，"赛会演剧"是对迎神赛会中展演形态的类型界定，有着特定的文化场域标识，其所涵盖的多元文化形态以及多向度的信仰时空，早已超出了傩戏、目连戏所囊括的范围。很显然，仅限于傩戏和目连戏的讨论，尚难以从整体上把握"赛会演剧"的结构表征，更难以进入"赛会演

---

① 田仲一成:《中国祭祀戏剧研究》，布和译，北京大学出版社2008年版，第119页。

② 同上书，第3页。

③ 同上书，第3、4页。

④ Rostislav Berezkin. *Many Faces of Mulian: The Precious Scrolls of Late Imperial China*. University of Washington Press, 2017.

剧”内部，解构其自身所包孕的丰富内涵。

（三）

四川傩戏资源非常丰富，而“川目连”在全国“目连文化”中独树一帜，使其自20世纪末以来，成为傩戏、目连戏研究的重镇。《民俗曲艺》丛书陆续出版了十余种端公傩仪的挖掘整理和研究成果。四川傩戏以及作为本土剧种的灯戏受到普遍的关注，《川北灯戏》《四川灯戏·四川傩戏》《梓潼阳戏》《巴蜀面具艺术》《巴蜀傩戏》《古傩神韵》《四川傩戏剧本选》以及严福昌近年来主编的有关民俗戏剧的系列著述等对傩戏进行了系统的整理和研究[①]。以此为基础的研究性著述不断涌现。除上述有关傩戏的研究论著外，重庆地区代表性著述有《民间祭礼与仪式戏剧》[②]《巴渝民俗戏剧研究》[③]等。以上成果借助田野作业，发掘了丰富的一手史料，有助于全面了解在民间一直绵延不断的“祈福禳灾”戏剧形态。

与傩戏热同时，四川地区的目连戏和目连文化研究掀起热潮。以1993年在四川绵阳召开的目连戏国际学术研讨会召开前后的数年时间里，涌现了数十篇研究目连戏研究论文以及数部文献整理和研究著述。其主要成就大致体现在以下几个方面：①史料和剧本的调查整理。1991—1992年，四川省川剧院的研究学者

---

① 参见：四川省川剧艺术研究院、四川省南充地区文化局编：《川北灯戏》，四川文艺出版社1986年版；《中国戏曲志·四川卷》编辑部：《四川灯戏·四川傩戏》，1987年内部刊印；绵阳市文化局、《中国戏曲志·四川卷》编辑部、梓潼县文化局编：《梓潼阳戏》，1991年内部刊印；《中国戏曲志·四川卷》编辑部、绵阳市文化局编：《巴蜀面具艺术》，成都出版社1992年版；于一：《巴蜀傩戏》，大众文艺出版社1996年版；于一：《古傩神韵》，大众文艺出版社1996年版；于一主编：《四川傩戏剧本选》，四川科学技术出版社2014年版。以及严福昌主编著作：《四川傩戏志》（四川文艺出版社2004年版）、《四川灯戏集》（四川文艺出版社2006年版）、《四川少数民族戏剧》（四川大学出版社2007年版）、《四川灯戏集续编》（四川文艺出版社2010年版）、《四川民俗戏剧》（贵州人民出版社2011年版）。

② 胡天成、段明：《民间祭礼与仪式戏剧》，贵州民族出版社1999年版。

③ 段明、胡天成：《巴渝民俗戏剧研究》，贵州人民出版社2006年版。

开始在全省范围内走访民国老艺人，搜集了民国时期搬目连的口碑资料（其中，包括一些曾亲历“搬目连”实况的耆老也撰文回顾）；目连戏的剧本得到挖掘整理，川目连的演出结构得到一定层面的复原[①]。②目连戏的民俗表征是目连戏研究的一个重要方向，“川目连”演出中的放五猖、捉寒林、打飞叉、接亲等情节和剧目的民俗特征受到关注[②]。③目连戏演出的宗教属性也为讨论的重点，论者从各个环节（如灵官镇台、祭台清场、打保符、掌阴教及各种端公法事的介入等）着手考察了目连演出中的祭祀仪式性和巫傩之风[③]。④目连戏主题的探讨及其他[④]。立足于目连戏的剧本、民俗特征和宗教属性的讨论，是20世纪末目连戏研究热的主要论题。但目连戏的本质已非一个剧目、剧种或戏剧形态所能概括，它植根于民众之中，尤其在晚清民国的四川成为民众日常生活不可或缺的一部

---

① 如温余波《川剧“资阳河”搬目连实况忆述》、肖士雄《自贡目连戏演出风貌和特色摭微》、严树培《叙府民国年间的一次搬目连始末》、黄伟瑜《川剧目连戏剧本的源流和演变》、胡天成《四川目连戏剧本的结构和特征》、杜建华《试析川西北八本〈目连救母〉演出本》、王跃《川剧花目连的搬演形式和演出特色》，以上论文载于《目连戏与巴蜀文化》（《四川戏剧》编辑部，1993年内部刊印）。

② 如杜建华《巴蜀传统文化与四川目连戏中的独有剧目》、于一《民俗，目连戏生存的社会基础》、萧赛与谷雨《目连戏的俗文化特征和研究价值》、冯枝丹《伟大而奇幻的戏剧场面》、王定欧《目连文化与地方民俗的融合演进》等，以上论文载于《目连戏与巴蜀文化》；李祥林《“戏中餐”中国目连文化的一个特例》（《民族艺术》1991年第1期）、王定欧《试析四川目连戏的地域特色》（《四川戏剧》1993年第4期）等。

③ 如黄伟瑜《川剧目连戏中的神事活动与巴蜀巫道之风》、胡邦炜《宗教祭祀与民俗风情的艺术载体》、杜建华《川北庆坛仪式与目连戏》、王跃《江北阳戏还阴戏中的目连戏〈梅花〉四坛》、胡天成《重庆丧葬祭祀仪式中的目连救母故事表演》、段明《〈地藏菩萨本愿经〉演化为目连戏的契合点》，以上载于《目连戏与巴蜀文化》；胡天成《论川剧目连受封地藏王之缘起》（《四川戏剧》1990年第5期）等。

④ 如胡天成《佛教伦理道德观中国化管窥》、胡天成《四川目连戏剧本研究六题》，以上参见《四川目连戏资料论文集》（重庆市川剧研究所1990年内部编印）；王定欧《试论四川目连戏的开发价值》（《民族艺术》1995年第2期）、《试析四川目连戏的平民意识》（《戏曲艺术》1995年第1、2期）、《试析四川目连戏的形态特征》（《戏剧》1995年第4期）、《试析四川目连戏的演进法则》（《戏曲研究》第52辑），周企旭《目连戏艺术生命的奥秘》（《四川戏剧》1993年第6期）等。

分。如此，目连戏的演变和形态关乎着个体命运与群体意志，关乎着民众对生命空间、宇宙空间的多维想象，也融入了禁、弛之间的官方意识。对目连戏的考察必须回归到其存在的文化生态之中，才能还原一个更加真实的“目连”。

作为在川剧形成史上不容忽略的演剧形态，“赛会演剧”得到川剧史研究学者的诸多关注。蒋维明《移民入川与舞台人生》中通过钩沉赛会演剧史料，认为“赛会的场所，是民间职业剧班献艺之所，他们为最广大的民众演出，与民众同呼吸、共苦乐。官宦、士绅家‘园亭丝竹’，比起赛会演出的急锣密鼓来，显得很渺小。民间职业剧班是川戏历史长河里的主流”①。其中，他尤其强调赛会演剧在川剧研究中的作用，“尤其值得注意的是酬神赛会的演出，促进了昆、高、胡、弹、灯五种声腔艺术的交流，并使之逐步走向同台演出，终于形成风格统一的川剧剧种”②，可谓的论。杜建华在《川剧》中，也强调了赛会演出的重要性：“万年台、草台、会馆堂会的演出虽然也是戏班谋生的一种手段，但对于邀请戏班的会首或地方豪绅来说则基本上不以营利为目的，更多的带有一种传统民俗节日庆贺的性质，比如春节、元宵节、观音寿诞、庙会会期，各庙宇为招徕香客都常要请戏班酬神唱戏，保佑地方风调雨顺。……演出的剧目也是根据节日民俗的内容或行会所信奉的神祇而选定，比如观音寿诞要演《佛儿卷》《香山传》，药王会要演《药王成圣》，财神会要演《黄河阵》等，娱人娱神之目的并行。”③此外，《川剧简史》《川剧艺术概论》《中国川剧通史》《资阳文史资料》（第七辑）等川剧史著述对此均有所涉猎④。李祥林的《巴蜀地区的城隍信仰与民俗戏剧》“结合历史文

---

① 蒋维明：《移民入川与舞台人生》，成都科技大学出版社 1998 年版，第 33—34 页。

② 同上书，第 34 页。

③ 杜建华：《川剧》，文化艺术出版社 2012 年版，第 77—78 页。

④ 参见：安民《川剧简史》，天地出版社 1997 年版；邓运佳《中国川剧通史》，四川大学出版社 1993 年版；邓运佳《川剧艺术概论》，四川省社会科学院出版社 1988 年版；陈家俸主编：《资阳文史资料》第七辑（川剧高腔“资阳河”艺术流派论文专辑），1995 年内部刊印等；周企旭《戏曲诸腔的入川与流变》，《戏曲研究》第 64 辑。

献和当代田野，深入考察城隍信仰与民俗戏剧之间的关联”[①]。同样是考察城隍赛会的演剧，张志全的《巴蜀地区的城隍信仰与民间演剧》则立足于对城隍赛会演剧史料和剧目形态的梳理[②]。以上对川剧史及相关研究中，学者已认识到“赛会演剧”在川剧发展中的重要作用，但大多停留于史料钩沉与描述阶段，“赛会演剧”的整体形态与民间生态并未能得到系统深入的研究，也未能从学理上分析和探讨“赛会演剧”在川剧近代嬗变的历史地位和轨迹。

综上，“赛会演剧”虽然得到不同层面的观照，但其作为研究对象的独立性并未明确，“赛会演剧”的研究多依附于戏曲文物、剧场的考察之中，其中大多是围绕山西赛社史料的发掘而引发的讨论。笔者以为，就戏曲史建构而言，“赛会演剧”的研究是民间戏剧研究中的一个重要支脉。21 世纪的戏曲史撰写和戏曲研究已然显现出“转向”的趋势，然而，如果“赛会演剧”在研究中的依附性地位得不到改善，作为民间戏剧的一种类型得不到确立，其演出之生态就难以重构，在戏曲史发展中的地位也就难以凸显。

三、视角·方法·史料

“赛会演剧”是民间演剧的基本类型，其展演形态承载着丰富的文化内涵，是民间戏剧史书写中不容忽视的主体内容。近年来，在“眼光向下”的学术转向中，“赛会演剧”中的具体演剧形式，如：傩戏、目连戏、皮影戏、傀儡戏等此前难登大雅之堂的民间演出艺术进入了戏曲研究视野。然而，以“赛会演剧”为研究对象的学术专著并不多见。本书将借助人类学、社会学的相关理论与方法，

---

① 李祥林:《巴蜀地区的城隍信仰与民俗戏剧》,《宗教学研究》2015 年第 1 期。

② 张志全:《巴蜀地区的城隍信仰与民间演剧》,《中华戏曲》第 50 辑。

将视角转向“赛会演剧”所在的“文化网络”[①]和权力结构之中，力图通过重构“赛会演剧”的历史场域，对“赛会演剧”的历史演进、基本类型、文化生态及近代嬗变作多维透视。

本书以地方志、衙门档案、宦蜀文人文集、文史资料、祠庙碑文等为基本文献。地方志中的“风俗志”“祠庙志”“祀典志”“艺文志”等留下了丰富的“赛会演剧”史料，尽管所记较为简略，但地理空间上分布较广，基本涵盖了四川各州县，为鸟瞰清代、民国四川各地“赛会演剧”的演出盛况提供了很好的参考。同时，从历时性来看，虽然明代的四川地方志留存下来的相对较少，不过，清代康熙、乾隆以降，各地对地方志的修撰，代不乏人。同一地域内保留了若干不同时期的方志史料，其中对于“赛会演剧”的不同描述，将有助于勾勒“赛会演剧”的演进历程。

清代地方衙门档案是研究清代社会不可或缺的史料。巴县和南部县衙门档案是迄今为止四川保存较完整的衙门档案文献。前者从乾隆十七年（公元 1752 年）到民国三十年（公元 1941 年）[②]，跨度近 190 年；后者从顺治十三年（公元 1656 年）到宣统三年（公元 1911 年），跨度 255 年之久。相对而言，巴县地处川东，为入川重要码头，具有开放性码头文化的特征；而南部县地处川北，地理位置上相对闭塞。两地档案相互补充，可为考察演剧文化生态提供不同的视角。尽管地方衙门档案的戏曲史料有其自身的局限，但其记述的民间性与反映事件的动态性显现出独特的史料价值[③]。本书所利用的衙门档案包括以下三类：一是官府的政

---

① 杜赞奇在《文化、权力与国家：1900—1942 年的华北农村》（江苏人民出版社 2010 年版，第 1—2 页）指出：文化网络由乡村社会中多种组织体系以及塑造权力动作的各种规范构成，它包括在宗族、市场等方面形成的等级组织或巢状组织类型。这些组织既有以地域为基础的有强制义务的团体（如某些庙会），又有自愿组成的联合体（如水会和商会）。文化网络还包括非正式的人际关系网，如血缘关系、庇护人与被庇护人、传教者与信徒等关系。

② 杨林：《关于巴县档案起始时间》，《历史档案》1990 年第 3 期。

③ 张志全：《地方衙门档案史料中的戏曲史料及其价值发微——以清代南部县衙门档案为例》，《戏曲艺术》2017 年第 1 期。

令，其中可以透视官府对于赛会演剧、入庙烧香、集会等民众活动的态度；二是民间组织的规约，巴县档案中保留有大量的会馆、行会组织史料，而南部县衙档案中则有不少民间“神明会”史料，是研究民间社会组织与演剧的可贵资料；三是争讼断狱史料，其中含有民间组织霸吞会资、拒纳会款佃资等，有助于考察民间组织的演变。

四川本地士绅、宦蜀地方官、游蜀文人的文集中保留的一些政令和诗文可以作为以上史料的补充。如李化楠、李调元、林愈蕃、刘沅、李惺、纪大奎、高学濂、王正谊、牛树梅、贝青乔、吴省钦、张香海、王曾祺、陶澍、方象瑛、洪良品、周询等士宦的文集中，或收录了履职地方颁行的部分政令性文章，或记录了地方风俗及赛会演剧史料。其政令性文章可以和衙门档案中保存的政令文件形成互补，以此考察地方官员对待赛会演剧的态度和纠结心理。士人文集中的风俗及“赛会演剧”史料，在对待赛会演剧上虽然更多站在维护官府意志的一面，但也有如李调元等一样不同的声音。这一多元性既体现出士人立场的分化，也是“赛会演剧”自身张力的显现。

20 世纪八九十年代各地陆续刊印的文史资料，以及学者们采访老艺人的口述史料，留下了大量关于民国时期赛会演出，尤其是目连戏演出的回忆性文字。由于年代久远，这些文字难免有失真的嫌疑，或者对于赛会演剧有着“先入为主”的时代偏见。不过，这些偏见主要表现为“迷信”的界定上，较少牵涉到更复杂的因素。因而，通过相互参证，仍然可以回溯到民国赛会演剧的历史现场。此外，文史资料中留下的民国袍哥资料，也为重构近代袍哥与迎神赛会的关系提供了可能。

祠庙碑文也是本书开展研究的重要史料。碑刻文献中，有修筑祠庙戏台的记载、民间社会组织的规约、醵金焚献庆祝的过程等相关信息。以祠庙为对象，往往能从中见出民众的神灵信仰观念和群体意识，从而窥知民间信仰与祠庙演剧的内在关联。本书所使用的碑文一方面来源于地方志、地方文献的载录；另一方面源于近年来新发现、包括笔者实地考察的碑刻文献史料。

本书以上述五类史料为基础，并结合竹枝词、民国报刊以及 20 世纪八九十年代各地编写的地方戏曲志等文献，力图以较为全面的视角对“赛会演剧”作整体观照。全书分五章，每一章聚焦一个主题展开讨论，在具体的论述中注重横向的逻辑勾连与纵向的脉络寻绎。第一章主要结合有关文献史料的记载，探寻巴蜀迎神赛会的发生、发展的文化地理因素，并从官民博弈的层面，以宏观的视角梳理清代以降赛会演剧的演进轨迹；第二章从春祈秋报、民间组织、区域性信仰空间等角度将“赛会演剧”划分为三种不同类型，结合观演群体、演出目的和演出场域，剖析不同类型的“赛会演剧”在演出剧目、演出形态上的特征；第三章则着眼于雍乾以后“赛会演剧”的主体剧目——目连戏，从早期目连戏的演进、叙事功能与仪式空间、近代演剧结构的变化等方面，解构赛会演剧所承载的民间心理和蕴含的象征意义；第四章通过官府饬禁、戏资筹集、袍哥组织三个维度解析“赛会演剧”在官府与“地方精英”夹缝中的生存境遇、晚清赛会的裂变以及袍哥对近代赛会的重建；第五章围绕“蜕变”这一主题，解构川剧流派与河道划分的文化内涵、赛会演剧与川剧表演体系的内在关系，由此探寻川剧艺术从民间赛会演出中的蜕变历程。

第一章

赛会的生成与历史演进

赛会是由酬神仪式演变而来的，与民众的信仰关系密切。通过神灵信仰的聚合力，民众形成了定期到祠庙祈神禳灾的习俗。隋唐以后，酬神仪式呈娱乐化趋势。尤其是宋代，承平社会滋长了游宴之风，祠庙在功能上发生了明显的转变。而与此同时，百戏及其他游艺民俗融入到赛会的仪式之中，赛会的形制和特点基本形成。即便是偏隅西南的四川成都等地，赛会及其游艺活动已颇具规模。有明一代，经由朝廷的提倡，城隍信仰在民间更为普及，城隍祭祀活动以及受此影响的其他神灵祭祀活动趋于规模化，赛会在官府主导下的祭祀活动中获得了前所未有的发展。由于明末清初的兵燹之乱，清初四川的赛神祭祀并不普遍。经过几十年的休养生息，到康熙后期赛会之风开始复苏。乾嘉年间的赛会，演剧成为主角。无论乡村赛社、还是民间组织赛神，乃至区域性信仰空间酬神活动，迎神赛会演化为以演剧为主体的群体性娱乐活动。为适应区域性赛会的演出，目连戏由单一的剧目演变成一个庞大而复杂的演剧体系，融端公傩仪、游艺习俗、目连戏及其他各类剧目于一体。到晚清民国之时，“搬目连”几乎成为赛会演剧的代名词，形成了独具特色的巴蜀赛会演剧文化。

第一节　信仰、游宴与赛会生成

赛会源起于早期的酬神仪式，其产生与原始神灵崇拜和宗教信仰有直接渊源。酬神仪式是赛会生成和发展的基础，不过，仪式并不是赛会的全部，“原始信仰的具体存在，与相伴的歌舞等艺术活动相联系，才构成庙会”①。此处之庙会，其所指与赛会大体相近。可见，酬神仪式与游艺民俗相结合，才形成完整的赛会形态。

通过三星堆遗址出土的文物，可知当时巴蜀地区已形成比较完备的信仰祭祀体系。然而，三星堆文明随之神秘消失，后世的信仰习俗中，很难寻觅到三星堆文明的文化基因。商周以来，巴蜀地区信仰崇拜趋于多元化。蜀先民与石为伴，“蚕丛始居岷山室中”②，生前“累石而居”，死后也多葬于石中，“(蚕丛)死，作石棺石椁，国人从之，故俗以石棺椁为纵目人冢也。次王曰柏灌。次王曰鱼凫。鱼凫王田于湔山，忽得仙道，蜀人思之，为立祠”③。死后以石棺、石椁安葬，“每王薨，辄立大石，长三丈、重千钧，为墓志，今石笋是也，是曰笋里”④，这反映了巴蜀先民的大石崇拜，而死后立祠，体现了蜀人早期的祖先崇拜观念。作为养蚕专家的蚕丛，后来被推为蚕神，成为养蚕、纺织业的行业神。蜀地河流众多，古代洪水泛滥，人们对水有着莫名的恐惧。大禹治水的故事，代表着民众朴素的愿望，“及禹治水，命州巴、蜀，以属梁州。禹娶于涂山，辛壬癸甲而去，生子启，呱呱啼，不及视，三过其门而不入室，务在救时——今江州涂

---

① 高有鹏：《中国庙会文化》，上海文艺出版社1999年版，第22页。

② 《先蜀记》，载章樵注、钱熙祚校：《古文苑》卷四，扬雄《蜀都赋》注文，《四部丛刊》初编，集部4，第196册。

③ 常璩撰：《华阳国志校注·蜀志》，刘琳校注，巴蜀书社1984年版，第181页。

④ 同上书，第185—186页。

山是也，帝禹之庙铭存焉”[①]。因此，人们开始修建大禹庙祭奠这位治水英雄，并祈望消弭洪灾，福泽众生。战国时期，出现了一位真实的治水英雄——蜀郡太守李冰，“周灭后，秦孝文王以李冰为蜀守。冰能知天文地理，谓汶山为天彭门；乃至湔氐县，见两山对如阙，因号天彭阙。仿佛若见神，遂从水上立祀三所，祭用三牲，珪璧沈濆。汉兴，数使使者祭之”[②]。李冰修建都江堰水利工程，因势利导，不仅疏通了航道，还灌溉了成都平原的数万良田，从而奠定了“天府之国”的基础。民众为了缅怀李冰，到处修建祠庙定期举行祭祀活动，并将李冰奉为“川主”，李冰成为后来影响较大的水神和区域保护神。在民众祭祀过程中，后来又杜撰出一位儿子与李冰合祭，也就是李冰之子二郎神。二郎神到宋代成为四川三大民间神灵之一，到明清时期成为遍布各地的通祀性神灵。神话研究专家袁珂认为，巴蜀神话有三大母题，一是蚕神，一是大石，一是治水[③]。其实，神话的三大母题也基本适应于巴蜀地区早期的民间信仰。蚕神等代表了巴蜀地区的祖灵信仰、行业神信仰和土主神信仰；而大石信仰则代表了自然崇拜；大禹、李冰则代表了水神信仰和川主信仰。

通过《华阳国志》，可以看到此时的信仰文化已受到来自中原和周边少数民族巫术的影响。比如，《华阳国志·巴志》云：“其民质直好义，土风敦厚，有先民之流。故其诗曰：‘川崖惟平，其稼多黍。旨酒嘉谷，可以养父。野惟阜丘，彼稷多有。嘉谷旨酒，可以养母。’其祭祀之诗曰：‘惟月孟春，獭祭彼崖。永言孝思，享祀孔嘉。彼黍既洁，彼牺惟泽。蒸命良辰，祖考来格。’”[④]选择良辰吉日，用上好的黍粮、牺牲等祭祀祖宗，以成孝敬，俨然有中原文明的风习。但“獭祭彼崖”，将祭品摆放于山崖前进行祭祀，则又显现出巴地习俗的独特性。巴地以东的巴、楚交界地，为《山海经》所记十巫部落所居之“灵山”。此地生活

---

① 常璩撰：《华阳国志校注·巴志》，刘琳校注，巴蜀书社1984年版，第20—21页。

② 同上书，第201页。

③ 袁珂：《简论巴蜀神话》，《中华文化论坛》1996年第3期。

④ 常璩撰：《华阳国志校注·巴志》，刘琳校注，巴蜀书社1984年版，第28页。

着众多以巫为生的族群，他们主要从事祈祷、卜筮、星占，以及祛病、消灾等活动。楚地巫觋文化在春秋战国时期逆势发展，势必对与之相邻的巴蜀地区产生一定的影响。

进入汉魏以后，四川成为了佛、道两教传播的主要阵地。佛教传入四川，经历魏晋的酝酿，到刘宋时期达到高潮。主要表现为高僧日益增多，佛教重要学派相继入川，出现一批比丘尼；佛教大兴土木，开始规模性的造像行动，传播范围逐渐扩大。随着佛教的传播，佛祖庆诞及"行像"制度，已逐渐盛于川中，据《高僧传》卷十一：

> 邵硕者，本姓邵名硕，始康人。居无常所，恍忽如狂，为人大口，眉目丑拙。小儿好追而弄之，或入酒肆同人酣饮。而性好佛法，每见形像，无不礼拜赞叹，悲感流泪。硕本有三男二女，大男惠生者亦出家。硕以宋初亦出家入道，自称硕公。出入行住，不择昼夜。游历益部诸县，及往蛮中，皆因事言谑，协以劝善。至人家眠地者，人家必有死。就人乞细席，必有小儿亡，时人咸以此为谶。至四月八日，成都行像，硕于众中匍匐作师子形。尔日郫县亦言见硕作师子形，乃悟其分身也。[1]

此为刘宋年间事，邵硕卒于元徽元年（公元 473 年）。四月八日佛祖诞辰这天，成都"行像"为佛祝生，所行之像自然为佛祖。郡县也于是日见邵硕作狮形，则不仅成都"行像"祝祀佛诞，各郡县或亦行之。由此可见，类似于舁神巡游的仪式最迟在刘宋之时已然出现。值得注意的是，列入佛教《高僧传》的邵硕，也是著名的道士。从以上史料看，其行为颇类方术。由高僧邵硕兼习道教可知，道教方术早已进入佛教的视野之中。道教初创于汉顺帝年间，张陵充分吸收盛于西南的神仙方术和巫术，在大邑县鹤鸣山创立的"五斗米道"[2]。张陵曾设有"二十四治"，所谓"治"，就是传教点，其中有二十二治分布于四川境内。与

---

① 释惠皎撰：《高僧传》卷十，汤用彤校注，中华书局 1992 年版，第 388—389 页。

② 卿希泰：《有关道教发源于四川的几个问题》，《世界宗教研究》2001 年第 4 期。

佛教祀佛祖相应，道教也有“三会日”。“三会日”期间，道官和道民一起集于“治”进行祀神活动。到南北朝初期，“出现了大批被称为馆、观的道士祀神和修炼的场所”①，尤其是战乱和天灾的影响，民众纷纷进入道观躲避繁的赋役，道观得以兴盛起来。汉魏六朝的乱世，为佛、道两教的发展、扩张提供了契机。寺观的兴建逐步形成了固定的信仰空间，而佛诞日和“三会日”的举办，进一步拓展了其影响力。

隋唐以后，祀神仪式开始显现出娱乐化倾向。源于商周祭社之礼的民间赛社，经由汉魏六朝，发展成为有组织、有固定时间和习俗的祭社活动。在此过程中，祭社由单纯的祀神转化为民众的集体性娱乐，“唐宋时期，社日达到全盛状态，社日的欢愉成为唐宋社会富庶太平的标识，社日在传承汉魏以来神人共娱传统的同时，又补充新的节俗内容，社日不断地吸收民众的愿望和思想”②。杜甫在夔州时曾写有《社日两篇》，其中一首反映了当时报赛的场景：“九农成德业，百祀发光辉。报效神如在，馨香旧不违。南翁巴曲醉，北雁塞声微。尚想东方朔，诙谐割肉归。”③赛社之时，不仅准备祭品，还以“巴曲”相伴，俨然一次娱乐性集会。庙祀也渐而普遍，“南有汉王祠，终朝走巫祝。歌舞散灵衣，荒哉旧风俗”④。这是杜甫在阆中时，于汉高祖庙见到的祭祀场景，巫祝以歌舞行法事，主导着祭祀活动。民众祭汉高祖，为旧俗相沿，所以杜甫称之为“淫祀”，“淫祀自古昔，非唯一川渎”。唐末五代之时，“村落闾巷之间，弦管歌诵，合筵社会，昼夜相接”⑤，可见后蜀时期乡村建社自娱的画面。而后蜀主孟昶更是醉心于游宴与

---

① 卿希泰主编：《中国道教史》第一卷，四川人民出版社1988年版，第555页。

② 萧放：《社日与中国古代乡村社会》，《北京师范大学学报》(社会科学版)，1998年第6期。

③ 杜甫撰，高仁标点：《杜甫全集》卷十六，上海古籍出版社1996年版，第244页。

④ 杜甫撰，高仁标点：《杜甫全集》卷五，上海古籍出版社1996年版，第62页。

⑤ 张唐英撰：《蜀梼杌校笺》，王文才、王炎校笺，巴蜀书社1999年版，第381页。

俳优之乐中，甚至还令俳优作“《灌口神队》二龙战斗之象”[①]，颇类于傩戏，或以为是“武剧”[②]。

或许是受唐末五代娱玩之风的影响，宋初的赛社娱乐更为普遍。《太平寰宇记》记载开州、达州一带，春秋报赛田祖，“春则刻木虔祈，冬即用牲解赛，邪巫击鼓以为淫祀，男女皆唱竹枝歌”[③]。与乡村报赛相对应，成都的赛会已初具规模，甚至为地方官所忌惮，成都“所部诸州，每年有游惰不逞之民，以祭赛鬼神为名，敛求钱物，一坊巷至聚三二百人，作将军、曹吏、牙直之号，执枪刀旗幡队伍，及以女人为男人衣，或男子衣妇人衣，导以音乐百戏，三四夜往来不绝”[④]。这是宋初赵抃任成都知府时，在《乞条制禁约成都诸州赛神奏》所描述成都赛会的情景，赛会中的男女持刀舞枪，有人扮演将军、曹吏、牙直，并以男女反串分饰不同的角色，音乐相伴，百戏相随，聚集游惰，“三四夜往来不绝”。除了未言舁神之外，与后世的舁神巡游仪式并无二致。从形式上看，似乎更像是一支具有军傩性质的民间驱傩队伍。如此大规模的活动当有一个赛会组织，以“敛求钱物”，筹备赛会。从南宋陈淳的记载看，当时福建一带已有由会首、都劝缘、劝首、会干等组成的赛会组织[⑤]。甚至出现了同行、同乡性赛会。《梦粱录》卷

---

① 张唐英撰:《蜀梼杌校笺》第四卷“后蜀后主”，王文才、王炎校笺，巴蜀书社1999年版，第388页。

② 任半塘:《唐戏弄》第三章《剧录》之“十五”，上海古籍出版社2006年版，第713页。

③ 乐史:《太平寰宇记》第6册第137卷，《开州》《达州》之“风俗”，中华书局2007年版，第2671、2675页。

④ 赵抃:《乞条制禁约成都诸州赛神奏》，载曾枣庄、刘琳主编:《全宋文》第888卷，第21册，巴蜀书社1992年版，第243—244页。

⑤ 陈淳:《北溪大全集》卷四七《上傅寺丞论民间利病六条》，《文渊阁四库全书》“集部”第107册，台湾商务印书馆股份有限公司影印本，第873—874页；卷四三《上赵寺丞论淫祀》，《文渊阁四库全书》“集部”第107册，台湾商务印书馆股份有限公司影印本，第851—853页。

十九之“社会”载：“二月初三日梓潼帝君诞辰，川蜀仕宦之人，就观建会。”[①]这已属于早期的同行组织和同乡组织。梓潼帝君信仰在此时已与文昌信仰相结合，远播到江浙一带，但仍以川籍官宦所祀为主，故梓潼帝君有着行业神和乡土神的性质。据此可知，这样一种“就观建会”的组织，在川中或亦有之。

到宋代，蜀中游冶之风一点不逊色于汴梁与临安，如庄季裕的《鸡肋篇》记载了成都上元日到四月十八日期间，游赏无虚日，“自旦至暮，唯杂戏一色。坐于阅武场，环庭皆府官宅看棚。棚外始作高撜，庶民男左女右，立于其上如山”[②]。文同《成都府学射山新修祠宇记》载“有张柏子者尝居此学道，以是日成，得上帝诏，驾赤文于菟，镊云衢、狃天关以去。后凡其时，两蜀之人如以戒令约不赴而有所诛责者，奔走会其上。诣通真观，祷其神，从道士受秘箓以归。一年祸福，率指此日惰与恭之所招致也。自昔语如此，人益起信，逮今远近以期而致者，愈无鞅数”[③]。张柏子于此成道，故以其成道日为会集之期，蜀民皆诣通真观祈福禳灾。于是，通真观在道教信仰的带动下，成为最繁盛的游冶去处，“成都燕集，用一春为常。三日不修，已云远甚。然各有定处，惟此山之会最极盛”[④]。

元人费著所编的《岁华纪丽谱》记录了宋代成都的游乐盛况。据谢元鲁考证，《岁华纪丽谱》文献来源于北宋赵抃的《成都古今集记》、南宋王刚中《续成都古今集记》和袁说友的《成都志》，故所记之事为宋时的成都[⑤]。现将《岁华纪丽谱》所载一年之中游宴活动列表如下：

---

① 吴自牧：《梦粱录》卷十九之“社会”，浙江人民出版社1980年版，第181页。

② 庄绰：《鸡肋篇》卷上，庄绰、张端义：《〈鸡肋编〉〈贵耳集〉》，李保民校点，上海古籍出版社2012年版，第19页。

③ 文同：《成都府学射山新修祠宇记》，载曾枣庄、刘琳主编：《全宋文》第1106卷，第26册，巴蜀书社1992年版，第132页。

④ 同上。

⑤ 谢元鲁：《〈岁华纪丽谱〉〈笺纸谱〉〈蜀锦谱〉作者考》，《中华文化论坛》2005年第2期。

表 1-1 《岁华纪丽谱》载宋代成都游宴活动表 ①

日期	地点	游宴活动	备注
正月元日	安福寺	游塔，持幡粘柱厌禳 太守塔前宴集	塔上燃灯，僧徒骈集
正月二日	移忠寺（早宴）、大慈寺（晚宴）	宴集	/
正月五日	五门蚕市	门外张宴	盖蚕丛氏始为，呼为蚕丛太守
正月十四—十六（上元节）	大慈寺（早宴） 五门楼（晚宴）	放灯、宴集、甲夜观山棚变灯	宋开宝三年始。敛散之迟速，惟太守意也。 张咏设钱灯会
正月二十三	圣寿寺	蚕市、民鬻农器 太守先诣寺之都安王祠奠献，宴集	张公咏始为会 今：早宴祥符寺、晚宴信相院
正月二十八保寿侯诞日	保寿侯祠、净众寺、郙国社、丞相祠 / 晚宴大智院	奠拜、宴集	/
二月二日 踏青节	万里桥外 / 晚宴于宝历寺	出万里桥，为彩舫数十艘，与宾僚分乘之，歌吹前导，号小游江	张咏设“小游江” 士女骈集，观者如堵
二月八日	观街药市 大慈寺（早宴） 金绳院（晚宴）	宴集	/
三月三日	学射山 / 晚宴于万岁池亭	宴集、射弓、泛舟池中	巫觋卖符、游者佩之、以宜蚕避灾
三月九日	观街药市	宴集	
三月二十一	海云山鸿庆寺、众春阁 / 大慈寺设厅（晚宴）	观摸石、礼灵智禅师、妇女求子、宴集	开元二十三年灵智禅师以是日归寂，邦人敬之，入山游礼，因而成俗

① 费著：《岁华纪丽谱》，《文渊阁四库全书》，台湾商务印书馆股份有限公司影印本，史部，第 348 册，第 434—437 页。

续表

日期	地点	游宴活动	备注
三月二十七	大西门睿圣夫人庙前	蚕市。太守先诣诸庙奠拜，宴于众净寺，晚宴大智院	初在小市橘，田公以祷雨而应，移于庙前
寒食	移忠院（早宴）大慈寺设厅（晚宴）	旧俗：太守设酒馔于近郊祭鬼，置广仁院葬死而无主；民于郊外上冢 / 今俗：辟园张乐酒垆花市（二月开园，逾月乃罢）游宴。 士女从观，太守会宾僚凡浃旬，此最府庭游宴之盛。	天禧二年，赵公稹尝开西楼亭榭，俾士庶游观。自是每岁寒食，辟园张乐酒垆花市。茶房食肆，过于蚕市
四月十九日浣花佑圣夫人诞日	梵安寺夫人祠	太守设宴，登舟观诸军骑射，倡乐导前 / 到百花潭观水嬉竞渡	官舫民船，乘流上下，或幕帟水滨，以事游赏，最为出郊之胜
五月五日	大慈寺设厅	宴集	医人鬻艾，道人卖符；朱索彩楼长命辟灾之物，筒饭角黍
初伏、中伏、末伏	江渎庙设厅	初伏会监司、中伏会职官上、末伏会府县官。早晚宴集，泛舟游赏	初文潞公建设厅，以伏日为会避暑，自是以为常。观者临池张饮，尽日为乐
七月七日	大慈寺设厅	晚宴，暮登寺门楼，观锦江夜市，乞巧	
七月十八日盂兰盆会	大慈寺	宴于寺之设厅	宴已，就华严阁下散
八月十五日中秋	大慈寺	宴集	旧宴于西楼，望月于锦亭
九月九日	玉局观药市	宴监司宾僚于旧宣诏堂，晚饮于五门，凡二日	官为幕帟棚屋，以事游观，或云有恍惚遇仙者
冬至节	大慈寺	宴集	后一日，早宴金绳寺，晚宴大慈寺

以上以时间为序胪列了《岁华纪丽谱》所有节日活动，其中有以下几个方面值得关注：其一，游宴活动频繁，大部分集中于上半年，尤以正月为最。其二，寺庙转化为公共活动空间，凡有宴集，均聚于此。以上所列计有安福寺、移忠寺（院）、大慈寺、圣寿寺（内有都安王祠）、祥符寺、信相院、保寿侯祠、净众

寺（颁国社、丞相祠）、大智院、金绳（寺）院、海云山鸿庆寺、大西门睿圣夫人庙、梵安寺（浣花佑圣夫人祠）、江渎庙、众春阁、华严阁、玉局观等，其中在大慈寺的活动达到9次。其三，庙市活动较多。其中，有圣寿寺蚕市、大西门睿圣夫人庙前蚕市[①]、玉局观药市等。其四，除了一般在寺观宴乐的会集，还有几次以祀神为主的庙会活动：安福寺（正月元日）、圣寿寺（正月二十三日）、保寿侯诞日（正月二十八日）、鸿庆寺灵智禅师归寂日（三月二十一日）、大西门睿圣夫人庙（三月二十七日）、广仁院祭鬼（寒食）、梵安寺浣花佑圣夫人诞日（四月十九日）、大慈寺散盂兰盆（七月十八日。按：此会设于七月十八，可谓特例）等。以诞日、圆寂日等祝神时间，正是后世俗神赛会的通例。值得一提的是，三月二十七日在大西门睿圣夫人庙前的蚕市，“初在小市橘，田公以祷雨而应，移于庙前”。因神灵有功，民众即将蚕市迁于此地，反映人们以“市”隆“神”的民众心理，以使神灵香火旺盛。而浣花佑圣夫人诞日的游宴之乐，直追汴梁之盛。其五，官府在游宴活动中居于主导地位。所记游宴以“太守”活动为中心，如二月二日之踏青节，游人初自发到四郊游玩，而知州张咏“以为不若聚之为乐”，故设仿浣花溪之“大游江”设“小游江”，以致仕女聚观，张咏因此赋诗纪之“春游千万家，美人颜如花。三三两两映花立，飘飘似欲乘烟霞”；再如知州赵稹于寒食节“辟园张乐”，于是“酒垆、花市、茶房、食肆，过于蚕市”，成游宴之盛。据此可知，宋代成都的游宴之风，官方的引导起了很大的作用，上行下效，官方宴集之地也成为了民众集会之所。

由是观之，佛、道两教在发展中兴建了大量的寺观，也影响到民间的俗神信仰，民众纷纷设祠祭祀。在此过程中，以祠庙为中心的信仰圈和文化圈逐渐形成。祠庙圣地，既是民众祭祀神灵、烧香祈福的地方，又是民众宴集娱乐的场所。祠庙在功能上向公共娱乐空间转化，这一功能是由祠庙的祭祀职能衍伸

---

① “蚕市”为蜀中习称，一说起于蜀主蚕丛，喻其居于定所，随蚕业所在而居之意；一说以“蚕”概农耕之意，北宋成都知府田况有《五日蚕市诗》：“齐民聚百货，贸鬻贵及时，乘此耕驿前，以助农绩资”，即其意也。

而来。祠庙作为信仰的向心力凝聚了信仰文化圈里的民众，定期聚集举行祭祀仪式，久而久之，祭祀之外的聚集活动也逐渐兴设于祠庙之中，祠庙由祭祀空间转化为公共娱乐空间，庙会的出现，即与寺庙的兴建有着密切关系，“或因寺庙节庆，民庶多往；或因伽蓝斋会，仕女多至；或因寺游兴起，伎艺杂陈”[①]。唐宋以来，无论是乡村的赛社，还是城镇之祭祀、游宴，娱乐之风几乎成为民众聚集的主要特征和形态呈现。游艺民俗开始渗入到祭祀仪式之中，成就了赛会的娱乐化转变。而民众自发形成的赛会组织，标志着赛会的组织形态日趋规范化。

第二节　明清赛会与赛会演剧的演进

迎神赛会作为明清以来民间社会常见的文化现象，承载着丰富而复杂的文化内涵。迎神赛会的兴衰与国家权力和民间意识紧密相连。明代是巴蜀地区迎神赛会发展的重要时期。明代隆祀城隍的同时，遵循“有功德于民则祀之”的原则，命有司祭祀地方神灵，客观上掀起了新一轮“造神运动”。迎神赛会仪式日趋频繁，形态上沾染了浓郁的官方仪仗色彩。明末清初巴蜀地区的兵燹之乱，阻挠了迎神赛会的发展，官方无暇主持盛大的仪式，民众缺乏必要的财力和激情。乡土重建赋予迎神赛会的发展空间，赛会主体与祭祀对象的性质趋于模糊，官方与民间的赛会形态趋于一致。民间戏曲日益成为赛会的主角，并固化为赛会的基本形态。随着晚清袍哥势力的扩张，袍哥取代地方官府成为地方公共事务的主导者。袍哥依托行商坐贾的财力，不断整合各方势力，迎神赛会演绎为浑融民间权力纠葛、人神互动与庶民狂欢的文化场域。

---

① 段玉明:《寺庙与中国文化》，三环出版社 1990 年版，第 84 页。

一、“地域祭祀整合”[①] 与明代赛会的演绎

朱明王朝开国伊始，即推行祭祀改革。洪武初年，大封城隍，确立城隍为国家“通祀”，序列天下城隍的等级，形成以南京城隍为中心，下辖各府、州、县城隍的城隍祭祀体系。同时朱元璋按照是否有功于民的标准，对凡有功于国家和惠及于民的祀典内神灵，命地方官岁时致祭；对有功于民而不在祀典的神灵，亦默许民间祭祀。城隍神被纳入到官僚体系之中，民间也由此掀起了新一轮“造神运动”。得到官府认可的民间神灵开始“大行其道”，与官府的城隍祭祀相对应，各地纷纷兴建土主神祠，土主信仰开始风靡全川。

土主信仰基本上是人格化的神灵，各地往往以古代先贤为“土主”神灵，因此，其所祀对象因区域的不同而迥然有别。如邛州祀张睢阳，蓬溪祀邑令李洪，成都白马王土主庙祀庞统，綦江祀川主，巴县、铜梁祀赵延之，忠州祀巴蔓子，彭县祀韦皋、姚苌，泸州则祀张柬之、桓彦范、玄晖、袁恕己、敬晖五人等等。其中，郫县所祀的土主颇为另类，为淮南王刘长。历史上的刘长骄纵跋扈，还图谋叛乱，于国于民不仅无功，甚至罪不可赦，正如明郫县令莫文泰所言，“昔淮南王长文帝时，以骄蹇得罪，坐徒蜀严道，死于雍，因有‘斗粟尺布’之谣。迹其所为，以社稷似不孝；以君臣似不忠；以同气似不弟，三者大本也，未能其一，他何说焉”[②]。无论从哪个角度，刘长似乎都不应受到崇祀。但刘长在郫县的境遇以及官府对此的态度，却出乎常人所料。历史上的刘长因谋逆之罪而谪徙蜀郡，行到雍县绝食而死，并未踏入蜀中，更谈不上与郫县有关联。而根据莫文泰的碑记，郫县民众为了与刘长沾上关系，杜撰了刘长徙蜀迎娶郫人瓮氏女为夫人

---

① “地域祭祀整合”实际上是明代将城隍和“有功于民”的地方神灵纳入地方祀典的祭祀制度。参见科大卫：《中国皇帝的非正式帝国：明代宗教与地方社会的整合》，载科大卫：《明清社会和礼仪》，曾宪冠译，北京师范大学出版社 2016 年版，第 65 页。

② 莫文泰：《土主祠碑记》，嘉庆《郫县志》卷 36《艺文》，《四川大学图书馆藏珍稀四川地方志丛刊》第 1 册，巴蜀书社 2009 年影印本，第 264 页。

的传说，于是郫人祠而祀之。不过，这个传说不足以洗脱刘长的罪孽，更不足以保其馨香永荐，于是，民众乃至官方不断修正刘长的形象，又杜撰了土主庙协助官兵捕杀盗匪的传闻。如此，刘长的形象发生了颠覆性变化，罪孽深重的刘长化身为善于悔过，且承袭帝王之气的神明，一个疏离于历史的功德之神出现在民众的面前。值得注意的是，莫文泰的《土主祠碑记》作于嘉靖初年，作为郫县县令，莫文泰的态度无疑代表了官方的意志。对待这样一位另类土主，莫文泰并未视之为淫祀而废除之，而是极力去挖掘民众祭祀之根源，甚或重新建构土主神形象，体现了官方对于地域性民间神灵的接受与认同。按照一般的经验，官方对民间俗神的接受，被动多于主动。而从莫文泰的描述中，官方不仅承认了这一无功无德之神，甚至还极力宣扬其神灵威仪。毫不夸张地说，借助于官方的扶持，土生土长的地域性俗神，几乎进入了官方正祀的体系。

经由官方的隆祀，土主赛会得以规模化扩张。郫县的土主赛会，“每佳节良辰，祈者、报者、抑郁赴诉者，扶老携幼，肩摩踵接，不下数万”[①]，刘长的历史污点并没有阻挡民众的祭祀热情。这从侧面反映了“有功于民”只是一种官方的意志，对于大多数民众而言，“见神就祀”才是最实际的祭祀法则。正德年间，邛州“以五月一日为神诞辰，而相率文身礼庙，至有试皮肤于刀剑，费田宅于牲牢，杂男女于玩戏者。耗财蠹俗，习为故事”[②]。事实上，在洪武三十年重订的《大明律》中，对民间迎神赛会予以了明文禁止：“凡师巫假降邪神，书符咒水，扶鸾祷圣，自号端公、太保、师婆，及妄称弥勒佛、白莲社、明尊教、白云宗等会，一应左道乱正之术；或隐藏图像，烧香集众，夜聚晓散，佯修善事，扇惑人民，为首者，绞；为从者，各杖一百，流三千里。若军民装扮神像，敲锣击鼓，迎神赛会者，杖一百，罪坐为首之人。里长知而不首者，各笞四十。其民间春秋

① 莫文泰:《土主祠碑记》，嘉庆《郫县志》卷36《艺文》，《四川大学图书馆藏珍稀四川地方志丛刊》第1册，巴蜀书社2009年影印本，第265页。

② 杨廷仪:《鹤山书院碑记》，嘉庆《邛州直隶州志》卷43，《中国地方志集成·四川府县志辑》第13册，巴蜀书社1992年影印本，第355页。

义社，不在禁限。”[①]在造神与“禁饬赛会”相互抵牾的法令之中，民众乃至地方官府有意识地选择了前者，体现了地方官府整合地方神灵的意志。

不过，也有禁饬赛会的例外情形。成化年间，距《大明律》颁行不到百年，川东忠州地区形成具有相当规模的赛会。赛会引发各方势力的争斗，致使地方官府不得不明令禁止。明人陈秉彝的《禁止土主赛会记》记录了此次事件的经过：

> 语云：有功德于民者则祀之。凡颁之祀典者，宜无不当尊崇矣。然有祀之而神降之福者，有祀之而反降之灾者，岂神不宜祀耶？抑亦祀之不以其道，故神不降福而降殃也？忠州以曼子、严颜故，始于贞观八年，更置今名。顾名思义，原宜家尸户祝，隆厥俎豆。惟是俗尚奢华，以崇德报功之事，竟作角胜斗靡之场。每值会期，旗帜塞巷，金鼓鸣街，彩亭锦棚相望盈道，乡城士女走相拥挤，其男女之别，已不识矣。更可恨者，炙蜡浇烛，其大如围，饰以锦绣珠玉，以三十二人撵之，环游城关，三日乃止。他邑之逐逐来者，亦复效尤。就中为合州、铜梁、云阳、梁山，其奢侈更过于本地。如彼此相逢，多两不相下。虽地方官不时弹压，而会大人杂，势难禁止。即如今岁二月二十九日，合州士民秦书绅、张万选等，与石砫宣慰官家属赛会争道，酿成巨案，两造竟伤人至二十七名之多。除照例详办外，此种积习如不严加禁止，恐日后更积重难返。嗣此以后，尔士民务须遵巡道暨备上宪批示，每遇三月三日，不准妆演亭棚、鬼吏、鬼差，并不准人执器械，只许衣冠诣庙，香烛酬神。倘不遵循，如法定拟，尔士民其敬懔之。[②]

“土主”为巴国将军巴蔓子。当时川东一带普遍崇奉巴蔓子，每年定期到其故乡忠州举行祭祀活动。或许是因为巴蔓子作为巴国英雄的号召力，忠州土主赛

---

① 李东阳撰，申时行重修：《大明会典》卷165，《刑部·律例六·祭祀》之“禁止师巫邪术”条第4册，广陵书社2007年影印本，第2306页。

② 陈秉彝：《禁止土主赛会记》，同治《忠州直隶厅志》卷12《艺文志（中）》，《中国地方志集成·四川府县志辑》第53册，巴蜀书社1992年影印本，第636页。

会吸引了川东地区（大部分属古巴国的范围）各州县民众前来参与，不仅有相邻的石柱、梁山、云阳等，甚至还包括数百里外的合州、铜梁等县，成为辐射整个川东片区的大规模盛会。一时间，川东各县民众，共同朝圣，可谓一大盛事。从上述文字来看，土主赛会已有非常壮观的巡游仪式，巡游队伍由旌旗、金鼓、彩亭、锦棚、鬼吏、鬼差等组成，仪式的核心是以数十人抬大烛环游城关。迎神赛会的性质已发生变化，本应是虔诚的祀神转变为各方势力的争奇斗艳，甚至不惜拳脚相加，致使官府不得不严加禁饬。地方性的土主赛会演化为如此大规模的集会，表明明初所谓的禁令早已形同虚设。尤其是就在天顺、成化之际，陕、楚交界发生了接连不断的“白莲教”暴动，前后有数十万流民参与，引起明廷震动，到成化七年才最终被镇压。与陕、楚相邻不远的川东忠州一带的赛会，官府却视若不见，实在令人难以置信。结合此前地方官府对于土主信仰的考察，我们发现，至少从地方官看来，正祀与淫祀的区别已然消解。官府在承认民众“淫祀”合法性的同时，也基本上默许了民间的迎神赛会活动。正如陈秉彝的饬令中，开篇即言“有功德于民者则祀之”，足见这句话在明代地方官中的影响——可视为地方官员推行民间宗教信仰政策的准绳。陈秉彝们最大的担心，就是出现类似危及社会秩序的事件，这份禁令正是“酿成巨案”之后不得已作出的应对举措。或许，这一极端事件，从一个侧面揭示了明代赛会活动走向繁盛的原因。

嘉靖以后，国势中衰，民众逐渐堕入贫病交困的境地，蜀中部分地区赛会显露颓势。据嘉靖《洪雅县志》载，洪雅原本一年之中有三月三“赛三婆神”、四月八“供佛（卜日建醮禳火）”、六月六“赛青苗神”、中元节“建盂兰盆会”、七月“迎土主神（费甚巨）”等赛会活动[①]。到嘉靖中期，洪雅的所有赛会活动几乎停办，文人雅士颇有今昔之叹：“嘉靖初年，元夕演戏剧，结彩棚，箫鼓常达旦，端午竞渡，中元赛神，费皆踰百金，余犹及见之云。盖其时家给人足，民不愁苦，故靡费不惜也。近虽寂然，民尚有保暮之忧，鬻屋者至析尾木为二眉，荷于

---

① 〔嘉靖〕《洪雅县志》卷1《风俗》，《天一阁藏明代方志选刊》，上海书店1963年影印本，第66册。

市田，不售则束手矣。悲哉！乃不即流徙，则幸有令长惠政在也。”[①]民生凋敝，甚至达到拆屋鬻木的地步，生活已举步维艰，遑论靡费之赛会。在当时的士人看来，赛会早已超越了民间信仰的本来意义，而成为一定时期社会经济发展的风向标：朝廷以此粉饰太平，而地方官借此宣扬政绩，士人借此而观民风国运。

雅安城隍会的发展，从另一个角度提供了例证。与洪雅相邻的雅安，同样出现了民生衰颓的迹象，但雅安城隍会并未因此而消歇，反而在官府的倡导之下逆势发展。苟思醇的《庆祝城隍会碑记》记录了嘉靖前后雅安城隍会的发展轨迹：

> 尝闻里社之设所以祈年谷、祓灾祲、洽闾党、乐太平者也。惟吴中实甲天下。王伯榖《吴社编》言之最详，如所谓助会、打会、走会、接会等事，如所谓人物鬼神缠结珍奇等则，时至则事起，一唱而百和。荐绅大老不必拒，官府法令不必革，而文人学士亦不必以文章道理之说攘臂其间，不过曰：为民事神，随俗雅化云尔。吴蜀虽马牛不及，人情风尚大略相同。郡之社令自立州治来，庙像祇奠一尊，三月出驾有会，万众鼓舞，醵金积钱告年，极郑重其事。以故雨旸时若，人安物阜，赤白之羽不薄郊关，食货之珍日见辐辏，人生其际熙熙愉愉，蜀中推富饶者必首雅云。然而将享之事日就简省，间或踵行，不过完故事而已。初不见有慷慨捐施，众志齐一者，在固陋之极，不无怨恫，而气运乘之。故五六年来木饥土满，病及乡农，父老相向太息曰：享祀不丰。种种咎征，理或信然欤。幸逢郡侯陈公以宣城名流来视事，识尊眼高，忠民事神，备述其乡祝厘庆赛若何繁华美丽，与《吴社编》所载适相符契。一时里中人皆妙慧，喜事者遵行意旨，属修故事，即庙神诞日预告国人，片楮传谕耳。是日也，彩帐错差，粉墨竞陈，角抵鱼龙之

---

① 〔嘉靖〕《洪雅县志》卷1《风俗》署“云山野樵记”。“云山野樵”即张可述（1523—1590），字惟孝、号芦村，洪雅人，嘉靖二十六年进士，历任为陕西咸宁县知县、浙江按察佥事、贵州布政局右参议等，自号云山野樵。

属，缤纷陆离，不图二十年前光景再见今日也。众志聚则天地通，黍稷馨而戬谷报。从此为大有年，以昭平康庶征之应，贤侯神道之教，其在斯乎！谨祝。[①]

苟思醇为雅安举人，该碑记作于隆庆二年。据碑记可知，雅安城隍会之兴已有多年，且规模宏大，“万众鼓舞，醵金积钱告年”。但在二十年前的嘉靖中期，开始“日就简省，间或踵行，不过完故事而已”，此与修撰于嘉靖四十一年的《洪雅县志》所言略相吻合。雅州城隍会醵金办会的运作模式，促成了其在二十年前的盛大规模。作为州府城隍会，赛会会资主要来源当为城内的商贾大户。由于嘉靖中期后国运衰弱，民不聊生，商贾大户乃至民众皆无力承担庆典资费，城隍赛会“日就简省”也为势所必然。根据邑人苟思醇的说法，民众将贫病交困的现象归咎于“享祀不丰”，事实上，这当是官府恢复赛会的一种托词。从神灵的性质而言，城隍具有土主神祇无法比拟的地位。朱元璋出于加强皇权的目的，隆祀城隍，对各地城隍分封爵位和品秩，承担着监察百官、惩恶扬善、抚慰民众的职能。因此，隆祀城隍是地方官的分内之职，恢复赛会有宣扬政绩，粉饰太平的目的。经由来自安徽宣城新任官员的提倡，雅安城隍会得以复兴。此次恢复赛会，以《吴社编》及宣城赛会作参照，其规制堪比吴中里社。苟思醇在记录赛会形态时，甚至袭蹈了《吴社编》的描述，“优伶伎乐，粉墨绮缟，角抵鱼龙之属，缤纷陆离”[②]，其规模之盛大可窥一斑。

土主信仰与城隍信仰，虽然有着民间意识与官方意志的区别，但如果深入考察土主与城隍的祭祀对象，二者之间存在某种必然的渊源。唐宋以后，城隍神早已褪去自然属性，实现了人格化转变，城隍神进而被古代先贤所取代，“人们所崇拜的城隍，既不是以具体的城隍事物本身为直接崇拜对象，也不是简单地把城隍的自然属性加以人格化的神灵，而是选择某些历史人物，然后立为城隍神主，

① 〔民国〕《雅安县志》卷5《雅安艺文志》，《中国地方志集成·四川府县志辑》第64册，巴蜀书社1992年影印本，第78—79页。

② 王稚登：《订正吴社编》，《四库全书存目丛书》，子部，第241册，齐鲁书社1995年影印本，第728页。

作为崇拜的偶像。就其选立的城隍神主的事迹而言，有的因治水成功而使城市免除水患之虞，有的因在战争时保卫城池有功而使市民的生命财产免遭杀掠，有的因为官清廉并整治贪官及恶霸而使社会秩序比较安定，如此等等”①。城隍神的具体对象其实就是当地的先贤，虽通称为城隍，其实很大程度上具有地域神的性质。而据前述分析，各地所祀土主也多由本土先贤充任。土主与城隍的具体祭祀对象形成了某种关联。甚至可以说，在“有功德于民者则祀之”的明代祭祀体系中，土主是作为区域保护神，也是另一种形态的城隍。两者的区别，不过是前者更接地气，属于民众心目中的地方保护神；而后者享有朝廷的封赐，接受官民的共祀而已。如此，本属于两极的神灵，逐渐趋于一致。民间的土主获得官方的认同，而威严端方的城隍获得亲民的身份。这是明代整合地方祭祀的结果，朱元璋洪武初推行的祭祀改革，事实上是通过整合神灵以整合地方社会和民间秩序。因此，无论是城隍赛会还是土主赛会，无论是官方祭典，还是民间赛神（包括未称之为土主的地方神灵赛会），都在官方的默许和扶持下得以发展。

二、乡土重建与清前期赛会的复兴

经明末清初兵燹之乱，四川人口遭掠杀殆尽，天府之国一片“弥望千里，绝无人烟”的荒凉景象。直到康熙二十年前后，清军才彻底廓清四川反清势力。但武力征服只是完成了满清入主中原的第一步，对于因战乱几乎成为废墟的四川等地而言，恢复生产，重建乡土传统才是最终目的。针对四川人口锐减的情形，朝廷出台了“奖励垦荒”的激励政策，各省民众纷纷涌入四川盆地，形成了规模空前的“湖广填四川”移民潮。这一政策促进了四川地区经济社会在短时间内得到恢复和发展，社会秩序走上正轨。到康熙三十一年，“清查四川户口田粮，除补

① 王永谦：《土地与城隍信仰》，学苑出版社1994年版，第173页。

足原额外，计新增户名十九万七千九百六十五口，田地八万八千五百顷有奇，应征地丁银两等项十二万五千九百九十二两零，米三千六百三十三石零”①，可见，到此时蜀中经济社会得到初步复苏。

移民，只是清初四川乡土重建的基础。对于传统社会而言，“乡土”的意义，不只是简单的乡民集居，不只是日出而作、日入而息的劳作与生产，仪式才是乡土社会的内核，也关乎着乡土传统的内在逻辑。宗教信仰仪式在乡土仪式中占据重要地位。乡土仪式既渗透着国家意志，也体现为乡民的自我意识。就祭祀制度而言，满清基本沿袭明制。《大清会典》将祭典分为大祀、中祀和群祀，明确规定将“贤良、功臣以及御灾捍患诸神等”纳入群祀。“贤良、功臣以及御灾捍患诸神”沿袭了明代“有功德于民者则祀之”的祭祀原则，实际上是将地方性的神灵也纳入祀典体系之中。

由于乡土结构的崩塌，清初的四川，难以再续明代赛会的盛大规模，只有乡村赛社演绎着乡民的愿景。明遗民阎尔梅在顺治年间游历四川，其《临邛至青城山看戏》中记录了灌口赛江神李冰之事：“曾闻蜀国四弦诗，可补江南白纻辞。村舍笙铙喧蠡母，江神婚嫁谒冰儿。衰年不作题桥梦，退步何烦叱驭为。此去洞天寻道伴，青城山下掘蹲鸱。”②治水开渠，福泽万民的李冰，成为乡民心中的水神和农业神。与阎尔梅同时的四川布政使杨思圣，在《蜀中春事》中描述了乡民于土庙赛石神的场景：“蛮方击鼓催舟客，土庙张旙拜石郎。处处竹枝歌调美，郫筒沉醉酒家傍。”③值得注意的是，顺治年间，蜀中周边仍兵事不断。杨思圣于顺治十四年入蜀，在蜀几年，勤于政事，颇有政声。杨思圣笔下的清初四川民间社会，在乡间赛神所呈现的祥和气氛，或有溢美之嫌。康熙年间，时任彭水县

---

① 《清圣祖实录》卷156，第5册，康熙三十一年八月至九月，中华书局1985年影印本，第719页。

② 阎尔梅：《临邛至青城山看戏》，载《白耷山人诗集》，《清代诗文集汇编》第19册，上海古籍出版社2010年影印本，第204页。

③ 杨思圣：《蜀中春事》，载《且亭诗抄》，《清代诗文集汇编》第74册，上海古籍出版社2010年影印本，第462页。

令的陶文彬，在主纂的《彭水县志》中记录了民间插秧“打闹”之场景：“四月秧长五六寸，乡人通工栽插，集众数十人，择二人为众信服者，分司钲鼓，鸣以督众，曰打闹。”[①]同时，作为勤政为民的父母官，他写下《劝农诗》二十首，其中“村村打鼓赛田神，浩倡安歌牲醴陈。敬报三时旋默祷，明年农事又将新”[②]，描述的正是乡农秋收之后报赛田神的情形。康熙《涪州志》也载，“六月农人耨秧去稗锄草，以养佳禾。是月二十四日涪人祭川主之神，其神名李冰，乃昔时蜀郡太守也。兴水利以惠民，逝而为神，蜀人建祠祀之。迄今村落中皆有石庙。二十四日乃诞辰也，故祭之，每遇旱年祷雨立应”[③]。士宦诗文和官修志书中，不遗余力地宣扬乡村赛社场景，似乎成为清初地方官宣扬政绩的一种方式，这或许也显现出士宦恢复乡土社会的集体焦虑。

由于祀神之祠庙大多毁于明末兵火，地方官重建乡土传统的一个主要途径就是修缮祠庙。翻开四川地方志，康熙年间各州县重建祠庙的记载比比皆是，尤其是纳入国家正祀的城隍、文昌、东岳、关帝等神灵祠庙，更是地方官修缮的重点。康熙初年，营山县令毛鸣岐主持重修关圣庙，所撰《重建关圣庙碑记》曰：“岁戊申，余令兹土，目击荒域，荆榛匝地。邑中神宫殿宇，荡然无存。日对残黎数十家，谋耕凿、课农桑，忧心如焚，遑计及先时庙宇重加创造乎？既而思学宫有建，城隍有建，忠孝节义之祠，有关国家大典。”[④]先恢复生产，再兴文教而重礼仪，这应当是清初宦蜀地方官为政的基本思路。官方在重建城隍等正祀神灵的祠庙时，将地域性的神灵合祠共祀。毛鸣岐重建营山关帝庙时，将此前营山当地所祀先贤颜鲁公、明佥宪王源合祀，正殿祀关帝，后殿祀颜鲁公和王源。眉州

---

① 〔康熙〕《彭水县志》卷3，《故宫博物院藏稀见方志丛刊》第136册，故宫出版社2012年影印本，第199—200页。

② 同上书，第356页。

③ 〔康熙〕《涪州志》卷1《风俗》，《日本藏中国罕见地方志丛刊》，书目文献出版社1992年影印本，第408页。

④ 毛鸣岐：《重建关圣庙碑记》，载龙显昭、黄海德主编：《巴蜀道教碑文集成》，四川大学出版社1997年版，第287页。

知州金一凤于康熙四十三年重修州城隍祠时，前殿供城隍，后殿则供奉土主蚕丛[①]。正祀与地域性神灵合祠并祀，或为乱后财力殚屈的权宜之计，而客观上却抬高了民间神灵的神格，扩大了神灵的影响力。

移民迁入与兴建祠庙，是清初重建四川的基本路径。湖广填四川"填充了四川社会的生存空间，给四川社会的恢复和发展带来了新的活力。同时也在四川民间信仰中填充了新的主体，并建构了新的信仰内容与形式"[②]。尽管"五方杂处"，尽管"乡神"五花八门，但不可否认，乡神在整合移民的过程中发挥了不容忽视的作用，也促进了四川乡土社会的重建。雍乾以后，重修、新建的寺观陡然增加，移民会馆也开始涌现。国家承平日久，民间的娱乐之风开始显现，"国家休养生息，蠲租薄赋，民间家计渐充，心性渐侈，而风俗缘以颓靡。近因好事者聚会矢盟，假敬神之美号，造淫佚之恶习，朝朝演戏，夜夜开棚"[③]。乾隆虽然延续对僧道的控制政策，但显然已有所松懈。僧道的数量与日俱增，甚或达到惊人的地步，"乾隆元年至四年，僧道之无度牒者，已有三十四万余人。自四年迄今，其私自簪剃者，恐不下数百万众"[④]。乾隆年间，商帮移民纷纷建立会馆，崇祀乡土之神。赛会之风在蜀中骤然兴盛。乾隆十四年的《大邑县志》记载了一年中的主要神会[⑤]：

---

① 〔康熙〕《眉州属志》，《北京大学图书馆藏稀见方志丛刊》第309册，国家图书馆出版社2013年影印本，第449—451页。

② 林移刚：《民间信仰与清代四川移民社会整合》，《云南民族大学学报》2014年第2期。

③ 巩建丰：《风俗论》，载《朱圉山人集》卷5，《清代诗文集汇编》第231册，上海古籍出版社2010年影印本，第411页。

④ 《清高宗实录》卷960，第20册，乾隆三十九年六月上，中华书局1986年影印本，第1017页。

⑤ 〔乾隆〕《大邑县志》卷3，《故宫珍本丛刊》第205册，海南出版社2001年影印本，第339—341页。

表 1-2 大邑县赛会表

日期	祀神事项	赛会内容	赛会地点	备注
正月十五	天官赐福之辰	预于初八九日城内四街、城外四乡以高竿二丈余悬纸灯三十三盏（按三十三天之数），火树银花，灿烂花封，又七扎龙灯装扮杂剧故事，逐户盘旋，箫鼓喧阗	城乡内外	上元节。 十五日祭蚕
二月初三	文昌帝君圣诞	演剧庆祝	文昌宫	
三月初三	媒神圣母降诞 真武帝降诞	集梨园庆祝	楚人会馆真武宫、城北圣母殿	观者如堵
三月十一	城隍尊神降诞	预于初七日具仪仗扮演故事，迎神于南郊，驻节演剧预祝。至初十日回驭，是日演剧称觞上寿	城隍庙、南郊	远近辐辏进香者不下万余人
三月二十八	东岳大帝圣诞	城东有庙亦演传奇申祝，乡村市镇有庙处所亦然	东岳庙	
四月初一	萧公钦启王降诞	豫章客民演传奇	江西会馆	聚观多人
五月十三	关圣大帝降诞	工歌庆祝	秦晋会馆	
六月六	镇江王杨泗将军神诞	演戏		天贶节
六月二十三	马神降诞	牧马者以少牢、鹅鸡祭献		
六月二十四	川主神降诞	乡人皆演戏		庆祝三伏日
七月七	中溜土地降诞	祭以鸡酒，饰以楮纸旗伞		道腊之辰，亦晒书画衣服
七月十五	盂兰盆会 地官赦罪之辰	释氏修斋追荐亡人；道家建醮荐先人		
八月初一	许真君降诞	演剧庆祝	江西会馆	多聚观者
八月初三	灶神诞	随宜祀之		
八月十五	火神降诞	常例建火星祛瘟斋醮讫，搬演传奇		中秋玩月
九月初九	真武成道日	楚人集会馆演戏	楚人会馆	重阳节

续表

日期	祀神事项	赛会内容	赛会地点	备注
十月初一	腊祭、犒牛劳	奠祖、送寒衣、犒牛		
十月十五	水官降诞之辰	道家建醮		
十二月二十三	祭灶神	具香灯纸马等祭送		

这是对这一时期全年祀神活动较为完整地呈现：一、民间赛神活动已相当频繁，每月少者一次，多者三次；二、会馆赛会逐渐盛行，计有楚人会馆祭真武帝、秦晋会馆祭关帝、江西会馆祭萧公和许真君、祭镇江王杨泗将军等；三、乡民参与者众多，“观者如堵”“聚观多人”“多聚观者”等反映了民众聚众娱乐的情形，而城隍神诞则“远近辐辏进香者不下万余人”，其盛况可谓空前；四、城隍祭祀活动形成了典型的三段式结构，即：

由城隍庙迎神于郊外 ⇨ 驻跸行宫演戏 ⇨ 回城隍庙庆祝

舁神巡游仪式在城隍祭祀中复现，虽然会期尚只有几天，但在规制上已与后世的城隍会无异；五、演戏成为赛会中的主要娱乐形式。不仅会馆祝祀，其他神灵赛会皆有演剧活动。且从文字表述来看，会馆祝祀以及文昌圣诞、媒神圣母圣诞、东岳神诞、川主神诞只记其演剧庆祝，反映了演剧活动在整个祭祀仪式中的重要程度。与乾隆《大邑县志》编纂时间相近的《丹棱县志》（李光泗，彭端淑纂修，乾隆二十六年，1761）、《彭山县志》（张凤翥纂修，乾隆二十二年，1757）、《青神县志》（王承爔纂修，乾隆二十九年，1764）、《广元县志》（张庚谟纂修，乾隆二十二年，1757）等地方志中，均有对民间赛会演剧活动的记载。乾隆年间，兴建或重建祠庙的数量和比例较康熙时期有过之而无不及，与之相应的，会馆成为一种普遍的神灵崇祀空间在四川各地建立起来。从经济的层面而言，祠庙与会馆的大量建构反映的是四川经济社会走上了正轨。从信仰的角度而言，四川土著与各省移民开始了自觉的信仰区分与建构。对移民而言，“在维持原乡认同的同时，‘新家乡’也逐步成为客民实际生活的一部分，并越来越成为主要的生活场景。而会馆虽多被认为维续原乡认同的组织，但同时也在努力参与着移居地公共生活的建构”[①]。一种新的民间秩序得以建立，新的民间秩序的建立，在客观上显现出民间自治的倾向。在土著与移民的努力之下，四川民间的赛会之风得以复苏，区域性赛会格局逐步形成，既有会馆赛神，也有乡民报赛，更有地域性的神灵赛会，以城隍赛会为主的规模性赛会在结构上趋于完备。

三、商人、袍哥与近代赛会之蜕变

雍乾以降，四川地区流民与秘密会党活动日益频繁，先后有啯噜、白莲教及晚清的哥老会。这些组织或明抢暗夺，或举行规模性暴动和其他破坏活动。民间赛会作为一项“举国若狂”的集会活动，容易为烧香结盟、聚众赌博、挟妓纳娼等所利用。“教匪”和袍哥还利用端公傩仪、戏曲为媒介，从事符箓、咒语、幻术等活动，对抗官府，严重危及社会稳定。赛会自然成为官府加强社会治理，维护社会稳定的主要对象。不过，无论官府如何禁饬赛会，民间赛会仍然得以持续发展，这与袍哥势力的崛起以及商帮的参与不无关系。

历经百年的休养生息，到乾隆时期，四川经济社会得以持续繁荣。各地商帮纷纷涌入“天府之国”，运销井盐、粮食、山货等，又从外地购置棉花等四川短缺物资入川销售。正如清代王昌南在《老人村竹枝百咏》所云：“忽官忽号忽商家，配引征厘解宪衙。满道夷歌骡马至，来时驮药去驮茶。”[②]商帮群体分布于四川各州县，尤其是物资盛产地和近水码头商埠，更是商贾云集之所。各商帮或以地缘为纽带，或以业缘为基础，在各地建立会馆（行会），供奉神祇。随着各地会馆（行会）的增多，商帮之间自然产生了斗富的心理。各商帮行会在建筑外

---

① 王东杰：《“乡神”的建构与重构：方志所见清代四川地区移民会馆崇祀中的地域认同》，《历史研究》2008年第2期。

② 王昌南：《老人村竹枝百咏》，载林孔翼、沙铭璞辑：《四川竹枝词》，四川人民出版社1989年版，第49页。

观上费尽心机，以壮大其声威。比如产盐重地自贡西秦会馆花费巨资，经十六年匠心营造而成；巴县八省会馆比邻而建，相互攀比争胜；即便在川西边境的会理州，其禹王宫之彩楼“雕刻钩心，彩画夺目，其所废当以巨万计”[①]。会馆建筑之外，祀神演剧和节庆娱乐则成为他们“斗富”的经常性节目，“旗人游猎尽盘桓，会馆戏多看不难。逢着忌辰真个空，出城添得钓鱼竿”[②]，“秦人会馆铁桅竿，福建山西少者般。更有堂哉难及处，千余台戏一年看”[③]，你方唱罢我登场。各商帮极尽奢华之能事，绵阳城内南华宫上元会“树灯杆百尺，上悬圆灯数十，结成佛字，高矗碧空，彻夜光明，观者如堵”[④]，会馆演剧逐渐褪去祀神的面纱，转而演变为商帮炫耀财力的手段。

城隍等纳入官方祀典的神灵赛会，也为商帮行会角逐之场。各商帮动辄捐以巨资，使赛会在规模上越趋扩大，其花销也成倍增长。在盐商聚集地资阳，每届城隍会动辄达“千余金”，东岳会也费资“三四百金”，演出者皆为省城的名班名角；叙永城隍会“游毕返庙演剧，由商界按日担负剧费，极唱酬之乐”[⑤]；合州大腊会“豪商大贾，巨家甲族，动费金钱数十万，卜昼卜夜，至于弥旬”[⑥]。雅安城隍会后来形成同祀府、州两城隍之俗，“向为直隶州时，不知起自何年，有古像、

① 王燕琼：《募修禹王宫引》，同治《会理州志》卷11，《中国地方志集成·四川府县志辑》第70册，巴蜀书社1992年影印本，第299页。

② 杨燮：《锦城竹枝词》，载林孔翼辑录：《成都竹枝词》，四川人民出版社1982年版，第48页。

③ 吴好山：《成都竹枝辞》，载林孔翼辑录：《成都竹枝词》，四川人民出版社1982年版，第62页。

④ 〔同治〕《直隶绵州志》卷19《风俗》。同治辛未年刻本。

⑤ 〔民国〕《叙永县志》卷4，《中国地方志集成·四川府县志辑》第33册，巴蜀书社1992年影印本，第769页。

⑥ 〔民国〕《合川县志》卷30，《中国地方志集成·四川府县志辑》第44册，巴蜀书社1992年影印本，第56页。

新像、东北、西南之分，一切仪制咸尊为王，历来莅雅而主祀事者，皆相沿随俗”[①]。城隍会期为三月一日，称为“东西城隍会”，其戏资岁耗达千金。商帮的参与，使赛会有了一掷千金的底气。赛会成了商帮争强斗胜的场所，商帮的资助保证了赛会的持续发展。赛会的规模在商人的支持下不断扩大。乾隆初期的赛会，即便是规模较大的城隍会，也不过持续十日左右。到了嘉庆、道光之后，赛会演剧在时间上不断延长，少则数日，多则数十日，嘉庆年间的资阳城隍会，长达四十二日，可谓此时期的极致。

商帮依托赛会演绎着财力，而袍哥则依靠赛会演绎着权力。随着社会矛盾的激化和官方控制的弱化，袍哥组织在道咸之际逐渐成熟。袍哥成员既有社会下层民众，也有乡绅、富商、官吏及其他社会名流，具有广泛的社会基础。袍哥分布于四川各州县码头，袍哥在各场镇、码头都设有公口，是各场镇、码头、商埠的实际控制者。袍哥掌控着区域性赛会的组织，主持赛会的筹备工作，区域性赛会形成以袍哥为首，官绅、商帮协同参与的组织形态。赛会筹备期间一般由袍哥龙头大爷召集各堂口、各商帮团体、商帮行会等商讨邀请戏班及戏资分摊事宜。商帮行会则是会资的主要承担者。蒲江县城隍会，由县城十大哥老会公口和商会共同筹备，提前半月左右开始请戏班、搭看台和办龙灯等，并邀请附近各县的袍哥及各行行商赴会，戏资则由商会分摊到各商行，每行一本，谓之“行道戏”[②]。区域性赛会在袍哥的主导下，以商帮的财力为后盾，得以规模化拓展。与此同时，赛会演剧的性质越趋复杂，转化为各方势力展演的场所。

经由袍哥的主持，在商人集中的富顺、自贡、荣县、阳县以及雅安等地，城隍会、川主会不断扩张，在功能上发生本质的转变。袍哥将赛会作为地方公共事务进行组织，以彰显自身的地方控制力。从赛会筹备开始，袍哥努力邀请

---

① 陈如平：《募化葺城隍庙正殿引》，载乾隆《雅州府志》卷15《艺文（中）》，《中国地方志集成·四川府县志辑》第63册，巴蜀书社1992年影印本，第689页。

② 周开第：《民国时期蒲江的“庙会”》，载《蒲江文史资料选辑》第1辑，1986年内部编印，第110—111页。

地方的士绅、商帮乃至官吏等地方有威望的人物进入赛会组织。到赛会举办之时，又大摆宴席，宴请地方政商各界。如荣县城隍会，城隍出驾之日，整个县城锣鼓喧天，万人空巷，政商各界出席盛会，共享盛典。迎神赛会实质上演化为袍哥与政商要员的交流会和公关会。同时，延续着乾隆以降赛会形态的演变趋势，赛会演剧成为祀神的主要活动。比如咸丰以后，由袍哥大爷、商贾大户、士绅等筹办的富顺川主会，俨然成为戏班竞技的盛会，富春班、凤仪班、文娱班、金泰班、裕华班等各路戏班竞相上演，成渝两地的名角唐金莲、阳友鹤、陈书舫、曹俊臣、张德成等纷纷到此献艺。甚至，在自流井和雅安一带，由赛会演剧逐渐演化出“品戏”之风——俗称为“品仙台”。“品戏”包括“观众品”“名角品”和“自我品”，指观众之间、艺人之间、演员自身对演技的品评、交流与反省的风气。“品仙台”的出现，体现了观众和演员对戏曲艺术本身的回归。

明清以来的迎神赛会，既是国家权力与民间秩序的互动，也是一场此消彼长的博弈。朱明开国，出于“神道设教”的目的，推行祭祀礼仪的改革，依托神灵整合地方社会秩序，客观上促成了一场盛况空前的“造神运动”，民间神灵获得官方的认可，这体现出不折不扣的官方意志。民间赛会的发展却不时偏离官方的意志，寻求自我秩序的建构，在城隍之外隆祀土主，以及赛会形态的发展，都是民间建构自我秩序的尝试。进入满清，从湖广填四川，到重建地方祠庙，恢复乡土信仰，官府不遗余力地建立起一个“新四川”。这一重建的结果，是民间自治意识的进一步强化，基于地域的移民组织、基于业缘的行帮组织与基于血缘的宗族组织，乃至各种形态的神明会，实质是在神灵护佑下的自治性组织。虽然在乾嘉以后，巴蜀地区出现的白莲教暴动和此起彼伏的教门事件，引起了官府的饬禁，但民间赛会依然我行我素，按照自己的逻辑演进。正如丁淑梅所言，“从清代中期官方依然不断下达禁令、而赛戏仍复红炽南北、遍染各地的情形看，迎神赛会作为民间演剧最主要依托的一种环境场合，反而在官方禁令的一再激发下对抗性地迅猛崛起”[①]。随着晚清袍哥势力的扩张，赛会转化为袍哥主持的地方公共事务，从而使民间赛会在内外交困的晚清社会中，仍然得以维系与发展，并在形态与性质上发生蜕变。

---

① 丁淑梅:《汤斌、田文镜示禁赛戏与清前期的赛会演剧》,《中华戏曲》第35辑。

第二章

信仰空间与赛会演剧形态

表面看来，信仰空间是一个抽象的概念，但是如果结合信仰主体和信仰对象来看，信仰空间又是具体可感的，“一座地方性的庙宇及其庙会组织，就构成了一种把个人和地点结合在一起的庇护人与社区之间的那种庇护形式，这跟神把人和地点结合起来构成一种庇护形式一模一样”[①]。可见，信仰空间与奉祀的神祠、酬神之组织、信众群体是紧密相连的。由此，我们可以结合神灵性质、赛会组织、赛会主体等因素，将信仰空间分为：乡民赛社空间、基层组织信仰空间和区域性信仰空间三种类型[②]。其中，乡村赛社的主体为村民，他们以祈谷为目的，青苗会为其主要形式；基层组织主要包括同乡、同业和近邻组织等，这些组织大多在会馆或固定的祠庙中酬神赛会，相对而言，基层组织的赛会具有一定的排他性；区域性信仰空间则指地方性神灵的信仰圈或祭祀圈，相对于前两类信仰空间

---

① ［英］王斯福:《帝国的隐喻：中国民间宗教》，赵旭东译，江苏人民出版社2008年版，第159页。

② 严格地说，信仰空间的三种类型并不是相互割裂的，存在着一定的交叉，而且，乡民赛社与基层组织信仰可视为区域性信仰的“亚体系”，只是在信仰的层面上，他们有着相对独立的单元。

而言，地方性神灵具有广泛的信众群体和地域空间，其赛会一般伴随有舁神巡演仪式，是民间赛会的主要形态。不同类型的信仰空间，由于信仰主体的区别，其展演仪式与演剧形态也呈现出明显差异。

第一节　乡土传统与青苗赛戏

青苗会①是明清以来巴蜀乡村盛行的赛会形态。青苗会主要通过仪式，祭祀青苗土地等神灵，祈求雨顺风调、五谷登熟。伴随着娱乐情绪的滋长，青苗会的仪式表演逐渐被青苗戏所取代，娱神仪式实现了向娱人戏剧的蜕变。青苗戏是乡村赛戏的主要形态之一。就功能而言，青苗赛戏可追溯到古老的春祈秋报礼仪，又与民间信仰中的祈福禳灾有着千丝万缕的联系。青苗戏表现为礼俗的融合，渗透着古老的农耕智慧。作为植根于乡土社会的青苗戏，其演出形态与演出生态，是乡土生活逻辑的直观显现。

---

① 关于青苗会的讨论，近年来主要集中在华北、甘肃和青海等地，如杨念群、张思、周健、张松梅、王洪兵、岳永逸等学者主要讨论华北地区的青苗会组织与功能；赵利生、钟静静等主要讨论青海土族的青苗会，而以范长风为代表的一些学者则主要关注甘肃洮岷地区的青苗会的历史、功能和形态等。总体而言，以上研究是将其纳入基层组织的范畴来讨论。从方志等有关文献来看，巴蜀的青苗会对组织的强调并不明显，很多时候不称“会”，而称“青苗戏”“秧苗戏”等，可见，其关注点是青苗会上的具体仪式活动及其生发出来的仪式功能。因此，本文所称之“青苗会”，不是一个组织称谓，更多时候倾向于一种仪式活动的探究。

一、礼仪流风：青苗会戏的历史地理考察

明清以来，巴蜀民间青苗戏的演出盛况引起了文人学士的普遍关注。虽然青苗戏徜徉于田间地头，几乎不入城镇，但作为一种乡民的民俗活动，修志者无法对此视而不见。修志者根据自己对青苗戏的理解，对青苗戏的渊源、演戏形式和基本功能作了简要的考察。虽然所记甚略，却可据此探讨明清士人对青苗戏认知背后的文化心理，以及青苗戏演出的历史地理因素。为便于揭示青苗戏这一民俗事项的内涵，笔者对目力所及的巴蜀地方志中有关青苗戏的记载校录如下。

表 2-1　青苗会戏统计表

时间	地点	民俗事象	出处
二月二	渠县	乡村祭祀，以土地祠为最盛。乡人醵金为土地会，每届仲春祀期与青苗会，辄各演戏经月，此亦先世并祀社稷之意也。 乡人醵燕演剧为乐，八月中秋日亦如之。	民国《渠县志》卷五“风俗”
二月	忠州	“春社日”，立春五戊为“春社”，城厢内外士民延僧唪经，祀天祈谷，谓之“清醮”，非古制也，宜禁。乡人多演傀儡，其傩之一端欤。	道光《忠州直隶州志》
三月三日	筠连	村庄于是月作“秧苗会”，演唱傀儡神戏。天旱祈雨，则舁川主神像出游街市。	同治《筠连县志》卷三“风俗”
三月末	筠连	是月（三月）之末，民间醵钱，择吉日，延僧道打醮，双龙船以驱除瘟疫。村庄于是月作秧苗会，演唱傀儡神戏，天旱祈雨，则舁川主神像出游。	民国《续修筠连县志》“风俗”
三、四月	大竹	农家相约祀土谷之神，乐用傀儡，时禾方苗，谓之“秋苗戏”，农民尽欢。	道光二年《大竹县志》
立夏后	乐至	乡农各建青苗会，祈去螣蟊演以影戏或傀儡，亦古齐明击鼓御田祖之遗，蜀通俗也。	道光《乐至县志》卷三“风俗”
四月	蓬溪	稻苗逾尺，分畝（插）之，醵钱演傀儡乐稷神，曰“青苗会”，神曰“秧苗土地”。凡插，有鸣钲鼓，歌俚辞以乐插者，插者和之，间以嬉谑，为节劳也，芸与获罔不然。	光绪《蓬溪县续志》“岁时民俗”

续表

时间	地点	民俗事象	出处
四月	汉州	乡人于栽种毕，农工稍闲，建坛为“青苗会”，祀青苗土地。击鼓烧钱，舁神周巡四隅，间有演剧者，此迎猫祭虎遗意。	嘉庆《汉州志》卷十五“风俗”
四月	潼南	四月稻苗逾尺，分插之，醵钱演傀儡乐稷神，曰青苗会，神曰青苗土地。凡插有鸣钲鼓歌俚辞以乐，插者和之，间以嬉虐为节劳也。	民国《潼南县志》卷之六“杂记志”
四月	广安	男子插秧，三耨既毕，合村醵酒，择日演剧，祈田祖，去蟊贼，曰“秧苗戏”。	民国《广安州新志》卷三十四“风俗志”
四、五月间	武胜	四五月之间禾苗盛长，各团醵演傀儡祈神除蝗，名曰秧苗戏，乡农会聚藉以联欢。	民国《新修武胜县志》卷六“礼俗”
五、六月间	德阳	又有“青苗会”。各里首事恒募钱演戏于社祠中，以祈谷于土谷之神。	道光十七年《德阳县新志》
六月	营山	六月耕耘已毕，农民出资比户数十家于高阜处演傀儡戏以祀田祖，以卦断一方休咎，饮福而散。名曰禾苗会，过会则苗不生蠹。	同治《营山县志》卷之十舆地“风俗”
六月六日	江油	为赛社神祈谷节，曰“秧苗土地”。社中人咸扮影戏，宴饮醉饱，亦一日之泽也 六月六日农家皆赛青苗土地祈谷，或扮影戏为乐燕饮醉饱，亦一日之泽也。	道光二十年刻本《江油县志》/光绪《江油县志》卷十一“风俗”
六月六日	井研	赛社神祈谷也，曰秧苗土地，社中人咸在焉。扮影戏，燕饮醉饱，亦一日之泽也。	嘉庆元年《井研县志》
未详	绵阳	雨水足，禾苗畅茂，则各村演戏酬神，以祈谷。	同治十二年《直隶绵州志》信仰民俗
未详	巴州	春田栽秧，选歌郎二人击鼓鸣钲于垄上，曼声而歌，更唱迭和，纚纚可听，使耕者忘其疲，以齐功力，有古秧歌之遗。夏芸亦如之。	道光十三年《巴州志》岁时民俗
未详	达县	至于乡间小民亦乐戏会。祈田祖、去蟊贼有秧苗戏；愈病酬神有愿戏；然皆请傀儡戏演之，以其费少而场所布置易耳。	民国《达县志》卷九“礼俗门”
未详	新宁	俗重田神，插秧甫毕，以傀儡演剧为青苗戏，并诵虫蝗经，至稻将成熟建谷花醮，就乡村附近寺观给钱米于缁流，择吉讽诵三日为度，此皆祈谷于田祖也。	同治《新宁县志》卷三“风俗”

续表

时间	地点	民俗事象	出处
未详	云阳	傀儡戏所在有之，民间以供祈禳祈谷，曰“青苗戏”。	民国《云阳县志》卷十三“礼俗（中）”
未详	南川	闲时一来，乡报赛田祖有秧苗戏（或木偶或用人装扮）。	民国《南川县志》卷六“杂俗”

从方志对青苗会戏的记载来看，早先文献中的田祖（神）、社稷之神（土谷之神）和猫虎等成为青苗土地的远祖，青苗会上的仪式与戏剧活动被赋予了神圣的礼仪色彩。方志对青苗仪式渊源的追溯，大抵不出以下几类：

一是祈谷仪式。江油、井研、云阳、绵阳、德阳、忠州等地，皆谓以青苗戏“祈谷”。祈谷其实是商周时期与农耕息息相关的重要仪式活动，天子“以元日祈谷于上帝”①，又于仲夏“命有司为民祈祀山川百源，大雩帝，用盛乐。乃命百县雩祀百辟、卿士有益于民者，以祈谷实”②。祈祀对象由元日的上帝，进而遍祭有功于民之人，体现了古代先民对农耕种植的早期认识。由天子到臣民的祈祀队伍，与由上帝到诸神的祈祀对象，形成相互应和一一对应的人神空间，这一人神空间的建构揭示了“春祈”仪式在早期国家祭祀以及先民日常生活中的重要程度。

二是祭社仪式。渠县、忠州等地的青苗祈祀皆设于春（秋）社之时，青苗戏很自然地被认为是早先的祭社仪式遗存。相比于“祈谷”仪式，先秦“祭社”的参与面更为广泛。仲春时节，谷物萌芽之际的祭社仪式，“择元日，命民社”。郑玄注云：“社，后土也。使民祀焉，神其农业也。”③社为土地之主，土地有化育万物之德，由此而引申成为农业神。据《礼记·祭法》，社分为大社、王社、国社、侯社、置社等。在祭祀活动中，虽有等级之别，而社神却是上至王公贵族，下至

① 郑玄注，孔颖达正义，吕友仁整理：《礼记正义》（上），上海古籍出版社2008年版，第619页。

② 同上书，第666页。

③ 同上书，第631页。

庶民百姓的祭祀对象。由官方发起的仲春社祭，事实上是一次全民性祭祀活动。

三是八蜡之祭。汉州青苗祭祀，谓之“迎猫祭虎遗意”，此先秦八蜡之祭也。《礼记》曰：“天子大蜡八。伊耆氏始为蜡。蜡也者，索也，岁十二月，合聚万物而索飨之也。蜡之祭也，主先啬而祭司啬了，祭百种以报啬也。飨农及邮表畷、禽兽，仁之至义之尽也。古之君子，使之必报之。迎猫，为其食田鼠也；迎虎，为其食田豕也，迎而祭之也。祭坊与水庸，事也。”[①] 此“八蜡神”，或为教民稼啬之神，或为对农作物和乡民有事功之神。

四是田祖祭祀。达县、新宁、南川、营山、广安、乐至等地方志则视青苗会为“古齐明击鼓御田祖之遗”。相比前几类仪式而言，田祖的祭祀活动似乎更具有民间性，而且其针对性更强，“以我齐明，与我牺羊，以社以方。我田既臧，农夫之庆。琴瑟击鼓，以御田祖，以祈甘雨，以介我稷黍，以穀我士女”（《诗经·小雅·甫田》）[②]。相对于社稷之神，田祖的神职似乎更为专一，也更能反映人们最现实的祈望。由于祈年不仅祈求雨泽应期，还要祈免虫蝗之灾，青苗会上又供奉“虫皇使者”，以此驱逐蝗虫。虫灾早在先秦已为民众所重视，《礼记·月令》：“（孟夏）行春令，则蝗虫为灾。”[③] “（仲冬）行春令，则蝗虫为败。”[④]《诗经·小雅·甫田》的姊妹篇《诗经·小雅·大田》曰：“去其螟螣，及其蟊贼，无害我田稚。田祖有神，秉畀炎火。”[⑤] 两千多年以前，人们已将田祖视为农神，并以“琴瑟击鼓”祈求田祖降甘霖，丰五谷。这一记载成为了后世祭祀田祖的滥觞。田祖成为青苗会认同度很高的农神。

明清以来编撰的地方志，在描述青苗会的性质和源头之时，无一例外将其追溯到先秦的礼仪传统。这样一种追溯，一方面是探究青苗会本质属性的客观需

---

① 杨天宇：《礼记译注》，上海古籍出版社2010年版，第316页。

② 程俊英：《诗经译注》，上海古籍出版社2010年版，第364页。

③ 郑玄注，孔颖达正义，吕友仁整理：《礼记正义》（上），上海古籍出版社2008年版，第662页。

④ 同上书，第733页。

⑤ 程俊英：《诗经译注》，上海古籍出版社2010年版，第366页。

要。就客观功能而言，青苗会的确与早先的祭祀活动有诸多相似之处。活跃于乡间的青苗戏很自然地让人想到农耕文明的早期仪式。“礼俗的核心表现就是礼乐制度，中国任何一个地方的基层社会都有落地的礼乐制度”[①]，早期的春祈礼仪经由“在地化”的“俗”的渗透，在巴蜀地区转化为青苗祈祀仪式。就另一方面而言，有着为青苗会寻求合法地位的主观诉求。换言之，这是地方精英有意识的建构的结果。青苗会在民间的普遍存在，使以修志者为代表的地方精英不得不予以关注，也促使他们接受这一民间文化形式。然而，“接受”的前提是必须合乎礼法。于是，地方精英从不同的角度，对青苗戏的礼法性进行溯源。由于视角的差异，追溯结果呈现出多元性，但其目的却是一致的，即从先秦典籍中探求青苗会的礼乐传统。地方精英的有意为之，使作为“俗”的仪式活动（重新）进入到儒家礼法体系之中。

事实上，地方知识精英的青苗会叙事，是一种理想叙事。作为“民俗活动”的青苗会，早已超越于祈谷禳灾的初始功能，有着更为丰富的乡民“世俗趣味”的表达。修志者对“世俗趣味”的选择性无视，而赋予其“礼”的本质属性，显然有着对民间风行的文化形式的屈从与妥协。对于地方执政者而言，这样的屈从不失为一种为政策略。不过，官方的书写方式使青苗会的文化品格得以提升，青苗戏也由此避开了明清以来民间神会聚戏的历次禁令，堂而皇之地转化为传统礼仪的民间演绎。

据明清以来的巴蜀方志，青苗会（戏）分布区域较为广泛，如今重庆市的忠州（今忠县）、云阳、南川、潼南，川南的筠连、井研，川东北的新宁（今达州市开江县）、巴州（今巴中市）、营山、大竹、武胜（今广安武胜县）、广安、渠县、蓬溪等地，成都平原周边的绵阳、江油、德阳、乐至、汉州等地。其分布情况见图 2-1。

---

① 刘铁梁：《礼俗互动：国家与社会之间的政治文化运作》，见赵世瑜、李松、刘铁梁《“礼俗互动与近现代中国社会变迁”三人谈》，《民俗研究》2016 年第 6 期。

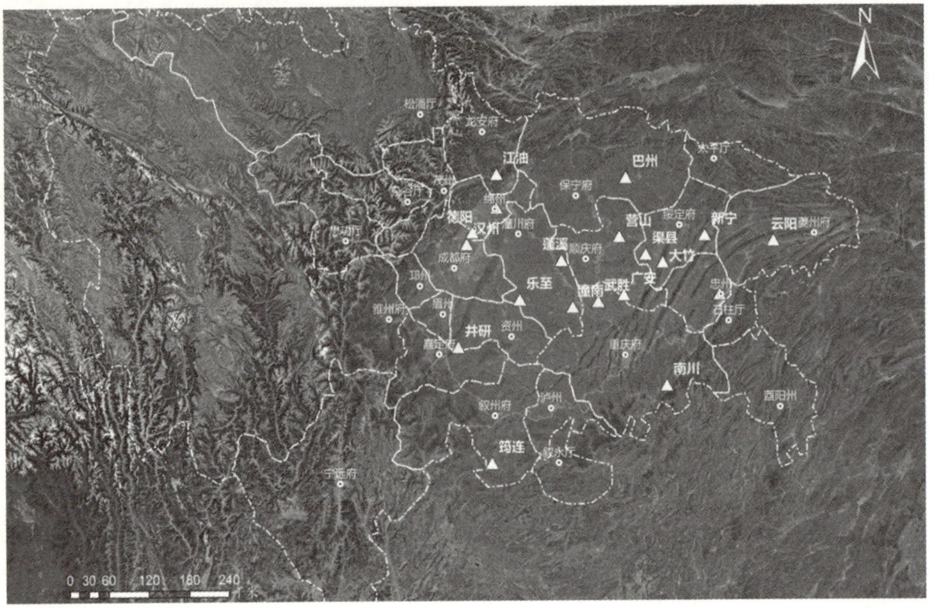

图 2-1①

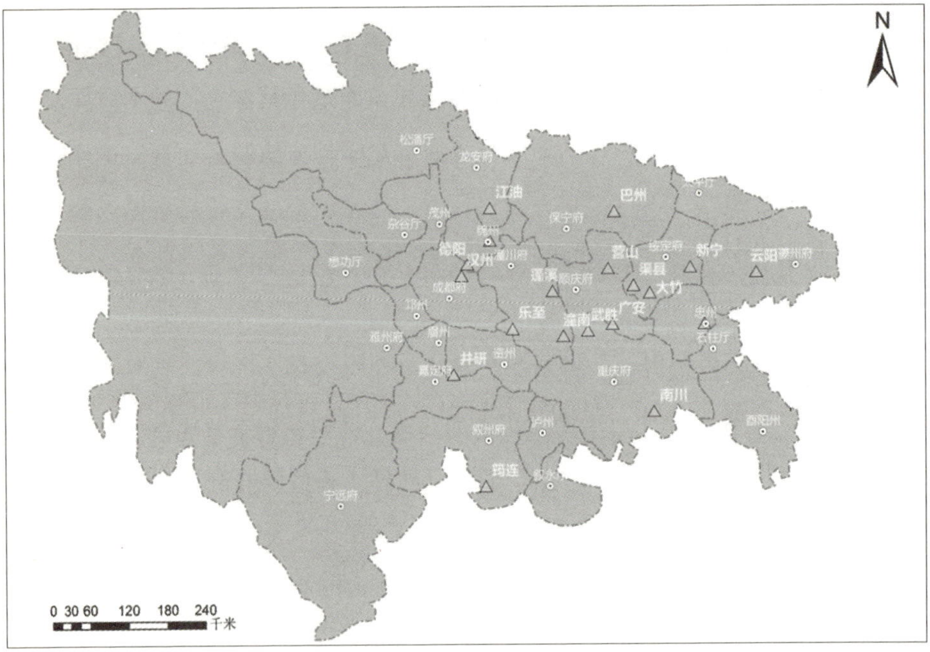

图 2-2

① 图 2-1、图 2-2 州府设置及疆域以谭其骧《中国历史地图集》嘉庆二十五年（1820）地图为蓝本标识。

由图 2-1、图 2-2 可见，就青苗会分布地区的地貌来看，主要集中于丘陵地带，而尤以川东北丘陵区域为主。排除一些修志者漏记和未记的现象，仍然可以据此得出基本结论：青苗会的举行与是否有充足的水源供给紧密相关。巴蜀地区的水稻种植主要分布在平原、河谷和山地，尤以成都平原为水稻种植的主要区域。但是，从目前方志的记载来看，在成都平原辖区范围内，几乎未见有青苗会的仪式。究其原因，在于成都平原经由岷江、沱江冲积而成，平原内河流众多（见图 2-3），降雨充沛，气候温和，可为水稻生长提供充足的水源条件和气候环境，无须通过青苗会祈求青苗神灵保佑。而出现青苗祈祀仪式的地方，均为丘陵

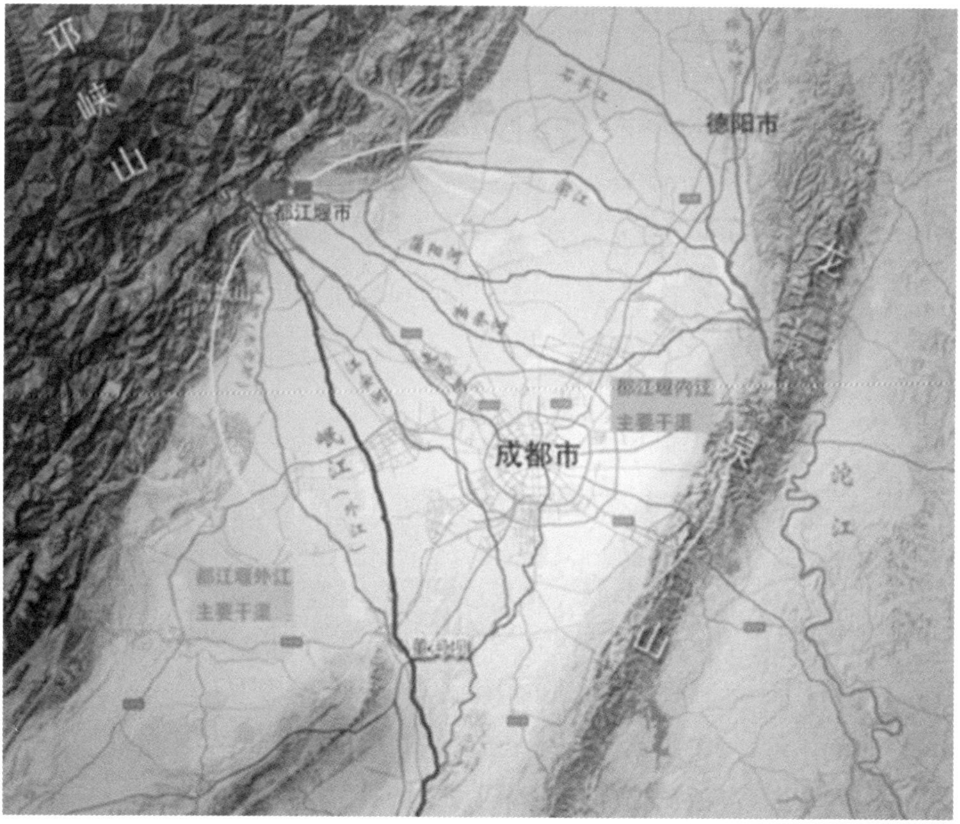

图 2-3①

① 图 2-3 来源：https://baike.so.com/doc/6153929-6367140.html。

和山地耕地类型。成都平原周边的绵阳、江油、德阳、乐至、汉州等地，已难免有雨水短缺的现象，而川东北保宁府、绥定府等一带的地形及气候条件则难以保证水稻水长季的雨水供给，因而民众只能不时祈祷神灵护佑。由此，也可为青苗会祈求雨水的主要功能提供一个佐证。

从青苗会的时间来看，主要分布在农历的二至六月间，基本贯穿于谷物播种、生长的全过程。巴蜀地区的水稻种植，平原和河谷地区的生长期为农历三至七月，山地略晚 1 至 2 个月。三至六月是巴蜀地区水稻的主要生长期，因此，各地青苗会仪式也集中于这一时段。农历二月初虽然尚未播种，但青苗祈祀作为一种事前的祈愿仪式已然开始。而夏季的四至六月，是水稻生长的关键期，恰好这一时期易发生干旱，因此，青苗仪式相对集中在这一时段。总体而言，青苗戏作为明清以来巴蜀乡村比较普遍的祈祀活动，在农耕生活中扮演着重要的角色。青苗会是一种神灵赛会，在实际操作中又带有松散的组织性质。而更为重要的是，地方知识精英出于其现实功用的考虑，几乎不约而同地将青苗会纳入到儒家的礼仪体系之中，从而保证了青苗戏在各地的频繁上演。此外，青苗祈祀与地形地貌、气候环境等外部因素发生着千丝万缕的联系，可以理解为这是自然环境影响民众信仰观念的一个典型案例。

二、农耕智慧：青苗戏演出的现实功能

中国农耕文明源远流长，早在 7000 年前，河姆渡文化已进行稻作栽培。农耕文化的开创者——神农氏炎帝与黄帝轩辕氏一道被奉为华夏民族的始祖，产生了许多诸如神农氏遍尝百草，教民耕作的神话传说，足见先民早已意识到农耕文明的重要性。几千年的农耕历程，积累了丰富的耕作经验。这些经验来自于对宇宙万物、四季更迭的观察与体悟，来自于数千年的农耕实践的总结与提炼。从天道自然的哲学思想到“安土重迁”的人地观念，从二十四节气的产生到“看云识天气”的农谚，无不蕴涵着华夏民族的农耕智慧。一部农耕文明史，其实就是一

部农耕实作的智慧发展史。

以“祈谷”为目的，植根于田间地头的青苗戏，毫无疑问是农耕文明的产物。作为一种民俗表象，青苗戏有着多重属性。从民间信仰的角度而言，青苗戏是乡村祭祀青苗土地活动；从农业耕作的角度而言，青苗戏是明清以来巴蜀地区农业耕作文化的一部分；从乡村娱乐的角度而言，青苗戏又是乡民难得一见的娱乐活动。如果我们将青苗戏放置到历史的场景中，以“乡土”的视角来剖析这一乡村特有的民俗现象，青苗戏实际上渗透着乡民的农耕智慧。

肇始于数千年前的农耕仪式，虽然祭祀对象几经变换，但并不影响乡民对农业保护神的祝祀热情。如前所述，青苗会所祀神灵，多为青苗土地，也有祀社神、田神（田祖）、稷神，或泛称为“土谷之神”。其实，无论祈祀哪一个神灵，对乡民而言，其目的都是一致的。一般而言，青苗会戏的表演场所，有的在社祠之中，有的在乡村附近的寺观里，而更多的则选择在稻场、院坝、田边、地角、么花店子乃至乡野高阜或垄上，从不进场镇。青苗会戏对演出场所的选择，是由其乡土性和青苗祈祀的目的所决定的。在乡民朴素的思维中，神威总是局限于一定的空间范围。而乡野的农作物，由于距离祠庙中的神灵较远，难以受到这些神灵的福泽。因此，选择在庄稼生长的关键节点，在田间地头举行青苗会，供奉土谷之神。

乡民或以村落为单位醵钱酬神，或“比户数十家”出资祀神。也有首事负责筹划，其组织形式与其他神会庆诞大体相同。祭祀活动中，乡民的共同参与，促成了乡村的社群整合。这是青苗会作为神会性质的一种基本功能。青苗会的社群整合功能，与农业耕作相结合，又发挥着特有的作用。青苗会整合相邻农户、一个村落，乃至邻近村落的乡民举办，这样一种形态，恰好反映了人们在农业科学欠缺的时代，需要以群体的力量与自然进行抗争的本真状态。明代高汝栻的《皇明续纪三朝法传全録》载有一禳蝗异事，“（万历四十四年六月）丹阳有蝗，从西北来，蔽天翳日，民争刲羊豕祷神。凡祷之家，止啮竹树茭芦，不及五谷。有朱姓者牲酝悉具，见蝗已过，遂寝。须臾，蝗复返集朱田，凡七亩尽啮而去，邻田不损一颖。相传有书投于路，曰：‘借道不借粮。’亦一异事”[①]。这是一次虫灾叙事，但很显然，记载这次虫灾者则是“别有用心”。凡祈祷之家，庄稼皆免于虫害，而未行祈祷者，则未能免除虫害。讲述者以蝗虫独害朱田的故事，来强调祷祀的重要性。然而，从这个故事中，我们还能够看到其中的“言外之意”。在灾难来袭时，群体的力量才有机会获得成功，尽管这种成功很少。否则，脱离了群体的护佑，或者不遵守群体的规则，将会咎由自取，遭到应有的惩罚。

当然，在自然灾害面前，人类始终是弱者，于是人们转而举行宗教仪式性活动，以寻求自我的精神慰藉。正如杨庆堃所言：

> “天灾”是古老的农业方面的灾祸。在阻止大自然的灾害时，人们经常是无能为力的。因此，人们自然而然地对与自然作搏斗不再抱希望，放弃了面对自然威胁的斗争，而是将希望转化成了宗教仪式。如果灾难再次降临，人们就追忆以往神灵显圣的奇迹和那些有求必应的情形，从而再度燃起希望，恢复信心，从失败和废墟中走出来，面对未来，确信这一次神将与他同在。[②]

生活总是要面对。一次灾难，即便是毁灭性的灾难，幸存下来的人们依然要活下去。因此，面对经常出现的旱涝与虫蝗，人们以仪式调节内心的创伤，以仪式寻求生存下去的理由。这里有着些许无奈，但也渗透着一种生存的智慧和乐观主义态度。如此，青苗会成为乡土社会对灾难轮回的经验总结，仪式和娱乐充当了心理疏导的媒介，维系着乡土社会的基本秩序。

作为在田间地头的一种群体活动，青苗戏又不仅仅是祭神仪式那么简单。青苗戏实际上参与了农业耕作实践。如第一章中所引康熙《彭水县志》乡人于插秧时节的“打闹”，与青苗会相类似，只是少了其中的仪式环节。或者说，剔除青苗会的祀神仪式，青苗会有着与“打闹”相一致的现实功效。“打闹”以为督众，

① 高汝栻：《皇明续纪三朝法传全录》卷 8，《四库禁毁书丛刊补编》第 11 册，北京出版社 2005 年影印本，第 60 页。

② 杨庆堃：《中国社会中的宗教》，上海人民出版社 2007 年版，第 73—74 页。

可谓其现实功效之一。不过，在参与劳作的过程中，其精神层面的意义似乎更大，“春田栽秧，选歌郎二人击鼓鸣钲于垄上，曼声而歌，更唱迭和，纚纚可听，使耕者忘其疲，以齐功力，有古秧歌之遗。夏芸亦如之”①，又“(四月) 稻苗逾尺，分莳(插) 之，醵钱演傀儡乐稷神，曰‘青苗会’，神曰‘秧苗土地’。凡插，有鸣钲鼓，歌俚辞以乐，插者和之，间以嬉谑，为节劳也”②。击鼓鸣钲，可以见出与“打闹”的演出形态基本相同。前者“使耕者忘其疲，以齐功力”，后者“间以嬉谑，为节劳也”，虽然在对其具体意义的理解上有所不同，但都是从精神层面上解读青苗会的现实功效。实际上，我们可以用“互文见义”的方式，来看待这不同的解读，正好揭示了青苗会在农耕劳作过程中所发挥的种种现实功能。

进入到这个层面，仪式的功能开始退化，其现实功效开始转化为娱乐形态，以使乡民节劳与忘忧。如《成都通览》所记青苗祈祀中的“疏”语云：

信士某纠本境众姓等，伏以神恩浩荡，血食享于里闾；圣泽汪洋，团方资为保障。兹者祝融司令，正平秩南讹之期，稼穑怀新，实田祖匡扶之力。当今良夜，叩祷宜伸，颁子弟于梨园，歌戏文于月下。虔陈牲醴，敬尽微忱，伏冀风雨节而寒暑时，氛清自远；阴阳和而螟蛉屏，奸宄潜消。伫看若茨若梁，岁取之十千是望；如墉如栉，廛收之三百堪期。此皆民望孔殷，无非神锡之福。谨疏。(《庙社禾苗戏疏》)

某等叨生盛世，忝列人伦。历年雨顺风调，深叨覆载之泽；时和岁稔，亦占社稷之灵。然今岁自某月以来，男女多寒暑之疾，禾稼被虫蝗之伤，阴阳失时，风雨连日，苗则秀而不实，物则一暴(曝)十寒。民等虔择良辰，建醮几日，因见虫蝗渐息，民命颇安，由是颁子弟于梨园，歌戏文于月

① 丁世良、赵放主编:《中国地方志民俗资料汇编(西南卷上)》，书目文献出版社 1991 年版，第 349 页。

② 〔民国〕《潼南县志》卷 6,《中国方志集成·四川府县志辑》第 45 册，巴蜀书社 1992 年影印本，第 210 页。

夜。声音嘹亮，演成离合悲欢；灯焰辉煌，现出飞潜动植。虔诚牲醴，聊书微忱，伏冀鉴临，永垂庇荫。氛侵自退，虫害潜消。从此若茨若梁，岁取十千，是望如墉如栉，屡收三百堪期，园林之萌蘖无伤，闾阎之疾苦不作，合境成沾骏泽，四序共沐鸿庥。无任心依，曷胜顶祝。谨疏以闻。(《建醮后演戏敬神疏》)[①]

戏文是酬赛田祖的主要方式，选择于夜晚演出，或许与乡民白天劳作，夜晚方有余闲有关。从《建醮后演戏敬神疏》可知，演戏活动是在“虫蝗渐息，民命颇安”之后，请梨园子弟演戏。“声音嘹亮，演成离合悲欢；灯焰辉煌，现出飞潜动植”，强调其演出之气势，并突出“灯焰”之作用，显然是承袭了“秉畀炎火”的方法。不过，虽然疏文中一再突出演剧的驱蝗效用，但实际上娱人的作用更为明显。民众或许在白天刚刚经历了一场“人蝗大战”，无论在精神上还是在肉体上都需要放松一下，演剧自然成为了乡民们的首选娱乐方式——“演成离合悲欢”恰好记录了酬神仪式的核心活动——在强调祈祀仪式的疏文之中，也不能不承认其娱乐主题，只是其以仪式的视角叙述演剧活动，本质上与修志者将青苗会纳入儒家礼法的思路如出一辙。青苗会参与农耕劳作的实践，助推了仪式的娱乐化进程。由此，青苗戏也就演变为乡民调节身心，以逸节劳的娱乐性演出活动。

三、乡土变迁：仪式中的乡村叙事

“古代中国农业社会的生产结构对人民的游娱活动时间、形式和主题具有深刻的影响。这种结构既为人们的游娱活动创造了条件，也推进了民间娱乐活动的

---

① 傅崇矩：《成都通览》，巴蜀书社1987年版，第525—526页。

发展，使各种娱乐活动津（浸）透了农业社会的意识和文化特色”①，由农耕实践产生的青苗会，在由神、人、庄稼三极构建的仪式空间中，产生了具有农耕意识和乡土色彩的娱乐活动。“酬神几日唱秧苗，看戏人将比户邀。椒眼竹篮珠万颗，声声唤卖紫樱桃”②，“赛神一例拟迎猫，陇畔人将看戏邀。牧女村童齐拍手，前溪今日唱‘秧苗’”③，描绘了乡村赛青（秧）苗时全村出动，老少共娱的“看戏”场景。青苗会的“戏”，是乡民在仪式空间之下，形成的一套自足的叙事方式。从叙事主体到叙事风格，再到叙事视角，都染上“乡土”的痕迹。随着时代的变迁，这一自足的叙事方式，显现出传统乡村生活日常的近代演绎。

戏仪交错是乡村演戏的特点，也是青苗会戏的特点。从青苗会中常见的四种戏剧类型来看，皮影戏和傀儡（木偶）戏兼有巫术和娱乐的特征，木偶戏班甚至被称为“秧苗戏”“担担班”④。忠州、筠连、大竹、蓬溪、云阳、营山、达县、潼南、武胜、璧山等地皆以傀儡戏赛青苗。皮影戏有巫术宗教功能，其主要表现在酬神还愿、行会戏、祈年禳灾和人生礼仪的大贺戏等演出活动中⑤。傀儡戏是“驱除鬼魅污染最典型的法术”⑥。四川很多端公戏班，如南充傩坛戏、射箭提阳戏等，都以傀儡配合演出，实现酬神的目的。影戏和傀儡（木偶）戏扮演形式的神秘性，也正契合了先秦的驱傩遗意和祭虎迎猫之古意。端公戏以祀神为主，灯戏则以娱人为主。四川灯戏老艺人曾经说过，“傀儡是爹，皮影是妈，猴戏是

---

① 楼嘉军：《农耕文明和民间娱乐——中国古代民间游憩活动浅析》，《历史教学问题》1996 年第 5 期。

② 涂宁舒：《竹枝词》，林孔翼、沙铭璞辑：《四川竹枝词》，四川人民出版社 1989 年版，第 183 页。

③ 程伯銮：《桂溪四时竹枝词》，林孔翼、沙铭璞辑：《四川竹枝词》，四川人民出版社 1989 年版，第 150 页。

④ 王志行：《资中木偶戏今昔》，载《四川文史资料选辑》第 36 辑，四川人民出版社 1987 年版，第 67 页。

⑤ 江玉祥：《中国影戏》，四川人民出版社 1992 年版，第 285—292 页。

⑥ 李亦园：《人类的视野》，上海文艺出版社 1996 年版，第 319 页。

姊妹，庆坛是干爸”[①]，形象地描绘出灯戏与相邻艺术之间的关系。灯戏的“跳”，在表现手法上部分吸收了木偶和皮影戏的机械性动作，又与猴戏灵巧多变的特点有一些渊源，同时又承袭了傩戏、跳神中的某些身段[②]。尤其是其中灯戏与端公戏之间的关系，端公戏班后来流行“一折坛一折灯”的演出习俗，即是端公戏与灯戏结合演出的表现，这种结合有的是一个班子身兼两职，有的则请两个不同的班子。所以，民间演出中端公戏班也可演灯戏，而灯戏班子也可行端公傩仪之法事。民间有“春戏子腊端公”的说法，即戏班为了满足乡民酬神与娱乐的多样化需求，春时青（秧）苗会等演出灯戏，到年底腊月之际，乡村对端公需求增加，故灯戏艺人摇身一变为端公，为民众祈福纳吉[③]。

在仪式性较强的端公戏里，逐渐渗入乡土味十足的诙谐与幽默。比如，梁山灯戏中，保存有一个传统剧目《收虫》，这是由端公表演的独角戏。从仪式的角度而言，这是因虫害成灾，请端公祈求“虫蝗使者”等神灵驱逐蝗虫。全剧根据仪式结构来安排内容，大体可分为五段。

首先是端公扮小花脸，在锣鼓“老君锣”“神歌路引”中上台自报“端公来”，并以“神歌数板”敷唱开场白，主要讲自己练有七十二本古文戏，帮助百姓了愿，“眼前秧苗长势好，只怕虫害难开交。你要庄稼收成好，看我请神把神跳”[④]。第二段为到龙王殿请神，以收尽蝗虫。第三段为虫蝗神收虫过程。第四段为收神完毕，要造瘟船以送神：“瘟船上面搭跳板，收起虫蝗下广寒。”第五段则敷衍送神过程。

本来，从这五段来看，是属于严格意义上的端公傩仪，体现了请神—娱神—驱疫—送神的仪式过程。但是，从剧本形态来看，除了在结构上保留着傩仪的痕

---

① 《中国戏曲志·四川卷》编辑部编：《四川灯戏 四川傩戏》，1987年内部刊印，第76页。

② 同上书，第79—80页。

③ 王跃：《巴渝民间戏剧与巫术文化——端公戏浅探》，载云南省、贵州省、四川省戏曲志编辑部：《民间戏曲研讨会论文集》，1992年内部编印，第212页。

④ 严福昌主编：《四川灯戏集》，四川文艺出版社2006年版，第364页。

迹外，具体内容已完全被乡土气息的俚俗调笑所取代。如第三段的收虫环节，端公唱道：

说收虫，就收虫，说收一个亮花虫；它又未曾跟衙门，“勾子上”（按：四川土语，指臀部）别个红灯笼。

说收虫，就收虫，说收一个毛狗虫；它又不是庄稼佬，背披蓑衣戴斗篷。

说收虫，就收虫，说收一个笋子虫；它又不是烧火佬，口里含个吹火筒。

说收虫，就收虫，说收一个苋菜虫；它又不是新媳妇，爱擦胭脂抹口红。

说收虫，就收虫，说收一个波丝虫；它又未曾卖打药，周围扯起大帐蓬。

说收虫，就收虫，说收一个推屎虫；它又不是名医生，搓些丸子圆咚咚。

说收虫，就收虫，说收一个猪儿虫；它又未曾开馆子，吃得周身肥咚咚。①

对各类害虫的描述，俨然是以夸张、类比的方式，达到一种喜剧效果，仪式本身已然消解。亮花虫、毛狗虫、笋子虫、苋菜虫、波丝虫、推屎虫、猪儿虫等，皆各类昆虫的乡间俗名，比如亮花虫即萤火虫、推屎虫即屎壳郎、猪儿虫即菜粉蝶幼虫（亦称菜青虫）等，皆常见于乡间。通过夸张的类比，描述了这类虫子的身体特征，达到调笑逗乐的诙谐效果。这是一个仪式被消解的典型剧本，但消解得并不彻底，还保留有请神、娱神、施法、送神的完整过程。然而，仪式的庄严与整肃已然消逝，转化为民众所熟知的插科打诨，衙役、庄稼佬、烧火佬、新媳妇、卖打药者、医生、食店老板等民众日常接触的社会各色人群，成为被调侃的对象。如烧火佬，在民间用以嘲讽与儿媳妇乱伦的公公，也即通常所说的“爬灰”。这一现象逐渐演化为一种民俗事象，在巴蜀某些地方结婚仪式上，仍然有公公头顶高帽，身背吹火筒迎亲的习俗。这是端公对仪式庄肃感的主动扬弃，也是民间信仰式微中的被动适应。

---

① 严福昌主编：《四川灯戏集》，四川文艺出版社2006年版，第364页。

这一变化在芦山庆坛中也可得到印证。《秧苗土地》为芦山庆坛的代表剧目。在此剧中，土地公和土地婆化身为一对农村老夫妻，两人的对话充满了喜剧感：

女白：许的什么缘（愿）？

男唱：他头一回呀，又许了鸡公儿……

女白：鸡公？

男：噢，大鸡公，头一回他许我鸡公不上算，第二回又许我场下三根杆杆。

女：双斗桅杆？

男：噢，那是又叫双斗桅杆，不是三根杆杆。

女：三根呀桅杆，他有朝一日来酬还了愿，我叫他归家不请报平安。

女唱：十个老翁看花园，手扒花树泪涟涟，花开花谢年年在，人老何处轻少年。五哥有灵真有灵，田坎田下去为神，秧苗土地就是我，五谷全收是吾神，……土地公公本姓张，媳妇儿喂猪我撒糖，叫声幺儿媳妇勤快点，猪儿喂得肥溜溜。土地婆婆本姓牛，媳妇儿梳头我擦油，叫声幺儿媳妇儿勤快些，齐家梳个粉粉头。……[1]

题名《秧苗土地》，当为青苗会上常演之仪式剧目，全篇以土地公、土地婆的口吻，描述土地神七兄弟奉命提兵点将前来为民保平安。其中秧苗土地排行第五，因为懒惰，所以站在田坎边为秧苗土地，期待着许愿者前来还愿。秧苗土地与其妻土地婆之间的对话，充满着生活化的插科打诨。种种迹象表明，民间仪式渐行渐远，青苗戏转化为乡民生活的娱乐活动，集中再现了乡村朴素的戏剧观念与日常喜乐。

祭祀仪式的神秘与庄重世俗的诙谐与调侃中消解了，取而代之的是农家的生活画面和情感欲求。富于生活化的乡村故事是青（秧）苗会等乡村赛会的常演剧目：如《天晓得》《请长年》《流浪妹》《仙鹤配》《王冕斋》《战南海》《夕阳

① 《中国戏曲志·四川卷》编辑部编：《四川灯戏 四川傩戏》，1987年内部刊印，第114—117页。

楼》《双幺妹》《打鱼鳅》《红绣鞋》《斩应龙》《拜新年》《药茶计》《洗菜苔》《晋阳楼》《烙碗计》《望小星》《蓝三嫂》《虞美人》《摘梅花》《翠金扇》《二鬼上路》《书房相会》《冬哥蓝礼》《渔人得利》《佛儿卷》《打鱼闹江》等[①]。这些剧目大多以喜剧类灯戏为主，大多来自乡民熟悉的日常生活，反映他们的生活常态和真实的情感，具有俚俗气味和乡土气息，是一种“接地气儿”的表演，是乡村生活的艺术化呈现。如灯戏《请长年》，该剧有两个版本。泸州一带的灯戏《请长年》讲述的是王幺嫂年轻守寡，欲招长年李小弟入赘，在年终结账时，故意刁难，借此向李小弟表达爱意。李小弟欣然应允，愿一辈子作王幺嫂的“老长年”。但生性憨厚的他，仍然坚持要王幺嫂支付当年的工钱。川北一带的灯戏《请长年》[②]则讲述的是龚长年到冲家帮工，东家克扣米饭，先只答应一餐吃一碗饭；此后同意一餐给三碗，但端出来的却是三小茶碗；最后虽然将小碗换成大碗，但又是掺进沙子、挖成空心的“大碗饭”。表现了地主对长年的剥削和压迫，以及长年的反抗意识。前者展现的是乡村的情感生活，充满生活气息。其中对李小弟这个憨厚老实的长年，最终抱得美人归的描述，渗透了一定的教化意义。后者则旨在揭露地主阶级的丑恶行径。两个版本的《请长年》，正好反映了旧社会长工两种不同的际遇，在展现乡村生活多面性的同时，也隐含着叙事主体、叙事背景与叙事目的的差异。

再如《拜新年》，又名《驼子回门》，取材于民间故事《瓜女婿》，写年轻貌美的贫家女因偿还债务，被迫嫁给地主少年窦相公。婚后，窦相公带新媳妇回娘家拜年。窦相公相貌丑陋，背驼脚跛，又是一个傻子，面对岳母的问话，丑态百出，闹出一桩桩笑话。这本应是一个严肃的题材，新媳妇的命运与白毛女喜儿颇为相似。从戏剧性的角度而言，也许作为悲剧更有感染力。但民间演出中，却创

---

① 参见《泸州戏曲志》(《泸州戏曲志》编辑部，四川人民出版社 1992 年版)、《中国戏曲志·四川卷》(《中国戏曲志·四川卷》编委会，中国 ISBN 中心 1995 年版)。

② 该剧为川北灯戏剧目，四川省川剧艺术研究院藏手抄本。川剧《请长年》采用此版本。

造性地将此处理为喜剧，让民众来嘲笑窦相公这个地主家的傻瓜少爷。这样一番处理，摆脱了悲剧故事的严肃性，使民众得以俯瞰丑陋而愚笨的地主少爷，从而感受到日常生活中少有的优越感，在笑声中获得了一种精神上的慰藉。

社会的变迁在青苗仪式上烙下了印痕，仪式已然消逝，仪式叙事转换为情节叙事和情感叙事，乡村日常的生活场景再现于青苗活动的空间之中，从而印证了这一正在悄然变迁的文化空间，青苗戏进而演化为典型化的节日庆典。明清以降巴蜀地区的青苗戏，所依托的青苗会并未形成严密的组织性，其活动相对比较松散，从一定层面上揭示了这一区域青苗戏的功能指向。从某种程度上说，青苗戏在巴蜀乡村农业耕作、祈福禳灾以及乡土娱乐中发挥着重要的作用，影响着这一区域的乡土生活。

综上，我们发现，作为乡村文化形式的代表——青苗戏，在官方与民间的不同叙事中显现出固有的张力：修志者通过回溯源头，着力重构青苗戏的礼仪传统；而乡民则在民间趣味的趋使下，不断挣脱礼法乃至仪式的约束。然而，也正是这一张力，使青苗会披上礼法的外衣，进而演变为乡民表现生活日常的娱乐形态：在幽默与嘲讽、批判与愿景的故事中，演绎比祭祀仪式更为现实的生命理想与乡土观念。

第二节　基层组织与赛会演剧

满清入主中原，百废待举。为恢复生产，清初制定劝耕政策，推行“招流垦荒”之政。在这一政策的激励下，蜀民逐渐回籍置业，但仅仅招川人复业，远不足以恢复蜀中农业生产。康熙初年，四川巡抚张德地、川湖总督蔡毓荣等先后疏请颁行移民入川垦荒的激励政策，得到了康熙帝的首肯，由此开启了声势浩大的移民入川运动。此次移民持续达一百多年，涉及 10 多个省区，入川人口逾百万之众，彻底改变了四川地区的人口组成，荣县“明季兵祸酷烈，故家遗俗仅存十之一二，闽、粤、黔、楚人民接踵而至”①；璧山“国初招徕复业者十之一二，余皆楚、粤、黔、闽，五方杂处”②；苍溪“国初招徕复业者十之四五，余皆楚、粤、黔、闽，插土为业”③；郫县“当清始垦殖，如广东，如两湖，如陕西，如江西，如福建，占籍几十之九”④；成都周边“其民多江楚、陕西流寓，土著仅十之二耳”⑤等等。陆箕永在《建义冢碑文（雍正癸卯）》也说：“我绵竹襟要之区，曾遭献逆诛夷之惨，迨升平既久，已烟火渐稠，负耒者大都南楚之民，受廛者强半西秦之客。其余诸道，亦有多人，慨岁月之既深，乃死亡之不少，幸存戚属克安成子之栖怜。”⑥鉴于明末清初的战乱及移民入川的影响，蜀中传统社会原有的基本结构遭到彻底的破坏。清代初叶，巴蜀地区在恢复生产的同时，其基层社会也经历了较长时间的重构。

乾、嘉以来，无论在城市还是乡村，基于互助、自治的民间组织纷纷涌现出来。这些民间组织制定规约，规范组织内成员的行为，协调相互之间关系，维系成员及组织的发展。这些在官府体制之下自主建立的民间社会组织，虽受制于

---

① 〔乾隆〕《荣县志》卷 1《封域志》,《南京图书馆藏稀见方志丛刊》第 163 册，国家图书馆出版社 2012 年影印本，第 334—335 页。

② 〔乾隆〕《璧山县志》卷上,《故宫珍本丛刊》第 216 册，海南出版社 2001 年影印本，第 17 页。

③ 〔乾隆〕《苍溪县志》卷 3《风俗》,《北京大学图书馆藏稀见方志丛刊》第 311 册，国家图书馆出版社 2013 年影印本，第 180 页。

④ 〔民国〕《郫县志》卷 6《风俗》,《中国地方志集成·四川府县志辑》第 8 册，巴蜀书社 1992 年影印本，第 785 页。

⑤ 此为方象瑛于康熙二十二年癸亥闰六月赴四川典试，九月二十七日“报谒诸当事”后，游历成都及周边所记。出自方象瑛《使蜀日记》四，王锡祺辑:《小方壶斋舆地丛钞》第 9 册，杭州古籍书店 1985 年影印本。

⑥ 〔康熙〕《绵竹县志》(乾隆四十二年增刻本）卷 4《艺文》,《南京大学图书馆藏稀见方志丛刊》第 62 册，国家图书馆出版社 2014 年版，第 392 页。

官方的管束，但在组织内部形成了相对独立的规约，并在日常生活中扮演着“组织”的身份参与社会活动，在一定范围内实现了民间的自治。张研将清代的基层社会组织归为里社保甲坊厢、家庭宗族乡族、行业组织与经济型乡族组织三大社会组织[①]。这三类组织中，第一类带有“半官方”的色彩，后两类则为自治性民间组织。笔者在此主要考察自治性社会组织。清代以来，巴蜀城乡的自治性社会组织大体包括同乡组织、同业组织、近邻组织和宗族组织四类。这些组织形态上不尽相同，但其活动方式都以神灵信仰为基础[②]，定期祀神演剧，敦睦乡谊，“宗教信仰的介入有助于减少成员之间因个体的、功利主义的利益而产生的冲突，并通过强调团体的神圣象征符号将成员的意识提升到集体层面”[③]。

一、同乡组织与赛会演剧

学界从移民会馆的角度，对同乡组织作了深入解读。移民会馆是同乡组织活动的主要场所。对于“初来乍到”的外乡移民，他们要在陌生的环境中生存、安定和求得发展，不得不依靠团体和组织的力量，“背井离乡”的现实将同乡的民众聚集在一起。移民会馆无形中形成了一种向心力，成为他们解决生存困境的主要依凭，并为他们在异域他乡给予精神慰藉。乡土神在其中的作用不可估量，乡土信仰是移民身份认同的标识，在万事“凭神”的时代，离开故土象征着走出了神灵的“保护圈”。于是，形塑有乡土神的移民会馆承担了神庙的职能，围绕着移民会馆的同乡组织，成为有着共同信仰的信众团体。移民疏远

---

① 张研:《清代中后期中国基层社会组织的纵横依赖与相互联系》,《清史研究》2000 年第 2 期。

② 宗族组织主要为敬祖，文中所言之宗族组织则于宗族之外另有敬神活动，他们与近邻组织相类，故不再单独讨论同族组织的聚会演剧。

③ 杨庆堃:《中国社会中的宗教》，上海人民出版社 2007 年版，第 67 页。

甚至解构了传统的宗族关系，移民会馆也相应重构了“类宗族关系”——以同籍为纽带的关系。当然，移民会馆代表的只是一部分同乡组织，在清代的四川，还有很大一部分同乡组织没有建立会馆，或者在相当长一段时间内没有能力建立会馆。他们依托居住地现成的神庙，以“会”的形式存在着。他们大多有建庙的愿望却无建庙的能力，有的甚至要花上数十年甚至上百年的时间，才能实现这一愿望。但无论是否建立会馆，他们在性质上是一致的。同乡组织建立了内部的规范，定期祀神、设立义冢、赈济同乡、教导子弟、协调关系是同乡组织的基本职能。

学界在论及会馆的功能之时，总离不开以下两条表述：“迓神庥、联嘉会、襄义举、笃乡情”[①]或“祀神、合乐、义举、公约”[②]。前者见于乾隆四十九年苏州的潮州会馆，后者见于民国五年《沪南果桔三山会馆碑记》。不同的地区，几近相同的表述，均将神灵与合乐（嘉会）排在前两位，表明了这两项功能的重要性，也显现了这两项功能的内在逻辑。从宏观层面而言，这与明清以来民众日常生活对民间信仰的依赖有关，人们的衣食住行、生老病死都离不开神灵的庇佑。因此，远离故土的移民和商帮，迫切需要在异乡建立一个祈祀神灵的空间和场所，会馆也就应运而生。有学者曾对四川地区的会馆数量进行统计，蓝勇估计全省会馆有一千四百多座，也有学者估计达2000座以上[③]。事实上，从大多数场镇都有“九宫十八庙”的说法来看，诸多会馆漏记于文献之中，尤其是在古代的交通要道之上，其数量更多。因此，由于文献的失载和遗迹的毁弃，很难获取相对准确的会馆数量，实际数量应远远超过目前的统计数。祀神是会馆的第一要务，祀神也是会馆团结民众的方式，“县多客籍，人怀故土，而会馆以兴。彼各祀其

① 《潮州会馆碑记》，载苏州历史博物馆、江苏师范学院历史系、南京大学明清史研究室编：《明清苏州工商业碑刻集》，江苏人民出版社1981年版，第340页。

② 《沪南果桔三山会馆碑记》（民国五年刻），载彭泽益辑：《清代工商行业碑文集粹》，中州古籍出版社1997年版，第98页。

③ 参见蓝勇：《西南历史文化地理》，西南师范大学出版社1997年版，第54页；王雪梅、彭若木：《四川会馆》，巴蜀书社2009年版，第31页。

乡之闻人，使有统摄于以坚团结而通情谊，亦人群之组织也”[①]。所以，各会馆均以神诞之日祀神，联嘉会，通情谊。由表2-2可知，各省移民所奉乡土神并不限于一个，且各地奉祀之时间也有差异。而且，如果某一州府移民较多，也可能另立一乡土神，如湖广宝庆府。由此足见乡土神奉祀的多样性与丰富性。

演剧是民间组织酬神的主要活动。会馆是移民聚会联谊的场所，移民客居异乡，除了寻求乡土神灵的保护，获得心灵的慰藉，还需要与同乡“打乡谈”，在与同乡的联谊中排解乡思，缓解客民的现实压力。会馆取代了原乡的一切神庙，在较长一段时间内，是客民春祈秋报、旱涝祈祀、祛病消灾的主要空间，也是客民共享嘉会，聚众联欢的唯一空间。客民在岁时节庆之时齐聚于此，祈福纳吉。安岳的贵州客民“岁时享祀，循桑梓恭敬之义礼，不忘其本，尤期无忘忠义之心，以邀神鉴，则崇报匪虚文矣”[②]；汉州江西客民于嘉庆年间“复真人祠之钟鼓，岁时祭祀，以乐侑神”[③]；江北县“县境内各乡镇所祀神，大都有禹王宫或川主庙，为乡人春秋报赛演剧宴乐之所。独乐碛镇祀神特多，于禹王、川主外，又立南华宫祀六祖，万寿宫祀许真君，天上宫祀天后。……乐碛住户属献贼乱后楚、赣、闽数省移民，故各祀原籍之神，用联乡谊”[④]。在岁时报赛之中，神诞之日或节日庆典尤为客民所重，与神庙庆典一样，客民毕集会馆，演戏祝神，“五省会馆（按：天后宫、三楚宫、南华宫、三圣宫、万寿宫）乃各乡人共建，以不忘其所自者，岁以各神寿辰庆祝，赛会演剧，用答神庥。会乡里全省皆然，各乡镇亦

① ［民国］《灌县志》卷16《礼俗纪》，《中国地方志集成·四川府县志辑》第9册，巴蜀书社1992年影印本，第400页。

② 谭言蔼：《龙台场黔阳宫碑记》（该文作于嘉庆十九年），载光绪《续修安岳县志》卷2《坛庙》，《中国地方志集成·四川府县志辑》第24册，巴蜀书社1992年影印本，第780页。

③ 曹六兴：《重修汉州许真人祠碑记》（曹为四川布政使），载嘉庆《汉州志》卷36《艺文·记》，《中国地方志集成·四川府县志辑》第11册，巴蜀书社1992年影印本，第353页。

④ ［民国］《江北县志稿》卷6《礼俗志·祀典》，《重庆图书馆藏稀见方志丛刊》第5册，国家图书馆出版社2014年影印本，第71—73页。

多有之”[①]。巴县江南会馆每年分春秋两祭，与社祭重合，春祭为2月12日，秋祭为8月12日，“祭祀日将演戏庆祝，分祭酒及祭肉，并招待早饭和午餐”，其目的旨在“以期进一步加强团结”[②]。

表2–2　各地移民赛会祀神表[③]

会名	奉祀神灵	籍贯	会期	备注
关帝会/磨刀会/单刀会	关羽	陕西人	五月十三日	
药王会	孙思邈/扁鹊/华佗	陕西人	四月二十八日	
朱公会	朱熹	咸宁人		
禹王会	大禹	湖广人	正月十三日	有底金产业 蓬溪：六月初六
宝庆会	大禹	湖广宝庆府人	/	
长沙会	/	长沙人	/	
真武帝降诞庆会	真武帝	湖广人	三月三日	
真武帝成道日庆会	真武帝	湖广人	九月九日	
帝主会	帝主/福主（张七相公）	黄州人	/	
萧公会	/	江西人	四月初一	有底金产业
许真君降诞庆会	许逊	江西人	八月初一	蓬溪：九月初九
太保康公庆会	太保康公	江西人	七月二十八日	
六祖会	慧能	广东人	二月初八日（犍为） 八月初三日（彭山）	有底金产业

① 〔嘉庆〕《金堂县志》卷1《建置》，《中国地方志集成·四川府县志辑》第4册，巴蜀书社1992年影印本，第43页。

② 彭泽益主编：《中国工商行会史料集》下册，中华书局1995年版，第629—630页。

③ 主要参考：〔民国〕《犍为县志》卷2《居民》，《中国地方志集成·四川府县志辑》第41册，巴蜀书社1992年影印本，第158—159页；李全民：《蓬溪县城的同乡会馆》，载《蓬溪文史资料》第33辑，2010年内部刊印，第133—134页；王雪梅、彭若木：《四川会馆》，巴蜀书社2009年版，第132—133页；“南部县衙门档案”。

续表

会名	奉祀神灵	籍贯	会期	备注
未详	庄子	广东人	二月初八日、八月初三日	
龙母宫庆会	/	广东人	五月初八日	
天后会/圣母会/林姑会	妈祖（天后）	福建人	三月二十三日	有底金产业
荣禄会	黑神	贵州人	/	有底金产业
寿福会	/	广西人	/	有底金产业
川主会	川主	本省人	六月二十三日	
张王会	/	湖省客民	/	南部县：同时积禹王会

二、同业组织与赛会演剧

同业组织是以“业缘”为基础而形成的。一般称为商业性会馆、商人会馆、行业会馆、同业会馆等，以上称呼各自在一定层面上反映了同业组织的特点。但如前所述，商业性会馆、商人会馆与同乡组织有一定的重合。很多来自同一地的商人，他们经营着相同的行业，如贩卖川盐、茶业、山货、棉花等，又有着同业的性质。巴县档案显示，有相当数量的商业会馆其实也是同乡组织。这种地域性的商帮组织，他们既要承担同乡组织的职能，同时还要拟定行业内的规程。应该说，以同籍为纽带建立起来的同业会馆，是大多行业会馆的初始阶段。商业社会发展到一定阶段的结果，仅仅依靠地缘性会馆的保护远远不够，甚而至于，地缘性保护形成的壁垒一定程度上制约了商品社会的发展，以调控和规范本行业的行业性会馆应运而生。事实上，至迟在康熙后期，行业性的会馆组织已经出现，拟定于嘉庆元年的渝城《胰染绸绫布匹头绳红坊众艺师友等公议章程》曰：“今我等胰染绸绫布匹头绳红坊染匠一业，先起自立禹王庙，兴会百多余年，并无紊乱行规。”[①] 由嘉庆元年回溯 100 年，可见其兴会于康熙朝后期。社会经济的持续发展，工商业中的行会组织已相当普遍，各行业均制定行规，用以规范市场，甚至阉术行、锡匠铺等也成立相应的行会性组织。总体而言，地域性的商帮会馆在发展过程中，产生了行业性的会馆、公所，但前者并未被后者完全取代，两者一直并存，各自发挥着不同的功能。

与同乡组织一样，同业组织也以祀神为基础，定期联谊，以规范组织内成员行为，处理组织间的纠纷和事务。行业神是保护本行业的神灵，神灵的设置上没有了“乡土气息”，而偏重于“行业特色”，故行业神多选择本行业的始祖或与本行业有关的神灵充任。行业神崇祀的随意性也比较大，如船帮等所祀之王爷，有的以蜀守李冰为王爷（如合州、蓬溪等），有的以杨四将军为王爷（如南充、隆昌、广安等），有的则以夏禹为王爷（如绵竹、名山、彭山等）。同为“王爷”，却有着地域性差异。行会有大有小，大者如商人之通祀之财神会，小者如梳弹行、豆腐行、茶担行等，皆有明确的行业神灵，体现出行业成员对本行业较为强烈的认同感以及寻求互助联谊的紧迫感。

在各行业拟定的公规和章程中，神诞演戏酬神均列为核心条目，本行业成员须严格遵守，不得违逆。可见演戏酬神在行业会馆组织中的重要性。如嘉庆元年，巴县腆染绸绫布匹头绳红坊章程规定，“历来每年会期已到，祀神演戏，整理行规，凭众公派，每人抽取厘金钱五百文，不得推诿”[②]；道光二十九年（1849），巴县男工顾绣行规规定，“每年九月十四日，齐集县庙，演戏庆祝”[③]；弹新花铺行规定，“每年九月十五日同至府城隍庙敬神，戏一台，公举首事轮流承办”[④]；道光二十一年（1841），广扣帮章程规定，“每年二月十五日敬演大戏一

① 四川省档案馆、四川大学历史系编:《清代乾嘉道巴县档案选编》上册，四川大学出版社 1989 年版，第 236 页。

② 同上书，第 236 页。

③ 同上书，第 235 页。

④ 同上书，第 239 页。

部，恭祝太上老君千秋”[①]等。有的行会组织尚未建立实体性的行业会馆，则借用现成的城隍庙或其他祠庙演戏敬神。演戏成为敬神不可或缺的方式，从某种意义上说，演戏是行业性组织以敬神的名义，规范和约束同行业成员的一种手段。因此，在神诞敬献之外，“演戏”也是对行业内成员商业违规行为最常见的惩罚方式。行会组织章程和公规中“罚戏”屡见不鲜，这与行会酬神演戏的延续相呼应，而演戏作为常见的惩罚方式，也显现其在行会组织活动中的重要程度。同治二年六月初十日，渝城红白毡房公立之《渝城红白毡房公议章程》开列行规十五条，其内容包括首事人职责、开设毡房、红白毡价、上庙福酌、银色标准、红白毡板标准、学徒出师帮工期限、公份大庄羊毛、不准偷买黑货、每捆羊毛上银标准等，违者“查出同众公罚戏一台，治酒席四桌”[②]；同治八年（1869）七月所立渝城《纸帮章规》，进一步明确“所罚等项概系入会祀神”[③]。行业成员违反了行规，也就是对行业神的不敬，需要重新在神灵面前演戏酬神，以获得神灵的宽恕。为此，行会演戏被赋予更多的意义，其规定性和约束性更加明确。

表 2–3　各行会组织赛会表[④]

会名	奉祀神灵	行帮	会期	备注
财神会	财神	商人通祀	七月二十一日	多有底金
杜康会	杜康	醋房帮	八月十七日	多有底金

---

① 四川省档案馆、四川大学历史系编：《清代乾嘉道巴县档案选编》上册，四川大学出版社 1989 年版，第 242 页。

② 彭泽益主编：《中国工商行会史料集》上册，中华书局 1995 年版，第 556—557 页。

③ 同上书，第 559 页。

④〔民国〕《犍为县志》卷 2《居民》，《中国地方志集成·四川府县志辑》第 41 册，巴蜀书社 1992 年影印本，第 159 页；〔民国〕《合江县志》卷 4《礼俗》，《中国地方志集成·四川府县志辑》第 33 册，巴蜀书社 1992 年影印本，第 485 页；四川省档案馆、四川大学历史系编：《清代乾嘉道巴县档案选编》（上、下），四川大学出版社 1989 年版、1996 年版；四川省档案局编：《清代四川巴县衙门咸丰朝档案选编》，上海古籍出版社 2011 年影印本，以及《南岸文史资料》《安岳文史资料》《南部县衙门档案》等。

续表

会名	奉祀神灵	行帮	会期	备注
机仙会	机仙	机房布匹帮	九月十六日	临时派分
姬仙会	七仙姑	纺织印染行	七月初七	
蔡翁会	蔡伦	火纸帮	/	多有底金
火神会	火神	火纸帮、烟帮、烟司帮、花炮帮	六月十四日	多有底金、产业
药王会	药王	医生及药材帮	四月二十八日	
轩辕会	轩辕	裁缝与成衣帮	九月十六日	安岳为九月十二日
孙祖会	孙膑	制鞋业	正月初八	
梅葛会	梅葛仙翁	染房帮	/	
张葛会	/	油房油蜡店	七月十五日	
张爷会/桓侯会	张飞	屠宰行	/	
罗祖会	罗祖	理发店	七月十三日	
长生会		整容（理发业）	七月十三日	
雷祖会	雷祖	粉行帮、水食店	六月二十二日	
詹爷会	闻仲	厨工、饭馆、包席馆	八月十三日	祀于慧灵宫
鲁班会	鲁班	泥木石工匠	六月二十日、十二月二十日	安岳为五月十七（生日）、五月二十日（得道、逝世日）
蒙公会	蒙恬	制笔业	二月初二日	
王爷会	王爷	行商与船夫	六月初六日	重庆龙门浩船帮、上浩船帮称为“龙王会”
老君会	老君	广扣帮、铁帮及五金行	二月十五日	安岳为九月二十七

续表

会名	奉祀神灵	行帮	会期	备注
四贤会	鲁班、蔡伦、雷祖、轩辕	彩扎行业（彩龙、火龙、各种彩灯——人物、飞禽、走兽、灵房）	六月二十四	
灵官会	灵官	白花行	六月二十四	
孚佑帝君神会	吕洞宾	南部县官绅	/	同治二年
衙神会	衙神	衙役	/	收佃办会演戏
帝王会	/	棉花铺	/	/
文昌会	文昌帝君	书铺手艺行（安岳：刊刻、印刷业）	三月二十七	
玄女会	玄女娘娘	梳弹行	九月初十	
未详	/	茶担行	/	
未详	淮南王	豆腐行	/	
未详	/	磨房	/	
未详	/	顾绣行	九月十四日	
未详	/	弹新花铺	九月十五日	
未详	刘备	织履业	/	
未详	唐明皇	优伶	/	
未详	萧何、曹参	胥吏	/	
未详	三皇	星士、春官	/	
未详	关帝	兵勇	/	
未详	孙圣、文昌、奎星	士人	/	

三、近邻组织与赛会演剧

以地域为基础，官府建立了里排、保甲等基层社会组织。但是，这对于民众日常生活而言，其意义并不大。“地缘”基础上的邻里关系，在民众的日常生活中越来越扮演着重要的角色。"远亲不如近邻"，邻里之间在长期的交往之中，虽难免有矛盾的产生，但却有着共同的利益所在，需要一起面对同样的困境，解决天灾人祸等危机。这种组织的建立很可能是在同乡、同行和同族关系比较淡薄的地方开始，形成相同的神灵信仰，并逐渐冲击着同乡、同业和同族组织。

近邻组织是以地缘为关系而建立起来的祀神组织，这一组织在客观上突破了同乡的束缚。无论在乡村还是城镇，民众都经历了客民与土著、客民与客民乃至不同地域的土著之间的交流与融合过程。这是观念、习俗与文化之间的融合，是旧传统的解构与新传统的建构，是破除原籍地的壁垒，认同"新四川人"身份的过程。王东杰认为，嘉庆以后，移民后裔的文化趋同步伐明显加快①。根据笔者所掌握的资料，近邻组织普遍形成的时间大致佐证了这一观点。乾嘉以降，乡间牛王会组织开始增多，同光以后的近邻组织则尤为普遍。尽管我们无法确考这些组织中有多大层面上的客民与土著、客民与客民之间的整合，但以近邻为基础形成的组织，则显然忽略了其原有的籍贯和宗族身份。这些组织在建立之初，大多以祀神禳灾祈福为目的，或称为"神明会"。神明会除了祀神，也具有合约、义举、公约等功能，只是在组织上没有会馆显得规范和严谨。

近邻组织的祀神活动也多以演戏为主。如前述雅安合江镇于乾隆二十八年修建牛土庙及戏台，"观夫神威浩荡，圣德昭彰，固感通之有由，岂酬答之无自，屡逢圣诞，两境兆庶，分棚施资庆祝，尝叹每年造台之艰辛，而楼台一起，于是广募众善，以勷厥成"②。嘉庆年间，该牛王庙又得以修复，焚献祷祝得以延

---

① 王东杰:《"乡神"的建构：方志所见清代四川地区移民会馆崇祀中的地域认同》，《历史研究》2008 年第 2 期。

② 2015 年 8 月笔者抄录于雅安市雨城区合江镇碑刻。碑文如下:（石匠王辉久上粮一□五分）。观夫神威浩荡，圣德昭彰，固感通之有由，岂酧答之无自，屡逢圣诞，两境兆庶，分棚施资庆祝，尝叹每年造台之艰辛，而楼台一起，于是广募众善，以勷厥成。造宝塔于九层，如睹金身于丈六。但肩其任者，无德不报；率其利者，降殃匪轻。允我同人，务宜始于勿替，俾今日之美举，赖后日之培固，永祝圣寿无疆，功果既成，勒石不朽，是以为引（按：捐资者姓名及捐资数额略，共五十三人）。乾隆二十八年岁序癸未仲春望九日立。

续[1]；罗江县略平镇的牛王会，专门修建牛王庙乐楼，以备每岁祭祀牛王神演戏之需；绵阳涪城区回龙观之牛王胜会，民众为解决演戏之资，醵金筹资置买会产招佃；安仁乡清醮会于正月二十三演唱神戏庆祝[2]；西江寺清醮会置产生息作祀神演戏之资[3]；南部县全兴乡三清庵清醮会每逢新春酬神演戏，以免瘟疫之灾[4]；南部县合符寺的仓颉会和灯山会则合办神会，由仓颉会演戏，灯山会扎灯山[5]等。当然，在演出的规模和演出的排场上，近邻组织也许无法与商帮会馆、行业组织相比，但作为以神灵祭祀为基础建立的组织，演戏依然是他们敬神的主要选择。

表 2–4　各乡村神明会祀神表[6]

会名	积会地点	会期	备注
清醮会	南部县西江寺	/	
清醮会	南部县全兴乡三清庵	新春	
牛王会	南部县积上乡	十月初一	
灯会	南部县清邻寺大佛殿	/	立碑募捐，每年燃长灯供神
天灯会	南部县全兴乡严家庵	/	
火神会	南部县望月庵	四月十八日前	族亲

---

① 2015 年 8 月笔者抄录于雅安市雨城区合江镇碑刻。碑文如下：从来有功不伐者，古人之居心固甚善也，今予等迁建一庙于斯，又奚必拘拘（下缺损）但功在一人，不伐则易，功在众人，不伐则难。且功在今之众人，不伐尤易（下缺损）。庀材庙貌一新，刻神绘像，历年庆祝壮观瞻于詹家坡前，勒石标名，迄今已数（下缺损）矣。培修有人，更难悉数，越数年间，颓败已多。今予等于嘉庆庚申年间兴一（下缺损）曰合江商贾聚集于斯，每叹祷祝无由，窃念斯庙不惟屡道搅挠，亦且酧献维艰，（下缺损）是众相议□乃还树斯庙于此地，庶几斯庙不孤而酧祝得其便矣，然虽所聚无□（下缺损）姓捐施亦非一人之力，功成告竣，历经九载，予等又岂好为伐哉？特为书之，一以□光前辈（下缺损）以不没今善，谨志不朽云耳（按：捐资者姓名、捐资数略，约五十余人，包括会首数人）。嘉庆拾四年七月廿二日立。

② 四川省南部县衙门档案：7-808-1。

③ 四川省南部县衙门档案：12-256-3。

④ 四川省南部县衙门档案：12-901-2。

⑤ 四川省南部县衙门档案：21-889-5。

⑥ 需要说明的是，神明会的会名既是组织名称，大多也兼为赛会名称。参见《南部县衙门档案》《安岳文史资料》《略平牛王庙乐楼碑记》《绵阳回龙观牛王会碑》等。

续表

会名	积会地点	会期	备注
清醮会	南部县安仁乡	正月二十三	
灯山会	南部县合符寺	三月二十七	县城贸易生理
仓颉会	南部县合符寺	三月二十七	与贸易行灯山会同积
吕祖会	南部县凌云洞	/	
牛王会	绵阳龙门镇回龙观	十月初一	
牛王会	安岳牛王寺 位于石桥、永顺两乡间	四月初八	
牛王会	罗江县略平镇	十月初一	

四、基层组织的赛会演剧形态

以上基层社会组织的出现，就其本质而言，是小农经济和传统宗法制度在社会变革时期的产物。小农经济的存在使人们可以固守一片土地而自给自足，人们聚族而居，聚姓而居，形成了以血缘为纽带，以地缘为基础的自治系统。农耕社会将人们拘限于土地之上，受安土重迁观念的影响，人口流动较小，“血缘”在一定程度上可等同于“地缘”，“血缘是稳定的力量。在稳定的社会中，地缘不过是血缘的投影，不分离的。‘生于斯，死于斯’把人和地的因缘固定了。生，也就是血，决定了他的地。世代间人口的繁殖，像一个根上长出的树苗，在地域上靠近在一伙。地域上的靠近可以说是血缘上亲疏的一种反映，区位是社会化了的空间”[①]。费孝通谈到的血缘纽带上的基层社会，在清代以来的巴蜀地区似乎并不占主导地位，但并不影响“血缘”——宗族这一结构在基层社会的作用。事实上，早有学者注意到会馆与宗祠的内在关系，“自他省迁居者，各有其会馆之祭祀，报本追远，比于宗祠，惟会馆祀期多以春丙秋丁，宗祠祀期多在春秋分日，此其

---

① 费孝通:《乡土中国》，北京出版社2005年版，第102页。

异也”[①]。从某种意义上说，同乡、同行、近邻组织等在建立之初，有着宗族社会组织的“拟制形态”。固有的宗族体系在不可抗因素的影响下遭到破坏，他们尝试着重构宗族体系。于是，逐步形成了超越血缘关系——以地缘为基础的同乡组织——移民会馆、以业缘为基础的同行组织（同行组织的出现有多种原因，但作为基层组织的建构，在观念和意识上受到宗族结构的影响是明显的，从他们的行规中即可窥知一二），又逐步出现近邻组织和重建的宗族组织。

“会馆是巴渝移民文化的见证者。基于宗法制度和地域观念，会馆承载着浓郁的乡情，成了移民者早期的文化活动中心。”[②]其实，作为受宗族观念影响而形成的民间组织，无论是会馆、公所还是神明会组织，在演出剧目和内容上，都自然而然地显现出人伦教化的色彩。由于宗祠的缺位，会馆乃至神明会自然成了民众的精神依靠，一定程度上发挥着宗祠的作用。以会馆或神明会为中心，以神灵信仰为依凭，在成员心中形成了一种向心力。民间组织在祀神、嘉会的同时，还必须解决组织内成员的实际困境，诸如赈济贫困，设立义冢，以及设立私塾或义学，劝导子弟发愤进学，此以移民会馆最为突出。于是，厚人伦、美教化成为民间组织赛会的一大功能。各地会馆及其戏台楹联，彰显出“教化”的自觉性。

在传达“忠孝节义”思想，实现“敦化人伦”的目的之时，会馆、祠庙山门楹联与戏台楹联之间在内容上又有所区别。前者侧重于颂扬所祀神灵的功绩，而后者则善于结合忠奸主题以显劝惩之义。如江津仁沱真武场万寿宫楹联：

玉诏颁来万古长留忠孝；金册度出一家都是神仙。

万寿宫所祀神灵为许逊许真君，其于晋武帝时入川任县令，为官清廉，曾以良方助民祛除瘟疫。弃官归家后，适遇水灾，前后治水二十载。曾首创道教“净

---

① 〔民国〕《渠县志》之《礼仪民俗》，丁世良、赵放主编：《中国地方志民俗资料汇编·西南卷》上册，书目文献出版社1991年版，第343页。

② 张志全：《清代以来巴渝民俗节庆演剧考论》，《湖北民族学院学报》（社会科学版）2014年第4期。

明忠孝派”，宣传忠孝伦理。在宋代被封为“神功妙济真君”。本联即以题咏许逊之神功英绩，很自然地将弘扬神威与儒家教化融为一体。自贡西秦会馆大丈夫抱厅的楹联，则以咏颂关圣大帝为主题：

萃不灭之忠魂，浩气长留，屡向本朝昭义烈；
肱将衰之火德，英风永著，犹从此地郁炎精。

关羽之忠义昭昭若日月。明清以降，官府对关羽屡加封赐，关羽已不仅是全国性的通祀神灵，俨然成为官民共祀、妇孺皆知的“关圣人”。陕西客商将其作为“乡土神”加以供奉，教化之义显而易见。与之相类，自贡桓侯宫山门楹联则颂扬张飞：

大义识君臣，想当年北战东征单心克践桃园誓；
功丰崇庙祀，看今日风微人住寿世还留刁斗铭。

张飞为屠宰行的行业神。与万寿宫祀许真君、西秦会馆祀关圣大帝一样，神灵自身的伟绩已带有浓郁的“教化”色彩，而以楹联榜之于会馆，则无形中形成一种规约，发挥着精神引领的作用。再如洛带湖广会馆禹王宫大门楹联：

传子即传贤，天下为公同尧舜；
治国先治水，山川永奠重湖湘。

綦江朝阳街万天宫戏台下山门楹联：

德被群生允矣下民，功参造化识哉上天。

荥经县的关帝庙联，则是对出者安邦定国，入者孝悌仁爱的儒家伦理思想的诠释：

至大至刚，是集义所生者；宜兄宜弟，其为人之本与。

与之相应的，洛带镇的广东会馆大门楹联，进而颂扬客家贤良辈出的遗风，以起到鼓励客家后辈的作用，与宗祠之训导子弟无异：

遗风喜见，人文蔚起；瑞气伫看，甲第蝉联。（其一）

石牛叶吉，秀毓储封；系衍曹溪，恩流洛水。（其二）

天马呈祥，灵钟紫谱；宗传梅岭，泽荫巴山。（其三）

以上颂赞神灵和祖述前贤的山门或抱厅楹联，侧重于宏观描述，尚显得比较抽象。而会馆戏台的楹联，则善于与戏曲主题、演出场景结合起来，显得真实可感，亦庄亦谐。如洛带万寿宫万年台楹联：

将相公侯由人做出；忠孝德义自我观来。

显然是对戏台演出主题的如实描摹。围绕“忠孝”伦理道德，戏台的楹联惯于以简明的对比，展现戏曲故事中的“忠”“奸”对立，彰显劝惩之义。如合江县福宝镇川主庙戏台楹联：

一夕别善恶，千秋识忠奸。

江津石蟆清源宫戏台楹联：

本是戏场，若演奸诈邪淫，各宜自反；岂尽假事，试看忠孝节义，孰非人为。

内江关帝庙戏台的楹联，则更为明确地将戏曲中的轮回果报观念搬出来：

把古今帝王将相士女农商一齐再世重生，好同来放开眼界；

看宇宙节孝仁廉豪权奸佞都有轮回果报，且各自打扫心田。

如果说“各自打扫心田”语气还比较平和，有的楹联则以更直白甚或犀利的表述，揭示了戏曲故事中“忠”“奸”对立的结局，起到警醒世人的作用，如内江关帝庙戏台楹联：

忠属谁，孝属谁，为什么看到竹死桐枯丛中暗洒凄惶泪；
奸者败，佞者败，切莫要想起铜山金谷背里仍萌鬼蜮心。

合江县白鹿乡万寿宫戏台的楹联：

今古有同情，许多宝贵功名，过眼恍如前日事；
是非留定论，若个贤奸忠佞，到头须看下场时。

“到头须看下场时”，运用双关的修辞，既指演员从戏台“下场”，更喻指“奸臣”终得惩戒的报应。戏台楹联还善于结合角色之褒贬特征，以生动的形象，在诙谐幽默中实现教化之目的，发挥着讽喻现实的功效。如内江禹王宫戏台楹联：

莫教花面登场，怕蚕眉倒竖凤眼圆睁，容不下者般奸佞；
须知丹心恋蜀，要渝舞低垂巴歌漫度，仍未改故国山河。

泸县方洞场川主会戏台楹联：

大花脸耀武扬威，若果是真，这还了得；
小包头擦胭抹粉，如其非假，才说不完。

由花脸之褒贬寓意着墨，既契合了戏场的主题表达，又隐含着对社会现实的批判。尤其是方同场川主会戏台的楹联，将是非善恶寄寓于对大花脸和小包头的批露之中，以民众习见的口语表述，朗朗上口，甚合俗民之胃口。

此外，戏台楹联中还传达出积极的人生观和价值观。如重庆湖广会馆齐安公所戏台联：

人在戏中，戏在人中，人生莫演糊涂戏；
境由心生，心由境造，境界须除名利心。

这是楹联作者对人生的感悟和思考。虽由“人生如戏”的角度落笔，但侧重正面的劝导。“境界须除名利心”，可谓深得人生三昧。合江县福宝镇川主庙戏台三联，从不同的层面讲述做人的道理：

看戏看结尾才识君子，做事做到头方算丈夫。（其一）

粉墨登场虽可假，世上为人却要真。（其二）

戏台上谈今论古明知假意让汝落泪，尘世中名缰利锁耳听甜言望你当心。（其三）

综上，所列诸联，不出忠孝节义、敦化人伦之意，一如箴言和族训一样，时时警醒民众。与之相应的，赛会演戏作为组织成员联嘉会的活动，其剧目内容必然会体现忠孝节义的观念。尽管史料难征，所演曲目大多已不得而知，但从现存会馆的戏曲雕刻中，我们仍能窥其梗概。自贡西秦会馆为陕西商帮于乾隆始建，历时十六年竣工，耗资白银五万多两。外则气势恢宏，内则富丽堂皇，在多层台沿口和衬枋上雕有大量的戏曲故事和人物。很显然，这些戏曲为会馆戏台上常演之剧目。西秦会馆戏雕，除神仙庆贺主题外，多展现忠孝仁义的思想，如《纪信替身》《失代州》《百岁挂帅》《辕门定亲》《卸甲封王》《苏武牧羊》《相府算粮》《忠义堂》《义全交》《三打祝家庄》《三战吕布》《南阳关》《徐母骂曹》《韩琦杀庙》《高山流水》等。抱厅石阶两侧后壁的“二十四孝”石雕，与戏曲木雕相呼应，宣扬封建伦理。无独有偶，重庆东水门齐安公所的两侧耳楼，也刻有“二十四孝”故事。简阳县平武乡南华宫有戏曲木雕《射一箭》《郗氏醋》《上游庵》。其中,《郗氏醋》为“前目连”故事;《上游庵》为《玉蜻蜓》之一折，有弘扬孝道之意。会馆乃至民间组织俨然宗祠的扩大化，可视为另一个层面上的宗祠。神灵设置、雕刻装饰以及酬神演戏成为其弘扬儒家伦理的主要媒介，神灵设置与雕刻装饰是以静态的方式劝诫，而酬神演戏则以动态而形象的方式演绎。如此，以“经夫妇，成孝敬，厚人伦，美教化，移风俗”为目的，传统伦理思想势必影响到民间组织演戏的主题和剧目。

当然，在商帮云集、会馆林立的巴蜀地区，不同组织间难免产生竞争与炫富心理，尤其是商帮的参与使相互间的比拼更为明显，各方会馆建筑上“争修会馆斗奢华，不惜金银亿万花”①。演戏也是他们相互斗法、炫富的手段，“凡由商建者，会戏特多，如福建、湖广、山西、陕西等馆，在太平全盛时，无日不演剧，且有一馆数台同日皆演者。由官建者，则只每年春初，同乡之宦川者团拜演剧一次而已”②。相比于演戏艺术本身，商帮可能更看重演戏的感官冲击力，演戏必然体现出场面化倾向。其演出排场包括戏班是否有声望，演员是否为名角，演出场面是否壮观，演出时间是否持久等因素。如绵阳南华宫的上元灯会极尽奢华之能事，一时间彻夜而明，观者如堵。清末蔺县黄州帮会馆的落成庆典（该馆于光绪二十三年（1897）建成，又称齐安宫），更是在演剧排场上大做文章：

> 该馆建成后，将剩余资金购庙寺25石，交吴久成掌管。请和尚主持，每日烧香换水，打扫庭院，管理庙宇。馆内设有餐室住房，桌椅茶具，作招待应酬之用。成为黄帮商人洽谈商务的活动中心和娱乐场所。当会馆落成大典之日，还特邀泸州凤仪川戏班来蔺采台，也是外地剧团来蔺演出之始。凤仪班班主王三红，习旦行，该班角色行当齐全，小生刘幼篑，大面李□，闺门刘三凤等做唱皆优，均系誉贯泸州河之名伶。一开台唱一折《玉蜻蜓》一下就出场36个尼姑，戏台容纳不下，在台两侧连接舒楼处，临时搭台以助。服饰装备齐全。衣箱道具、彩、软、硬场面箱几十口，从地面叠起直抵台顶，塞满整个后台，其规模之大非同一般。从唱开台戏起，接连唱了二十四耿本，人山人海，热闹非常，持续数十余天。③

① 吴好山：《成都竹枝词》，载林孔翼辑：《成都竹枝词》，四川人民出版社1986年版，第68页。

② 周询：《芙蓉话旧录》卷1《会馆》，四川人民出版社1987年版，第15—16页。

③ 政协古蔺县委员会编：《古蔺文史资料》第七辑，1999年内部刊印，第108页。

清末在蔺黄州府商人多达25家，以布匹锦缎换取古蔺的烟土、山货、药材等，销往湖广一带，被称为黄帮。黄帮“不仅多资而善贾，竟把古蔺之商务大权操纵于手，获利甚厚”①。这段文字记录了黄州会馆落成庆典的豪奢场面，泸州戏班采台，“是外地剧团来蔺演出之始”。其所请之凤仪班，实为创建于咸丰二年的全胜班，全班艺人近百名，分班演出时，一名凤仪班，一名贵华班，在当时颇有声誉②；开台戏演《玉蜻蜓》，出场36个尼姑，戏台容纳不下，需搭台以助，其场面可谓宏大；衣箱、道具等达数十口，塞满整个后台，箱底实力非同一般；接连唱24本，前后持续时间数十天。虽然此处主要描述的是会馆落成庆典，但却从一个侧面反映了商帮会馆以酬神演戏为由，极尽奢华的现象。这种风习之下，会馆演戏一方面无限延长会期，以从“长度”上拔得头筹，“各省会馆，万寿宫江西人会、天上宫福建人会、禹王宫湖广人会、南华宫广东人会、寿福宫广西人会，清时各届会期，演戏多至半月”③，蓬溪王爷会“近水业贾必祭之，或演剧，甚者至逾旬”④；一方面则无限扩大排场，以从“宽度”上独占鳌头，“江西馆向有迎萧公之会，备极观瞻”⑤。会馆酬神演戏在各方的“明争暗斗”中，趋向表现场面的宏大与视觉的震撼。大贺戏等撑场面的剧目得到了更多的演出空间。而主办者对视觉效果的过分追求，定不会满足于戏曲舞台上“一桌二椅”的简单布景，道具的繁复化、舞台布景的多样化也就势所必然。

由此可见，民间组织尤其是商帮会馆的演剧，在演出形态上表现出一种张力

---

① 政协古蔺县委员会编:《古蔺文史资料》第七辑，1999年内部刊印，第107页。

② 《泸州戏曲志》编辑部:《泸州戏曲志》，四川人民出版社1992年版，第284—285页。

③ 〔民国〕《合川县志》卷30《风俗》，《中国地方志集成·四川府县志辑》第44册，巴蜀书社1992年影印本，第57页。

④ 〔光绪〕《蓬溪县续志》《岁时民俗》，《中国地方志民俗资料汇编·西南卷》上册，书目文献出版社1991年版，第119页。

⑤ 〔宣统〕《广安州新志》卷34《风俗》，《中国地方志集成·四川府县志辑》第58册，巴蜀书社1992年影印本，第815页。

模式。一方面，作为宗族的“拟态”组织，民间组织力图以儒家的忠孝节义思想作为维系组织的核心观念，并以此作为组织成员日常行为的行动准则。因此，在演戏的剧目上尽可能契合这一主题。另一方面，商业的发展，又滋生了行帮组织之间的攀比心理，因而，从会馆形制到戏班之班底、优伶之声望、演剧之场面等等，相互之间的明争暗斗几乎到了无所不用其极的地步——显然，这有悖于忠孝节义观念的传达。然而，自商帮蔚起的清代中期以降，这样一种张力之下的演戏形态，成为了商帮组织演剧的基本特征。

第三节　区域性信仰空间与赛会演剧

如前所述，区域性信仰空间是指以较大影响的地方神灵（如城隍、东岳、川主等）祠庙（也有临街搭台的，如清醮会等）为中心的开放性信仰空间，处于信仰空间中信众，以相同的神灵信仰为媒介，形成区域性信仰共同体。在“神力”所及的范围内，无论城镇与乡村，无论身份贵贱，民众皆可在此祈神禳灾。在信仰空间中，各种神灵混杂，神灵是否能血食于民，成为信仰空间中民众认同的神灵，取决于神灵自身的神威。为了表达对神灵的崇祀，除了日常时间中的烧香祈祀之外，信仰空间中的民众在约定俗成的时间举行公共性祭祀仪式，祭祀时间多为神灵的诞辰、得道日及与神灵紧密相关的日子，乃至杜撰出神灵的夫人、神灵太子等诞辰。演剧和民间游艺的渗入是祭祀娱乐化的主要元素，而其中最有代表性的赛会形态，是道坛法事与目连戏、各类游艺相结合的展演集成体——“目连大戏”。

一、何为“区域性信仰空间”

明清以来，庞杂的神灵系统以及民间信仰的随意性和多样性，使酬神赛会遍布于城乡各地。赛会成为岁时节日之外的另一节庆系统，虽然其中有与岁时节日系统相重合的日子，但都有各自不同的意义表达。较之建立在原始日月运行和四季轮替基础上的岁时节日，民众对于神诞赛会似乎更感兴趣。神诞赛会在民间的广受追捧，主要有以下几方面的因素：一是朝廷和地方政府的支持与提倡，唐宋以后，对各路神灵加赐封号，使其地位和影响迅速提升，各种类型的神庙在民间大量兴建。比如城隍神、东岳大帝、梓潼大帝等一再受到官府的加封，对信仰的普及产生了重要的影响。二是佛道两教的博弈，双方开始大量印制通俗易懂的劝善书、功过格、预言书、宝卷等，传播信仰观念。为了争取更多的信众，双方通过举办赛会吸引信众。三是民众自身的需求，个体的生老病死，群体的祈福禳灾，都需要神灵的护佑。四是庙会与庙市的结合，为赛会的发展注入了新的活力，当然这也是赛会自身的影响带来的。赵世瑜说，“庙会的出现必须具备两个条件，一是宗教繁荣，寺庙广建，而且宗教活动日益丰富多采；二是商品货币经济的发展使商业活动增加，城镇墟集增加”①。这里说明了赛会的发生既有信仰本身的因素，也有信仰之外诸如商品经济发展的原因，从赛会的功能上揭示了赛会的发生、发展机制。基于此，明清以后，赛会承载了社会各阶层的需要，成为中国民间社会中有着丰富内涵的文化景观。

区域信仰空间是以神灵为中心而形成的，神灵信仰是空间中无形的纽带。在信仰空间之中，虽然身份、地位不同，或为士绅与官宦，或为商户与乡民，但士庶均能沐浴神威，“城市信仰空间是指中国传统城市中以寺庙为中心的文化空间，它的公共性在于超越城市居民的私人眼界，将不同街区与不同行业、不同层位的个体统一在寺庙之中，在统一信仰的支配下，人们在特定时间与空间中集体

---

① 赵世瑜：《明清时期华北庙会研究》，《历史研究》1992 年第 5 期。

表述了自己的诉求”[①]。实际上，在传统社会中，“城市信仰空间”并不限于城镇居民的信仰，而是以城镇为中心，向乡村辐射的信仰空间。城镇中设置的重要建筑不外官衙、学署、祠庙三类，象征着区域内的政治、文化和信仰中心。当然市场设立之后，又有着商贸中心的形态。这几大中心所涵盖的范围，在相当层面上相互重合，但不能完全对等。施坚雅由农村基层市场的分析中，认为到晚清之时，“作为县级政府所在地的都市（但并不同时也是府城或省城）往往是中间或中心集镇”，“从村庄到中心集镇之间，每一类型与前一种相比都更可能建有城墙，更可能奉祀城隍——一种具有种种美德的城市神”[②]。由此可知，城镇形成的“中心”，不仅仅是政治、经济中心，其实还有文化、信仰中心。具体形态上类似于施坚雅提出的“市场区域”，其“中心”所辐射的范围，也不限于城镇的居民，所谓城市信仰空间实则是市民和乡民共同的公共性空间。尽管“村各有庙，庙各有神”，但似乎在区域范围内的信仰祭祀圈中，也存在着一定的等级层次，显然，城镇中的祠庙比各村庙中的神灵“秩级”更高，更有吸引力。正如王斯福所言，“一座地方性的庙宇，是用来为泛中国的节日和地方神举办庆典和敬拜活动的场所”，这座庙“成为地域保护者的中心以及地方性的和文化亚群体认同的中心”[③]。这座“地方性的庙宇”象征着这个区域内信仰、文化的中心。虽然在传统的地方社会之中，“地方性的庙宇”并不止一个，但他们大多集中于市镇附近，因而，区域性信仰空间几乎是以市镇为中心的信仰文化圈。

清代以来有相当数量的地方志，绘制了城舆图，虽然仅仅是简笔勾勒，但其中大多保留有城市祠庙的标识和布局，对于我们了解地方信仰空间提供了珍贵的史料。以下，笔者以乾隆以来的几幅城舆图为例分析其表现的信仰空间及其意义。

---

① 萧放：《东岳庙与城市社会信仰空间的构建——以北京东岳庙为例》，《华中师范大学学报》（人文社会科学版）2009 年第 1 期。

② ［美］施坚雅：《中国农村的市场与社会结构》，史建云、徐秀丽译，中国社会科学出版社 1998 年版，第 10、11 页。

③ 王斯福：《帝国的隐喻：中国民间宗教》，赵旭东译，江苏人民出版社 2008 年版，第 106 页。

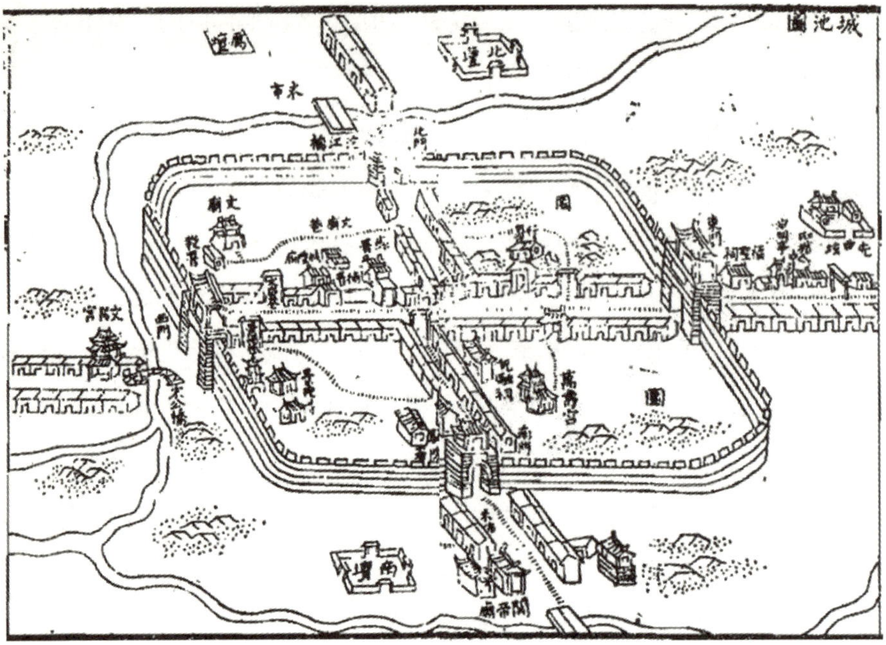

图 2-4 郫县城池图（选自乾隆十六年《郫县志》）

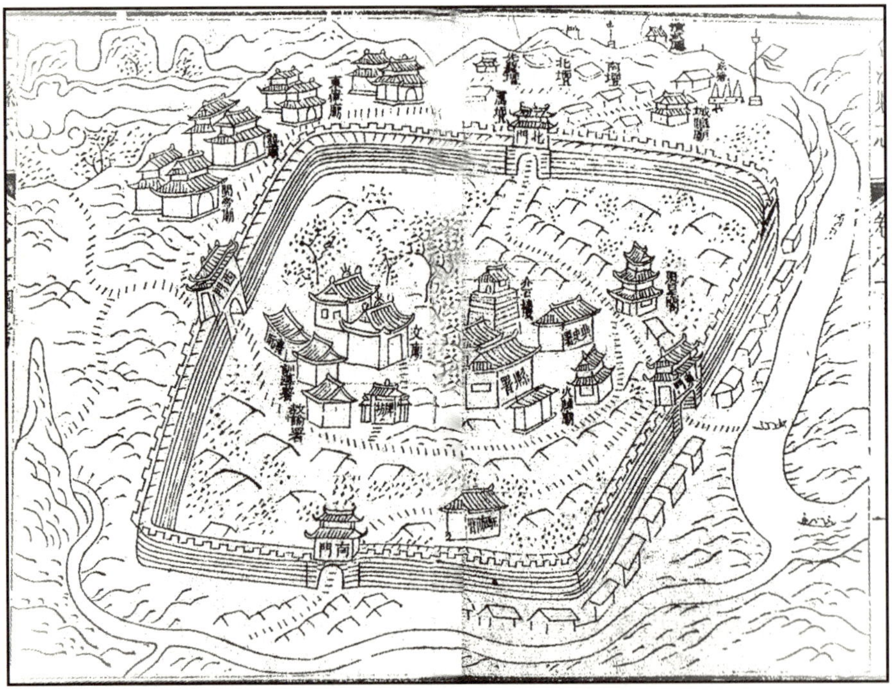

图 2-5 合江县城池图（选自乾隆二十七年《合江县志》）

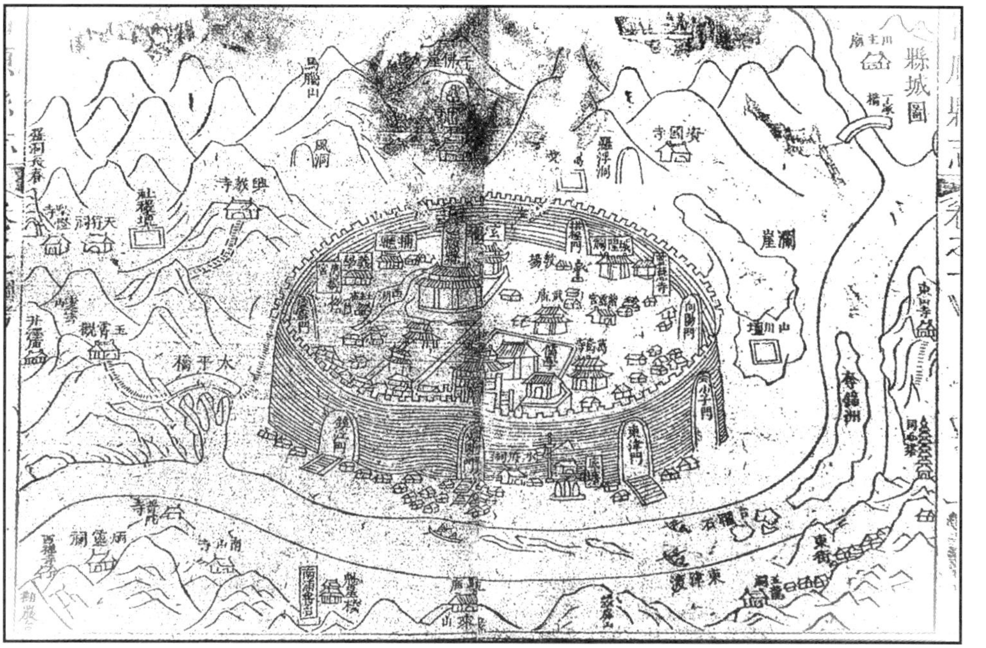

图 2-6　富顺县城池图（选自乾隆二十五年《富顺县志》）

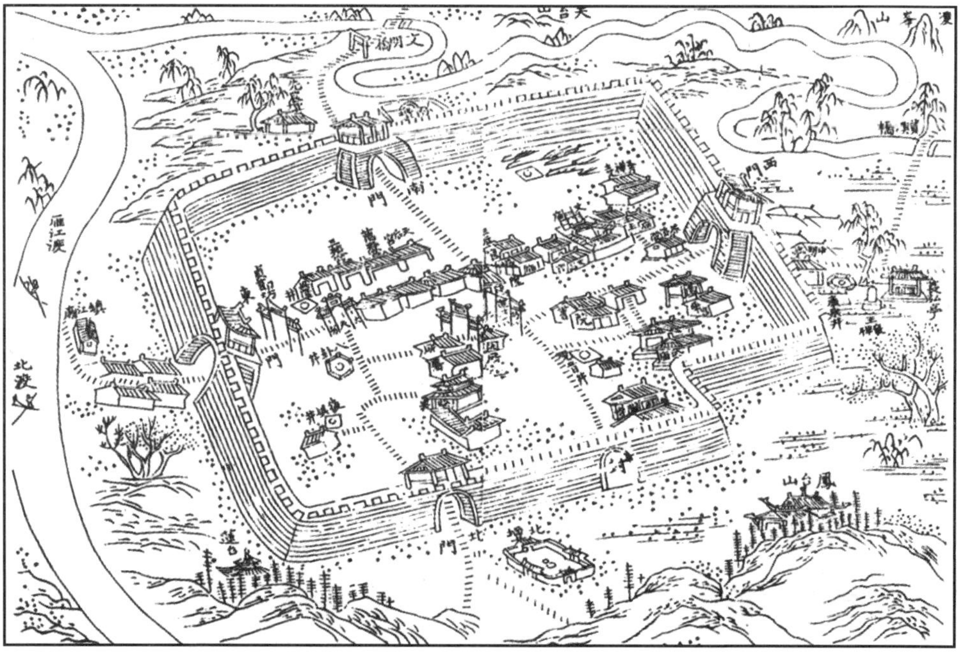

图 2-7　资阳县城池图（选自嘉庆二十二年《资阳县志》）

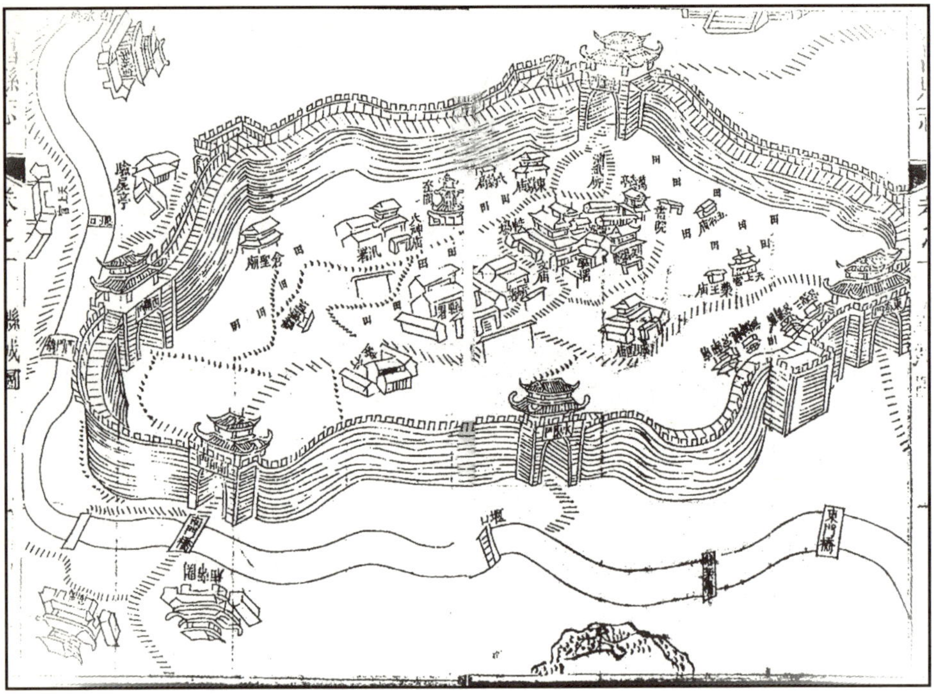

图 2-8　荣昌县城池图（选自同治五年《荣昌县志》）

图 2-9　嘉定府城池图（选自嘉庆八年《嘉定府志》）

以上城池图至少给予我们以下提示：

其一，祠庙在城镇的建构中具有重要的地位，上列诸图中，无一例外将祠庙勾画了出来，尽管线条勾勒简单，但却表明这是城镇中的标志性建筑之一。其中，最显著的当然是城隍庙，城隍神是地方保护神，但其又是司职阴曹地府的神灵，因此，无论城乡居民，咸与祀之。此外，关帝庙、东岳庙、龙王庙、火神庙、川主庙、土主庙、禹庙、药王庙等也是城镇常建之寺庙。这些庙宇与城隍庙一起形成了一个诸神并祀的区域性信仰空间，“任何社区都有一个或多个地方保护神，作为集体的象征，对这些神灵的崇拜仪式成为社区宗教生活的中心”[①]，各种神灵的混杂非但没有削弱神威，反而强化了这一空间的建构。而区域性信仰空间与由衙署、学宫等形成的封建官府的权力机构遥遥相对，在某种程度上反映了二者在民众生活世界中的关联。

其二，在祠庙的布局上，有的设于围墙之内；有的则采用城内与城外相结合的方式，后者似乎更为普遍，因为其显现出一种开放的信仰态度。由于传统的城市建设格局和防御所需，至少在府县以上的城市大都设有城墙，这客观上成为城与乡的分野。祠庙之兴建于城墙之外，从信仰的角度而言，这是对这一分野的纠偏。位置上的转移表现出城与乡的融通，它为乡民的祈祀给予了方便，是从地理布局上彰显了祠庙的“中心”角色。当然，在一些府县城池内，仍然是农田遍野的大型“村落形态”。即便到了晚清同治年间，这种现象依然存在（如图 2-8 荣昌县城池图）。县城如此，乡镇更不待言，由此，进一步证明了区域性信仰空间的城乡一体性。

其三，庙市在城镇格局中的地位日益显现。如郫县城池图，少见地将街市结构描画出来，显示此时郫县的街区建设趋于成熟，庙市随之而兴起。在城北的北坛、厉坛前和城南的关帝庙前均设有米市，城东福圣祠、城西文昌宫前也相应设有庙市。这是商业繁盛的结果，是毗邻成都这一中心城市带来的商业繁荣的表

① 杨庆堃：《中国社会中的宗教》，上海人民出版社 2007 年版，第 86 页。

现，也是信仰空间中的衍生品。庙市的存在，使赛会的聚合力进一步加强，但也传递了信仰日渐弱化的信号。

二、区域性信仰空间中的赛会形态

明清以来，川中各类神会很多，其中，城隍会、川主会、东岳会为规模较大、分布较广的神会。此外，文昌会（民众通祀的文昌会）、观音会、火神会、玉皇会、土主会、瘟祖会（清醮会）等神会也颇为盛行。神灵所司神职不同，其参与的民众也有所区别。如川主、文昌、观音等既可以主司一职，满足特定群体的需要；也可以兼司多职，民众共同奉祀，各取所需。不过，神会的庆典仪式逐渐显现出趋同的倾向。举凡地方性的酬神赛会，大多离不了抬神巡游和庙观（行台）酬神两项仪式活动（当然，也有一些规模较小的赛会，不举行舁神仪式，只在庙观酬神）。前者以神威驱鬼逐疫，求得地方清吉，纳福消灾，有傩仪的性质；后者则是在“人神共一理”的共识下，以民众所好酬答神灵。“川俗多神会，而西南为甚，犍人每逢神会先期鸣锣警众，妆饰童男为戏，至舁神同出，遍游街市，杂踏征逐，举国若狂，相沿已久，视为固然。《记》云：‘修其教不易其俗，齐其政不易其宜。’无害于治者，听之可也”①，舁神巡游仪式成为各类规模性神会必不可少的节目，甚至西康郭达将军庙会，也迎神出驾，“是日将军出驾，笙箫鼓乐，旗锣幡伞，高桩平台，装神扮鬼，出游街市，与成都城隍东岳神会相同”②。抬神巡游之外，则于庙观（行台）酬神。当然，演戏是各类赛会酬神的压轴节目，原本以酬神为目的的演戏，逐渐转化为在“酬神”幌子下的自娱自乐，

---

① 〔乾隆〕《犍为县志》卷6《风俗》，《北京大学图书馆藏稀见方志丛刊》第310册，国家图书馆出版社2013年影印本，第360页。

② 《西康综览》之《信仰民俗》，丁世良、赵放主编：《中国地方志民俗资料汇编·西南卷》上册，书目文献出版社1991年版，第405页。

仪式性逐渐消解，而娱乐性在民众的狂热中得到彻底的释放。

舁神巡游吸收了古老的驱傩仪式、佛教的“行像”仪式以及官员出巡仪仗等因素，成为民间俗祀的主要仪式。在发展过程中，逐渐演变成以“行像”为主体形态，以驱傩（鬼疫）为主要目的，并融合其他元素的“走会”巡游仪式。自明代中前期以来，“走会”仪式盛行于城镇的城隍祭祀之中，其他神灵祭祀的舁神仪式也随之兴起。在各类迎神赛会中，舁神出驾都是非常重要的仪式，在酬神赛会的仪式活动中居于中心地位。往日安坐于神庙中的神像，以一种动态的方式巡查城镇的大街小巷，驱逐鬼疫，神灵在走街串巷的过程中，也将福祉带给信仰空间中的信众。就这个意义而言，舁神仪式是民间信仰功利性的最直观显现。明清以来，民间造神运动渐盛。除了生造若干新神外，还无限扩大现有神灵的职掌。无论是造神或是扩大神灵的职掌，都是应民众的需求而发生。在具体的酬神仪式上，民众力图通过各种方式，以最大限度地获得神灵的庇佑。祠庙之于民众的日常生活世界，虽然可以神秘的力量福泽场域内的民众，但终究显得抽象而虚幻，无形中造成了神人相隔的局面。因此，人们选择以巡游的方式，使神像从代表神灵世界的庙宇中走出来，深入到民众的日常世界中，将虚幻的信仰空间转化为地理空间，以此强化神灵的威力。顾颉刚先生在《妙峰山》称舁神巡游为流动的“社会”：“到远处的神佛面前进香既成了风俗，于是固定的‘社会’就演化为流动的‘社会’。流动的社会有二种：一种是从庙中舁神出巡的赛会，一种是结合了许多同地同业的人齐到庙中进香的香会。”[①] 前者指流动的庙宇、流动的神灵，后者指流动的信众。“流动”是民众在民间信仰中的主观选择，“流动”也是信仰功利化的现实表征。

在舁神巡游的行进队伍中，往往掺杂着各种扮相。一类是神头鬼面式的神怪装扮。如新繁城隍出驾“装演判官、鬼卒及各种罪犯，赭衣缧绁，荷校桎梏，或挂灯于肘，或剚刃于腹，群列于殿之两旁，谓之‘站班’。届日，神将出，则先

① 顾颉刚:《妙峰山》，国立中山大学语言历史学研究所民国十七年印行，上海文艺出版社 1988 年影印本，第 12 页。

驱以行，周游街巷，炉亭旗鼓，喝道鸣锣，辐辏喧嚣，观者如堵”[①]；合川城隍出驾“有装无常者，装小儿者，装乞丐者，装囚犯、枷犯者，背负药贯（罐）者，手执膏药者，种种奇怪”[②]；越嶲厅的东岳会、川主会和城隍会上，均“有神头鬼脸办（扮）鸡脚神、无常、吴二娘、李狗、刘氏、小鬼诸剧，沿街跪走者，不一而足”[③]。其所扮演的有鬼卒、判官、无常、乞丐、囚犯、鸡爪神、吴二娘、李狗、刘氏等，活脱脱一幅移动的地狱变相图。庙宇中的阎罗世界，以形象的方式搬到行进的队列中。不仅城隍出驾，其他神会出巡仪式也将此类形象生拉硬扯进各自的仪式之中，从而使这一类扮相成为迎神出驾中最常见的形态。

另一类是戏曲形象的角色再现。如简阳城隍会“用优人装扮演目，或二人一抬，或三人一抬不等，名曰‘平抬’”[④]；青神城隍圣诞“诸衙役兵壮摆队喝道，鼓乐、高妆等导于前”[⑤]；越隽东岳会、川主会和城隍会上“所办社火，有高妆，有一切各戏，有涂面包头、乘马居神前游戏者”[⑥]。自贡荣县城隍会是晚清时期川内规模较大的城隍盛会，自贡人詹言曾在光绪丙申（1896）年用24首竹枝词记录了城隍出巡仪式全过程，由此可以清晰再现异神队伍中的种种扮相和表演：

> 听说城隍戏局开，不多时节会期来。纵无手段和人品，也要登场打擂台。
>
> 几日前头便打划，东家姊妹约西家。我们一路悄悄去，先买阑干后吃茶。

---

① 〔民国〕《新繁县志》卷4，《中国地方志集成·四川府县志辑》第12册，巴蜀书社1992年影印本，第101页。

② 〔民国〕《合川县志》卷30，《中国地方志集成·四川府县志辑》第44册，巴蜀书社1992年影印本，第55页。

③ 〔光绪〕《越嶲厅全志》卷10，《中国地方志集成·四川府县志辑》第70册，巴蜀书社1992年影印本，第596页。

④ 〔民国〕《简阳县志》卷22，《中国地方志集成·四川府县志辑》第27册，巴蜀书社1992年影印本，第634页。

⑤ 〔乾隆〕《青神县志》卷6，《故宫博物院藏稀见方志丛刊》第148册，故宫出版社2013年影印本，第255页。

⑥ 〔光绪〕《越嶲厅全志》卷10，《中国地方志集成·四川府县志辑》第70册，巴蜀书社1992年影印本，第596页。

且喜今朝淡淡晴，杏红衫子绛纱轻。挨身过去回头看，何处痴騃小学生。

妆成鬼判莫来由，还愿无常更可羞。一尺五长高帽子，公然带起满街游。

开道前驱土地忙，马头铃子响叮当。城隍大驾轩轩出，先去请监坐大堂。

一管阳来一管阴，今朝大驾幸来临。安排香案兼牲醴，应鉴同僚这点心。

銮驾旌旗伞盖张，提炉前导更焚香。出官衔后标封号，高脚牌书辅德王。

平装十二扮阴曹，马面牛头兴致高。土地公公真老迈，阿婆偏觉甚妖娆。

接连鸡脚与无常，无二娘骄鸡二娘。拉长舌头真个丑，侬家夫婿白如霜。

鱼龙跳荡起风波，涌出平桥唤奈何。桥畔更添新故事，狗拖肠子鬼推磨。

时新花样女高装，脚踏风干丈二长。故把金莲三寸现，只愁难过木牌坊。

几驾春台古董多，珊瑚树下列金鹅。《戏蟾》刘海真豪富，一串金钱手内拖。

乌纱大帽状元袍，头插金花脚踏鳌。天上麒麟今聚会，一台装赛一台高。

金盔金甲野鸡翎，手执长枪气迈群。一路鞭敲金镫响，瞠眉竖眼小将军。

骑牛也算一员官，扮出形容惹笑讪。夹鼻胡遮新补子，松子翎插白汤元。

许多地故事难详，夹着操丁好看场。涌出南门威武甚，过桥先放一排枪。

大龙灯下更喧嚣，多半而今厌二毛。东一瞧来西一望，万花丛里唤幺幺。

荷包眼镜鼻烟壶，头上凉棚吊耍须。湖绉汗衫花裤带，者般玩友太姑苏。

会公爷列气昂昂，金顶纱帽映日光。走到街头排队伍，左摇扇子右拿香。

“较场坝”上已曾经，“大佛岩”边走不停。一路细吹兼细打，繁音最好隔河听。

东门桥畔乐逍遥，进“竹王祠”暑气消。人鬼不分争解渴，大家团坐吃凉糕。

城隍太太返娘家，特制花舆五色加。自此年年成惯例，抢前一步走飞车。

沿街火炮响连天，知是城隍驾到前。木偶奴才偏得意，两人扶着据金鞯。

城隍归殿雨淋头，带水拖泥满面羞。四脚地神开口笑，看你明年再来不。①

① 詹言:《县城隍会竹枝词》，载林孔翼、沙铭璞辑《四川竹枝词》，四川人民出版社1989年版，第25—28页。

整个巡游仪式是一场“大杂烩”式的仪式展演，有阴曹地府中的判官、无常、牛头马面、土地公和土地婆等鬼神的装扮表演，有高跷、春台等杂技艺术展现。第四、五、八、九、十首，先后描述了各种神头鬼面的扮相。此类扮相有类于戏曲中的角色装扮，但二者又有本质的区别。此类扮相的出现，源自于城隍、东岳司职冥界的职掌以及祠庙中的地狱众生相，当然也必然受到目连戏扮相的影响。第十二首到第十五首描述的是四组“春台”画面[①]，依次装扮《刘海戏蟾》《群仙会》《哪吒闹海》和《小放牛》四部戏的角色。春台又称为高装、平台（抬）、彩亭、亭子、甚至社合（火）等，人们装扮成剧中角色，站立在由众人抬舁的高台之上。春台的装扮或以小儿为主，或以优伶为主，如“迎春只见土牛来，粉黛无人眼倦开。绝色优伶浑不用，谁还寄赠陇头梅”，这是近人冯家吉描写民国时成都的迎春礼仪，该诗附注：“前清名角小旦多至数十名应差。”[②]说明一些地方以名伶装扮春台。无论是小儿还是优伶，这些扮相都是民众所熟知的戏曲角色。可视为戏剧角色的空中造型，通过这一造型，使戏曲延展了演出空间，渗入到巡游的仪仗之中，在成为最受民众瞩目的表演的同时，也冲淡了仪式的宗教气息。

舁神巡游仪式的举办，客观上使区域性信仰空间中的赛会在规模上显得更为宏大。如冕宁大佛会“至（二月）初八日，大佛出，游巡四街，高桩遐举，旗帜横飞，盈溢闾巷，男女混杂”[③]；名山玉烛城隍会“于时，步骑之会，高竿之戏，笙箫鼓乐之音，鱼龙爵马之玩，六街巡幸，香火供迎，玉烛导前，神驾列后，士

---

① “春台”的含义说法各一，有的指“春台戏”，即“一种群众性、宗教性的演剧活动，类似于社戏、傩戏”。（如：韦明铧《春台、春台戏、春台班》，《艺术百家》1991年第2期），相当于一种演剧习俗；有的则指在众人抬舁的平台上装扮剧中的角色，上引竹枝词中的“春台”即取其义。

② 冯家吉：《锦城竹枝词百咏》，载林孔翼辑《成都竹枝词》，四川人民出版社1986年版，第92页。

③〔咸丰〕《冕宁县志》卷9《风俗（汉俗）》，《中国地方志集成·四川府县志辑》第70册，巴蜀书社1992年影印本，第1005页。

女聚观，阗咽街巷，极一时盛”[①]；渠县三圣会吸引了邻县的民众前来赴会，“每岁三月十七、八日，高缀彩亭，四人舁之，招摇过市。又有三圣行像，珠冠冕旒，衮衣绣裳，亦舁之以行，男女游观，填塞街巷，邻封士女不远数百里争赴胜会，殆有举国若狂之概”[②]。有的城域之中的神像出巡，一般选择在郊外驻跸，建立行宫，搭台演戏，从而扩大了赛会影响，为乡民参与予以了方便。在城内举行的赛会，一种方式是乡民入城赶会，如蓬溪城隍会，乡民先一日“醵金结社，入城与会”[③]，冕宁城隍会“自二月朔日起，汉女番妇妆饰入城，献花进香，口宣佛号，手击钹鼓，俯伏蒲团，竞诵经卷，观者云集”[④]；而另一种方式，则是于神会期间，随庙相祝，如简阳“城中、乡镇作东岳会最盛”[⑤]，丹棱县城隍会“县城、村市随庙衍剧”[⑥]。“随庙衍剧”将赛会空间无限扩大，形成若干赛会庆典的亚中心，与市镇祠庙的信仰中心相呼应，也形象地诠释着举国若狂、城乡同庆的赛会狂欢。如前所述，庙观酬神仪式唱主角的是演戏，而赛会之所以能吸引动辄上万的观众，除了民众祈福禳灾的需求外，更多的则是聚观为乐，享受日常时间里无处释放的自由。娱乐情绪在群体性的聚集中得以滋长：

> 中国民人（众）参与群体活动，无往不与拜神有关。游息娱乐与崇祀神祇结合，虽中外人类共有，而中国民间则舍此别无其他群体活动。武力团练

---

① 〔民国〕《名山县新志》卷10《风俗》，《中国地方志集成·四川府县志辑》第64册，巴蜀书社1992年影印本，第295页。

② 〔民国〕《渠县志》之《礼仪民俗》，丁世良、赵放主编：《中国地方志民俗资料汇编·西南卷》上册，书目文献出版社1991年版，第343页。

③ 〔道光〕《蓬溪县志》之《岁时民俗》，丁世良、赵放主编：《中国地方志民俗资料汇编·西南卷》上册，书目文献出版社1991年版，第116页。

④ 〔咸丰〕《冕宁县志》卷9《风俗（汉俗）》，《中国地方志集成·四川府县志辑》第70册，巴蜀书社1992年影印本，第1005页。

⑤ 〔民国〕《简阳县志》卷22《礼俗（习尚）》，《中国地方志集成·四川府县志辑》第27册，巴蜀书社1992年影印本，第633页。

⑥ 〔乾隆〕《丹棱县志》卷6《风俗》，故宫博物院编：《故宫珍本丛刊》第213册，海南出版社2001年影印本，第40页。

> 具官方性质，不当列于社会生活之内。家庭宗祠崇拜，不须例外，而敬祀祖先，亦自同于崇拜各样神祇，乃同类无所特异。抑且中国泛神信仰，人民各选拜其所需要之神，随时可作改换。求丰收敬腊神，求发达敬财神，免病痛敬药王，惧传染敬瘟神，怕水灾敬龙王，怕火灾敬火神，航海行船敬天妃，出外贸迁敬关帝。刘广京教授称中国之泛神信仰，是个人主义宗教，自然也是功利主义宗教。奉神虔敬，待己厚道。杀猪宰羊献祭神祇，礼仪过后则烹调会食。庆典庄严隆重，娱神自娱，万众同乐。庶民群体生活，因是多彩多姿。①

如此，区域性信仰空间转化为娱乐空间，这是一个由若干神灵和庙观组合而成的娱乐空间，舁神仪式与演戏酬神转化为民众的娱乐形态。神灵信仰在某种程度上成为娱乐空间的媒介，而神庙空间则成为了民众聚集娱乐的场所。借助于神的力量，民众定期进行规模性聚集，也定期开展娱乐性展演活动。作为清代以来民间最喜爱的娱乐形式，演戏日益由赛会的点缀演变为赛会活动的核心活动。演戏渗透于赛会活动的全过程，在舁神巡游之中，注入了诸多的戏曲元素；而庙观和行台则演化为戏场空间。

三、区域性信仰空间中的赛会演剧

区域性信仰空间中的赛会演剧，就演出地点而言，包括神庙戏台演戏、庙外搭台演戏、行宫驻跸演戏以及当街搭台演戏等形式。神庙戏台是敬献神灵的地方，一般称为乐楼、戏楼、舞楼、歌台、歌楼、演戏台等，是清代神庙建筑中的重要组成部分②。早在康熙年间，在重修、新建神庙时，已开始增设戏楼，如安

---

① 王尔敏：《明清社会文化生态》，广西师范大学出版社2009年版，第95—96页。

② 蜀中神庙建筑中，在明代甚或此前已出现戏楼，但比较少见。到清代以后，戏楼才普遍出现在神庙之中。

岳县城隍庙（正街）、川主庙分别于康熙三十四年、康熙五十七年修建戏楼；创建于明正统二年的中江县城隍庙于康熙五十年增建戏楼一座；眉州城隍庙于康熙四十二年改迁至正北街碧山巷时，建有门殿、乐楼。乾隆以后，在官府的倡导和民众的参与下，各地重修、创建了大量的神庙。作为岁时祭祀焚献之所的戏楼，自然成为神庙重修、创建必不可少的一部分。戏楼在神庙中位置并不固定，一般建于殿中，与神像遥遥相对，以便酬神之用。也有建于庙门之外的，万源县南门外武庙的乐楼，“于正殿两旁添造钟鼓楼两间，三面绕以围墙，门外建立旗杆，修造乐楼，并塑神马，用壮观瞻”①。庙会之时，戏楼遂成为演戏酬献之所。如若规模较大，游观者太多，庙中已容纳不了，则可在庙外搭台庆祝，德阳的上九会“先数日，祠外竖彩台，令乐部演戏于其上”②；蓬溪城隍会则是在巡游之后，回庙于“大门外俳优剧作，士女设棚幔，列坐观之，逢场不可数计。但见万首一黔，如蜂处房而已，凡十日罢”③；广安州上九会则于金紫山“寺外石台演剧，数日方止”④。而在阆中，太清观赛台会“内之为殿者五，外之为戏台者三，三月二十七日至二十九日各台同时演戏，互相夸耀。二十八日，神像出游，亦如府城隍之仪”⑤，因香客众多，且前来参与赛会的戏班较多，故于庙前竞相搭台演戏。

庙会中抬神巡游，一般会将神像抬至城郊的寺庙或搭建的临时行宫，驻跸一段时间再返回庙中。因此，“行宫”所在地也成了庙会的另一个庆诞场所。其本意与巡游仪式一样，在于扩大神威，震慑民众，但却在无形之中拓展了祠庙的娱

---

① 勒保：《重修武庙碑志》，载民国《万源县志》卷2《营建门·祠庙》，《中国地方志集成·四川府县志辑》第60册，巴蜀书社1992年影印本，第332页。

② 〔道光〕《德阳县新志》之《信仰民俗》，丁世良、赵放主编：《中国地方志民俗资料汇编·西南卷》上册，书目文献出版社1991年版，第122页。

③ 〔道光〕《蓬溪县志》之《岁时民俗》，丁世良、赵放主编：《中国地方志民俗资料汇编·西南卷》上册，书目文献出版社1991年版，第116页。

④ 〔宣统〕《广安州新志》卷34《风俗志》，《中国地方志集成·四川府县志辑》第58册，巴蜀书社1992年影印本，第815页。

⑤ 〔咸丰〕《阆中县志》之《岁时民俗》，丁世良、赵放主编：《中国地方志民俗资料汇编·西南卷》上册，书目文献出版社1991年版，第300页。

乐空间，成为了民众的又一狂欢之处。大邑县城隍寿诞“邑人预于（三月）初七日具仪仗扮演故事，迎神于南郊，驻节演剧预祝，至初十日回驭，是日演剧称觞上寿，远近辐辏进香者不下万余人”[①]。东岳会则于“（正月）初九日，城东岱宗出巡，西关外里许法相寺演剧三日，十二日回跸，复演剧四日”[②]。雅安于城之东西设两处行台，抬两神像分驻于东西行台，演戏庆祝，“由城隍祠舁二神像分出东西城，演戏于行台，士女聚观，道路阒塞，香烛缥缈，角抵、鱼龙之属，五光十色。戏资岁耗千金，越半月还”[③]，且城隍像在外驻节达半月以上。乐山“（五月）初一日，俗赛炎帝，会首曰神农，居北关外之泌水院。昔有术者，谓嘉州多火患，议移神住万福寺以压之。每岁此日，城区内外各庙轮流迎赛，演剧数日，至初六、七日始各奉神而归”[④]。名山游冶之风更盛，九、十月秋收完毕，乡市皆举行城隍会（或称玉烛宝会），“乡市不问遐迩，皆设座演剧，舁神游观，争先恐后，遍周县境，大要冬春数月，城隍神像皆不得安居于庙也”[⑤]。冬春时节，正是农闲之时，民众抬着城隍神像巡游于县境各地，显然是借着酬神的名义轮番演戏娱乐。

除了迎神至其他祠庙，有时当街搭建行宫，峨眉城隍会“对棚作彩楼，梨园搬演，四门轮流装扮故事。置木架上凌空而行，谓之‘扮会’。至初十日为神庆

---

① 〔乾隆〕《大邑县志》卷3《风俗》，故宫博物院编：《故宫珍本丛刊·四川府县志》第205册，海南出版社2001年影印本，第339页。

② 〔民国〕《大邑县志》卷4《学校志·风俗》，《中国地方志集成·四川府县志辑》第14册，巴蜀书社1992年影印本，第45页。

③ 〔民国〕《雅安县志》卷4《会集》，《中国地方志集成·四川府县志辑》第64册，巴蜀书社1992年影印本，第52页。

④ 〔民国〕《乐山县志》卷3《礼俗》，《中国地方志集成·四川府县志辑》第37册，巴蜀书社1992年影印本，第719页。

⑤ 〔光绪〕《名山县志》之《信仰民俗》，丁世良、赵放主编：《中国地方志民俗资料汇编·西南卷》上册，书目文献出版社1991年版，第359页。

寿诞，已乃送神归庙”[①]；有时于郊外平坝搭台建立行宫，合川观音会于“二月中旬，抬观音像于东水门外河坝，设坛诵经，烧香还愿者甚多。经毕撤坛，搭台演戏。城中妇女无长无少，至坝之左右随喜，至十九日止。观音历祀东城，城边民房因假此地诵经演戏，故呼其地为观音坝”[②]。选择在河坝搭台，或因考虑到河坝地势平坦，方便观演的目的。先设坛诵经时以烧香还愿者为主，而后撤坛搭台演戏。撤坛之后的演戏，没有了烧香祈愿的干扰，没有信仰的约束，其娱乐性显得更为纯粹，信仰空间彻底转化为娱乐空间。

当街搭台或出于几方面考虑，一是延展娱乐空间，与行宫相类似。成都东岳会“至期则各街高搭五色天花棚，或迎驾之彩台，香花灯烛。二十七日，彻夜达旦。盐道街、南门大街等处，迷信尤甚”[③]。二是受祠庙偏狭的局限，无法在神像供奉之所庆诞，如广安“二月二及八月二日为社公社母诞辰，城市临街搭台演剧”[④]。土地庙一般规模较小，不能满足民众庆诞时的娱乐所需，故选择临街搭台庆祝。三是“清醮会”[⑤]之属，为驱逐疫疠，民众认为在街市中搭台，其禳灾祛瘟的效果更佳。各地皆于场市中建醮，如合州“里民各敛资延黄冠俗道于街心设坛诵经，贴‘清醮会’三字于门。诵毕，以纸糊船送之江中，谓之‘送瘟

① 〔康熙〕《峨眉县志》卷7《岁时》，故宫博物院编:《故宫珍本丛刊》第214册，海南出版社2001年版，第356页。

② 〔民国〕《合川县志》卷30《风俗》,《中国地方志集成·四川府县志辑》第44册，巴蜀书社1992年影印本，第55页。

③ 傅崇矩:《成都通览》，巴蜀书社1987年版，第550页。

④ 〔宣统〕《广安州新志》卷34《风俗志》,《中国地方志集成·四川府县志辑》第58册，巴蜀书社1992年影印本，第815页。

⑤ 清醮会主要为驱瘟逐疫，有时在瘟祖庙中举行，有时假就近寺庙建醮。如金堂“清醮会”,“民皆斋戒沐浴，禁屠宰，设瘟火坛于所近祠庙”(道光《金堂县志》)；合州“平安清醮”,“各街市醵金假庙地建道场，祀瘟、火、虫、蝗之神，谓之“平安清醮”。既毕，道士法冠黄衣，仗剑执符，沿街唱念，金鼓列前，青狮跳舞随后，谓之扫荡。遇火灾后，亦假地建道场，谓之火醮”(民国《合川县志》)等。

船'"[①]。清醮会延请道士设坛作科，驱邪除秽，偏重于仪式，但在娱乐化的趋势下，不仅科仪增加了表演性，戏班借此而搬演戏曲，尤其是目连戏兴盛之后，其融仪式与娱乐为一体的结构，顺理成章地成为各地清醮会的不二剧目。以至到了晚清民国时期，某地若出现瘟疫、杀人等天灾人祸的"不清吉"现象，必然搬演目连以驱疫。

神会多于神灵诞日举行，与人间的祝寿贺喜无异。民众通过烧香、礼忏、醵金作会等方式，以酬谢神灵的护佑。演戏作为酬神的一项主要活动，其演出剧目自然有所考究。而嘉庆以降的民间赛会，则基本上形成了法事与目连大戏为主体的展演模式。神庙赛会给予了神鬼戏展演的舞台，更给予了目连戏兼收广蓄，形成体系庞杂的"目连大戏"的契机。四川的目连大戏涵盖《目连救母》《佛儿卷》《观音得道》《封神榜》《西游记》《梁传》《唐王传》《岳传》，甚至《黄巢出世》等等，有的又演《隋唐演义》《水浒传》等[②]。由此，目连戏由一个剧目演化为由若干故事系列组成的庞大演剧体系。由于其所含剧目多、范围广，在具体演出时没有一个严格的取舍标准，随意性大，且民间演出的戏班多用"条纲本"演出，故会首、戏班等可根据神会持续的时间选择目连戏的演出剧目。目连戏成了可满足于任何神会的通用剧目，因此，也就不难理解目连戏在四川兴盛之后，民间何以以"大戏"代称神会中搬演的目连戏了。

当然，根据神庙建筑保存的戏曲雕刻，我们也能看到目连戏之外的演出剧目。神庙中的一组组戏雕是当时神庙常演、民众所熟知的剧目，如建于康熙四十七年的绵阳市东宣乡东岳庙乐楼，天花板上彩绘有《樊梨花》《算粮登殿》《西游记》《舌战群儒》《错斩于吉》《战长沙》《天水关》《火烧战船》《长坂坡》《泗水关》等，横格、檐口、两厢有《青梅配》《杀狗》《佟文正闹都堂》《黄

① ［光绪］《合州志》之《信仰民俗》，丁世良、赵放主编：《中国地方志民俗资料汇编·西南卷》上册，书目文献出版社1991年版，第199页。

② 胡邦炜：《宗教祭祀与民俗风情的艺术载体》，严树培：《叙府民国年间的一次搬目连始末》，载《目连戏与巴蜀文化》，1993年内部刊印，第18—24、62—70页。

金窖》《引凤楼》等[①]；建于道光年间的达州真佛山庙群有《小宴》（壁塑，《连环计》一折）、《巧娘配》（木雕）、《花田写扇》（木雕）等[②]；建于光绪年间的叙永城中春秋祠，有浮雕若干:《刘海戏金蟾》《禹贡疏九河》《八仙朝圣》《洛阳桥》《天仙送子》《李贡催租》《引凤楼》《射白鹿》《夫妻挂帅》《美髯公千里走单骑》《孙悟空三借芭蕉扇》（香炉左侧）、《渡蓝关》《点将责夫》《唐顶本》《西游记》《贵妃醉酒》《三盗芭蕉扇》（小天井内水缸）、《空城计》《二进宫》《搜孤救孤》《三羊开泰》等[③]。从以上所引戏曲雕刻诸例来看，有的属于“目连大戏”的范畴，有的则属于仪式性剧目，但也有一些剧目超出了“目连大戏”的范围。或许，我们可以理解为，赛会演出基本上形成以目连大戏为纲，旁及其他各类剧目，乃至民间灯戏、木偶戏、影戏等各类戏曲形式的开放式演出结构。诚如王馗所言:“在四川的近代演剧史上，川剧各个声腔的剧目，都可以在目连救母的情节许可下，枝蔓横出，流衍扩充，成为中国演剧史上的奇观。目连戏成为宗教节日中大规模戏剧演出的艺术代表，正是来自于这种伸缩自如的戏剧结构。”[④]

---

① 绵阳市文化局编:《绵阳市戏曲志》，1987年，内部刊印，第79页。

② 四川省文物管理局编:《四川民间戏曲雕刻选》，巴蜀书社2002年版，第50—55页。

③《泸州戏曲志》编辑部:《泸州戏曲志》，四川人民出版社1992年版，第356—357页。

④ 王馗:《鬼节超度与劝善目连》，国家出版社2010年版，第402页。

第三章

目连大戏：生命秩序的民间演绎

20 世纪末掀起的“目连研究热”，对目连戏的相关问题作了多方探讨，在目连戏的文献挖掘与整理、目连戏与戏曲之起源、目连戏的艺术形态、思想内涵等诸多方面取得了丰硕的成果。但是，也正如王馗指出的：“在目连戏研讨热中，我们对目连戏的真实面目所知甚少，热烈的讨论带来的只能是对探讨对象的更多迷惑，许多看似定论的结果，立足的仅仅是研究者个人的猜测、有限的资料以及无知带来的固执。”[①] 转眼之间，“目连研究热”已悄然远去，但目连戏的研究远没有结束，也不可能结束。21 世纪以来二十年里，学界关于目连戏的考察，在文献开掘、人类学方法运用、中外比较视野以及目连戏与现代文学、少数民族文学关系等方面颇有斩获，但从学术会议的密集程度到研究成果的产出数量等方面来看，目连研究的热潮已渐次回落。总体而言，此前部分学人已经提及的多学科视野并未得到有效的开拓。目连戏作为民间社会的文化集成体，有着丰富的解读可能性，人类学、社会学等相结合的跨学科阐释是目连戏研究的题中之义——显然这方面的研究成果仍相对薄弱，这不能不说是近年来目连戏研究的遗憾。本章

① 王馗：《鬼节超度与劝善目连》，国家出版社 2010 年版，第 49—50 页。

将从目连戏的文本生成、目连戏的叙事功能与秩序、目连戏的形态与演变等角度进行考察。

第一节　目连戏的演进
——民间文化史的一个视角

众所周知，在目连救母故事的发展过程中，就文本而言，有三个重要的节点，一是作为佛经的《佛说盂兰盆经》，可视为目前所知最早的目连救母故事之雏形；二是唐末五代的《大目干连冥间救母变文》等相关目连变文，这是目连故事由佛经转化为世俗故事的主要阶段，基本奠定了目连故事的“救母”模式；三是剧本形态——郑之珍《目连救母劝善戏文》（以下简称《劝善戏文》），这是目连救母故事成熟期的标志性文本。为此，在讨论目连戏的演进，尤其是由唐到明这一时期，以上三个文本始终是无法绕开的。而且，由于该时期目连文献资料的缺逸，这一时期目连戏的生成和发展的考察，主要依托这三个文本展开。为了弥补文献之不足，随着各地目连戏文本的发掘，一些学者尝试借助这些文本回溯宋元时期的目连戏形态，不失为一种创新。然而，这种回溯必须建立在大量的可靠的基础之上。目连戏的演进，还涉及目连戏在传统社会中的地位和角色问题，目连戏长期生存于庶民世界里，是民间文化的代言者，为此，本节拟从民间文化的视角来考察目连戏的演进历程。

一、文献缺逸的思考：由晋到元的目连故事形态

如前所述，早期目连故事一直是谜一样的存在，尽管学界对此颇为关注，但苦于史料之局限，始终得不到更为深入的探讨，由此，突破传统的文本文献观念，充分利用石窟、石刻、壁画等相关媒介遗存的目连叙事信息也就尤为重要。近年来，学界在这一研究路径上已有所开掘，如：樊锦诗、默林《榆林窟第19窟目连变相考释》、于向东《榆林窟第19窟目连变相与“目连变文”》、车锡伦《最早以“宝卷”命名的宝卷——谈目连救母出离地狱生天宝卷》、田仲一成《目连戏的成立过程——以宋代佛典〈佛说目连救母经〉为起点的考察》、马丽娜《论敦煌本〈佛说十王经〉图卷与目连变文、目连图卷之间的互文性》等成果[①]，为我们考察这一段目连演进史提供了一种新的思路。然而，即便各类型史料的发掘与累积，尚不足以钩沉这一时期的目连演进史。到目前为止，对于《东京梦华录》的持续七八天的目连救母杂剧形态仍然是众说纷纭。为此，笔者试着从另一角度，立足于《佛说盂兰盆经》或目连变文到郑之珍《目连救母劝善戏文》的付梓出版这数百年间文献失载和缺逸这一事实，考察其背后隐匿了“怎样”的目连形态？从社会心理的角度解剖目连戏的早期演进史。

目连故事从《佛说盂兰盆经》到目连变文乃至宋元时期的演进历程，学界对文献史料的挖掘和考证已做得较为翔实。然由于史料之缺逸，这一段历史似乎成为难解之谜。即便偶然有个别新的史料公之于众（如田仲一成），仍然难以钩沉数百年的目连进化史。笔者以为，学界之所以重视这段目连戏早期形成史，是基于目连戏（包括宗教仪式剧）与中国传统戏曲形成的必然联系这个前提的。那么，在可靠史料缺逸的情况下，我们是否先放弃这个前提，首先来考察史料缺逸

---

① 分别参见：敦煌研究院编：《段文杰敦煌研究五十年纪念文集》，世界图书出版公司北京公司1996年版，第46—55页；《敦煌学辑刊》，2005年第3期；《宁夏师范学院学报》，2007年第3期；《戏曲与俗文学研究》，2016年第2期；《浙江学刊》，2018年第5期。

的社会文化原因，或许有助于重新认识目连戏在传统戏曲发展中所扮演的角色。

就目前所见变文而言，写于“贞明七年辛巳岁四月十六”（也即公元 921 年 4 月 16 日）《大目干连冥间救母变文并图一卷并序》（S.2614）为保存最为完整的目连救母变文，这是考察唐末五代的目连故事形态的主要史料。虽然 S.2614 所配图不得而知，但根据樊锦诗、梅林的考察[①]，建于五代的敦煌榆林窟第 19 窟目连变相与目连变文（S.2614）在情节上保持高度一致。此 11 幅图（最后一幅画面漫漶不清）较为完整地表现了目连从守孝到地狱寻母，最后救母升天的整个过程。“变相的功能是作为说唱变文的图解”[②]，对于宣扬佛法而言，变相的可视性有助于更为直观地发挥效应。尤其是目连故事，通过目连变相，地狱里的种种恐怖场面起到了很好的警示作用，而这是仅仅通过变文的说唱所不具备的。从榆林窟第 19 窟的变相来看，11 幅图中，除最后一幅难以确定外，展现阴曹地府的就有 5 幅。目连上天入地救母之大孝虽然贯穿于始终，但画面给予的巨大冲击却是因亵渎佛法而遭受的种种折磨。由此，我们也能推断，尽管目连故事已经开始挣脱《佛说盂兰盆经》的束缚，有了相对充实的“目连救母”情节，且逐渐转化为一种说唱文本，但是直到唐末五代，此时的目连变文（相）仍然是佛经的故事化呈现，其目连形象的刻画、地狱情节之增设，皆本之于佛经。可以说此时的目连叙事，仍然只是作为宣扬佛法的媒介，从属于故事之外的宗教功能，尚未获得叙事的主体性。

谈到宋代的目连故事形态，几乎无一例外以孟元老的《东京梦华录》“中元节”条为依据，而且这一条记录也几乎是目前所知两宋唯一相对可靠的“目连救母”史料。学界往往也据其可持续上演七八天的记载，推断目连救母杂剧已然是成熟的剧目。然而，由于是孤证，始终难以服众。而且自邓之诚开始，已发现

---

① 樊锦诗、梅林：《榆林窟第 19 窟目连变相考释》，《段文杰敦煌研究五十年纪念文集》，第 46—55 页。

② 巫鸿：《什么是变相——兼谈敦煌叙事画与敦煌叙事文学之关系》，《段文杰敦煌研究五十年纪念文集》，第 139 页。

《东京梦华录》刊本的诸多错误，近年来也有学者注意到该书“中元节”条在不同版本中有“目连救母杂剧”与“目连救母经杂剧”之别[①]。笔者在此姑且搁置版本之争议，从“杂剧”概念入手考察“目连救母杂剧”的演出形态。从《东京梦华录》使用的19次“杂剧”来看，此时的“杂剧”概念还比较驳杂，或归之于杂耍一类，或类于谐剧，或指傀儡剧，或指有打诨说白的表演，与元代的“杂剧”概念甚至《都城纪胜》中的“杂剧”概念相比，尚处于雏形阶段。可以说北宋时期的杂剧形态，揭示了杂剧脱胎于散乐杂戏，又包含诨科对白的表演功能的演变轨迹[②]。

既然是一种“杂戏”性质的表演形式，此时的“杂剧”持续表演时间并不会太长。根据“宰执亲王宗室百官入内上寿”条记载，上寿须进献九盏御酒，每一盏御酒伴随着一段表演，其中，第五盏为杂剧色入场，杂剧为一场两段[③]。可见，在这一场规模宏大的演出活动中，杂剧仅仅占据1/9的表演时间，不可能演出较为复杂的故事。由此，我们回过头去看目连救母杂剧，持续七八天的表演，很可能是片断式、重复性的演出形态。

同时，从《东京梦华录》的内容来看，从卷六到卷十共五卷，按时序编排了一年的节俗事项，其中，“目连救母杂剧”归之于卷八之“中元节”。这一编排方式，一定层面上揭示了在孟元老所处的两宋之交，目连救母故事仍然从属于盂兰盆会的一种形态，换言之，目连救母故事抑或目连救母杂剧似乎仍然未能脱离佛经的阴影，在演出时间、演出内容和演出功能上尚不具有完整的独立形式。也许我们可以作这样的推理，从唐末五代到两宋之交的近两百年中，目连救母故事完成了由说唱变文到戏剧表演的转变，这种转变可以说综合了变文的故事性与变相的可视性，但距离后世完整的杂剧形态尚有一段距离。

---

① 陈翘：《〈东京梦华录〉“中元节”条两种版本一字之差的思考》，《中国戏曲学院学报》2007年第4期。

② 康保成：《中国古代戏剧形态研究》，河南人民出版社2009年版，第88页。

③ 孟元老撰：《东京梦华录注》，邓之诚注，中华书局1982年版，第220—223页。

《东京梦华录》中的“目连救母杂剧”，犹如昙花一现，然后似乎从浩瀚的典籍中消失了。直到两百年后的元明之际，陶宗仪《南村辍耕录》的院本名目“拴搐院段”里，出现了《打青提》剧目。显然，这里表现的是刘青提在地狱中遭受折磨的情节。与此同时，在《〈录鬼簿〉续编》中，著录了《目连救母》杂剧，题名“发慈悲观音度生，行孝道目连救母”。两百年来对目连救母故事的失载[①]，不是偶然现象。文献之失载在一定层面上反映了这一时期对待目连故事的群体意识和社会心理。自《东京梦华录》载录之后，目连故事既不见于宋金院本杂剧名录，也不见于其他说唱故事或叙事题材，甚至《录鬼簿》这样的专书也未见着录，究其原因，或有以下几种可能：

一是目连救母故事只在乡野和士人未予关注的下层社会流行。然而，从成书于元初的《武林旧事》来看，其中所记录的官本杂剧段数，部分剧目却反映的是下层社会甚至乡村生活。毫无疑问，此类剧目大多产生并流行于下层社会或乡村，在民间得到了广泛传播，逐渐被宫廷演出所吸纳。从《东京梦华录》等笔记中，我们知道，在元宵等大型节庆演出中，宫廷与民间艺人之间的交流非常频繁，如元宵“教坊钧容直，露台弟子，更互杂剧”[②]。由此可知，此类频繁的会演使得民间剧目很容易受到官府的关注。

二是士人虽知悉此剧目，因有所偏见而不予载录。此类偏见固然存在且无法避免，但通过第一种解释，我们看到“宫廷”与“民间”的经常性交互演出已然很大程度上规避了文人的偏见。尤其是宋代以后，通俗文学形式逐渐成为主流、文人创作与民众授受层面日益紧密的金元时期，这种偏见应会大打折扣。

三是恰好记载有此类故事的文献失传或尚未发掘。当然，这种可能性无法否定，但这也从一个侧面佐证目连故事的普及程度有限。

四是目连救母故事根本没有受到广泛的接受。在前述三种可能性不能完全成

① 据车锡伦先生考证，《目连救母出离地狱生天宝卷》大致产生于金元时期，然而除此之外，这一时期尚未发现相应的目连救母故事文本。

② 孟元老撰：《东京梦华录注》，邓之诚注，中华书局1982年版，第165页。

立的情况下，我们不得不承认这一事实：宋金元时期，目连故事的传播存在较大的局限性，从目连救母故事形态来看，一定程度上表明了目连救母故事作为娱乐性的杂剧剧目并未获得民众的广泛认可，并未受到叙事性文学创作者和文学接受阶层的青睐；作为戏剧形态的目连故事的演出场域受限，还未完全脱离敷衍佛经的附庸，未能在元代主流的杂剧舞台上获得多少机会。

总之，从《佛说盂兰盆经》到唐宋变文（相）、杂剧，再到元末明初的目连救母杂剧，虽然经历数百年的演绎，佛教经典蜕化为具有情节完整的故事形态，然而，目连故事始终未能彻底跳出如来的掌心，实现向文学本位和娱乐本位的蜕变，目连故事仍然只是一个媒介——一个承担着宣扬佛法、荐亡镇魂、宗教仪式功能的媒介，这也是其传播场域受限的根源。车锡伦考证的产生于金元时期的《目连救母出离地狱生天宝卷》，也许可以为此提供旁证，“本卷的结经发愿最后两句说‘刹尘沙界诸群品，尽入盂兰大道场’，说明这本宝卷也是在上述祭祀祖先、追念亡灵的活动（盂兰盆道场）中演唱”[①]。作为面向下层民众的传播载体，宝卷的特定传播途径与传播方式恰恰说明了这一时期目连故事的存在形态与基本功能。

二、仪式蜕变的范本：郑之珍《目连救母劝善戏文》的改编策略

郑之珍的《目连救母劝善戏文》在目连戏的演进历程中无疑具有里程碑式的意义，这是继佛经蜕变为目连变文之后，目连故事由主题、人物到叙事结构的一次重塑。虽然无法理清《劝善戏文》在多大层面上吸纳了此前的戏曲文本，但郑本显然是宋元以来目连故事的集大成者，其提供的叙事范式，也奠定了后世目连戏世俗化传播与民间改写的基础。

---

① 车锡伦:《最早以“宝卷”命名的宝卷——谈〈目连救母出离地狱生天宝卷〉》,《宁夏师范学院学报》(社会科学版) 2007 年第 3 期。

1. 主题先行的叙事模式

“主题先行”在现代文学中是一个贬义词，即指那些预设主题，进行概念化创作，而远离甚至背离客观生活的作品。然而，如果看作一种创作方式，“主题先行”却在传统文学中颇为常见——“文以载道”即可理解为正统文学创作中的预设预设“主题”。郑之珍的《劝善戏文》，就是在儒家伦理道德的主题导引下进行的改编与完善：

> 故曰：“孔子成春秋而乱臣贼子惧。”是非惧之以势也，以斯民之心之道也。子不云乎：斯民也，三代之所以直道而行也，使道非斯民之同具，此顾惧之，彼顾违之，圣人之心吾见其穷矣！……余不敏，初学夫子而志《春秋》，惜以文不趋时，而志不获遂，于是萎念于翰场，而游心于方外，时寓秋浦之剡溪，乃取目连救母之事编为《劝善记》三册，敷之声歌，使有耳者之共闻；着之象形，使有目者之共睹。至于离合悲欢，抑扬劝惩，不惟中人之能知，虽愚夫愚妇靡不悚恻涕洟感悟通晓矣，不将为劝善之一助乎？[①]

郑之珍在序言中的这段话，充分表明了他创作《劝善戏文》的初衷。他有着强烈的入世情怀，即便在屡试不第，困于场屋之时，也没有悲观失望，而是转而求助于戏曲，实现未完成的匡世补时之志。

考察郑之珍创作《劝善戏文》的动因，不能忽视他所处的社会环境。郑之珍为徽州祁门人，徽商子弟。他经历了正德、嘉靖、隆庆、万历四朝，这正是明代社会急剧变迁的时期。商品经济的繁荣，阳明心学之兴起，冲击并瓦解了儒家传统生活观念。对“物欲”的追求，成为士庶之日常。郑之珍所处的徽州，正是明代徽商之大本营。徽商的成功颠覆了“四民”社会的基本伦序，对徽州社会及民众心理产生了巨大的冲击，社会风气急转直下。而与此同时，宗族血缘的认同心理，演化为徽州民众的共同心态，“在明代中后期至清前期剧烈的社会变迁中，

---

① 郑之珍：《目连救母劝善戏文·序言》上卷，《古本戏曲丛刊》初集。

徽州大众的心态普遍发生失衡，素以叙宗亲、重世谊、端祭祀、修族谱、构宗祠为联结血缘纽带的宗族活动随之活跃起来”[①]。身处于徽商家族，而素有济世之志的郑之珍，必然对此感悟良多。因此，他不遗余力参与宗族事务，编纂《祁门清溪郑氏家乘》，既是对当时徽州活跃的宗族活动的积极响应，更是入世情怀的集中体现。正如其女婿叶宗泰《高石郑先生传》中所言："先生天性好善嫉恶，虽未大行于天下，然《劝善》一记，千载不磨；且倡议率族置祀产、创祀屋、立祀户，奉先御下，睦邻恤贫，政教于家，炳炳朗朗，较之卑官一任，泽及何如！"[②]

由此可见，郑之珍改编目连戏与其热衷于宗族之建构有着相似的心理动因。如果说修谱立祀是其有感于世风之不古，而致力于重建民间伦理道德体系的具体实践；那么，改编目连戏，则可视为其重建民间礼乐制度的尝试和努力。到此，源自于佛经的目连故事演变为郑之珍宣扬儒家伦理道德的载体，他不满足于此前目连故事对佛经的故事化呈现和单纯的"孝"道弘扬，而是尽可能摆脱"佛经"之束缚，由佛教之"劝善"，转化为儒家之"善"；将无所依傍的"孝"拓展为"忠""孝""节""义"组成的更为完整的儒家伦理体系，并以这四个方面为标准添设角色形象，构设故事情节。

"故事元素的重新配置是戏剧改编的重要前提"[③]，为彰显"忠""孝""节""义"之主题，郑本不得不相应地添加一些角色。如刘贾、金奴、益利、曹氏、曹父、曹兄等形象，是表现这一主题不可或缺的配角。其中刘贾、金奴作为反面角色，是唆使刘氏开荤的罪魁祸首，这两个角色的设置，解决了以往叙事逻辑上不够严谨的问题。在《大目乾连冥间救母变文》中，罗卜之母在其外出经商

---

① 卞利：《明代中后期至清前期徽州社会变迁中大众心态研究》，《安徽大学学报》（哲学社会科学版）2000年第6期。

② 见朱万曙《祁门清溪郑氏家乘所见郑之珍生平资料》（《文学遗产》2004年第6期）。

③ 董上德：《小说、说唱文学与戏剧——从演出角度看叙事方式的转换》，《文化遗产》2013年第2期。

之时，“生悭吝之心，所嘱付资财，并私隐匿”[①]，表现的是其母本性之恶，而郑本则将这一罪过一股脑儿推给了刘贾和金奴，这也使刘氏得以转世飞升，而刘贾、金奴咎由自取，“不得超生”的结果更为合理。作为家仆，与金奴相对应的角色是益利，益利忠心耿耿，在目连寻母的若干年里，为其守护着家园，体现出难得的“忠义”之心，因此他也自然获得了飞升天宫的荣耀。曹氏三父子（女），可以说专为突出“忠贞”而设。曹氏情节出现在目连故事之中，可以说毫无征兆，笔者觉得这个专利权当属于郑之珍。曹氏是作为一个“贞烈女子”的形象来塑造的。不过曹氏不同于其他的“节妇”，她是在目连退婚之后，仍然坚持守节，被求婚逼嫁，只好连夜出逃，剪发出家，与“目连辞婚”遥相呼应，足见作者为突出“守节”主题的良苦用心。曹父和曹兄出场不多，但在表现“忠”这个主题上却是不可或缺的。郑之珍也尝试将目连之“孝”与“忠”相联系，设置了目连辞官的情节，但感觉总是与尽忠朝廷隔了一层，而且很容易像蔡伯喈一样陷入“忠”“孝”两难全的矛盾之中。于是他增设京兆尹、户部侍郎曹公及其儿子，一同“赈肃边庭”，凯旋而归，形塑了“一门忠烈”——“哥哥同行呵，越显吾家一门忠孝”[②]。当然，曹氏父子是配合曹氏之“贞烈”而诞生的，不可能喧宾夺主。在叙事结构里，曹氏父子又在一定程度上与辞官之目连有着某种关联，填补了“忠臣”之缺失。甚至，为了强化这一主题，他在“过升天门”一出里，又专门安排了忠臣光国卿、孝子安子命、烈妇耿心贞过五重关，“缘来曰‘忠’，曰‘孝’，曰‘节’，虽其称名不同，然而尽‘忠’，尽‘孝’，尽‘节’，究其为善”[③]，让忠臣孝子升天，与刘青提、刘贾形成鲜明对比。综上，可以见出郑之珍将目连之“孝”拓展为囊括儒家忠孝节义的“善”的基本思路。

作为郑本目连中的一个主要配角，围绕曹氏的叙事也占有相当的比例。在第三本中，曹氏成为另一条主线，与目连寻母的线索交相迭出。为塑造曹氏之贞烈

---

① 《大目乾连冥间救母变文》，载黄征、张涌泉校注：《敦煌变文校注》卷六，中华书局1997年版，第1024页。

② 郑之珍：《目连救母劝善戏文》下卷，《古本戏曲丛刊》初集。

③ 郑之珍：《目连救母劝善戏文》中卷，《古本戏曲丛刊》初集。

形象，郑之珍不惜笔墨，借鉴并杜撰了曹氏清明、见女托媒、求婚逼家、曹氏剪发、曹氏逃难、曹氏到庵、曹公见女、曹氏却馈等情节。而曹氏之守节又与第二本中目连的辞婚相应和。第二本中的目连辞婚、辞官情节直接照搬了《琵琶记》中的情节，而且还将赵五娘描容上路转变为“罗卜描容”。众所周知，《琵琶记》正是通过“三不从”来表现蔡伯喈的“全忠全孝”，尽管其结果有违创作初衷，不过蔡伯喈的“忠孝”形象在儒家伦理的光环下还是得到了强化。其中，“赵五娘”描容上路更是阐发“大孝”的经典情节。郑之珍对《琵琶记》此类情节的袭用，表明了他对“不关风化体，纵好也徒然”创作理念的尊崇。蔡伯喈“忠孝”与赵五娘的“大孝”通过这一情节的移植，从而突显出世上所罕有——上天入地救母的——目连“孝道”。所以，我们从郑本对人物的添置和情节的构设中，可以看到郑之珍改编目连故事的内在逻辑和原初设想。正如朱万曙所言：“郑之珍在以往目连故事言‘孝’的基础上，大幅度地扩充了故事的精神内涵，将儒家的忠、孝、节、义等重要的伦理精神导入故事中，将这个流传久远的佛教故事改造成弘扬儒家伦理文化精神的戏曲作品。”①

2. 剧场性与故事重构

“剧场性”是在话剧语境下产生的术语，在传统曲学中，“剧场性”一度处于边缘化境地。虽然从燕南芝庵的《唱论》到魏良辅的《曲律》等，皆有对优伶演唱的描述，但主要还是植根于文本，侧重于音律，并无明确的剧场概念。明代中后期，对于戏曲作为演出艺术的认知不断加强，戏曲的“剧场性”逐渐受到曲家的关注。如何让戏曲演出得到观众认可和喜爱，如何让演员更好地演绎戏曲故事等涉及剧场演出的相关问题，开始零散地出现在曲学论著与品鉴著作中。如吕天成之舅祖孙矿提出的南戏“要搬出来好”，“要使人易晓”，“要善敷衍，淡处做得浓，闲处做得热闹”，“要各脚色分得匀妥”等②，体现出注重剧场性的自觉意识。

---

① 朱万曙：《郑之珍与目连戏剧文化》，《艺术百家》2000 年第 3 期。

② 吕天成：《曲品校注》，吴书荫校注，中华书局 1990 年版，第 160 页。

吕天成也在《曲品》中，不止一次以剧场演出作为衡量曲本的标准，如将王雨舟《连环记》列为"极品"，认为其"颇知炼局之法，半寂半喧"[①]；列为"中中品"的陆禺阳《鹦鹉洲》，"词多绮丽。第局段甚杂，演之觉懈"[②]。受《曲品》的影响，祁彪佳对剧场的认识更加深入，他认为《古剑记》"颇有豪侠之概。但演之场上，有不合处，第可为知者道也"[③]。此类评点在其《远山堂曲品》《远山堂剧品》中屡见不鲜。不过，细究其剧场意识，似乎还是附属于"案头"这一中心，否则，即便于场上可供搬演，在他看来也难称精品，"(《金雀》)轻倩之词，利于搬演，不耐咀嚼"[④]，"(胡文焕《犀佩》)士人妻题诗金山，有《诗会记》；侠士于金虏营中携南官归，有《旗亭记》。此合传之，第供搬演，不耐咀嚼"[⑤]等。由此可见，虽然晚明时期的演剧盛况，使曲论家不得不将剧场思维纳入戏曲品鉴范畴。只是剧场仍然未能占据戏曲艺术的中心地位，"文本优劣"仍然是衡定戏曲的核心内容。而李渔的"填词之设，专为登场"[⑥]，彻底颠覆了前代曲学之认知，如果说此前的剧场思维还有"犹抱琵琶半遮面"的羞涩，李渔则以无可辩驳的表述明确了剧场才是戏曲的归属。李渔的这一观点既是基于明代曲学朦胧的剧场思维的概括，更是他长期以来创作与演出实践的经验总结。

回顾元明曲坛，虽然剧场理论晚出，但一些熟稔剧场的戏曲家，往往在创作中有着自发的剧场意识。以搬演为目的的元杂剧不乏此类佳作，南戏之祖《琵琶记》在情节构设的成功更是成为后代传奇模仿的典范。刊刻于万历壬午年的郑本目连显然受到了前代剧场思维的影响，在剧本结构、情节设置、插科打诨等方

---

① 吕天成:《曲品校注》，吴书荫校注，中华书局1990年版，第9页。

② 同上书，第304页。

③ 祁彪佳:《远山堂曲品》,《中国古典戏曲论著集成》第6卷，中国戏剧出版社1959年版，第32页。

④ 同上书，第28页。

⑤ 同上书，第94页。

⑥ 李渔:《闲情偶寄》卷4,《中国古典戏曲论著集成》第7卷，中国戏剧出版社1959年版，第73页。

面，显示出作者的创作理念与剧场认知，可以说正是基于这一认知，郑之珍广采博收，重构叙事进程，促成具有浓郁宗教祭祀性的目连向世俗性戏剧的华丽转身。

在明代，《琵琶记》一直作为典范受到推崇。吕天成赞誉“其词之高绝处，在布景写情，色色逼真，有运斤成风之妙。串插甚合局段，苦乐相错，具见体裁”[①]，在曲词之外，对其结构与布局赞赏有加，对剧中在审美感受上的成功予以了肯定。这样一种“炼局观”，不仅是对文本叙事功能的自觉认识，事实上已触及剧场与文本叙事的关系。郑之珍本《劝善戏文》全面袭用《琵琶记》的“炼局”模式，显现出作者自觉的剧场思维。众所周知，源自于佛经的目连戏始终未摆脱宗教仪式的桎梏，尤其是主体故事地狱寻母，很难给人以愉悦的观赏体验，这也就束缚了目连的传播范围。那么，如何提升其观感，将戏剧舞台从令人生厌的地狱拉回到现实空间，这恐怕是目连进化史上亟待解决的一大任务。而郑之珍面对的目连故事，人物单一、故事单一、空间单一，要改变这一局面，从原故事中很难自然地生发出枝节，只能依靠人为的移植，从经典范式中吸取营养。作为经典的《琵琶记》显然契合了这一目的。在晚明戏曲中，借用、模仿、蹈袭《琵琶记》的大有人在，如汤家霖之《玉鱼记》、暨廷熙之《绣衣记》、无名氏之《分钱记》等。郑本目连在接受《琵琶记》“炼局”模式的同时，自然承继了其中的“离合”范式，于是曹氏这个人物横空出世。《琵琶记》中的情节也嵌入神头鬼面的地狱之中，目连与曹氏的“离合”故事无疑成为救母之外的第二条主线，两条线索相互交织，单色调的戏曲舞台转化为冷热相间、明暗相映、苦乐交错的丰富形态。

在情节上，《劝善戏文》的第二本移植了《琵琶记》中的描容上路、辞婚、辞官等关目。刘氏回煞之后，罗卜为母守孝，描容挂于堂上，“要画老娘真容，如见老娘容貌”[②]。因其孝行感动天地，县官上奏朝廷，拟征为刺史，但罗卜坚辞不受。曹公听闻罗卜孝感动天，受朝廷旌表，便令安排花红羊酒祝贺，并唤官媒一道前往拟早遂此前之婚约，罗卜以“欲急往西天学救娘，请谅念此时焉敢坦腹

① 吕天成：《曲品校注》，吴书荫校注，中华书局1990年版，第163页。

② 郑之珍：《目连救母劝善戏文》中卷，《古本戏曲丛刊》初集。

东床”，“真心救母无他向”[1]为由，再次坚辞不受。然圣旨难违，逼婚难拒，罗卜只好在服孝未满期之时提前赶往西方求救母之法，以逃避服满后难再回绝的征辟与婚期。此可谓直接承袭了《琵琶记》“三不从”之经典关目。在叙述罗卜这条线索里，将刘氏回煞、过滑油山、过望乡台被押解到地狱的情节与之应和，从而增强了舞台表现的张力。而第三本中的双线并行交错最能见出作者之匠心。因为第三本中的地狱寻母是目连变文原有的主体情节，而如前所述，地狱里的种种怪诞很难在戏台上给人以美感，尤其是单一的地狱呈现。为此，第三本开篇，作者即以《曹府元宵》引出曹家——主要是曹氏这一主线。如此一来，十殿寻母的关目之中，穿插了曹氏这一线索，为原本单色的戏台增色不少。为更清晰地呈现这一布局，笔者以图表列出两条线索交互出现的出目。

表 3–1　目连寻母与曹氏守节情节对照表

叙事线索	出目及序号
寻母线索	师友讲道（1）；主婢相逢（3）；目连坐禅（4）；一殿寻母（5）；二殿寻母（6）；三殿寻母（10）；四殿寻母（13）；五殿寻母（15）；二度见佛（16）；六殿见母（19）；傅相救妻（20）；七殿见佛（21）；目连挂灯（23）；八殿寻母（24）；十殿寻母（25）
曹氏线索	曹府元宵（2）；曹氏清明（7）；公子回家（8）；见女托媒（9）；求婚逼嫁（11）；曹氏剪发（12）；曹氏逃难（14）；曹氏到庵（17）；曹公见女（18）；曹氏却馈（22）

由表 3-1 可知，两条线索互相交错，这里非常明确地继承了《琵琶记》开创的生、旦双线并行的结构，这是传奇戏台上演员劳逸相间的必然选择。然而，就目连戏而言，更为重要的是曹氏线索的出现，彻底改换了地狱寻母的故事形态。就性别层面而言，作为旦角的曹氏的出现，增强了戏曲舞台的灵动感和观赏性；就叙事层面而言，曹氏线索代表的是民众喜闻乐见的生旦“离合”故事——虽然离合得有些勉强；就剧场效果而言，生旦线索的交织是冷暖色调的调和、冷热场的交互、宗教与世俗的轮替。在这一思路之下，我们不难发现郑本目连对一些关

① 郑之珍：《目连救母劝善戏文》中卷，《古本戏曲丛刊》初集。

键“戏”节的打造。如“曹氏剪发”，剪与不剪显示的是“孝”与“节”之间不可调和的矛盾，对此，曹氏内心必然经历激烈的冲突，这是舞台上最有“戏”的关节，由此，剪发的科介将是曹氏内心纠葛的外化，形成具有冲击力的剧场效应；而“曹氏逃难”一出，也属于剧场感十足的做工戏，黑夜逃难在戏台上展现的是一系列复杂的动作，丰富了舞台的表现形式；再如，“五殿寻母”对“照业镜”关目的设计，郑庚夫、沈氏、刘青提、富喧天在阎王面前拒不认罪，阎王用业镜照出他们辩词的真伪。“业镜”是这出戏的重要道具，而且也是最富戏剧性的道具。镜里镜外幻化出两个叙事空间，在真与幻之间形成多重叙事的效果，是传统戏曲舞台上最有剧场感的创设。

除了以上双线并行结构，《劝善戏文》渗透着浓浓的民间趣味，这既是目连长期植根于民众舞台的结果，同时，也不能否认这与郑之珍对情节和穿插故事的取舍与增删有着直接的关联。这一取舍与增删的行为本身隐含着郑之珍的戏曲观和剧场观。很显然，郑本目连着力将民间趣味的环节发挥到极致，在冲淡神头鬼面地狱怪诞的同时，增强戏台的向心力方面与前述的双线模式有着异曲同工之妙。

说到民间趣味，被合称为“双下山”的“尼姑下山”“和尚下山”出目最具代表性。“双下山”描述的是佛教禁欲背景下青年男女萌动的性意识，和尚与尼姑的身份使剧情充满戏谑感，也因此而为民众所津津乐道。关于“双下山”的起源，学界虽作了多方探讨和追溯[①]，但在郑本之前，“双下山”到底是以何种形态

---

① 钱南扬认为该剧应起源于元代（参见《戏文概论》，上海古籍出版社 1981 年版，第 72 页）；朱恒夫认为可追溯到南宋金盈之的《新编醉翁谈录》卷六之“禅林丛录·贺叶僧下山取尼疏”，并根据早期剧本文词的口语化判定应属于民间小戏，后来才进入目连戏（参见《目连戏研究》第三章第四节“‘双下山’——自由人性的赞歌”，南京大学出版社 1993 年版，第 180—190 页）；廖奔则梳理了明代以来双下山故事的文本系统和源流，认为后代的双下山故事源于嘉靖年间的南曲套数《尼姑下山》和北曲套数《僧家记》，“比《全家锦囊》的刊印时间还要提前相当的时间”（参见《目连及双下山故事文本系统及源流》，《文献》1996 年第 4 期）。赵景深、蔡敦勇、程毅中曾有过一番讨论，蔡倾向于这是民间小戏（参见赵景深《曲论初探》，上海文艺出版社 1982 年版，第 162 页）。

存在，苦于文献无征，始终处于猜测之中。笔者倾向于“双下山”来自于民间小戏，后来才被目连戏收编。从郑本目连叙事线索来看，“双下山”几乎是毫无征兆地出现，又毫无征兆地消失。“双下山”上接“傅相升天”，下接“劝姐开荤”，而表现的内容与目连剧情全不相关，显然是独立于目连故事的情节之外。至于第二本“城隍起解”被押解丰都以及第三本中“八殿寻母”中出现的报应，不过是编入目连之后再临时添加的而已。“双下山”之入目连，很有可能是民间艺人演出目连戏过程中，为吸引观众、活跃气氛而刻意植入的通俗故事。这种方式类似于近代端公傩仪中，插入灯戏等民间小戏的模式，所谓“内坛法事外坛灯”“一折坛一折戏”。民间艺人偶然之所为收到奇效之后，逐渐为大家所效仿，于是摇身成为目连戏的一部分。郑之珍在改编目连时对此作了保留，也是对“双下山”剧场效应的肯定。

在“双下山”里面，最能逗引民众兴趣的是和尚与尼姑调情的表演。其实，综观郑本目连，类似的情节还不止这一处。如第二本中的“才女试节”，龙女受观音之命前去罗卜守孝之处引诱，试其是否真孝；在“过黑松林”中，关于观音引逗目连的情节更是为人所熟知。与此相关的“匠人争席”“和尚背假媳妇”“偷鸡”“仆从抬奶妈”等关目或插科，其中的人物身份、事件与语气完全来自于底层社会，绝不是文人的创造，与士人阶层的审美趣味大相径庭，所以，受到一些文人之诟病，出现诸如“词陋恶不堪观”[①]，“全不知音调，第效乞食瞽儿沿门叫唱耳”[②]的评价也就在情理之中。这些情节的渗入最大限度地改变了目连故事的仪式感和严肃性，作为文人的郑之珍不可能没有意识到。尤其是其中涉及男女私情的关目，按照当时禁戏之标准，视之为淫戏也不为过，但郑本目连却堂而皇之地收入其中，显然是注意到这些插科对于增强目连戏场观赏性所扮演的重要角色。

---

① 吕天成:《曲品校注》，吴书荫校注，中华书局1990年版，第385页。

② 祁彪佳:《远山堂曲品》，《中国古典戏曲论著集成》第6卷，中国戏剧出版社1959年版，第114页。

综上，郑之珍以“剧场性”作为重构目连故事的标准，在“炼局”方面可谓用心良苦，也最大层面上改变了目连故事的仪式色彩，使之透溢着世俗的风味，迎合了民间社会的审美欲求。同时，我们不能不注意到，作为宋明以来目连戏之集大成者，郑本目连在穿插关目，拓展情节和改变审美形态方面所作的努力为后代目连戏的发展提供了范式。

3. 再说郑本目连中的《西游》构思

就基本情节而言，郑之珍本《目连救母劝善戏文》在目连西行之中增设了类似于西游故事的关目，以及白猿、铁扇公主、猪百介、沙和尚等神魔小说《西游记》中的人物。由于两个故事都经历较长时间的累积，而现存文献恰好在元明前后出现某种程度的断档，史料难征，因此引发了学界关于彼此关系的论争。其中，争论的焦点，就是两个西游故事孰先孰后的问题，本质上是源与流的分辨[①]。20 世纪 90 年代，朱恒夫、刘祯等对此讨论最为充分，也各自从不同角度进行解剖。近年来，苗怀明从《西游记》成书过程的角度对相关学术观点，尤其是对朱恒夫和刘祯的观点作了辨析，对后者的观点进行深化和修正，并指出郑本目连中的西游故事产生时间：上介于《大唐三藏取经诗话》和元刊本《西游记》、杨景贤《西游记》杂剧之间[②]。应当说，这是一种比较客观的判断，就目前所考知的文献来看，似乎已没有再深究下去的必要和可能。然而，笔者在考察唐僧取

① 主张大目犍连为孙悟空形象的原型，并“杂取种种”元素而成（刘祯《中国民间目连文化》，第 286—305 页），但认为目连西行求道是受玄奘西行的影响。“佛教目连蕴育了孙悟空，而西天取经的玄奘，又成为新孝子目连形象塑造汲取的对象”（第 308、277—318 页）。朱恒夫认为《劝善戏文》因袭北宋《目连救母杂剧》，在时间上早于《取经诗话》，所以说是目连故事对唐僧取经故事产生影响。（《目连戏研究》）朱恒夫谈到了南宋刘克庄的诗句和榆林窟唐僧取经壁画（第 249 页），判断目连变文在前，取经诗话在后，前者影响后者；由古老剧种铙鼓杂戏中的《白猿开路》推知此为宋金剧目（第 251 页），《白猿开路》早于《取经诗话》（第 262 页）；猴行者助唐僧取经故事的胚胎是在目连戏的母体中孕育出来的。（第 258 页）。

② 苗怀明：《两套西游故事的扭结——对〈西游记〉成书过程的一个侧面考察》，《明清小说研究》2007 年第 1 期。

经图及郑本目连剧本时，发现还有几个地方值得说明。

以唐僧取经图佐证《西游记》和目连故事的形成过程，学界早有讨论。根据段文杰等的考证，敦煌石窟群发现 5 幅产生于西夏时期的玄奘取经图，其中皆有玄奘、猴行者和白马[①]，说明此时取经故事中猴行者形象已然深入人心。其实，除了敦煌之外，有学者最近在大足石刻的北山和妙高山石窟、四川泸县延福寺、陕西钟山石窟发现了 4 组建造于宋代的取经图。其中，北山取经图建造于北宋末年，延福寺取经图建造于北宋政和五年（1115）以前，妙高山取经图建造于南宋绍兴十四年（1144）前，钟山石窟取经图完成于政和二年（1112）前。福延寺石刻与妙高山石窟之刻工皆为安岳文氏家族。这 4 组图中都有玄奘、马和 1 名仆从，妙高山 1 组还增加了一个马夫。据考证，随行者有三组可判断为猴行者；另一组似为欲追杀唐僧的石盘陀[②]。如果三组随行者为猴行者的判断成立的话，这几组取经图的发现将使我们更为确定最迟在北宋之时猴行者已进入玄奘取经故事，并得到了非常广泛的传播。或许我们可以据此推断唐末到北宋末的这两百年里，玄奘取经故事已然形成一个相对统一的文本，并借助当时流行的说唱等艺术形式传播开来。至于这个文本是不是《大唐三藏取经诗话》，目前还不得而知。此外，梅林在其考察延福寺的文中还谈到一个细节，在第 13—14 号龛中有两组挑夫像，其中一组担子两头分别挑着老妇人和行李[③]，这不能不让人想起目连“挑经挑母”的情节，由于缺乏更充分的证据，尚不敢妄下断言。但倘若这个猜测成立的话，那么最迟在北宋时期，目连西行求法已由敦煌变文中的寥寥数语演

---

① 段文杰：《玄奘取经图研究》，《敦煌学国际研讨会文集 1990》，第 1—19 页；于颇《唐僧取经图像研究——以寺窟图像为中心》，首都师范大学 2011 年博士论文。

② 梅林：《工匠文居礼、胡僧取经像及其他——四川泸县延福寺北宋石刻造像考察简记》，载中山大学艺术史研究中心编：《艺术史研究》第 12 辑（中山大学出版社 2010 年版）；李小强、姚淇淋：《大足石刻宋代两组取经图简说》，《敦煌研究》2015 年第 6 期；郑炳林：《黄陵县双龙峪村千佛洞水月观音造像》，载大足石刻研究院编：《2009 年中国重庆大足石刻国际学术研讨会论文集》（重庆出版社 2013 年版）。

③ 梅林：《工匠文居礼、胡僧取经像及其他——四川泸县延福寺北宋石刻造像考察简记》，载中山大学艺术史研究中心编：《艺术史研究》第 12 辑（中山大学出版社 2010 年版）。

化为具有一定情节的故事。如此，我们看到，唐宋以降，佛教世俗化的进程，促使目连故事与玄奘取经故事同时在多个层面上的接触与交融，山西发现的《迎神赛社礼节传簿四十曲宫调》中有《唐僧西天取经舞》(正队戏)、《目连救母》(供盏队戏)、《唐僧西天取经》(哑队戏)、《青铁(提)刘氏游地狱》(哑队戏)等，其所反映的民间演出常态，也可佐证这一判断。不过，由于相关文献的缺失，二者之间的如何发生关联，在多大层面上发生关联也许真有些难以分辨了。

回到《劝善戏文》文本，其中一些细节或许也还有值得挖掘的地方。《劝善戏文》与西游故事发生关联的情节，主要包括《遣将擒猿》《白猿开路》《过黑松林》《过寒冰池》《过火焰山》《过烂沙河》《擒沙河尚》等出目。从作为西游故事的序幕——《遣将擒猿》来看，这似乎与道坛法事颇有渊源。在本出中，主角为张天师，他上场唱道："正乙天师张道灵，张道灵，召请灵官马将军，马将军，天师立在坛场上，须知将要逐符行，逐符行，急如星火莫留停。"[①]立于坛场之中，逐符行仪，并召请马将军、赵将军、温将军、关将军分立于东西两侧。然后令四位捉拿白猿，白猿归顺后，又送神回天庭。这与后世民间端公仪式中的"灵官镇台"非常相似。比如重庆江北县复盛乡的"庆坛"祭仪中，在整个法事的第九坛为"镇台"，首先是"真武遣将"，先自报家门，再请财神赵公明赐财，然后请王灵官踏台镇宅，王灵官上台念道："……奉了祖师亲敕令，脚踏火车绕江河……吾今来镇台，法事皆圆满。灵官太爷守神会，诸鬼邪神不敢来……"[②]。虽然细节上有些出入，但整个仪式进程却大同小异，而且在"遣将擒猿"中灵官具有举足轻重的地位。由开始的召请，至最后的拜送："拜送灵官马将军，马将军，功成不敢相羁绊，化财拜送上天庭。"[③]自始至终都以灵官为主。这相当于一个简

---

① 郑之珍：《目连救母劝善戏文》中卷，《古本戏曲丛刊》初集。

② 王跃：《江北县复盛乡协睦村四社谌宅的"庆坛"祭仪调查》，财团法人施合郑氏民俗文化基金会 1993 年版，第 200—201 页；王跃：《四川省江北县舒家乡上新村陶宅的汉族"祭财神"仪式》，财团法人施合郑氏民俗文化基金会 1993 年版，第 81—95 页。

③ 郑之珍：《目连救母劝善戏文》中卷，《古本戏曲丛刊》初集。

易的请神—送神仪式。该“庆坛”法事的第十坛，为“开方”仪式，其大意为方弼、方相奉前来开辟“三方四路”，为临坛的神灵扫清道路。《劝善戏文》中的“白猿开路”与之颇为神似。而且，阳戏中的“镇台”与“开方（破路）”的仪式大多是一体的。

同时，在“遣将擒猿”中，我们看到张道灵召请灵官和拜送灵官分别唱了一首“道赚”曲。在《劝善戏文》中仅此两首，此外，《劝善戏文》中还有7支“佛赚”曲。道赚和佛赚未收入曲谱之中，当是民间道坛和佛坛专门使用的唱赚曲。而“正乙天师”的身份，也有必要再说明一下。其出场自报家门：“自家张道灵是也，蒙皇帝圣旨封为上清正一执法天师，收伏邪魔，一品敕书昭日月，七星宝剑镇乾坤。”① 张道灵即道教祖师张道陵，至元代始正式获得朝廷认可“天师”称号。元世祖皇帝制曰：“三十六代天师张宗演，卿心传法统，体粹真风，广黄庭大洞之科，特正一盟威之箓，爰清爰净，以信以诚，三尺青蛇，役鬼神于冥漠，一杯明水，净天孽于迩遐，既弘开济之功，宜畀褒崇之号，特赠演道灵应冲和道人。”② 由张道灵的自报家门，结合其出场的唱词“百年道教沛江河，一品金书耀绮罗，仗剑伏邪魔”③，正好与元世祖制文相吻合。而且，天师称号“自元代始，也只有元代，明太祖即位不久即下诏取消”④ 。当然，也不能否认后世民间仪式中法师仍然打着这个旗号。不过，我们还是可以据此推断，在取经故事和目连故事的演化进程中，道坛傩仪曾在其中扮演了一定的角色，甚至参与了文本的改写。参与的时间很有可能始自元代。这个文本似乎异于现今所熟知的故事系统，或许是当时流传于民间而今已失传的西游故事。

从《劝善戏文》文本来看，郑之珍在改编之前，这个西游故事已经融入到目

① 郑之珍：《目连救母劝善戏文》中卷，《古本戏曲丛刊》初集。

② 《汉天师世家》卷3，《道藏》第34册，文物出版社、上海书店出版社、天津古籍出版社1988年影印本，第830页。

③ 郑之珍：《目连救母劝善戏文》中卷，《古本戏曲丛刊》初集。

④ 卿希泰主编：《中国道教史》第3卷，四川人民出版社1996年版，第283页。

连故事中。否则，他不可能沾上浓浓的道坛气味，不可能有张道灵的一番“自吹自擂”的说词。然而，就整体而言，西游故事与目连故事的结合还是比较生硬，取消这几折，对故事的连贯性没有太大影响。甚至这里面的人物在此出现之后也全然消失，其生拉硬扯的痕迹依然明显。

综上言之，目连戏经过数百年的演进，经由民间艺人的创造，尤其是郑之珍的重构，从早期宗教祭祀的片断性仪式，逐渐蜕变了具有完整故事情节的明代传奇。这是民间意志与文人意识相融合的产物。郑本目连的出现，为后世民间目连演出提供了较为理想的范本。其戏仪之交错、各类杂耍的描述、民间趣味的故事单元等特征，奠定了后世目连的多元而开放的演出模式，为民间艺人的创造预设了多种可能。也正是如此，成就了目连戏在清代民间赛会中的繁盛局面。

第二节 目连符号、仪式空间：目连赛戏的功能意义

目连戏的进化史，可以称之为目连戏的社会史，它浓缩着传统社会中的官民互动、信仰变迁以及庶民心态、审美趣味的转变。正如吉尔兹所说：“任何东西，包括绘画、雕塑，在帮助社会机体运行中都充当着角色，就像它们在摧毁这个社会的进程中也会起作用一样。但是艺术和群体生活的中枢部分并不基于这样一种媒介层面，它是基于一种符号学层面上的。”① 目连戏抑或说目连本身实际上就是这样一个符号，如果试图探究其本质，“必须超越仅把符号认为是交际、待解的

① ［美］克利福德·吉尔兹：《地方性知识》，王海龙、张家瑄译，中央编译出版社 2000 年版，第 128 页。

符码的观念，而应把它们作为思想的范式，当作文化语言的代码来阐释”[①]。目连僧从神话中的人物转化为世俗塑造的神灵，经历了一段漫长的过程。这一过程与佛教的弘法、三教的相争、故事传播载体的更迭以及民间俗信的繁兴相表里。民间赛会的仪式展演赋予了目连符号更丰富的内涵，通过舁神巡游、目连戏、端公傩仪等形态的整合，构筑起多重而颇具张力的仪式空间，尤其是目连故事与仪式的交替演绎，重新规范了这一空间秩序。借助目连故事，岁时礼仪与人生礼仪中的民间法事得以系统演绎，时节更替、生老病死的主题在法事轮转中被反复强化——仪式已然超越酬神的目的，而转化为对“命运”的一次次追问。可见，仪式重构的空间秩序，其实质是庶民群体的生命秩序。

一、人类学“仪式空间”理论

目连符号的象征性依赖于仪式空间而实现，倘若脱离神灵性赛会构建的仪式空间，目连故事也就失去了起码的符号意义，失去了它的民间属性与信仰内涵。仪式空间是一个涵义广远而多元的概念，其以有形的地理（物质）空间为基础，而以营建抽象的生命空间和宇宙空间为旨归。因而，仪式空间与神灵信仰圈、祭祀圈、基层社区、阈限（中介状态）、风俗共同体等概念在一定程度上形成互文。为更清晰地阐释这一空间内涵，以下先对人类学者有关仪式空间的相关理论作简要梳理。

从学界对祭祀圈、信仰圈的讨论来看，其所指涉的对象偏重于物理意义的空间界定。祭祀圈的概念由日本学者冈田谦提出：“共同奉祀一个主神的民众所居

① ［美］克利福德·吉尔兹：《地方性知识》，王海龙、张家瑄译，中央编译出版社 2000 年版，第 156 页。

住之地域。”[①] 上世纪七十年代后，台湾人类学者援引此概念考察汉人社会研究，从而受到广泛的关注。施振民、许嘉明、林美容等皆对祭祀圈的概念作了重新界定，然而，“地域范围”始终是其中的核心词汇[②]。在此基础上，林美容又抛出一个与“祭祀圈”同源相近的“信仰圈”概念：“信仰圈含盖一定的地域范围，且其范围通常超越最大的地方社区的范围，即超越乡镇的界线。”[③] 可见，“信仰圈”仍然立足于“地域范围”，对抽象的祭祀与信仰作具象的地理界分。当然，台湾人类学学者有关“祭祀圈”与“信仰圈”的讨论，其目的不是解答“宗教信仰或组织的问题”，而是为了考察社会结构[④]。不过，其对神灵信仰与仪式活动“地域范围”的界定，正好与本题所论的赛会中仪式空间的“物理属性”相关联。或者说，迎神赛会中仪式空间的形成，首先是基于信仰文化圈及仪式展演的地理空间。施坚雅在考察市场社区的同时，也谈到与市场社区同样重要的信仰空间：“市场本身就构成市场社区中社会结构的一个焦点。另一个焦点，其重要性几乎不弱于市场，通常由镇上较大的寺庙提供。”[⑤] 施坚雅用六边形的模型来描述成都

---

① [日]冈田谦《台湾北部村落に於ける祭祀圈》，民族学研究4(1)。转引自林美容：《由祭祀圈到信仰圈：台湾民间社会的地域构成与发展》，张炎宪编《第三届中国海洋发展史研讨会论文集》，中央研究院民族学研究所出版1988年版，第97页。

② 施振民定义为：“祭祀圈是以主神为经而以宗教活动为纬建立在地域组织上的模式”(《祭祀圈与社会组织：彰化平原聚落发展模式的探讨》，中央研究院民族学研究所集刊第36辑，1973年)；许嘉明定义为：“祭祀圈是指以一个主祭神为中心，信徒共同举行祭祀所属的地域单位。其成员则以主祭神名义下之财产所属的地域范围内之住民为限”(《祭祀圈之于居台汉人社会的独特性》,《中华文化复兴月刊》1978年第6期)；林美容：祭祀圈是“为了共神信仰而共同举行祭祀的居民所属的地域单位”(《由祭祀圈到信仰圈：台湾民间社会的地域构成与发展》)，张炎宪编:《第三届中国海洋发展史研讨会论文集》，中央研究院民族学研究所出版1988年版，第98页)。

③ 林美容:《由祭祀圈到信仰圈——台湾民间社会的地域构成与发展》，张炎宪编:《第三届中国海洋发展史研讨会论文集》，中央研究院民族学研究所1988年版，第102页。

④ 聂家昕、黄波:《人观理论视角下的祭祀圈研究——由汉人人观的阶序性所进行的整体性解读》，学术论坛，2009年12期。

⑤ [美]施坚雅:《中国农村的市场和社会结构》，史建云、徐秀丽译，中国社会科学出版社1998年版，第48页。

平原市场区域的基本形态，并由此而论及市场社区与社会结构的紧密关系。可见，施坚雅关于市场社区的六边形空间模型，也等同于以集镇为中心的宗教信仰向周边辐射的地域范围。虽然六边形的模型是一种理想的市场社区的描摹，受到了一些质疑和诟病，然而，这一模型却为我们理解信仰圈或仪式空间提供了便利。而且，市场社区的中心与边缘的层级模式，也映照出基层迎神赛会中仪式空间的多重结构形态。

当然，人类学关于仪式空间的讨论并未停留于有形地理空间的阶段，事实上，基于信仰与仪式的空间营造，地理空间仅仅是基础，而与信仰感召、仪式活动相应的生命空间和宇宙秩序的建构才是其最终目的。因此，对于这一更高层次的仪式空间的探讨，是人类学仪式空间理论的核心所在。范热内普的“过渡礼仪模式”（le schéma des rites de passage），就其本质而言，既是对仪式进程的概括，也是对仪式空间的内在把握，“每一个体总是共时性或历时性地被置于其社会之多个群体。为从一群体过渡到另一群体以便与其他个体结合，该个体必须从生到死，始终参与各种仪式……要不断逾越新阈限：季节、年月或昼夜之交；诞生、青春期、成熟期及老年之变；死亡与再生（对有此信仰者而言）之转换”[①]。很显然，“过渡”模式的提出，已将仪式纳入到个体乃至群体的生命体系之中，融入到四季交迭与生老病死的轮回空间。“阈限”作为分隔与聚合的交替阶段，自身具有时间与空间的规定性。这样，在范热内普的过渡模式中，仪式空间很自然地与生命空间结合为一体，所有的“过渡”都是生命的“门槛”，在阈限的净化中，实现生存状态的改变与生命意义的升华。

特纳通过对伊瑟玛仪式过程的考察，绘制了伊瑟玛仪式空间的象征图表[②]，这一幅图是对仪式场景的本真描述，同时也是一种抽象空间的物化转述，图中

---

① ［法］阿诺尔德·范热内普：《过渡礼仪》，张举文译，商务印书馆2010年版，第137页。

② ［美］维克多·特纳：《仪式过程：结构与反结构》，黄剑波、柳博赟译，中国人民大学出版社2006年版，第30页。

的"坑道"连接着死亡与生命的两端。特纳以二维图表的形式，展现了该仪式场景的三维与多重空间。生死之"坑道"表述着强烈的生命意志，生命——始终是仪式空间最关切的对象。特纳对于仪式空间的解读并不仅限于此，他在继承范热内普"阈限"理论的基础上，进一步阐释其在社会结构中的深层意义，仪式空间进而转化为对一种"中介状态"的界定："中介状态构成了一个十分典型的文化领域，这一领域内有着异常丰富的宇宙观念，然而这些观念的外在形式却过于简单，因此难免产生误导作用。表达这些观念的符号载体可能过于平常，但它们所传递的信息却是非常复杂。从空间上将参加仪式的人同其熟悉的和惯常的环境隔绝开来这一看似微不足道的现象就很好地说明了这一点。中介状态在不同的文化中可能具有惩罚、洁净、赎罪、认知、指导、治疗、改变等方面的意义和作用。"① 在特纳看来，空间上的隔离并不能等闲视之，其传递着丰富而复杂的信息，因为这是对中介状态的隔离，是承载着宇宙观念，具有宗教色彩的象征。就像他对伊瑟玛生命"坑道"的描绘，看似简陋的现场因为仪式而赋予他特定的空间——神圣的空间，这一空间表面上与仪式之外的空间同处一个时空，实质上却是一个独立的、灵异的空间：天堂、人间、鬼狱融通，神、人、鬼同在的灵异空间。

格（按：或译为"吉"）尔兹在《尼加拉：十九世纪巴厘剧场国家》中，勾画了一种仪式空间的理想模式："在众多地方性'风俗共同体'即 desa adat 之外，领土亦从整体上被看成这样一个风俗共同体，一个尼加拉共同体（negara adat）。一如德萨共同体，尼加拉共同体是神圣空间之延伸体：'万物生长于其上的土地，流经其中的水，围裹着它的天空，在其于宫中支撑着它的岩石。'一如德萨共同体，所有生存于其疆界之内，并因而受益于其能量的人，就必须共同负责或维护

① ［美］维克多·特纳：《戏剧、场景及隐喻：人类社会的象征性行为》，刘珩、石毅译，民族出版社 2007 年版，第 234 页。

举行那些能量所要求的仪式和道德义务。”[①] 仪式空间进化为区域乃至国家的“风俗共同体”，这一汇融国家政权、社会结构与群体命运的共同体形态，将仪式符号熔铸到群体活动的血脉与生命之中，从而使巴厘国家的每一个符号、每一个意象都处于仪式体系之中，成为不可分割的组成部分。

人类学界有关仪式空间的概念与理论，为我们从空间的角度考察目连符号、目连赛戏的功能意义预设了可能。目连赛戏正是借助舁神巡游仪式、仪式（戏剧）展演等含孕着生命要义的符号，以及由此构筑的地理空间、宇宙空间、生命空间等多重仪式空间，使观演场域中的民众进入到阈限状态，从中体验生命的真谛，获得精神的洗礼与净化。

二、舁神巡游与仪式展演的宇宙空间

舁神巡游吸收了古老的驱傩仪式、佛教的“行像”仪式以及官员出巡仪仗等元素，成为了明清以降民间俗祀的主要仪式之一。作为“迎神赛会”的组成要件，舁神巡游显然不能敷衍了事，而是整个赛会的重头戏，在巡游队伍中几乎囊括了赛会活动的主要元素，也只有如此，才能达到仪式空间建构的直接目的。在巡游的队伍中，各类地狱变相、牛头马面、牛鬼蛇神等神头鬼脸悉数登场。如新繁城隍出驾“装演判官、鬼卒及各种罪犯，赭衣缧绁，荷校桎梏，或挂灯于肘，或剸刃于腹，群列于殿之两旁，谓之‘站班’。届日，神将出，则先驱以行，周游街巷，炉亭旗鼓，喝道鸣锣，辐辏喧嚣，观者如堵”[②]；合川的城隍出驾“有装无常者，装小儿者，装乞丐者，装囚犯、枷犯者，背负药贯（罐）者，手

---

① ［美］克利福德·格尔兹：《尼加拉：十九世纪巴厘剧场国家》，赵丙祥译，上海人民出版社1999年版，第155页。

② 〔民国〕《新繁县志》卷四《礼俗》，《中国地方志集成·四川府县志辑》第12册，巴蜀书社1992年影印本，第101页。

执膏药者，种种奇怪"[①]；越嶲厅的东岳会、川主会和城隍会上，均"有神头鬼脸办（扮）鸡脚神、无常、吴二娘、李狗、刘氏、小鬼诸剧，沿街跪走者，不一而足"[②]。其所扮演的有鬼卒、判官、无常、乞丐、囚犯、鸡爪神、吴二娘、李狗、刘氏等，活脱脱一幅移动的地狱变相图。庙宇中的阎罗世界，以形象的方式搬到行进的队列中。

另一类为戏曲形象的角色再现。如简阳城隍会"用优人装扮演目，或二人一抬，或三人一抬不等，名曰'平抬'"[③]，青神城隍圣诞"诸衙役兵壮摆队喝道，鼓乐、高妆等导于前"[④]，越嶲东岳会、川主会和城隍会上"所办社火，有高妆，有一切各戏，有涂面包头、乘马居神前游戏者"[⑤]。平台（抬）又称为高装、彩亭、亭子、春台、社合（火）等，是"不说不唱的空中戏剧"。与鬼怪的恐怖相反，平台（抬）作为戏曲的造型，总以娱人为目的，因而迎春、中秋盛典，往往以平台为主角。如合川迎春"雇小儿装扮各项角色，配成剧目，架木为兀，中竖铁心，布束小儿胸背，牢系铁尖，务取小儿不苦，倩优伶装小儿为女子，装束头面，惟妙惟肖，目使眤，手使语，有戴花冠，有不冠者，外服鲜艳女衣或铠甲及裙裤，中间配以戏中应有各物"[⑥]；芦山贺中秋："西山取竹结岑楼，众手舁来里巷游。乍看金茎多五采，转疑宝塔掣三洲。隆平气象民情绘，锦绣乾坤月色浮。

---

① 〔民国〕《合川县志》卷三十《风俗》，《中国地方志集成·四川府县志辑》第44册，巴蜀书社1992年影印本，第55页。

② 〔光绪〕《越嶲厅全志》）卷十《风俗》，《中国地方志集成·四川府县志辑》第70册，巴蜀书社1992年影印本，第596页。

③ 〔民国〕《简阳县志》卷二十二《礼俗（习尚）》，《中国地方志集成·四川府县志辑》第27册，巴蜀书社1992年影印本，第634页。

④ 〔乾隆〕《青神县志》）卷六《风俗》，《故宫博物院藏稀见方志丛刊》第148册，故宫出版社2013年影印本，第255页。

⑤ 〔光绪〕《越嶲厅全志》）卷十《风俗》，《中国地方志集成·四川府县志辑》第70册，巴蜀书社1992年影印本，第596页。

⑥ 〔民国〕《合川县志》卷三十《风俗》，《中国地方志集成·四川府县志辑》第44册，巴蜀书社1992年影印本，第54页。

四十八抬竞胜罢，满城歌舞乐中秋。”[1]生命无常的悲苦消融于狂欢之中。巡游队伍泯灭了生死之界线，以一种荒诞，却也习见的方式参与了新秩序的构筑。

值得注意的是，在涉及“仪式空间”这个话题之时，从施坚雅、施振民、许嘉明、林美容到王斯福，无一例外地提到舁神巡游的仪式。从明清以来的迎神赛会来看，舁神巡游几乎成为区域性赛会的一种例行仪式，承载着仪式空间与范围界分的主要职能。施坚雅在调查四川高店子基层市场时，指出“庙中供奉的神灵本身在尘世上的活动范围，被认为与基层市场区域一致”。同时，他谈到东岳庙会时的游行路线：“东岳——一位管理地狱的官员——的雕像每年要被抬出来在他的权力区域内游行。传统的路线是，沿着由集镇辐射出的每条主要道路，抬着神像依次走过红门铺、沙河铺、窝窝店和大石子——每个幺店位于市场区域的一角。用这种方式，这个宗教节日每年一度重新肯定了该社区的领地范围，并象征性地加强了它的以集镇为中心的结构。”[2]可见，神会中的巡游路线绝不是随意为之，而有着明确的意义指涉。信仰空间与基层市场区域一致性，充分体现在东岳庙会上的舁神巡游也必然遍历市场社区全境。遍历全境的模式是要求巡游队伍经历每一个位于市场区域一角的幺店，以此宣告神灵的领地——也是仪式地理空间的基本范围。甚而至于，倘若地理范围较大，巡游则根据实际情况，分级变通而行。如王斯福在考察“山街”的翁公神像出巡时谈到，每年翁公神像会从更为中心的庙宇中抬到山街，与山街神庙中的香炉一起，逐户游行。而远离城区的住户，则会赶到庙里烧香或与城里的亲戚分担祭拜。同时，从山街的庙中抬出自大栅栏神庙带来的较小的神像，到达没有自己庙宇的村庄里[3]。这样的分级游行，可以说最大限度地实现了仪式空间的建构。

---

① 《八月彩楼》，康熙《芦山县志》（下），故宫博物院编：《故宫珍本丛刊》第221册，海南出版社2001年版，第76页。

② ［美］施坚雅：《中国农村的市场和社会结构》，史建云、徐秀丽译，中国社会科学出版社1998年版，第49页。

③ ［英］王斯福：《帝国的隐喻：中国民间宗教》，赵旭东译，江苏人民出版社2008年版，第125页。

根据顾颉顾的说法，巡游属于“流动的‘社会’”[①]。正是因为具备了赛会仪式活动的多种元素，才在巡游队伍的所过之处，形成仪式空间的内外界分。游行队伍中的地狱变相，以直观的方式，将地狱中的世界拓展到整个辖区；神灵的巡境，又将神的威力辐射到该地区的各个角落；“平台”等戏曲人物的造型与展演，在这一神鬼的空间里游走，隐含着仪式空间里人、神、鬼交互的场景。所以，在队伍巡游之时，“神所经处，各门前多设香案，神到则争相膜拜”。[②]这充分显示出仪式空间的象征意义。这一空间与神灵及地狱变相所在的城隍庙、东岳庙及其他庙宇形成呼应，又与神灵赛会仪式的中心场域相互对应。或许，我们可以这样说，舁神巡游构建的仪式空间，是对信仰社区内的地理界定，但他又不仅限于地理上的三维空间，而是通过巡游的地狱变相、人神同在的场景，将天堂、地狱、人间转化为相互融通的新的宇宙空间——以巡游的仪式，将信众群体纳入到这一新秩序范围之内，从而在最广的范围内实现群体与区域的过渡。

与舁神巡游所构设的空间范围相比，万年台（或临时搭建的草台）等戏场所在地是仪式空间的核心场域，其戏场布置与仪式（剧目）展演的符号意义形成向周边辐射的局面。戏台设置是人神同在的物化形态。一般而言，配合目连破狱及镇魂超度仪式的表演，戏台上往往会设置象征鬼狱的场景，如左右悬挂黄钱以喻示正常死亡，悬挂红钱（血孤钱）以喻示非正常死亡，悬挂白钱喻示孤魂野鬼；以纸人、纸马、纸三牲（猪、牛、羊）作祭品；悬鬼王图于主会场入口，鬼王图上绘鬼王镇铁围城，城内无数死于非命的鬼魂；戏台左侧或左下方立冤魂怨鬼牌位；戏台外侧两角挂接引幡，上有阿弥陀佛接引、元始天尊主盟字样。同时，与鬼狱相对的，戏场也是神灵降临的场所，因而内场须设神位，供奉三佛、玉皇，

---

① 参见顾颉刚编：《妙峰山》，国立中山大学语言历史学研究所民国十七年印行，上海文艺出版社 1988 年影印本，第 12 页："到远处的神佛面前进香既成了风俗，于是固定的‘社会’就演化为流动的‘社会’。流动的社会有二种：一种是从庙中舁神出巡的赛会，一种是结合了许多同地同业的人齐到庙中进香的香会。"

② 周询：《芙蓉话旧录》卷三，四川人民出版社 1987 年版，第 48 页。

右为三教（三清）、观音等神灵，点燃长明灯、香烛供于神案，直至演出结束[①]。如果说舁神巡游主要从地理范围上界定仪式空间，那么戏台设置配合仪式展演，主要从时间上界分仪式空间。

三、目连赛戏与仪式空间的生命秩序

明清时期，目连戏已然成为民间文化的集成体，宗教祭仪、民间杂耍、人生礼仪等皆融入其演出体系，可谓包罗万象，多元共生，其演出形态远非一个剧目所能比拟。明末清初人张岱在《陶庵梦忆》中，记录了目连演出盛况：

> 余蕴叔演武场搭一大台，选徽州旌阳戏子剽轻精悍、能相扑跌打者三四十人，搬演目莲，凡三日三夜。四围女台百十座，戏子献技台上，如度索舞絙、翻桌翻梯、觔斗蜻蜓、蹬坛蹬臼、跳索跳圈、窜火窜剑之类，大非情理。凡天神地祇、牛头马面、鬼母丧门、夜叉罗刹、锯磨鼎镬、刀山寒冰、剑树森罗、铁城血澥，一似吴道子《地狱变相》，为之费纸札者万钱，人心惴惴，灯下面皆鬼色。戏中套数，如《招五方恶鬼》《刘氏逃棚》等剧，万余人齐声呐喊。[②]

在张岱的眼里，目连戏演出充斥着杂技怪相，目连戏固有的情节已退居其次，甚至在以上描述中，很难追寻目连故事的踪迹，只有《刘氏逃棚》似乎还保留了目连故事中刘氏的角色。这样的演出场景，实际上在明清以降已演化为民间目连演出的常态，近人周询载录的巴蜀目连戏演出景象，与两百多年前张岱所见如出一辙：

---

① 参见黄伟瑜《川剧目连戏中的神事活动与巴蜀巫道之风》、刘新尧《川北搬目连追忆》，分别见于《目连戏与巴蜀文化》(《四川戏剧》编辑部 1993 年内部刊印)，第 7—8 页和 196 页。

② 张岱:《陶庵梦忆 西湖寻梦》，上海古籍出版社 2001 年版，第 94 页。

> 成都谓演《目连救母》全部戏剧曰“大戏”，又曰“打叉戏”。……演傅员外娶刘氏时，俨然备六礼，由玄天观以绦舆舁刘氏上台，如世俗结婚状。又如耿氏自缢一幕，以巨木悬饰耿氏者，撑出台外。饰缢鬼者，状尤惨狞可怖，从正殿上直出，由人丛中呼啸登台。此后如鬼役捉刘氏及回煞，皆最精采。尤以打叉为绝技，掷叉者曰“叉手”，命中之技，不差累黍。受叉者，如刘氏及二、三助恶奴隶，有为叉钉帽于柱，或从腋间钉衣于柱者，大有间不容发之险，观者无不股慄。又时以纸作成叉状，向人丛中掷去，尤为恶作剧。又演刀山时，以巨桅矗立场中，桅身横束大刀百数十柄，桅顶置一木板，纵横仅二尺许，刀口皆向上。上刀山者，赤其足，以刀口为梯，蹑蹑而登，在板上作种种态，始仍履刀口而下。①

夸张的刀山火海、惊险的杂技表演、阴森可怖的地狱变相，仍然是目连戏带给观众最强烈的感受。可以说，作为故事叙事的目连在民间演出中，早已让位于仪式展演（以上所有的怪诞现象，就其本质而言，属于法事的仪式内容，其中不乏法师为显示法力而故弄玄虚的种种幻术）。这不能不提醒我们，目连戏似乎经历了一次民间文化的重构，那么，这些法师的仪式是如何嵌入到目连故事中，又是如何喧宾夺主，将目连戏改头换面的呢？这样的改头换面，对目连戏到底意味着什么？要回答以上问题，我们必须深入目连戏演出环节的内部进行考察。

巴蜀地区的目连赛戏演出，其主要仪式包括：放五猖、捉寒林（旱魃）、接灵官（灵官镇台）、扫台、打保符、立郗氏幡、回车马、叫叉打叉、送神归位等。实际上，在具体的演出中，凡属民间端公法师的仪式表演，均可能纳入目连戏的演出结构之中。系列法事仪式的渗透，虽然有着极大的随意性，但仍然力求与目连故事进程大体相协调。其中，部分仪式如放五猖、捉寒林（旱魃）、灵官镇台、扫台、送神归位等承担着戏场导入或仪式收结的功能，与目连故事的关联并不大，在演出中具有相关的独立性。不过，从以上演出进程的记录来看，民间仪式

---

① 周询：《芙蓉话旧录》，四川人民出版社 1987 年版，第 61—62 页。

几乎贯穿于演出的全过程，其他如立神幡、治煞、安土、步罡、踏斗、诛魔、打保符、跳神、破血河等法事的渗入，必然考虑与故事情节的衔接。也许，这也是传统的目连戏演出要设立掌阴教与掌阳教的原因。掌阴教负责法事表演，掌阳教则负责戏剧表演。在戏剧与仪式的交叉环节，需要掌阴教与掌阳教形成默契，从而达到戏场与仪式场的自由转换。

剖开目连赛戏展演进程，法事仪式与故事情节主要的衔接点，无过于目连故事中的婚丧嫁娶、生老病死以及节日叙事之中。这与这些人生礼仪与节序礼仪中本来就涵盖了一套民众早已习见的仪式展演有关，依托于目连戏的故事演绎，这一系列的表述时间、生命的仪式经由故事叙事的串联，演化为一套讲述时序更迭、人生苦乐与生命轮回的仪式体系。目连戏故事中原本包括寿礼、丧礼、祭礼乃至婚礼等人生礼仪，以及春节、元宵、清明等岁时礼仪，作为故事单元，在目连故事的整体结构中，也许并非都那么重要，但这些地方却成为民间目连戏演出介入仪式最多、最深的“叙事间歇”。仅以李树成抄本《川剧四十八本目连连台戏场次》中十二本目连为例，其中涉及人生礼仪的就包括：傅崇求子、生子贺喜、金榜题名（相府招赘）、花烛洞房、罗卜成胎（生子贺喜）、遣仆吊孝（修斋荐父、曹府吊孝）、老母寿诞、请医救母（请师禳星）、荐灵迎母（刘氏回煞）等叙事单元；涉及岁时及神诞礼仪则有：拜贺新年、曹府元霄、曹氏清明、观音生寿（香山会）、龙华大会、盂兰大会等；其他如十殿寻母、观音渡厄、破狱超度等源自于佛教的法事[①]，在明清以来融入到民间的道坛傩仪中，成为民众日常生活所熟知的人生仪式。民间通行的四十八本“目连大戏”，除“目连本传”外，一般还包括《观音》《西游记》《封神》《东窗》《台城》(《梁武帝传》) 等几大类故事系列，以上故事大多属于神仙鬼怪之事，搬到戏场上很自然地契合于法事的展演，而其中有关人生礼仪、岁时（神诞）礼仪等情节，则与目连本戏的仪式融为一体，成为故事演进的另一叙事脉络，演述着生命历程的苦乐悲欢。

---

① 重庆市川剧研究所编:《四川目连戏资料论文集》, 1990 年（内部刊印）第 261—266 页。

如前所言，目连本戏乃至“目连大戏”（四十八本连台戏）的故事，并不十分强调时节更迭、人生礼仪的叙事。然而，搬演至戏台，在与民间的仪式形成合流之后，“目连大戏”摇身一变，他将民众烂熟于心的故事情节和耳熟能详的民间法事，熔铸为具有强烈的生命意识的仪式展演体系。正如格尔兹所言：“正是在特定仪式形式中——即便这仪式不过是背诵神话，求助神谕或装点坟墓——宗教象征符号所引发的情绪和动机，与象征符号为人们系统表述的有关存在秩序的一般观念相遇，相互强化。在仪式中，生存世界与想象世界借助单独一组象征符号形式得到融合，变成同一个世界，从而使人们的现实感产生了在我的引语中桑塔亚纳所指的独特转变。”[①] 所谓“桑塔亚纳所指的独特转变”，也即桑塔亚纳在《宗教中的理性》中所说的“另一个生活世界”[②]。对于普通民众而言，“另一个生活世界”是相对于生存世界而言的，是无论生死，消除病痛，没有悲苦的理想世界。系列仪式的反复强化，正是向民众演绎通往理想世界的路径与可能性。

如果我们以仪式主题为标准进行分类，那么目连戏中的仪式系列囊括了喜庆类、消灾解厄类、超度类等民间日常中各类场合所使用的科仪法事。在端公仪式展演中，巴蜀民间一般有阳戏、庆坛和延生科仪等，虽然其间很多法事相近，但各自形成一套完整的酬谢神灵、否极泰来的仪式叙事。系列法事植入到目连故事之后，彻底改变了目连故事的本来面目，使之转化为仪式的集成体，以此系统地展演生命的旅程，达到重建生命秩序的目的。

在巴蜀地区的目连戏演出中，《请巫禳解》可视为法事切入目连故事最具代表性的展演单元。郑之珍的《目连救母劝善戏文中》里，刘氏因违背誓愿开五荤，烧毁斋房，以狗肉馒头斋僧，欺瞒天地，亵渎神明，遭受天谴，一病不起，从而引出《请医救母》一出。然而，巴蜀地区的目连戏演出往往将《请医请母》替换为《请巫禳解》（或谓《请师禳星》）[③]。“请巫禳解”是民间流行的端公法事，

① ［美］克利福德·格尔兹：《文化的解释》，纳日碧力戈等译，上海人民出版社 1999 年版，第 129 页。

② 转引自《文化的解释》第 101 页。

③ 有时保留《请医救母》情节，而在其后接着演出《请师禳星》。

也称“打保符”（或作“打保扶”、“打保福”、“打十保”），以巫师禳灾祛病为基本功能。清代以降，四川各地“打保符”之风盛行，据道光《中江县新志》：“至人有疾，医未中病，好事者辄相率为首，召师巫于家，锣鼓喧阗，歌舞酣饮，并联名具保于神，名曰‘保福’。”[①] 就科仪类型来看，“打保符”属于消灾退病类，也即延生科仪的法事。一套完整的延生科仪中，往往还包括迎神、造茅、运星、劝茅、造船、送神等多坛法事，以及铺花盘、烧纸人、喂水饭等具体仪式，其基本的叙事脉络为召请神灵，呈递保状、以茅人替代、招魂、退病祛疫、送神归位。在四川省川剧艺术研究院所藏的《请巫禳解》剧本中，就包括请师、画茅人、送花盘等法事展演[②]，不过较传统科仪而言已明显喜剧化。在这一套科仪之中，从仪式方式来看，主要是通过法师的上天入地，与神鬼的沟通交流，最终达到解除病幻的目的。除了迎请神灵外，其他几个环节颇能见出仪式展演的基本法则。

1. 打保符。本为道坛延生仪式中的一坛法事，后将《请巫禳星》称为“打保符”，应当是以此指代这一套延生法事——也因此可见“打保符”在延生法事中的重要性。其主要法事是由法师代表主家，将有若干（一般为十二位）德高望重的老人具名的保状投递给冥（十）王，证明其生病期间虔诚拜叩。

2. 运星。民间认为生病是因为星辰不好，所以须运转星辰，以祛病解厄。在法事中，法师带着主人逐一参拜东、南、西、北、中等各路星辰，最后求得星主大帝赐卦：“赐祈开天阳卦，保得迎祥信人还魂附体，星辰康泰，运限亨通。中平胜卦，领受牌文珍财。八字阴卦，凶星返殿，吉曜临空。”[③] 可见，运星是法师在“保符”的基础上，继续向各路星神祈求保佑病人。

---

① 〔道光〕《中江县新志》之《信仰民俗》，丁世良、赵放主编：《中国地方志民俗资料汇编·西南卷》（上卷），书目文献出版社 1991 年版，第 120 页。

② 《四川戏剧》编辑部：《目连戏与巴蜀文化》，1993 年内部刊印，第 121—122 页。

③ 胡天成：《四川省重庆接龙区端公法事科仪本》（上），王秋桂主编：《中国传统科仪本汇编》第 6 辑，新文丰出版股份有限公司 2003 年版，第 182 页。

3. 造（画）茅、劝茅。这是两坛法事，虽然中间还相隔了其它几坛法事，但这两坛法事可视为同一仪式单元：即由法师运用顺势（模拟）巫术，用茅草扎（或画）一茅人，以替代病人。病人及主家的一切灾难，随着茅人的替代而远去，“茅郎君，茅郎君，你今听我说原因。割麻断缕你领去，官瘟火盗随你行。莲经咒诅你领去，瘟灾疫痢随你行”①“胜卦一个打得清，茅人做了替代人。茅人做了替代人，阴间有事你担承。阴间有事你担承，莫来此处害良民。倘若此处害良民，玉皇大枷不容情。劝得茅人心欢喜，一趟一趄就走起”②。茅人成为颇具象征意义的“消灾”符号，在带走“灾难”的同时，留下生的希望。

“劝茅”之中，一般伴有“送花盘”仪式，此后为“造船”一坛法事，至此，整套仪式已接近尾声。因为上至天庭，下至鬼狱，法师已通过不同的方式祈请与禳解，又使用最为形象地模拟巫术，将病灾通过茅人的替代，“茅船”的远去，代表着身体乃至生命秩序的回归。从仪式过程来看，法师的“通神”能力在其中发挥着重要的作用，而“通神”能力是神、鬼、人同在的宇宙空间所赋予的。新的宇宙空间，是理想的“另一个生活世界”，是没有死亡与病痛的新的“生命秩序”。可以这样说，仪式空间的基本功能在于表述与鬼神对话的可能性，以及一种新秩序的建立；而其终极的意义，则是“生存”境遇与生命意志的表达。这与其说是一种宇宙秩序，不如更确切地说是一种生命秩序，它给予个体、群体以永生的希望；它使人们相信，我们所面临的一切痛苦和灾难，都可以在仪式中得到回应，并终究能寻找到解决的方案——仪式导向的是一种积极的乐观精神。也许，我们可以据此将民间仪式的两个母题——恐惧与狂欢③，解读为恐惧的过程演绎着狂欢的生命意志。

---

① 胡天成：《四川省重庆接龙区端公法事科仪本》（上），王秋桂主编：《中国传统科仪本汇编》第6辑，新文丰出版股份有限公司2003年版，第184页。

② 同上书，第185—186页。

③ 克利福德·格尔兹在讨论巴厘中“朗达—巴龙仪式”时，提到“喜剧精神和恐惧一起构成了他们生活中的主导母题”（参见《文化的解释》，纳日碧力戈等译，上海人民出版社1999年版，第135页），其实，这两大母题，普遍存在于各地的民间表演仪式之中。

第三节 从概念到结构：近代目连赛戏之蜕变

目连戏的演化过程，是民间戏剧史的一个缩影，它与近代戏曲的蜕变有着千丝万缕的联系，与民族审美意识、审美习惯也有诸多渊源。然而笔者在检视学界有关目连戏的研究成果时，发现以上问题并未得到足够的重视。本节将以川目连为例，从川目连芜杂的概念入手，对目连大戏中故事类型的组织原则、近代目连戏演出结构中戏剧与仪式之关系，以及目连戏演出形态与民族审美心理等多个层面进行考察，揭示目连赛戏与民间演剧的蜕变逻辑。

一、谁是目连：近代川目连概念的解剖

川目连发展到近代，以因果报应和轮回为基本线索，将原本不相关联的故事串联为一个整体，形成庞大的剧目体系。就具体概念而言，根据民国老艺人的回忆，有“正目连”“目连本传”“花目连”“前目连”“目连前传”“目连外传”“目连大戏”“大目连”“小目连”等不同的说法。这些五花八门的概念，揭示了怎样的文化心理？谁才是真实的“目连”？要回答以上问题，首先须从概念的内涵入手进行考察。

1. 正目连：正目连与目连正传[①]、小目连的概念基本重合，主要演绎目连的家事，部分情节已超出郑之珍《劝善戏文》的如曾祖傅天斗、祖父傅崇、父亲傅相的故事。不过，其主体情节为郑之珍本的目连救母故事，以目连受封为地藏王菩萨结尾，演出本数不定，大多为七本，也有少至三、四本，多至十二本之说。

---

① 参见第二条“目连本传”。

或有将《梁武帝传》《前目连》《目连传》统称为“正目连”的[①]。

2. 目连本传：胡天成在《四川目连戏剧本的结构和特征》中，称目连本传包括“前目连”“目连正传”和“目连后传”，讲述目连及家庭本事。其中，“前目连”写傅罗卜的曾祖傅天斗、祖父傅崇、父亲傅相的故事，或称“目连前传”；“目连正传”写刘氏四娘违戒开荤、打僧骂道而堕入地狱，傅罗卜西行求佛，入冥救母的故事；“目连后传”敷衍目连“打破铁围城”，放出800万饿鬼后，转世为黄巢收回饿鬼的故事（此为部分抄本所保留内容）[②]。

3. 花目连：这个概念为艺人经常提到，但是所指又不尽相同。一种说法是与目连救母不是很密切，只交代其中某人或某事来龙去脉的剧目，以及为增添某种色彩而穿插的部分出目[③]，此或是指那些穿插其间的娱乐性剧目。一种说法从“花目连”之“花”字入手解读，“花”即“不成章片”，或以为选择性的唱，或以为48本之间故事关联度不高[④]。或认为“花目连”是与“大目连”相对的一个概念，48本称为“大目连”，而24本则称为“花目连”[⑤]。黄伟瑜则将“正目连”之外的其他剧目称为“花目连”，包括《征伐蚩尤》《佛儿卷》《观音传》《封神》《唐传》《西游》《东窗》等[⑥]。

4. 大目连：与“目连大戏”“目连正戏”大体一致，与“小目连”相对，即48本目连戏。但又有从风格上对“大目连”进行界定的，称其专指早期民间所搬演的宗教神事隆重、剧目相对完整的目连剧本。

5. 前目连：也称目连前传，敷演傅罗卜祖上三代家世[⑦]。

---

① 《四川戏剧》编辑部：《目连戏与巴蜀文化》，1993年内部印行，第29页。

② 同上书，第34页。

③ 胡天成：《戏苑探幽》，贵州人民出版社2003年版，第611页。

④ 《四川戏剧》编辑部：《目连戏与巴蜀文化》，1993年内部印行，第188页；又见重庆市川剧研究所编《四川目连戏资料论文集》，1990年内部刊印，第197页。

⑤ 重庆市川剧研究所编：《四川目连戏资料论文集》，1990年内部刊印，第192页。

⑥ 《四川戏剧》编辑部：《目连戏与巴蜀文化》，1993年内部印行，第29页。

⑦ 重庆市川剧研究所编：《四川目连戏资料论文集》，1990年内部刊印，第41—42页。

6. 目连外传：与傅家本事无直接关系，傅家故事之外而穿插在目连大戏演出的剧目统称“外传”[①]。胡天成也指出《佛儿卷》《西游记》《观音》《封神》《东窗》《台城》均为目连外传[②]。如此，那么这个“目连外传”涵盖内容又与黄传瑜所说的“花目连”大体相同。

综上所示，我们发现关于目连戏的概念非常芜杂，具体到某一个概念上，其所指也有所区别。这表明其实在民间，目连戏的主体内容缺乏统一的界定。以上概念中，“花目连”在艺人口中提及最多，但分歧也最大。有的将其与“正目连”并称，有的则用以形容演出过程。与“正目连”并称时，“花目连”就成“正目连”之外的其他剧目，甚至包括插演的灯戏、生旦戏等；形容其演出过程时，“花目连”则展现了目连戏演出中的随意拼凑痕迹。由此可见，虽然目连大戏的演出中，大体涵盖了佛祖、观音、封神、西游、东窗以及目连本事等故事系列，但具体到某个地方，或者某次演出，并不相同。这与除了目连本传有剧本外，其他皆只有条纲本有一定关系。由于没有固定的底本，戏班和演员可以随意为之，自然造成了目连戏结构的松散和庞杂。

但是，这或许揭示了另一个层面的问题。目连概念的不严谨和不统一，从艺人到观众的多样化描述，反映出民间对目连戏的模糊态度，或者说是对目连戏所演具体内容的漠然。换言之，如果民众对目连戏剧目足够关心，那么，艺人的自由发挥空间可能就会受到限制，目连大戏就不可能一直停留在由艺人随意增减和编造条纲本的演出阶段。

笔者根据 20 世纪 90 年代民间老艺人的口述资料，对目连大戏所含剧本作了初步统计（见表 3-3）。从表中所列的剧目来看，虽然大多将《佛儿卷》《西游记》《观音得道》《封神演义》《东窗记》《台城》等纳入到目连大戏的体系之中，但正如此前所分析的，这些剧目实际上与目连故事并无多大联系，说它是民间艺人的“牵强附会”，也不为过。这些剧目有一个共同点就是神魔化主题，不用说佛祖、

---

① 重庆市川剧研究所编：《四川目连戏资料论文集》，1990 年内部刊印，第 37 页。

② 胡天成：《戏苑探幽》，贵州人民出版社 2003 年版，第 609—611 页。

西游、观音、封神故事，就是演绎岳飞故事的《东窗记》，也彻底染上了神怪色彩。为进一步了解民间艺人如何将这些无多大关联的故事组合为一个“逻辑”结构，下面拟以李树成抄本为例简述一下这几类戏的故事脉络[①]：

《大伐猖》（1本），讲刘邦诛杀韩信被杀事；又另演寒林赶考落榜，化为厉鬼，城隍放五猖捉拿。

《佛儿卷》（1本），讲述释迦牟尼前世为优钵罗花，投胎为天竺国净饭王之子悉达，受燃灯古佛点化，一心求佛，抛妻弃子，到雪山修行，终成正果。

《西游记》（4本），从新科状元陈光蕊讲起。唐王因龙王魂魄索命，魂游地府，遇耿氏等冤魂，钟馗救驾，唐王还阳后召僧西游取经超度。江流儿应征取经，得观音之助，携经面圣，唐王设法会超度魂灵。

《观音》（3本），佛祖遣法明王等投胎为妙庄王三位公主。成年后，庄王设科欲选三驸马，幼女渊真不从，愿出家修行，其父盛怒之下，一贬之于白花亭，再贬之于白雀寺。渊真于此受戒，庄王火烧白雀寺，烧死妙善及五百尼姑。妙善魂游地府，被阎罗送回阳间。五百冤魂五殿鸣冤，庄王因而病重，妙善化身救父，庄王病愈后香山还愿，妙善及两位姐姐归位，分别为观音、文殊、普贤。其间夹杂有《偷鸡调情》《报信上坟》等故事。

《封神》（12本），由纣王题淫诗，激怒女娲娘娘，后者降三妖惑乱宫院，助武王伐纣讲起；以殷纣覆灭，姜子牙分封诸神作结，基本遵照《封神演义》小说线索。

《东窗》（12本），岳飞、兀术、秦桧等皆为佛祖的护法神祇、玉帝的赤须龙、虬精等，分别为佛祖、玉帝等派往凡尘，演绎一段忠奸故事，最后各归本位。根据李树成抄本《连台本场次》载录的12本剧名推断，目连大戏中的《东窗记》应改编自《说岳全传》。

《台城》（3本），也即《梁武帝传》《反台城》，原本也是荒诞不经之事。述梁武帝、郗氏原为佛祖前的菖蒲、水仙，投胎为肖衍和郗氏。武帝被困台城饿死，郗氏射杀宫妃入冥，双双转世为乾元和向氏，再转世为傅相和青提。最后才

---

① 重庆市川剧研究所编：《四川目连戏资料论文集》，1990年内部刊印，第18—52页。

转入目连救母，受封地藏王叙事。梁武帝故事原本与目连救母毫无关联，两者唯一的关系就是礼佛。

《目连》（12 本），前三本述傅崇富甲一方，欺压乡民，玉帝命枭、煞二星投生为金哥、银哥，败其家业。后傅崇醒悟，改恶从善，玉帝收回二星，金哥、银哥被雷劈死。桂枝罗汉受佛祖派遣，点化善男信女，乾元、白氏夫妇受戒。后乾元投胎于傅家，傅相出世。白氏投胎于刘家，傅相娶刘氏四。其间穿插王魁与桂英之事，前者被阎王惩罚，转世为金奴，后者转为益利。其后九本，敷衍郑之珍本目连事。

以上所列 48 本戏，各地所演不尽相同，其中本数或多或少，但除《大伐猖》之外，大体不出这几类故事。此处《大伐猖》演韩信事，将原为描述举办赛会动因的“放猖捉寒”仪式故事化了。《西游记》《封神》《东窗》等皆取自小说；《观音》故事应当与明清的观音信仰的流播有关，加之观音助目连西行救母，故以模式化的情节演绎了观音故事；而《台城》讲述梁武帝事，或与佛教宣扬其笃信佛法有关，然后通过转世，将其最终与目连故事扯上了关系。综观以上故事系列，其中除了具有神魔化色彩、神怪转世、鬼魂游地府（魂魄游离）等共性外，实际上相互独立。除《台城》外，其他几类故事均未涉目连救母事。这是会期较长时，为“凑足本数”而不得已为之。这是一种约定俗成但内容并不固定的模式。艺人可根据会期的长短设置演出剧目，甚至也可根据观众的好恶调整演出剧目。由此可见，所谓的“目连大戏”已演化为一个模糊的概念，一个可包罗万象的概念，或者说“目连戏”只是一个噱头而已。

当然，从赛会持续时间来看，根据地方志的统计，清代乾隆、嘉庆时期的赛会或数日至十余日不等（参见乾隆、嘉庆时期赛会持续时间表），而刻于嘉庆元年的《井研县志》中川主会已有持续“月余”之例；刻于嘉庆二十二年的资阳地区的城隍会，则达 42 天之久。另据同治《直隶绵州志》载，嘉庆年间四川总督常明曾禁演目连戏：“奉督宪常，饬禁民间，不许演目连戏（此戏每演必一月，或兼旬竣）。恶其为日既久，易至聚赌藏奸，为害地方。”① 可见，持续长达 1 个

---

① 〔同治〕《直隶绵州志》卷 19《风俗》。同治辛未年刻本。

月的目连戏演出引起了官府的警觉，以至严令饬禁。为此，我们大致可以推断，最晚到嘉庆年间，蜀中赛会目连大戏的结构已经成型。这与清代中期的社会之转捩相对应，乾隆后期自上而下的奢靡之风，嘉庆以降地方控制的失序，促成了民间赛会的规模化运作。值得注意的是，此一时期，正是地方戏蜂拥而起的时段。到道咸以后，动辄数十日的目连戏演出日趋频繁，数十本“目连大戏”体系在赛会中固化下来。而这一体系的形成，彻底将目连变成一个“符号”，不仅在目连大戏的结构之中，“目连”的主体角色已然消解。更应当注意的是，赛会早已不是“目连大戏”唱独角戏。根据艺人的回忆，赛会期间，一般每天或演早、中、午、晚四台，或演早、午、晚三台。每天演四台时，目连戏只演中、午两台；每天三台时，目连戏只演午台。可以想见，在经历了最初的新鲜感之后，充斥着仪式的目连大戏早已失去对民众的吸引力，而其他时间段演出的通俗剧目，才是观众热衷于“目连大戏”或赛会的主要原因。“目连”转化为普通民众看戏的一个“代号”，民间盛传的“唐三千、宋八百、演不完的三列国”故事，正是在这样的舞台上反复演绎，最终实现近代蜕变的。

表 3–2　乾嘉年间赛会持续时间表[①]

赛会	时间	州县	时长	演剧活动
梓潼会	二月初三日	丹棱	数日	娱神演戏
东岳会	三月二十八日		数日	四境随庙演戏
关帝磨刀会与城隍会	五月十三日至五月二十三日		十数日	县城村市随庙衍剧
碧山神诞	七月初八日		演戏半月	四方男妇或数十里拜道焚香，赴庙酬信；或以牛马驼楮，演戏半月

① 参见：〔乾隆〕《丹棱县志》卷 6《风俗》，故宫博物院编：《故宫珍本丛刊》第 213 册，海南出版社 2001 年影印本，第 40—41 页；〔乾隆〕《大邑县志》卷 3《风俗》，《故宫珍本丛刊》第 205 册，第 339 页；〔乾隆〕《乐至县志》之《土地部 · 时序志》，《故宫珍本丛刊》第 207 册，第 454 页；〔嘉庆〕《资阳县志》卷 2《风俗》，《四川大学图书馆藏珍稀地方志丛刊》第 7 册，巴蜀书社 2009 年影印本，第 83 页；〔嘉庆〕《井研县志》，载丁世良、赵放主编：《中国地方志民俗资料汇编 · 西南卷》（上册），书目文献出版社 1991 年版，第 192 页；〔嘉庆〕《峨眉县志》，同前书，第 195 页。

续表

赛会	时间	州县	时长	演剧活动
城隍会	三月十一日	大邑	五日以上	邑人预于初七日具仪仗，扮演故事，迎神于南郊，驻节演剧预祝。至初十日回驭。是日演剧称觞上寿。远近辐辏进香者不下万余人
香会	二三月	乐至	十余日	每岁二三月神诞之期，朝山拜佛男女云集，名曰香会，士农工贾贸易于此，百货错陈其扮灯者谓之灯愿，演戏者谓之戏愿，举国若狂，经十余日始散。有司未能概禁，俗使然也
东岳会	三月二十六日	资阳	十日	祈祷者远近不一，首事等募钱演戏十日，其乐部必觅于省城，约费三四百金，岁以为常
城隍会	五月二十四日		数十日	近远祈祷者数十日络绎不绝，首事等募钱演戏赛神四十二日。其乐部必觅于省城，约费金千余金。岁以为常，而邑人欣助
城隍会	二月十二日	井研	十余日	阖邑市镇醵金演戏，至十余日。民气和乐不倦，商贾亦习而相忘
川主会	六月二十四日		三五日／月余	是期演戏，或三五日。而灌江前后，凡经月余
单刀会	五月十三日	峨眉	数日	庆祝关圣，演戏数日

表 3–3　蜀中赛会目连戏演出剧目对比表①

剧目	征蚩尤	大伐（发）猖	红鸾配	生灵主／灵官得道	佛儿（祖）卷	观音得道	西游记	说岳／东窗／精忠	梁武帝／梁传／台城	封神	目连	备注
重庆胡裕华等	1	×	×	×	3	3	7	5-7	5	超10本	7	

① 另有光绪三十二年郑紫儒抄本条纲，与以上所列有较大区别，其纲目依次为：《白花岛》20 出，《双鸾飘》20 出，《灌湖城》16 出，《反台城》14 出，《三家店》16 出，《降二星》35 出，《降白螺》20 出，《刘氏开斋》16 出，《烧葵花》17 出，《盂兰会》28 出。参见重庆市川剧研究所编：《四川目连戏资料论文集》，1990 年内部刊印，第 18—59、151—267 页；《四川戏剧》编辑部：《目连戏与巴蜀文化》，1993 年内部印行，第 180—196 页。

续表

剧目	征蚩尤	大伐（发）猖	红鸾配	生灵主/灵官得道	佛儿（祖）卷	观音得道	西游记	说岳/东窗/精忠	梁武帝/梁传/台城	封神	目连	备注
永川清如玉	×	×	×	2	2	2-3	超10本	超10本	7	7-10	7	
合川张百厚 48本	×	×	1	1	2	2	3	12	3	不定	7	《精忠》未计《东窗修本》《封神》以凑足48本为标准
合川张百厚 24本	×	×	×	×	2	2	2	8	×	×	7	
南充李德三（木偶）	×	×	×	1	1	3	×	未详，较多	×	×	2	
李树成《连台戏场次》	×	1	×	×	1	3	4	12	3	12	12	目连12本中：1-4：目连前传；5-12：目连正传
邓鼎山	未详	未详	未详	未详	数本	5	未详	18	未详	未详	12	
邓东阳	未详	未详	未详	未详	7	未详	未详	10	4	10	3	用《西游》凑足48本
苏明清（最多25本）	1	×	×	×	4	4-5	×	×	4-6	×	7-8	演甲子寿、盘古寿、老君寿、三皇寿、天官寿、朱衣庙等，《汉江梅》《竹林堂》均分上、下本
罗万海等（未详本数）	×	1	1只唱《活捉·冥判》	×	3（称《雪山成圣》）	3	×	×	×	×	4	《水晶柱》《收滥龙》1本《四望殿》《巴九寨》3本《汉江海》1本

二、仪式结构的演化及其意义

从北宋的目连救母杂剧开始，目连戏作为祭祀戏剧已被固化下来，然而，在道教与民间信仰的浸染下，目连戏所体现的宗教仪式性质逐渐发生变化，至迟到郑之珍改编目连之时，目连戏已经染上浓郁的傩仪色彩。郑之珍对目连故事的扩展和完善，使其很快成为民间演出的范本。张岱所记余蕴叔所演三天之目连，当即以《劝善戏文》为底本。不过，需要注意的是，《劝善戏文》在尽可能赋予目连更多人性的同时，也赋予了这个祭祀戏剧更多的娱乐成分。世俗的情爱、充塞其间的说唱与杂技、猥亵的插科等等，已在此显露端倪，对于随后"目连大戏"模式的建构起了示范效应。

随后的川目连正是沿袭着这一模式不断发展，逐渐形成涵盖至少六类故事系列和各类民间杂艺的演出体系，而傩仪也取代佛教之超度仪式成为目连大戏的仪式主体。但是，民间对目连戏的改造并没有停歇。就剧目而言，虽然在目连救母故事的基础上，作了大量的扩充，但由于受"仪式"功能的局限，进入"目连大戏"结构的皆为神仙道化剧，而其他类别的剧目仍然无法整合进这一体系。于是，目连赛戏的演出结构不得不再次妥协，以适应民众的审美需求，在"目连大戏"之外设立世俗性剧目的演出。

晚清民国之时，成都演目连大戏"每日早戏及下半本，仍演普通戏，惟正本演《目连救母》"[①]。据彭县川剧团退休鼓师刘炎林回忆称，民国时期演出目连戏时，每天要唱早场、上本、下本、夜戏四台。早场为早饭后演出两小时左右，多为不能穿插在正本中的剧目。此后为"上本"，接演两到三个小时的目连戏，其间可添加《小放牛》等花戏。下午二三点开演下本，演三国、列国戏等"花目连戏"，持续两个小时左右；夜戏于晚上八九点钟开演，长达三四小时，由打杂师拿戏码去请会首点，内容为"十二楼"（《锦江楼》等）、"十二院"（《香粉院》

---

① 周询：《芙蓉话旧录》，四川人民出版社 1987 年版，第 62 页。

《白天院》等）等生旦戏。戏完后还要添觞——即添戏，如《打锅台》《小城隍》之类的小丑戏[①]。当然，这种模式并不完全一致，有的地方每天演三台，“只有正台演目连戏码”[②]，但在演出剧目的设置上却大同小异。

表 3–4 赛会演出安排

	演出时段	剧目类型	备注
赛会演出安排	早场	普通剧目	
	上本	目连正戏	演完后可再演“花戏”
	下本	花目连	三国、列国戏等
	夜戏	生旦戏	结束后可再演“添觞戏”

此处所谓的“目连正戏”即指“目连大戏”，而“花目连”的概念为“三国、列国戏”等，实际上将历史故事剧皆纳入“花目连”范畴。此外，“花戏”“生旦戏”“添觞戏”等娱乐类剧目也逐渐融入到演出结构之中。

“花戏”即花灯类等民间小戏。四川灯戏是在民间花灯歌舞基础上发展起来的地方小戏[③]，又与民间的端公戏有着千丝万缕的联系。有的端公戏班也是灯戏班，“一折坛一折灯”反映的正是端公身兼两职的状况。灯戏产生于民间，其剧目或反映民间的日常生活片断，或根据民间故事改编，如《小放牛》《湘子度妻》《驼子回门》（又名《拜新年》）、《皮金滚灯》《裁缝偷布》《请长年》《借妻回门》等，具有浓郁的乡土气息，以调笑、俚俗为主，受到民间的普遍喜爱。插演于目连正戏之后，正好起到调节戏场氛围的作用。

“生旦戏”为俗语，指生和旦为主角的对子戏[④]，主要安排于晚上演出，早场的普通剧目或也可能演出“生旦戏”。很显然这是每天的“重头戏”，逐渐成为神会戏中的“主角”。赛会习俗，白天神戏“演给菩萨看”，坤角不能登台演出，只

---

① 《四川戏剧》编辑部：《目连戏与巴蜀文化》，1993 年内部印行，第 186 页。

② 同上书，第 189 页。

③ 四川省地方志编纂委员会编：《四川省志·文化艺术志》，四川人民出版社 2000 年版，第 94 页。

④ 吴新雷主编：《中国昆剧大辞典》，南京大学出版社 2002 年版，第 648 页。

能在夜间方可出戏，戏班的当家人也往往在此时才出场。“生旦戏”很有可能只是相对于酬神戏而言的泛称。因为赛会的夜间演出，由会首及在座的头面人物点戏，其所点剧目也就不受限制，各类剧目都有可能上演。当然，由于白天上演了酬神戏、历史剧甚至花灯戏，夜间一般是“江湖十八本”、高腔四大本（《金印记》《琵琶记》《红梅记》《班超记》）、弹戏四大本（《春秋配》《梅绛亵》《花田错》《苦节传》）以有众多的楼、配、院等①。

小丑戏以滑稽表演为主。夜间的“添觞”环节，时已近午夜，多演出小丑戏以活跃戏场。此外，很有可能会演出“淫邪”类小戏。其实，即便在白天的“目连戏”中，淫邪内容也悄然渗透。《目连戏》中《松林试道》一出戏，观音菩萨变为美丽女子，称旧病复发，需请目连按摩，百般挑逗，极尽妩媚之态。夜间演出，戏班必然会以此迎合观众的趣味。这是夜间演出的一个特点，海外学者陈凡平以“后半夜”这个时间点介入对剧本的探讨，“‘后半夜戏’是指那些在后半夜表演的涉及淫邪轻浮内容、带有讽刺性的戏曲，因为内容上的禁忌而通常在后半夜等妇女儿童离场之后才表演”②。地方官府屡禁夜戏，除了防止赌博、斗殴之外，禁淫邪之戏也是其中一个重要原因。

姜士彬（David Johnson）认为，祭祀仪式与戏剧有着密不可分的渊源关系，他们借行动和表演以达到共同本质。而行动是中国文化传统中的基本精神，中国的道德伦理是借行动来表达的，是实践的行为而非理论的存在。因而仪式与戏剧是中国文化的重要组成部分，传达了中国文化的实践精神。也正是基于此，仪式以及与仪式关系紧密的戏剧也就特别发达，仪式经常伴随着戏剧表演，强化其表达意愿的效果。③目连戏中仪式与戏剧的渊源及其演变，是中国戏剧史演进中难以忽视的一个环节。学界对此也多有讨论，以田仲一成的观点最为典型：“超度和作为其发展形式的目连戏，应该说是中国乡村戏剧的母体，其他戏剧都是由这

---

① 《四川戏剧》编辑部：《目连戏与巴蜀文化》，1993年内部刊印，第66页。

② 程芸、何博：《英语学界中国古典戏曲研究的新动向》，《戏曲研究》第86辑。

③ 李亦园：《田野图像：我的人类学研究生涯》，山东画报出版社1999年版，第378页。

一母体发展出来的”“中国初期悲剧一定是和北宋目连戏相结合而产生的”[①]。虽然其结论有待商榷，但戏剧的生成与仪式之渊源却是不容置疑的。由于早期文献的缺逸，在此不拟深究这一话题。笔者想要强调的是，明清以降戏剧与赛会仪式的依存关系，其重要性并不逊色于前一个问题。目连戏的演化过程，是民间戏剧史的一个缩影。从这一过程之中，我们可以看到仪式与戏剧以何种方式并存，以何种方式演变，仪式形态和戏剧类型如何蜕变，其他文艺形式如何渗透等等。甚至，就明清戏剧史的整体生态来看，民间赛会目连的演进，关联着近代花部声腔的兴起和发展。回到川目连赛戏体系中，我们看到，作为仪式依附的目连戏，受到一再压缩，在整个演出时段，只占据 1/3 或 1/4 左右，而且，在这有限的时间内，还容纳了吞刀吐火等噱头化的杂技表演。具有祈禳、渡劫功能的仪式，已逐渐被民众所淡忘。这与近代以来神鬼信仰的淡化有一定关系，但更为重要的是，赛会演绎的狂欢适应了民众破除日常禁忌的需求。或者从某种意义上说，狂欢也是仪式中的一个组成部分。特纳在讨论朝圣活动时说，“世界各地的朝圣庆祝活动都概莫能外地在时间和空间上包含着三个主要方面，即，宗教的神圣肃穆、节日的娱乐欢闹以及集市的商品交易。这三个方面代表了不同的中介类型，是人们摆脱日常生活中的结构、身份、地位以及责任对自身的束缚的方式，这是三种完全出于自愿的行为”[②]。在近代的赛会之中，节日的娱乐欢闹和集市的商品交易很显然已经取代宗教之神圣与肃穆，仪式与戏剧主次关系之转变自然首当其冲。

然而，我们仍然不能忽视仪式的重要性。仪式乃至目连戏在赛会中的地位虽然发生了变化，由主角变为配角，由中心走到边缘，但是，仪式与目连戏却是戏剧生存的基础，为民间演剧营建了特定的时空场域。如前所言，如果没有仪式的介入，就宏观而言，展演功能的消逝，使戏剧演出失去赖以生存的基础，致使原

---

① ［日］田仲一成：《中国祭祀戏剧研究》，布和译，北京大学出版社 2008 年版，第 303—304、342 页。

② ［美］维克多·特纳：《戏剧、场景及隐喻：人类社会的象征性行为》，刘珩、石毅译，民族出版社 2007 年版，第 264 页。

本稳定的节序性演出秩序陷入无序的混乱之中。就微观而言，仪式的缺位，观演关系在变得纯粹的同时，形成二元对立的局面，将难以实现信仰空间之下的共同体状态。因而，在近代赛会演剧中，仪式的消退纵然是不争的事实，然而，在赛会的展演进程中，始终发挥着不可替代的作用。

三、目连赛戏与民间审美趣味

就晚近目连赛戏的形态而言，目连赛戏已经超出了仪式、戏剧的范畴，成为民间文化的表征，其表演形态不断丰富、仪式与狂欢相互叠加，民俗文化持续渗透，最终形成了独特的"目连文化"，"目连文化是以'目连救母'为故事框架，以因果报应思想为内核，以戏曲艺术为主要呈现方式，随着历史的演进而逐步形成的，融汇宗教、民俗于戏曲的文化复合体"[①]。综观这一"文化复合体"，几乎囊括了民间各种艺术门类和文化形态，可谓"百戏杂陈"。从李调元的《弄谱百咏》中[②]，可以看到民间流行的"百戏"名录，包括戏曲、杂技、曲艺、音乐、舞蹈、体育等。于是，赛会事实上是"百戏"的舞台。各类型艺术集中展演的局面，似乎将我们带回到汉代的"百戏"场景中。经历了近两千年的演绎，"百戏"类型已千差万别，而"百戏杂呈"的演出生态，仍然有着惊人的相似。

民众习于"百戏""杂戏"演出的背后，与民族审美意识和审美趣味是分不开的。众所周知，当我们探寻中国戏曲的源头之时，不得不追溯到"百戏"传统，诸如角抵戏、优戏以及歌舞戏等。事实上，戏曲也正是在这一语境下产生，并与之结下了不解之缘。宋金杂剧基本沿袭着汉代之"百戏"传统。所保留的杂剧院本剧目中，相当部分可归入杂耍伎艺。即便是被王国维认为进入成熟期

---

① 王廷信、黄竹三：《试论"目连文化"》，《民族艺术》1993年第4期。

② 李调元：《童山诗集》，《续修四库全书》第1456册，第443—449页。

的元杂剧，仍然继承了“杂戏”的演出传统，所谓“杂剧者，杂戏也”[①]。黄天骥先生认为元剧之“杂戏”，主要演出于伎艺之间场，他认为这是“戏曲发展到一定时期所留下的充满特色的烙印”[②]。在几年之后的另一篇文章中，他通过对《牡丹亭》的“闹热”性分析，进而探讨明代传奇的“俗”与“杂”，提出“杂、俗、闹是明代传奇普遍存在的状态。它是宋金以来戏曲审美观念的延续，它反映了观众对戏曲娱乐功能的重视”[③]，客观上对此前的观点作了一定修正，而肯定了“杂戏”演出以及“杂”的特征是中国戏曲的审美共性。既然如此，川目连的庞杂表演，也许我们不能称之为创造，而只是延续和放大了这一审美传统。

从“百戏”与后代的杂剧、传奇，民众沿袭着奇险、朴拙、闹热的世俗化趣味，显现出追求感官化刺激的审美倾向。从审美心理角度而言，审美欲望体现为一种价值取向，而审美趣味与自身的社会地位、生存环境、知识结构等方面有着必然的联系。在奇险、朴拙和闹热的审美对象面前，普通民众获得强烈的感官刺激，从而实现审美的愉悦和满足。如果就审美愉快的感官、心意和精神人格三层次而言，这一审美体验更多的是停留在感官层次。百戏的展演，以及后代杂剧、传奇中“杂”的环节的展示，很难让观众在审美活动中上升为主客交融的“心意”层次。而感官层次的审美愉快，“离不开感官和生理的东西，这决定了感性愉快的短暂性和变异性”“需要有新鲜的刺激，才能不断获得满足和愉快”[④]。可以说，这一层次的审美愉快，也与具体的审美环境相关联，这是节日狂欢中宣泄性的欲望体现，是带有一定生理快感的审美愉快。

不过，需要强调的是，民众对杂剧与传奇的审美，已经不再停留在这一层次的审美愉快，在长期的艺术熏陶中，民众对于戏曲叙述之故事、演员之伎艺等

---

① 朱权：《太和正音谱》，《中国古典戏曲论著集成》（三），中国戏剧出版社 1959 年版，第 53 页。

② 黄天骥：《元剧的“杂”及其审美特征》，《文学遗产》1998 年第 3 期。

③ 黄天骥：《闹热的〈牡丹亭〉论明代传奇的“俗”和“杂”》，《文学遗产》2004 年第 2 期。

④ 王旭晓：《美学原理》，东方出版中心 2012 年版，第 396 页。

方面形成了自己的知识结构，有了对更高层次审美愉快的追求。民众在审美活动中，可以根据自己的知识累积，品味扮演者的唱念做打以及故事之悲欢离合，实现主体情感与审美对象的交融，达到“会心”“畅神”的境界。从目连赛会的演出体系之中，我们可以看到，娱乐性的剧目演出分量的不断加重，与民众审美趣味的变化有一定关系。但是，沿袭着“百戏”审美传统而来的“感官”性审美，几乎上升为一种民族审美意识。反映到审美对象上，是戏曲文本和舞台表演上对逻辑上“不合情理”的关目、插科打诨的保留乃至张扬。近代地方戏对“特技”的执着追求，正是这一审美趣味的表象。

因此，戏曲展演叙事之中的插科打诨与特技表演，是为了适应民众长期以来形成的“感官”性审美而设立的。从前述目连大戏的演出形态来看，仪式以及仪式性的杂耍总是嵌入到戏曲表演的进程之中，将舞台展演分化为故事扮演与仪式展演两种形态——这也是民间赛会演出的基本形态。随着审美对象在二者之间切换，演员与观众的关系也悄然发生着变化。在故事扮演之中，演员与观众的审美关系显得更为纯粹；而到仪式展演阶段，虽然一些仪式性的特技、杂耍也是审美对象，却是给人感官刺激的审美对象，而且，观众在观看时，带着强烈的功利性目的，期待着这些仪式在直接的感官刺激之下，产生更大的驱鬼逐疫的功效。这是一种奇特的审美体验，观众的审美活动游走于剧里剧外，在特技与插科中获得感官性审美愉快，在故事展演之中追求更高层次的审美愉悦，既相互分离，又能和谐融入到一次完整的审美活动之中。或许，由民间赛会演剧培养的民众审美习惯，可以作为杂剧、传奇乃至近代地方戏中“闹热性”表演的一个注脚。

第四章

控制与自治：赛会演剧的文化生态

如前所述，明清以降，尤其是晚清、民国时期，迎神赛会几乎遍布蜀中城乡各地。岁时伏腊、神灵诞辰等庆典仪式，迎神赛会是必不可少的节目。迎神赛会融入到时序更迭的周期性节点上，融入到禳灾祈愿的日常性信仰活动中，成为民众生活里无法分割的一个组成部分。迎神赛会在民间的持续展演，与官府长期以来模棱两可的态度不无关系。封建统治者倡导神道设教，尤其是明代以来，在“明则有礼乐，幽则有鬼神”[①]的观念主导下，城隍神等一系列神灵进入官方的统治体系。上有所好，下必效焉。由此，掀起了新一轮造神运动，与之相应的赛会仪式在合法外衣的护卫下，在民间社会愈演愈烈。赛会已不仅仅具有祈福消灾的功能，赛会成为民众调整生活状态的阈限，有着民众与人神交流的共同意志。就这个意义而言，赛会依托神威与仪式手段，发挥着秩序社区的作用。然而，这早已远离或违背了官府的初衷。也正是这一作用，使赛会开始脱离官府的缰绳，在“共同体”的秩序之下，对官府维护的社会秩序提出了挑战。尤其是当一种对抗官府的力量——如秘密会社，开始利用赛会进行秘密活动时，赛会的宗教性、聚

---

① 王文锦：《礼记译解》（下）之“乐记十九”，中华书局 2001 年版，第 532 页。

集性为秘密会社的传教予以了方便。由此，我们看到，迎神赛会自身的二律背反让官府陷于左右为难的僵局之中。控制与反控制、冲突与调和成为官府与民众（秘密会社）之间持续上演而没有终结的“社会戏剧”[①]。

充足的资费是维持赛会自身秩序的前提，否则，只能缩减赛会规模，甚者则被迫停办。所以，无论何种层面的赛会，都非常重视资金的筹集。赛会筹资有多种方式，包括临时醵金、固定分摊制等，而借贷生息和招佃收租的方式以其相对稳定的优势尤为民间社会组织所青睐。戏资的多样化筹集为城乡赛会演剧的经常性举办提供了资金保障。晚清以来，清政府陷入内外交困的空前危机之中，一方面庙产、会资为官府所觊觎，为会首、役吏所侵吞；而另一方面，民间豪奢之风的影响下，赛会演剧的戏资日渐飙升，固有的戏资筹集渠道和方式遭到破坏。不过，随着袍哥的参与，袍哥主导下的分摊制逐渐盛行，赛会戏资在另一个层面上得到保障。可以说，醵金方式及其引起的意动与冲突，是晚清民间社会变迁的缩影。

作为近代四川民间社会影响深远的秘密会社，袍哥（哥老会）在咸丰、同治年间以后逐渐进入到地方权力文化网络的中枢地位，在地方公共事务中发挥着主导作用。袍哥与官府的关系在对抗与协同之间游走。到民国时期，甚至地方官员、军官等也加入了这一组织，袍哥已经由“秘密会社”变成了公开的社团组织。据有关数据统计，当时四川男子百分之七十以上皆为袍哥成员[②]，足见其势力之庞大。区域性迎神赛会作为地方最具影响力的公共事务，自然被袍哥视为当仁不让的权利和义务。袍哥借此而扩大影响，而迎神赛会乃至地方社会依托袍哥的势力，重新回归到秩序的轨道之上。

---

① “社会戏剧”是人类学家维克多·特纳在考察恩登布人时提出的独创性概念。他以此来说明社会的变化。他认为社会戏剧是“作为社会中所固有的冲突的一种结果而存在的，是张力激增的公共事件（public episodes），是在社会过程和日常体验的冲突场景中自然产生的和谐或不和谐的单元”。（见维克多·特纳：《象征之林：恩登布人仪式散论》中王建民“代译序”，商务印书馆2006年版，第7页）

② 1949年《四川帮会调查》，转引自赵清：《袍哥与土匪》，天津人民出版社1990年版，第224页。

第一节　地方官府禁戏逻辑及其失控再思考

戏曲学界对禁戏的关注，肇始于王利器《元明清三代禁毁小说戏曲史料》，而丁淑梅《中国古代禁毁戏剧史论》对禁戏史的系统考察，堪为禁戏研究的集成之作，也由此引发了学界对禁戏现象的多维观照。近年来，相关学者关于禁戏的讨论，除了在禁戏文献整理方面继续拓展外，在研究方法上进一步呈现出社会学、政治学、历史学等学科的跨界融合，在研究时段上向晚清、民国乃至中华人民共和国成立之后延伸，在研究区域上显现出地域化转向与个案视角，禁戏研究可谓蔚然成势。然而，正如有学者指出，“进行禁毁戏剧研究，必然要解释一个基本事实，即戏剧在生态环境非常严酷的背景下何以走向繁荣的问题”，因此“既要研究禁毁的具体执行过程，又要研究反禁毁过程”[①]。纵观近年来的相关论著，虽然学者从不同视角涉及这一问题的考察，但围绕禁戏执行层面的讨论并不多见[②]。事实上，与朝廷和上层的禁政相比，禁戏的执行者——州县及其以下的权力阶层（包括保甲、团正、乡约及其他乡绅等），他们对民间演剧以及迎神赛会（民间演剧长期依附的载体）所秉持的态度，直接决定着民间演剧之日常。可见，对禁戏执行过程的探讨，已然跨出了禁戏自身的畛域，涉及基层社会治理及民众生活空间的方方面面，而针对这一问题的考察，将有助于揭示民间戏曲的底层生

---

① 范春义：《关于古代禁毁戏剧研究的几个问题——评丁淑梅〈中国古代禁毁戏剧史论〉》，《文艺研究》2012 年第 7 期。

② 可参见丁淑梅：《清代乡约族训禁戏的次权力话语与传播禁止》，《戏剧艺术》2018 年第 6 期。

态，勾连民间演剧的演进历程[1]。基于此，本节将研究视角着眼于禁戏的执行过程，通过对清代四川州县官员在不同时期对迎神赛戏的政策调适与应对，考察迎神赛戏繁兴的历程，并借助社会史的研究方法，从地方权力网络的角度解构禁戏执行不力以及最终失控的根由。

一、治安管控与迎神赛戏的饬禁政策

清代四川的秘密社会组织活动，从早期啯噜，到中期的白莲教，乃至晚期的哥老会（袍哥），几乎贯穿于有清三百年。这些秘密社团时常以迎神赛会为掩护，从事串联、传教等活动，引起了官府的警觉与恐慌。因此，在秘密社团活动非常频繁的时段或区域，地方官府往往对迎神赛会严加禁饬。然而，直到晚清，迎神赛会依然是袍哥出没的主要场所，而袍哥活动的日益公开化，宣告了官府饬禁政策的彻底失败。

（一）啯噜、“邪教”与赛会饬禁

在啯噜活动频繁的乾隆时期，蜀中赛会也日渐兴盛。这一时期，啯噜横行城镇和乡野，多利用迎神赛会等集会聚众闹事，引起了官府的忌惮。官府出于整肃社会治安的目的，出示严禁赛会，这是对啯噜之患的应对举措。与此同时，随着秘密社会传教活动在蜀中的兴起，官府对于迎神赛会所带来的社会危害也更为警惕，“做会”被纳入“邪教”的禁饬范围。官府对迎神赛会的危害，从啯噜的聚众生事到“邪教”的“煽惑人心”，反映了对迎神赛会观念的变化：由“集会活动”转化为“邪教活动”，显示出官府对迎神赛会的焦虑与纠结。

---

① 笔者近年来着力于这一视角，近期论文如《明清巴蜀地区迎神赛会的演进轨迹》（《宗教学研究》2018 年第 3 期）、《地方衙门档案中的戏曲史料及其价值发微》（《戏曲艺术》2017 年第 1 期）涉及这一问题的不同侧面。

乾隆初年，筠连知县沈世基颁布《通禀》，认为当地于康熙四十年恢复的五灵神赛会“人民杂集，还多有酗酒不法等事”。斥为淫祀的理由很武断，因为赛会中民众聚集，易生不法之事。《通禀》中另一条规定，可以与此对读：“（卑）县场市仅有一处，每逢单日即系场期，高、珙、昭通各处人民俱来赶场，约计一二千人不等，其场市即在县城，易于查察，是以噜啯匪类不敢停留”[①]。啯噜的横行，使沈世基对凡是民众聚集的场所都有所忌讳，甚至连日常“赶场”也不放过，足见其将五灵神赛会斥为淫祀禁革的根本原因。乾隆十六年莅任荣县的黄大本，也极力主张严禁赛会，“川省神会最多，荣邑素无迎神赛会之事，惟于庙上各立头人集会生息为酬神酒食之费，近年来竟有籍先师孔子生辰，生监集会生息，至朝上殿行释菜礼，仍设席饮福，尤为悖谬。近奉制宪黄大人严禁邪教，一应神会概行除革。先师圣诞会期申谕再三，亦不禁而自除矣。所望司铎者仍时为留意焉”[②]。此处的描述明显有粉饰之意，其所谓“荣邑素无迎神赛会之事”很值得怀疑。需要注意的是，虽然制宪严禁邪教，但黄大本强调的仍是对啯噜匪类的防范，“奸宄出没之所，凡游手好闲、偷牛盗马之滑匪，稽查严紧”[③]。

乾隆二十六年（1761），广东番禺人王承爔履职青神县。青神县民间崇祀蚕神青衣土主。王承爔上任后，“以有干例禁，禁止赛会”，而于每年正月二十一日、七月二十一日，“恭备牲醴诣庙进香”，为民祈祷酬神[④]。青衣神为农业神，王承爔在示禁时采取了变通的方式，取代迎神赛会仪式。王承爔在青神的禁令远不止这一项，还包括：“无恒业游民成群入市饮酒，每致酒后滋事”；“啯噜名

---

① 〔康熙〕《筠连县志》（乾隆补修本）《艺文》，故宫博物院编《故宫珍本丛刊》第212册，海南出版社2001年版影印本，第74页。

② 〔乾隆〕《荣县志》卷1《封域志·风俗》，《南京图书馆藏稀见方志丛刊》第163册，国家图书馆出版社2012年影印本，第333—334页。

③ 同上书，第333页。

④ 〔乾隆〕《青神县志》卷6《风俗志》，《故宫博物院藏稀见方志丛刊》第148册，故宫出版社2013年影印本，第254页。

色，群羞鄙之。近年以来赌风颇炽，荡产倾家往往有之”[①]等。王承爔似乎对其禁政效果颇为满意，认为赌博、饮酒、男女祈子之俗均已“敛迹”。然而，在其主修的乾隆《青神县志》卷六“风俗”中，保留有梓潼圣诞、城隍圣诞、长泉土主圣诞、关帝磨刀会、川主会以及各乡民醵金而作的春醮会，长泉土主圣诞“乡民亦照常规演戏庆贺”；城隍圣诞：“先期备猪羊香帛、神之袍服、仪仗、执事等，临期迎神出驾至东岳等祠，诸衙役兵壮摆队喝道，鼓乐、高妆等导于前，各门首设香案、烛帛，迎接威仪至肃，莫敢怠玩，游毕送圣归祠，演戏祝寿。”[②]由此可见，其禁政并不彻底，而且其标准也令人难以琢磨。这似乎已不能归咎于王的“不作为”，其对青衣土主赛会与其他赛会全然不同的态度，反映了以王承爔为代表的地方官员的纠结心理。在娱乐之风日渐的乾隆时期，在游民横行，危机四伏的蜀中州县[③]，以朝廷自以为是的“饬令”，很难甄别民间赛会的“合法”与“非法”。

迎神赛会的传教隐患，始终是官府明令禁止的原因。正如杨庆堃所言：“宗教具有一定的合法性功能、政府试图控制宗教的种种势力、宗教反抗控制的个别反叛行动，以及宗教在推翻封建王朝斗争中的积极参与等等，这一切共同构成了宗教在中国历史中所扮演的政治角色之特色。”[④]白莲教不仅以赛会传教，还有部分教徒酷爱戏曲，甚至换上戏服，粉墨登场。如王三槐到开县临江市，“市人未及逃者悉被执。市素饶裕，百货具备，且有优伶两部在焉。时逼岁除，三槐取伶人箱中通天冠并蟒玉服之，而令诸优串戏庆除夕。嗣，徐添德、樊人杰诸逆大会

---

① 〔乾隆〕《青神县志》卷6《风俗志》，《故宫博物院藏稀见方志丛刊》第148册，故宫出版社2013年影印本，第258、259页。

② 同上书，第255页。

③ 与青神县相邻的丹棱县，乾隆二十四年莅任的李光泗先后颁行了《劝安业示》《禁流棍示》《禁讼棍降棍示》等政令，三条政令反映的其实是一个问题，游民日多，土地日少，民间争讼之风屡禁不绝，而游民为患也渐而成势。

④ ［美］杨庆堃：《中国社会的宗教》，范丽珠译，上海人民出版社2007年版，第108—109页。

于临江市，歌舞酣饮数昼夜”[①]。有鉴于此，蜀中官府对与传教有关的演出活动，均予严加禁革。

早在康熙年间，清政府即出示禁饬，“扶鸾书符招摇簧缘之辈，及淫词小说等书，均应如御史张莲条奏，永行严禁”[②]。从雍正到乾隆年间，蜀中各地先后示禁端公等民间宗教活动。乾隆中后期，江津知县曾受一出示《善俗诸条》，其“禁邪教”曰：“川俗端公为人治病，若古巫觋，间亦有效，独其唱阳戏，少年无赖诱聚若狂，实败风俗，不可不禁。至于白莲教、无为教、明尊教、白云宗，川中若刘奇、陈坤、谭地学、宋朝伦、孙学海之类，假邪教以聚众敛财，奸淫妇女，酿成逆案，愚民被诱入教，动辄家破身亡，又不止败坏风俗而已。”[③]此曾受一虽将端公、阳戏纳入“禁邪教”条目，但他刻意将“邪教”区别开来，认为前者仅为败风俗，显现出曾受一对待阳戏演出与“邪教”活动进行理性区分的努力。不过，即便如此，曾受一仍然将阳戏列为“邪教”，一并革除。认识上的理性化与行为上的粗暴化，是地方官员在“邪教”蜂起的社会现实面前纠结心理的真实写照。

嘉庆十二年（1807），什邡知县纪大奎在《邪教十条告示》中云：“但说做会、做道场、立坛、开醮、忏罪过、颁赦文、出地狱、拔轮回者便知是邪教。”[④]似乎一切公共性的酬神活动都属于“邪教”，纪大奎的界定无限扩大了“邪教”的范围，这或许是刚刚镇压白莲教起义带来的阴影。若据此而禁革，不仅一切端公傩仪、开醮礼忏、酬神赛会都应取缔，甚至目连救母等戏文也在禁绝之列。富

---

① 中国社会科学院历史研究所清史室、资料室：《清中期五省白莲教起义资料》第4册，卷十一，江苏人民出版社1982年版，第123页。

② 孙丹书编：《定例成案合钞续增礼部祭祀》，载王利器辑录《元明清三代禁毁小说戏曲史料（增订本）》，上海古籍出版社1981年版，第27页。

③〔乾隆〕《江津县志》卷9《善俗诸条》，《故宫珍本丛刊》第215册，海南出版社2001年版影印本，第368页。

④ 纪大奎：《双桂堂稿续编》卷8，《续修四库全书·集部》第1470册，上海古籍出版社2002年版，第549页。

有戏剧性的是，嘉庆十五年升任为四川总督的常明，对纪大奎所划定的标准不以为然，他并不认为目连戏等酬神演出属于邪教，而是因为目连戏“每演必一月或兼旬始竣，恶其为日既久，易至聚赌藏奸，为害地方；又示禁酬神庙戏不得过三日”[①]。需要指出的是，常明正是因镇压白莲教有功，才擢升为四川总督。或许是因为对白莲教较为了解，对目连戏与“邪教”的关系认识更为客观，对其危害也更为深刻，故其禁政也相对合理。常明的经历及其禁令，映照出地方官员在迎神赛会问题上的粗暴与惶恐，尽管曾受一、纪大奎等不失为循吏，但一种“谈虎色变”的心态，使他们在迎神赛会上陷入局促难安的境地。

从啯噜“匪患”，到“邪教”暴乱，这是乾隆、嘉庆年间蜀中地方官府禁饬迎神赛会的主要原因。禁政描述内容的变化是民间动乱现实的直接映像。总体而言，面对可能引发动乱的迎神赛会，地方官员往往选择采用厉禁政策。然而，我们也不能忽视，在貌似严厉的禁令之下，反映了地方官员的多重心态。或者“理性地”区分不同的赛会，或者无限扩大“邪教”之范围等等，这充分揭示了朝廷命官以及地方官府面对迎神赛会多维面相的无所适从。或许也正因为此，我们发现，在禁革政策最为严厉的乾嘉时期，也正是蜀中赛会复兴到繁盛的时期。

（二）袍哥与晚清的赛戏整饬

袍哥在道咸之际组织结构逐渐成熟。到19世纪末，随着各种社会矛盾的激化和社会控制的弱化，其组织得到迅速发展，成员既有社会下层群众，也包括乡绅、富商、官吏及其他社会名流在内的达官贵人，还包括军人和学生等，具有广泛的社会基础[②]。光绪年间，袍哥的活动更频繁，并与其他教门相结合。光绪九年六月，四川总督丁宝桢告谕：“为札发事，照得传习邪教，罪不容诛，聚众烧香，大干例禁。川省五方杂处，人心浮动，近有一种不肖之徒，倡立青莲教、白

---

① 〔同治〕《直隶绵州志》卷19《风俗》。同治辛未年刻本。

② 欧阳恩良、潮起龙：《中国秘密社会》第四卷《清代会党》，福建人民出版社2002年版，第181—182页。

莲教、灯花教、糍粑教，并签党结盟等会。各名目始则传徒惑众，藉以□钱；继则拜把拈香，结为江湖哥弟，设立堂名水号，并将□□□弟设法引诱入会，名曰'牵肥猪'。"[①] 所谓"拜把拈香，结为江湖哥弟，设立堂名水号"，乃哥老会的组织习俗。袍哥入会，必须歃血为盟，建立"拟血缘关系"，通过祭拜开山祖师等宗教仪式，形成精神上的象征力量。从丁宝桢的这段描述看，显现出其他教门向哥老会合流的趋势。

从咸丰到光绪年间，四川各地的暴动此起彼伏，封建统治者顾此失彼，基本上都与袍哥有直接或间接的关系。鉴于袍哥的势力越来越大，而"烧会结盟"又为其基本特征，所以官府将禁饬重点放在"烧会"的"强盗行径"上。光绪十一年（1885），刚莅任四川按察使的游智开"访得民间最易犯者，如赌博、争斗、讦讼、烧会等事"，因此诫谕全省："毋好烧会。川省民气嚣浮，动辄拈香拜把，烧会结盟，自号江湖弟兄，不知已坠入强盗行径。此皆误于小说之捏造。遂至认假为真，群思效法。……居家孝顺父母，友爱兄弟，和睦夫妇，抚育子孙，极尽天伦之乐，不作非分之事，长为盛世良民。较诸称哥老，通江湖，犯法到官，全家惨遭杀戮者，孰好孰歹，其细思之。"[②] 此处游智开的劝谕，是针对普通民众而言的。光绪元年以来，四川东乡、南江、大邑等地先后发生暴动，皆为袍哥主事或与袍哥有直接关联。此时正值四川袍哥活动频繁的时期，官府乃至清兵疲于应付。虽然各处暴动相继被镇压下去，但乱局已张，官府已回天乏术。作为按察使的游智开饬令全蜀，显然是公开警示民众，与袍哥划清界限。

光绪二十八年（1902），崇庆州州牧柴作舟在崇庆颁行了《禁演戏示》《禁邪说书示》《禁小押当示》及禁烟馆、赌博等饬令，在州境范围内进行了一次彻查。其《禁演戏示》云：

为示禁事，照得击壤吹豳固见休明之象，酣歌恒舞易启淫佚之萌。民间

---

① 四川省南部县衙门档案，档案编号：8-860-1。

② 四川省南部县衙门档案，档案编号：9-139-1。

于农事余闲演戏酹神，搬做节人孝顺，兴起迁善改过之心，本为法所不禁。无奈近来戏文既多淫词，尚演之者，尤复巧作淫态，以取众欢，几有不如是而身价不增，戏场不乐者。不分男女老少，拥挤聚观，桑间濮上之□[①]，因此而最为人心风俗之害，言之殊堪痛恨。惟聪明正直之谓神，福善祸淫之谓神，神果有灵，如此之戏必不以观之为乐，且必以演之为亵矣。况各处生齿日繁，谋食不易，一经演戏，舍业以观者，盈千累百，所业即荒于嬉。戏废时失事，奈有不自知者，于生计得无碍乎？其世家之子弟，书馆之学生，工贾之学徒，潜出而观，父兄师长禁之不能，经旬累月为戏所惑，随戏子而之地沦入下流者，更无论矣。至若匪徒籍戏以潜踪，游痞籍戏以滋事，赌博、绺窃之类籍戏而繁兴，犹其害之显而易见耳。现在节近清明，乡间男妇皆当料理农桑正务，所有城乡会戏应一律停止，令行示禁，为此示仰州属绅民人等一体知悉，本州为转移凡俗，安靖地方起见，神而有知必当欣然首肯，如该神会首事人等希图渔戏侵蚀公费，妄称不演戏神必降殃，本州愿一人受其殃，与该首人等决无□矣。倘敢不遵，一经查知，定即拘案究惩不贷，着二十四甲领役及该管乡约随时谕禁，如有违者即行来案禀报，以凭拘究，毋得瞻徇容隐，自取咎戾，切切毋违。特示。[②]

柴作舟的描述有几点值得注意：①此时赛会演剧的“淫戏”表演已为常态。柴所谓的淫戏，一方面或如郑之珍《劝善戏文》中已有所端倪而为后世优伶所发扬的“双下山”“观音试道”一类；另一方面或为民间表现男女情爱之灯戏之类。“几有不如是而身价不增，戏场不乐者”，足见当时此类演出已是稀松平常。②民间观戏举国若狂，戏棚一张，皆“不务正业”，甚至学生、学徒也潜出观之，“捧角之风”也随之而起。③“城乡会戏”一律禁止，任何以神为借口的会戏都不得上演。其禁令不谓不严苛，但他在彻底摧毁民众一直以来的信仰世界的同时，也

① 原文漫漶，以“□”代之，下不出注。

② 四川省南部县衙门档案，档案编号：15-788-5。

喻示了“君权神授”观念的土崩瓦解。当然，柴牧禁演戏目的，主要在于“绝盗匪”。在写给督宪的禀文之中，柴牧谈道：“治盗而禁及演戏，似属迂阔之谈，不近情理。不知川省戏价本贱，无论城乡，会戏一开，经旬累月，百里内之来观者，盈千累百，良匪混杂，□以看戏，为各兵差无□稽查，团保亦难盘诘，盗匪成群结党，混迹其间，同谋不法，比比皆是。其盗薮州县则戏场内匪项拥集，抢刀□□，更□，无人敢于过问，因此而匪党日多，匪风日炽，其传染几无休息。以故戏场近处，或城或乡之被强劫被掳赎者不知几。乃至若观戏者靡时失业，有碍生计，演唱淫戏，败坏风俗，犹甚害之小焉者耳。”①“淫戏”也好，“不务正业”也罢，在柴作舟看来，都不值一提，其所忧惧者，是因为赛会“经旬累月”，易为“盗匪”之祸。所以，柴作舟禁止演戏与禁“邪说”“小押当”“烟馆”“赌博”等，均为靖盗匪、安地方的举措。

事实上，柴牧所谓的“盗匪”，即指袍哥。贩卖鸦片是哥老会组织的主要经济来源之一，此外，袍哥还经营烟馆、赌场、茶馆等，这些地方也是袍哥经常出入的地方，袍哥之公口多设于茶馆和赌场之中。柴牧历仕川中十余年，对袍哥的情形应当比较熟悉，但在其禀文及告示中，均未明言袍哥者，据其自己的陈述，出于“盖示以告民，立言贵在得体，故不重言盗匪，亦使民由不使之意耳。免示盗以怯弱而张其胆也”②目的。然而，这一有意的回避，也显现袍哥声势之盛，反而是“示盗以怯弱而张其胆”的做法。

《禁邪说书示》中，《水浒》《三匣剑》《绿牡丹》《争春园》《梁山寨》《鸡爪山》等小说被列为“好勇斗狠”“犯上作乱”等书，责令“三日内即行捡出烧毁，毋得再藏片纸，再行买卖，城乡所说平书，一并禁止不准再说，嗣后无论老少，务各多读经史劝善之书，不准一看以上各书，父戒子，兄勉其弟，将见市无邪说，必渐少强暴之风，家读正书或见驯良之俗”，戏曲也难逃“厄运”，“戏曲感人最深，川省戏曲恶劣已极，人戏除诲淫外，每杂以会匪旨趣，而美以英雄豪杰

① 四川省南部县衙门档案，档案编号：15-788-6。

② 四川省南部县衙门档案，档案编号：15-788-5。

之名。影戏多演《西游》《封神》等书，农夫俗子容易蛊惑，以故壬寅（川西南红灯教）、戊申（开县红灯教）之乱，多出于乡民"[①]。在柴作舟看来，小说、戏曲的侠义故事为袍哥"暴乱"起事之源，神仙道化剧也有"蛊惑"之罪，因此应当一并禁毁。英侠传奇、才子佳人故事、神仙道化故事通俗文学皆为"邪书"。柴作舟的饬令显然有些过激，客观上却显现出地方官府在面对袍哥乱局的应对无计。

柴作舟对自己在崇庆州的饬禁颇为得意，为此，他禀请川省总督通饬各州县。光绪二十八年十月二十八日，四川布政使司、按察使司札饬各州县，并附上了柴作舟的《禁演戏示》《禁邪说书示》《禁小押当示》等禁令。经过总督部堂的批饬，柴作舟在崇庆州的禁令升格为川省之通饬。就赛会及演剧而言，这几乎是清末四川全省范围内最后一次通饬行动。禁演剧只是"靖盗匪"的手段，尽管这是清代地方官府惯常的方式，但此次大张旗鼓以禁演戏令为主的系列禁饬活动，更像是官府无力应对"盗匪"的最后一次挣扎。虽然柴牧自以为其效甚著，但邻近成都的崇庆，其时袍哥活动已非常频繁。袍哥的发展，已非晚清政府所能控制。

清代四川官府对迎神赛会的忌惮，始于啯噜，终于袍哥，对官府上下而言，禁饬不可谓不力。从时间来看，乾隆初中期地方官府已有明确举措，发现不可谓为晚。但是，最终依然失控，其背后的原因引人深思。禁饬迎神赛戏不只是一时一地的政策，贯穿于有清三百年，上至王朝顶层，下至州县官府，几乎动用了满清官僚的所有政治智慧。然而迎神赛戏包孕着丰富的生活面相，融入到春种秋收的四季旅程和生老病死的人生征途中，作为民众生活日常的仪式庆典，单纯的饬禁已经不能解决任何问题。

---

① 隗瀛涛、赵清主编：《四川辛亥革命史料》上册，四川人民出版社1981年版，第62页。

二、化导禁戏与民间博弈：一个案例的考察

面对植入民间日常的迎神赛会，除了在感受到地方秩序难以维持之时严加饬令外，大多数地方官员倾向于以“淳化风俗”为由，采用“教化式”劝谕。就四川而言，由于地方政府从乾隆初期开始进入防止啯噜、白莲教、袍哥的戒备之中，单一的劝谕并不多见，道咸之时的循吏牛树梅，可以说是教化劝导的典型。牛树梅为道光二十一年（1895）进士，曾历任（署）雅安、隆昌、彰明、资州、宁远、茂州等地，后升任四川按察使等。《清史稿》列为循吏，传云“以不扰为治。决狱明慎，民隐无不达，咸爱戴之”①。牛树梅每到一地，皆出台各类告谕，竭力整饬风俗。其中，彰明县任上的《厘正风俗示》《禀覆团练由》《社仓条示》，资州任上的《晓谕宣讲流弊示》《禁夜戏示》《禁止妇女赶场入庙烧香示》，茂州任上的《劝民节俭示》均涉及酬神赛会和民间演剧。这些告示记录了牛树梅饬禁酬神赛会的历程，或可视为地方官员与民间酬神赛会相互博弈的一个缩影。

牛树梅在彰明县颁行的《厘正风俗示》，涉及酬神赛会及民间演剧的有以下三条：

> 一、劝勤俭。……至于修建寺庙，演戏做会等事，实为民间妨业耗财之大蠹，而群趋不厌，只为鬼神祸福之说锢蔽人心，无可奈何。……若夫灯戏淫鄙，尤为伤风败化，前经大宪通饬，禁止在案。如敢演唱应以违禁论罪。
>
> ……
>
> 四、禁丧葬非礼。……乃近时风俗竟有酒食宴会，开场聚赌，鼓乐喧天，甚至扮演杂剧及唱板凳戏者。却像父母死了，倒是一场大喜事，平心试想，于汝安乎？

---

① 赵尔巽等:《清史稿》列传266卷《循吏（四）》第43册，中华书局1977年版，第13069页。

> 五、戒妇女烧香及一切左道败俗之事。……但祈祷之实，或思省平日罪过，对神盟心，从此改悔。或富者许钱财，贫者许心力，要行某等善事若干件。如此许愿，神必佑之。若不论善恶，只靠烧些香纸，献个刀头，唱一本板凳戏，神便欢喜你，保佑你，是神曾小人之不啻矣，恐无是理。尔等试一思之。①

其所劝禁者，大致包括：①神会演戏靡费，劝民节俭；②淫戏伤风败俗，宜当严禁；③丧礼演剧有违风化，当遵礼俗；④妇女入庙烧香、保福、庆坛等俗，为礼法所不容。可以看出，牛树梅的示谕，处处不离礼法，以儒家伦理反驳民间风俗之变。不过在驳斥民间祈神还愿风俗时，牛树梅并未武断取缔一切祀神行为，而是以变通的方式承认了民众的神灵信仰。其用语平实，恳切，不失为循吏风范。牛树梅期望以循循善诱，感化人心，力挽已然失序的民间社会，使其重新回到礼治的传统结构中。纵观其颁行的系列劝谕文书，在转变奢靡之风、杜绝诲淫剧目、反对男女混杂等方面用力甚多。

民间酬神赛戏的戏资不是小数目，尤其商帮大贾参与，更是一掷千金。商贾或于会馆公所赛会酬神中争奇斗艳，或于神庙赛会中竞逐奢华，酬神赛会演变成各方势力斗富争胜的舞台。早在乾隆年间，赛戏靡费已引起官府警觉，"郫之习尚，于日用所需每多俭啬。独至赛神演剧、赴会赶场，富者既破悭囊，贫者亦尽锱铢"②。无论贫富，每遇赛会，民众均倾囊醵金逞一时之娱。官府对赛会靡费的批评，几乎与清代蜀中赛会之复兴与演变相始终。作为循吏的牛树梅，自然也看到"计一县城乡演戏，每岁不下数百本，花钱累千串"③，为"妨业耗财之大蠹"。他恩威并举，多方努力以劝禁赛会。一方面，他将演戏散会等经费，挪用

---

① 牛树梅：《省斋全集》卷9"示谕"，纪宝成主编：《清代诗文集汇编》第604册，上海古籍出版社2010年影印本，第595—598页。

② 〔乾隆〕《郫县志书》卷8《风俗志》，《故宫博物院藏稀见方志丛刊》第138册，故宫出版社2013年影印本，第516页。

③ 牛树梅：《省斋全集》卷8"札禀"，《清代诗文集汇编》第604册，第559页。

于团练，“地方演戏散会打醮进香等赀，实属浮费，不如裁其七八，挪作团用”；另一方面，又禁止将社仓生息谷作为演戏之费，“每年放借，原有加一还仓之息，此旧例也。此项息谷不必列于正额，惟另立簿据，凭众算账。除社首工力与一切支用之外，其余息谷另存，年年积累。或夫马义学，或桥梁潴堰，皆可公用。惟不准作演戏赛神等无益之费”[①]。双管齐下，无异于釜底抽薪。短时期内或可缓解民间酬神演戏之势头，却无法逆转晚清以来急转直下的社会风气。咸丰元年，茂州任上，牛树梅的《劝民节俭示》中仍然坚持一贯的劝导：“又如演戏做会均属靡费，少唱几本，少摆几碗，有何不可，何必强人出钱，付诸东流乎？尔地方读书知礼之士，首先倡行，并为不识字者谆谆讲说，则风俗之幸也。”[②]其语甚切，然相较于几年前的彰明任上，显然有所让步和妥协。此前尚有彻底革除赛会演戏之期许，而此处只是劝告“少唱几本”，实则已默许民间“有伤风化”的演戏做会。

作为正统士大夫，“淫戏”显然是牛树梅所不容许的。明清以来，官府禁毁的小说戏曲，被列为淫书者不在少数。书籍尚且为“洪水猛兽”，搬上戏台的“淫戏”可谓“大逆不道”了。“淫戏”带来的社会后果，最为官府忌惮。明嘉靖十四年（1535），御史戴璟“访得潮俗多乡音搬演戏文，挑动男女淫心，故一夜而奔者不下数女。富家大族恬不为耻，且又蓄养戏子，致生他丑。此俗诚为鄙俚，伤化实甚”[③]。入清以后，“淫戏”成为地方官府禁戏的主要内容之一。这是官府应对民情风俗转变的表现，同时，也与地方戏的崛起颇有渊源。以方言俚语扮唱男女日常情爱生活，是民间小戏的基本主题。乾、嘉之际，土生土长的灯戏，以俚俗、诙谐甚至秽亵的表演深得民众喜爱。乾隆年间，川北一带已盛行灯戏演出，上元“放花灯，演灯戏”[④]。嘉庆年间，定晋岩樵叟《成都竹枝词》云：

---

① 牛树梅：《省斋全集》卷 9“示谕”，《清代诗文集汇编》第 604 册，第 600 页。

② 同上书，第 611 页。

③ 戴璟辑：《广东通志初稿》卷 18“正风俗条约”，载丁淑梅《元明清三代禁毁戏曲史料补遗》，《中国文学研究》第 9 辑，第 426 页。

④ 〔乾隆〕《苍溪县志》卷 3《风俗》，《北京大学图书馆藏稀见方志丛刊》第 311 册，国家图书馆出版社 2013 年影印本，第 180 页。

“过罢元宵尚唱灯，胡琴拉得是淫声。《回门》《送妹》皆堪赏，一折《广东人上京》。”[①] 此即民间演出灯戏的场景。牛树梅在彰明任上先后两次严禁灯戏，一次是在《厘正风俗示》中，“若夫灯戏淫鄙，尤为伤风败化，前经大宪通饬，禁止在案。敢演唱应以违禁论罪”。另一次是在《禀覆团练由》中，“至于灯戏淫鄙，尤宜禁绝，以伤败风化之赀”[②]。在资州，他强调：“州属乡场、市镇纷纷呈请演戏酬神，势难禁革，但所演必忠孝节义等事，方足达敬忱而资观感。乃往往扮演奸盗淫邪之事，故作淫声，曲绘丑态，以悦愚夫之耳目，坏人心而亵神明，莫此为甚。尚得谓敬神祈福乎？”[③] 只准演忠孝节义之事，禁作淫声丑态，这与此前在彰明的政令一脉相承。

每遇迎神赛会，男女聚观，举国若狂，为民间社会之一大盛景。这严重背离了“男女授受不亲”的伦理规范，触碰到官府原已绷紧的神经。华亭（今上海市）人陆箕永早在康熙末年履任绵竹县令时，即在题写绵竹朝会赛社的竹枝词后注云：“州中朝山会，名为进香求福，男女混杂。余屡行严禁，今始稍止。”[④] 道光年间，德阳妇女作会日多，“俗传为‘城隍夫人生辰’，故妇女进香尤多，来必以夜，谓夫人之义主乎阴也。灯烛晖光，照彻如昼，达旦不息，阶墀廊庑有遗簪堕珥焉。官尝设禁，惟许白日演戏致祀而已”[⑤]。牛树梅在资州时，颁行《禁止妇女赶场入庙烧香示》，禁止妇女“结队成群，赶场入庙，或赴会看戏”。虽有“立即查究。并拘纵容之父兄、夫男到案，一并重处”之语，但其更注重语重心长地劝

① 定晋岩樵叟：《成都竹枝词》，载林孔翼辑录：《成都竹枝词》，四川人民出版社 1982 年版，第 55 页。

② 牛树梅：《省斋全集》卷 8“札禀”，《清代诗文集汇编》第 604 册，第 559 页。

③ 牛树梅：《省斋全集》卷 9“示谕”，《清代诗文集汇编》第 604 册，第 607 页。

④ 陆箕永：《绵竹竹枝词十二首》之一，载林孔翼、沙铭璞辑《四川竹枝词》，四川人民出版社 1989 年版，第 86 页。原诗为：“和啰声里杂笙箫，画鼓金铙彩帜飘。岁岁朝山夸胜会，可怜忙杀女妖娆。”

⑤〔道光〕《德阳县新志》之《信仰民俗》，载丁世良、赵放主编：《中国地方志民俗资料汇编·西南卷》上册，书目文献出版社 1991 年版，第 123 页。

导，“要知持家、赶场男子之事，安用妇女，又安用年轻妇女乎？至于媚神求福，尤属无知。譬如你存心好，行事好，就是不相识的人，闻名也要爱敬你；若是存心行事惹人贱恶，却要早晚亲近他，干求他，他心中厌烦否。人且如此，何况于神？不言平素为人，即此油头粉面入庙渎神，神如有灵，定要谴责，尚何福之能得？凡此粗浅情理，尔等为夫男者当亦懂得，何不预教也”①，俨然家长式的口吻，劝谕女子不要抛头露面。然而，在恳切的话语之中，也显示出牛树梅于此的无可奈何——时近晚清，蚁穴已溃，阻挠女子外出，无异于螳臂当车！

署资州一年，或许是牛树梅厘正风俗遭遇的最大挑战。如前所论，资州一带乃产盐重地。资阳坐落于沱江边上，上可直达成都，下可达泸州，沿长江而东下渝州。其盐业之盛，早已使资阳、自流井、富顺成为繁华商埠。乾、嘉年间，每有神会，各地戏班蜂拥而至，其神会可持续数十日，浮靡民风可窥一斑。基于此，牛树梅意识到“演戏酬神，势难禁革”，于是退而求其次，从演出剧目、演出时间上予以规定，剧目上禁演“淫戏”，演出时间上禁唱夜戏：“至于演唱夜戏，例有明禁。州属路当孔道，往往匪人及本境无聊痞徒藉观戏为名，乘间绺窃，弹钱赌博，酗酒打架，恶习相沿，深堪痛恨，合行出示严禁。为此，示仰州属绅耆、铺户人等知悉：嗣后如遇神戏，不得扮演奸盗淫邪之事。且只许昼演，不准夜唱。”② 这是地方官面对已然成势的民间习俗，不得已作出的妥协和让步。

牛树梅劝禁赛会演剧的经历，反映了嘉、道以来，蜀中地方官员在面对愈演愈烈的民间赛会时的普遍心理。风俗之“颓丧”，使他们陷入有心无力的纠结之中。“凡地方积弊，随时谆谆劝谕，期于返朴还醇”，他深知地方积弊太久，期待以“谆谆告谕”，使“风俗人心蒸蒸日上，岂特稽查盗贼而已”③。被奉为“牛青天”的牛树梅也确实这样身体力行。然风俗浇漓，其源已久，其“弊”也深。而迎神赛会的习俗，寄寓着民众全部的信仰世界和生活日常。依托已经约定俗成的

① 牛树梅：《省斋全集》卷9“示谕”，《清代诗文集汇编》第604册，第607页。

② 同上。

③ 同上书，第595、598页。

仪式规范，民众在赛会之中感受到超离生活的愉悦——一种信仰共同体意识下的愉悦。虽然短暂，却在人们的心灵深处种下了良愿。于是，周而复始的赛会，不是简单的日常生活的循环往复，而是民众对生命意义的一次次实践与升华。可见，植入民众生命肌理的赛会，又怎能依靠有着较大真空的传统权力体系去禁绝呢？就某种程度而言，赛会演出形态、结构等就是民众长期与官府斗智斗勇的物态转化。从郑之珍《劝善戏文》到近代目连戏（包括赛会上的其他剧目）的演出，包孕着官府长久以来的禁饬痕迹，凝聚着民间智慧的不懈努力，赛会演剧的演变是国家权力与民间意志长期抗争的一个缩影。

由牛树梅的案例可见，道、咸时期，蜀中“民乱”稍息之时，以厘正风俗进行的教化尝试，是地方官员在措手不及的风俗“颓变”之中的一种应对策略。从彰明到茂州，牛树梅对赛会的关注没有变，却不断调适自己的策略和语气，不断向习俗妥协让步；他想要重建礼俗秩序的愿望没有改变，却不得不面对风俗颓化的社会现实。尽管如此，他仍然为官一任，造福一方，以言传身教的方式书写儒生的家国情怀。费孝通说：“教化过程是代替社会去陶炼出合于在一定的文化方式中经营群体生活的分子。”① 这正是牛树梅所孜孜以求的。可以说，牛树梅的正俗努力与“为政”经历，体现了他在驭民与爱民之间寻求平衡的心路历程，是晚清以降牛树梅们面对乱局而积极应对的真实写照。而牛树梅们的经历，宣告了以道德教化使迎神赛戏回归到礼乐正统的愿景最终难逃宿命。

三、谁在禁戏：失控的再思考

《周易》“彖辞”曰：“观天之神道，而四时不忒；圣人以神道设教，而天下服矣。”② 此言几乎被封建统治者奉为圭臬。朱明以降，尤为崇之。民间迎神赛会

---

① 费孝通：《乡土中国 乡土重建》，风云时代出版公司 1993 年版，第 69 页。

② 黄寿祺、张善文：《周易译注》，上海古籍出版社 2001 年版，第 173 页。

由此蜂拥而起。清承明制，朝廷尝试界定迎神赛会的“合礼”与“非法”。雍正六年三月，针对安徽巡抚魏廷珍关于民间违例演戏的奏文，雍正在谕令中指出：“盖州县村堡之间，借演戏为名，招呼匪类，开设赌场，男女混淆，斗殴生事，种种不法，扰害乡愚。此则地方有司所当严禁者。至于有力之家，祀神酬愿欢庆之会，歌咏太平，在民间有必不容已之情，在国法无一概禁止之理。今但称违例演戏，而未分晰其缘由，则是凡演戏者，皆为犯法，国家无此科条也。”① 对迎神赛会作了明确的界定，承认其“合礼”性，而只是对可能涉及的非法活动予以禁止。乾隆八年闰四月，乾隆谕令军机大臣，“闻四川风俗，信尚邪教，名目种种不一。其间或勾结匪类，或诓骗钱财，其为地方之蠹。为大吏者，时当留心查拿，严行禁止，不可徒张告示，敷衍虚文。至于无知乡人，迎神赛会，如古人傩蜡之类，亦不必概行查禁，以致滋扰，可密寄信硕色知之”②。萧规曹随，乾隆承其父王旨意，力图作看似“客观”的分辨。甚至，遭遇白莲教暴动的嘉庆帝，似乎并未因此而出台严苛的政策：“夫化民成俗，必先使百姓勿惑于邪，同趋于正，而后教化可行。孔子之教，万世尊崇。此外如释道之流，虽非正教，然汉唐至今，未尝尽行沙汰。”③ 综上言之，清廷在对待迎神赛会的态度上，始终秉持“神道设教”之准则，倾向于将民间神灵信仰视同官方祀典，以此协理基层社会的秩序。当然，这也是“神道设教”准则下，朝廷不得不认可的无奈之举。因为，民间赛会的神灵，如城隍、东岳、文昌、龙王、秧苗土地、社神等，或为国家正祀，或为傩蜡之类，倘若否定这类祭祀，也就否定“神道设教”的合法性。

表面看来，清帝对迎神赛会的态度是比较明晰和合理的，但实际上却给地方官员留下了难题——如何辨析赛会是否合法？官府能够区分的，不过是日常的打架斗殴、赌博乃至男女混杂等，而“教门”传教等真正危及统治的行为，大多都

---

① 《清实录》卷67，雍正六年三月，第7册，中华书局1985年影印本，第1025—1026页。

② 《清实录》卷190，乾隆八年闰四月上，第11册，中华书局1985年影印本，第449页。

③ 《清实录》卷73，嘉庆五年八月下，第28册，中华书局1985年影印本，第973页。

是秘密行事，州县地方官几乎无力去逐一排查。地方官员在对待迎神赛会上，或严加禁革，或劝谕风教，留存的史料中显现出地方官员的用力与纠结。然而，即便贤达如牛树梅者，也未能找到对待赛会之良策，反映了这一问题已然超出地方官员的权力范围。

禁饬迎神赛会，州县官员处于国家权力体系的末端，按理说他们是政策的执行者。不过，真正的执行则有赖于基层权力阶层。但是，在讨论传统社会的地方权力网络，或者说州县政令在基层社会运转和执行之时，我们始终绕不开“权力真空”这一关键词。当然，“权力真空”或许只是一个粗略的概念，更倾向于从官僚机构的层面进行描述，但可以引导我们深入到政令的执行层面来讨论迎神赛会的饬禁这一社会问题。事实上，朝廷和一些高级官员也早已意识到这一点，如雍正时期，朝廷已对县以下再设“乡”有了争论，虽然最终遭到鄂尔泰的反对没有成功。尔后，陈宏谋等一些地方官尝试让县丞、巡检等“佐杂”负责某一乡镇事务，希望尽可能将国家权力渗入到基层社会，并征得乾隆皇帝同意，部分推行从邻近辖区挑选任命乡官，负责收税的建议[①]。虽然收税是这一层级的主要职责，却不具备对官府而言更为重要的秩序维护职能。由此可见，从雍正到乾隆，在对待乡级行政中虽有让步，但实际上并未形成一个稳定的管理层级进入满清的官僚体系——也就形成了通常意义上的州县以下“权力真空”地带。于是只好将治安维护交由“保甲长”负责。按照清廷的顶层设计，保甲长由普通民众担任，以此与乡绅群体在基层形成一种制衡，但在乡绅及宗族压力之下，保甲制最终名存实亡[②]。乡绅处于官府和基层社会的中间级，乡绅群体既可以协同官府主持地方管理事务，也可能组织乡民，形成与官府相对抗的势力。由此可知，乡绅阶层在一定程度上填补这一“权力真空”的同时，也成为地方秩序中难以估摸的不稳定

---

① ［美］罗威廉：《救世：陈宏谋与十八世纪中国的精英意识》，陈乃宣等译，中国人民大学出版社2013年版，第494—496页。

② ［美］萧公权：《中国乡村——论19世纪的帝国控制》，张皓、张升译，联经出版事业股份有限公司2014年版，第85—89页。

因素。

以上对地方权力网络的概述，主要为了引出对以下这个问题的思考：在迎神赛会的组织中，乡绅到底扮演了什么角色？既然乡绅在地方权力网络中占有重要的位置，是社区的头面人物，作为社区一大公共事务，迎神赛会的举办自然离不开乡绅的参与和组织。杜赞奇在对华北乡村的分析中，将乡村宗教组织分为村中自愿组织、超出村界的自愿组织、以村为单位的非自愿性组织、超村界的非自愿性组织四种类型。这四类组织中，大多由乡村精英控制，以乡绅为代表的乡村精英认为加入天人合一的官僚体系（即参与领导宗教活动，特别是各种祭祀）是进入世俗政治结构的一条重要途径，是表现其领导地位的大好时机[①]。实际上，杜赞奇的考察具有一定的普遍意义。在道咸以前的清代四川民间迎神赛会，乡绅阶层包括与之多有重合的宗族势力，是基层社会迎神赛会的实际组织者。如前所述，乡绅阶层游离于国家权力与乡民自治的边缘。他们力图在二者之间寻求平衡点，以国家权力的代言人维持其在乡民中的权威，以乡民意志的代表保持其在州县官员面前的话语权——本质上是在这一“真空地带”中维护或者谋取自身的权益，“一些乡绅利用举办宗教祭祀的机会中饱私囊，或谋取更多的私人利益”[②]。从这个层面而言，我们或许不能简单地将长老政治归结为地方自治，因为这仅仅是“国家”与“地方”对立视角的简单区分，而乡绅阶层与民众意志之间有着事实上的鸿沟，“真空地带”也并非真正的权力“空缺”，而是游离于“两极”的乡绅权力的形象表述。

由此可见，地方官府禁饬赛会所依赖的政令执行者——基层权力阶层，事实上是迎神赛会的领导层或幕后主导者。毋庸置疑，这必然导致官府的禁令最终只能沦为一纸空文。回顾清代以来，地方官府有关迎神赛会的系列措施，不能说不

① ［美］杜赞奇：《文化、权力与国家——1900—1942年的华北农村》，王福明译，江苏人民出版社1996年版，第126—127页。

② ［美］萧公权：《中国乡村——论19世纪的帝国控制》，张皓、张升译，联经出版事业股份有限公司2014年版，第275页。

是挖空心思，一些地方官的措施也不能说不是尽心竭力，但最终却事与愿违。显然，这与这些禁令、劝谕的实际操作者执行不力、阳奉阴违甚至公然对抗有着直接的关系。换言之，迎神赛戏在仪式与演剧的交错构成中，融入了民众对宇宙空间、人生际遇、生活日常的理性认知与感性表述，寄寓着苦痛的涅槃、当下的狂欢与美好的愿景，成为植入乡民社会肌理的文化因子。依靠游走于权力边缘的乡绅阶层去禁绝已植入民众日常生活的习俗——介于“合礼”与“非法”之间的赛会习俗，显然是不可能实现的[①]。

综上言之，我们看到，有清一代的地方官员，在治安维护与厘正风俗间不断调适，最终却无力阻挠迎神赛戏的勃兴，这与地方权力结构以及长老政治有着直接的关联。乾嘉以降，伴随着风俗之浇漓，民间社会之失序，迎神赛戏演化为民间戏曲展演的场所，诸多地方声腔借此化茧成蝶，从而书写了近代地方戏的崛起历程。

第二节　醵资方式：赛会秩序的建构与裂变

赛会秩序涉及信仰观念与信众群体、赛会组织机构、赛会筹资渠道以及官府控制等因素。以上因素在不同层面上对赛会的秩序产生影响。笔者在此将重点从筹资方式切入讨论赛会秩序。从赛会的发展历程来看，会资无疑在其中起着至关重要的作用，而筹资方式的形成与演变又体现出民间智慧和共同体意志，是赛会秩序中不容忽视的环节。随着晚清社会的急剧变化，业已成熟的筹资方式受到官府乃至民间的彻底破坏，赛会秩序一如风雨飘摇的满清政权，濒临崩塌。不过，

---

① 同光以后，四川基层社会的权力阶层发生了根本性的变化——袍哥成为地方权力的实际操控者，有关此后迎神赛戏的变化，将于下文另行考察。

随着袍哥取代官府成为近代四川民间社会的实际操控者，赛会秩序获得了重构的契机，而民间演剧也依托近代赛会实现了蜕变。

一、会资筹集与赛会秩序的建构

迎神赛会作为一项公共事务，无论是区域性的，还是组织性的，都需要一笔不小的经费。这是赛会能否顺利举办的基本保障。早期的民间赛会，一般采用临时醵金的方式筹集会资，这种简单的平均主义中包含着共祀神灵，同受护佑的信仰观念。然而，临时性的聚资方式经常出现部分成员违规拒缴或无力交纳的现象，以致影响到赛会的正常运转，于是，较为稳定的筹资形式逐渐产生。根据欧阳光、黄爱华的考察，明清时期民间的固定聚资包括照丁征资、按亩抽费、村社轮流、依树摊金、计畜派钱以及固定戏田等方式[①]。以上的村社轮流、依树摊金和计畜派钱颇有乡村特色。下面拟讨论的醵金形式，未刻意将城乡区分开来，侧重于将戏资筹集方式与赛会类型结合起来，并由此探讨赛会的秩序建构[②]。

1. 临时醵金与设立会底：秩序的焦虑

作为一种原始而简单的筹集方式，临时醵金形式能满足民众共沐神威的观念，也更契合于自给自足、崇尚平均的乡民意识。尤其为规模较小，所费不多的赛会形态所青睐。因此，在明清以降的乡村赛会中，这一方式为乡民广泛采用。如蓬溪青苗会“稻苗逾尺，分畝（插）之，醵钱演傀儡乐稷神”[③]；营山禾苗会

---

① 参见欧阳光、黄爱华：《明清时期乡村演剧戏资体制初探》，《文学与文化》2010 年第 1 期；黄爱华：《明清乡村演剧之定额戏资体制》，《文化遗产》2010 年第 2 期。

② 在此需要注明的是，以下将聚资方式与赛会类型结合起来考察，并非否定某一类赛会只有一种聚资方式，而是根据现有史料选取相对普遍的形态进行归类。

③〔光绪〕《蓬溪县续志》之《岁时民俗》，载丁世良、赵放主编：《中国地方志民俗资料汇编·西南卷》上册，书目文献出版社 1991 年版，第 118 页。

“六月耕耘已毕，农民出资比户数十家于高阜处演傀儡戏，以祀田祖，以卦断一方休咎，饮福而散。名曰禾苗会，过会则苗不生蠹”①；江油牛王会“乡人于此日捣糯米饼虔供奉，醵金演戏三、四日不等，无所少吝”②。由于所需费用较少，乡民皆乐在其中。规模稍大者由各里首事负责敛钱筹备，“各里首事恒募钱演戏于社祠中，以祈谷于土谷之神”③；而规模较小者，几家协商之后，即可演戏赛神，“城市则皆祀牛王庙，乡村则寺观亦塑有牛王像，比户合钱演戏以酬神，彼此争先，乐部为之增价”④。在四川，这种临时醵金的方式被形象地称为“逗钱”。孙太钧在《梁山竹枝词》云：“四月村庄赛社时，雨催稻子绿盈陂。逗钱唱本秧苗戏，尽是高腔木棒椎。”⑤“逗”在四川话里有“聚集”的意思，“逗钱”就是“凑钱”，四川方言另有一个词“逗股股摊”，也是凑份子、凑股子的意思⑥。但一般讲“逗钱”的场合，实际上有着以下言外之意：一是总花费不高；二是参与者手头皆不够宽裕。

“逗钱”的赛社活动，因财力受限，大多活跃于乡间的灯戏、端公班或影戏、傀儡班子，“至于乡间小民，亦乐戏会，祈田祖，去蟊贼，有秧苗戏；愈病酬神有愿戏，然皆倩傀儡、影戏之，以其费少而场所布置易耳”⑦。清末川北地区，演一场“大人戏”，工价是两千个小钱左右，而演一场影戏，只需一百七八十个小

① 〔同治〕《营山县志》卷10《舆地·风俗》，《中国地方志集成·四川府县志辑》第58册，巴蜀书社1992年影印本，第291页。

② 〔道光〕《江油县志》之《岁时民俗》，载丁世良、赵放主编：《中国地方志民俗资料汇编·西南卷》上册，书目文献出版社1991年版，第102页。

③ 〔民国〕《德阳县志》之《风俗志·村市赛会》，《中国地方志集成·四川府县志辑》第22册，巴蜀书社1992年影印本，第49页。

④ 同上。

⑤ 孙太钧：《梁山竹枝词》，载林孔翼、沙铭璞辑：《四川竹枝词》，四川人民出版社1989年版，第186页。

⑥ 王文虎等编：《四川方言词典》，四川人民出版社1987年版，第90页。

⑦ 〔民国〕《达县志》卷9《礼俗门·风俗》，《中国地方志集成·四川府县志辑》第60册，巴蜀书社1992年影印本，第127页。

钱[①]。“大人戏”即真人所演的戏。前者的工价是后者的十倍以上，对于乡民而言，是难以承担的，也只能退而求其次了。乡民的经济状况决定了他们的赛会形态。而这样的筹集方式，是乡村人际关系与乡土社会的产物。费孝通说：“乡土社会的信用并不是对契约的重视，而是发生于对一种行为的规矩熟悉到不假思索时的可靠性。”[②]“逗钱”无须契约，乡村邻里在熟人社会之中，形成了一种约定俗成的赛会规矩。到了事先确定的赛会时间，临时凑齐自己的一份子戏资，缴纳给赛会首人或其中的主事者，由首人或主事者联络戏班等，即可如期举办赛会。很显然，这一筹集方式对于赛会的举办而言，有着致命的痼疾。靠熟人社会中的“信用”建立起来的醵金形式，只适用于小范围和小规格的赛会，而且，随着社会的变迁，这一“信用”在“趋利”思想的影响下，将逐渐失去市场。从赛会演出而言，它无法提供可持续的保障，这或许是传统乡村小农意识的另一种隐喻。不过，随着乡村神明会组织的涌现，以组织为单元的赛会产生了经济互助的聚资形式。

临时醵金方式限制了赛会的规模、形态与可持续发展。在区域性赛会中，一般不会采用此类方式聚资。据周询《芙蓉话旧录》载，晚清成都清醮会“皆有会底，大约合三、四街为一区。各区基金虽丰啬不一，然每岁无不举行者。临时且向区内人家，沿门募捐以助。会底丰者，则于本街庙内演戏，次则于街中抬台演灯影”[③]。又据南部县档案，光绪初年“各庙神会均有常业会底”[④]。“会底”即赛会基金，事先由各户分摊，形成一笔固定的资金，赛会时再提取，与“庙产”有一定渊源。该“会底”是否作为“生息银两”，此处难以判断。不过，“会底”的设立，一定程度上解决了临时醵金可能面临的困局，保障了赛会的可持续运转。

这个“基金”如何产生和收取？以下两则史料提供了参考。一是乐山的炎帝

---

① 四川省南充地区文化局编：《川北皮影戏》，四川文艺出版社1989年版，第22页。

② 费孝通：《乡土中国 乡土重建》，风云时代出版社1993年版，第6页。

③ 周询：《芙蓉话旧录》卷4《清醮》，四川人民出版社1987年版，第63页。

④ 四川省南部县衙门档案，档案编号：8-264-2。

会，“每岁此日，城区内外各庙轮流迎赛，演剧数日，至初六、七日始，各奉神而归。欲迎神者，先一年悬牌，或前数年悬牌，后则各凑集资款”[①]。提前一年或数年“悬牌”，再行筹资，有着临时醵金向固定分摊转化的痕迹。二是南部县的城隍会，“城隍庙兴会有年。道光十三年，沐前卫主定案，饬令城厢内外买卖各行及本衙书差人等，每年于七月十五日起俟官演戏庆祝后，各行民人挂牌轮次演唱神戏一日，不得推诿。从此各行每岁会毕，每日每户出钱数文，零星凑积，抑或在生易（按：应为‘意’）内抽取，预备来岁戏钱，并非临期筹费”[②]。南部县城隍会各行会资从前一年开始醵金，分摊至各行，再由各行分摊到各户，逐户逐日积攒，或者从商户的生意之中提取，类似于后来的商业税——厘金的抽取方式。

“厘金”是咸丰三年开始实施的商业税，一般按百分之一抽取。四川于咸丰五年创设厘金。由官府设立的用于赛会祭祀的税种，称为“戏厘捐”。光绪九年，南部县令在富驿设牛马会，规定凡出售牛马一头，抽取钱八十文，其中三十文作县令、书差、家丁口食之用，三十文作场头地租口食之用，二十文作五瘟会、火神会、马王会、义学束修、文武宫祭祀之用；又有经纪大飞一张抽钱二百四十文一半以作县令办公之用，一半帮贴富村驿，另设义学之用，历有年所。每年会期计可收钱一百七十余千。[③]此处所谓牛马会，并非我们所说的赛会，其实是设立的牛马交易会期，而所收抽之“牛马税”，属于官府苛捐杂税的一种。从每头牛马上抽取的八十文中，其中有二十文作为五瘟会、火神会、马王会、义学束修及文武宫祭祀之用，相当于是“戏厘”。又规定，因其他神会设有会底，该戏厘只能用作以上神会资费。毫无疑问，“戏厘”的设立，为赛会的举办予以了经费保障。

---

① 〔民国〕《乐山县志》卷3《礼俗》，《中国地方志集成·四川府县志辑》第37册，巴蜀书社1992年影印本，第719页。

② 四川省南部县衙门档案，档案编号：7-393-3。

③ 四川省南部县衙门档案，档案编号：8-264-2。

可见，由临时醵金到设立“会底”，乃至“戏厘”，显现了民间社会在建立赛会秩序中的焦虑。虽然前者在后者出现后并未完全被取缔，甚至在乡村或城镇赛会中依然存在。然而，却大多局限于小规模的赛会之中。民间意志在建立稳定的醵资形式上作了多方尝试与努力——一种类似于“营业税”的方式随之产生。

2. 生息、置产：从信仰共同体到利益共同体

入清以后，受“移民填四川”的影响，各省移民纷纷在“新家乡”建立会馆，形成以地缘为纽带的民间组织。相应的，以业缘为纽带的行帮会馆逐渐产生。这些会馆皆设立会馆神灵，前者一般为“乡土神”，后者为“行业神”。当然后来也出现众神兼祀的现象。此外，民间乃至乡村相继出现各类型的“神明会”组织，以祀神为媒介。王日根在考察明清会馆时曾经谈到，会馆神灵是“会馆赖以生存的精神支柱”[①]。其实，作为建立在相同神灵信仰基础上的民间组织，神灵信仰在相当长一段时间内是上述组织的精神支柱。乡土神连接着乡情，行业神凝聚着行规，乃至各类型神会皆将组织的创设与宗旨依附于神灵之上。可以说，这类组织更易于建立一种信仰共同体：尊奉共同的神灵信仰，有着趋近一致的共同体意志。

演戏酬神是信仰共同体最基本的仪式展演，地缘、业缘或其他类型的神会组织成员，通过仪式展演，获得身份认同。因此，赛会酬神对于组织内各成员之日常，以及组织的建构和维系而言尤为重要。相较而言，其醵资形式更容易形成规范性约束。如南部县后街商户在合符寺设有灯山会，每年集会募化香钱燃灯敬神，会内无流资，每年皆与仓颉会联合举办。两会各有分工，灯山会负责找札灯山，而仓颉会则负责唱戏酬神[②]。嘉庆元年，巴县《腴染绸绫布匹头绳红坊众艺师友等公议章程》规定，会期祀神，“凭众公派，每人抽取厘金钱五百文，不得

① 王日根：《明清民间社会的秩序》，岳麓书社2003年版，第218页。

② 四川省南部县衙门档案，档案编号：21-889-5。

推诿”①。此“厘金”并非官府“戏厘捐”，形式上却与之相类。不过，民间组织中比较常见而成熟的会资筹集，还是有着经济效益的经营性形式：生息与置产。生息制通过掌放流银以获取稳定的利润；置产招佃则以购置田产或房屋、铺面收取租金（谷）等。二者皆以筹集神戏资费为前提，但在经营过程中，逐渐超越了戏资的范围，成为组织谋取经济利益的资本。

生息 明清以来，伴随着城市经济的发展，民间的借贷生息活动悄然兴起。如明清的徽州建立在平等、自愿、互助基础上的祭祀会、经济会、公益会、娱乐会以及文会等会社，以会为主体，设置会首，对会产、会资予以生息经营非常普遍②。在清代的四川，这一现象逐渐兴起。康熙年间，民间组织生息之风已然出现。据巴县档案嘉庆二十四年七月十八日陈思明等禀状：“蚁情等祖父于康熙年间各捐分金在火神庙建设中元会，轮签值年，掌放生息，历今百载相沿数辈，并无异紊。”③由此上推百年，可知康熙年间该会即已成立，并开始采用生息的方式。乾隆年间，生息祀神演戏更为普遍，荣邑“惟于庙上各立头人集会生息，为酬神酒食之费”④。涪州文昌会“春秋继文庙祀之，州人又存有生息银两百余金，每岁二月初三日神诞，首事人收息演戏恭祝”⑤；安岳文昌会“每遇诞辰，醵金诣祝，以其余出贷入息，如是者有年。约得钱三百余金”⑥。乡村的神明会组织也开始效仿。道光年间，三台县新鲁镇平基寺牛王会向乡民募化底谷，“交首事掌管，

---

① 四川省档案馆、四川大学历史系编：《清代乾嘉道巴县档案选编》上册，四川大学出版社1989年版，第236页。

② 刘道胜：《明清徽州的民间资产生息与经济互助》，《史学月刊》2013年第12期。

③ 四川省档案馆、四川大学历史系编：《清代乾嘉道巴县档案选编》下册，四川大学出版社1996年版，第56页。

④ 〔乾隆〕《荣县志》卷1《封域志》，《南京大学图书馆藏稀见方志丛刊》第163册，国家图书馆出版社2014年影印本，第333—334页。

⑤ 〔乾隆〕《涪州志》卷7《祀典》，故宫博物院编：《故宫珍本丛刊》第216册，海南出版社2001年影印本，第230页。

⑥ 邹长濬：《重修文昌宫记》，载道光《安岳县志》卷4《学校（下）》，《中国地方志集成·四川府县志辑》第24册，巴蜀书社1992年影印本，第503页。

生息积至数年，谷石倍昌，实难管放。以谷易钱，便于管理。时逢会期，以其余积演戏酬神”[①]。乡民交不出银两，初以谷物为会底，以此掌放生息。但谷物不易管理，此后才将底谷换为底银，作为生息银两，也体现出乡村神明会的特点及其早期的经营意识。

入川的移民团体在无力修建会馆的情况下，多选择醵金生息方式，累积会产，以待日后兴建会馆。南部县档案中有一份同治七年林祈寿状告刘才辉霸吞会银的供词，据林祈寿称其原籍为广东，先祖于乾隆年间移民四川，在治属神坝场贸易，“邀集乡亲三十四人各出银五十两掌放生息，有五六千两之谱。除在道光年间建修南华宫费用不计外，剩银二千余两”[②]。该会大概以 2000 两会银起家，经过数十年的掌放生息，到道光年间增长了两倍，修建南华宫后还余 2000 多两。这一方式为移民祀神提供了保障。而此处所集生息银两，从一开始就有明确的盈利目的，以解决无力建立会馆的问题。“祀产生息是保障社会成员互助合作的重要手段”[③]，通过互助合作，最终达到了团体共同的愿望。

置产 划定祀田，设置庙产是官府祭献费用的一大来源。如安岳城隍庙早于康熙年间即修有戏楼，乾隆《安岳县志》载有姚孔鏞的《置买城隍庙常住田记》，“因访得城东七里许邓方伯田地一段，计水田可下种一石有奇，急欲售人。山之巅古有白马庙、欧家庵，可为城纳副舍，山林幽僻，适与庙称。……今而后正祀明神永有焚献之资，苦行禅僧，不受冻馁之累”[④]；道光年间，犍为知县王尚锦在重修犍为龙神祠后，谕令“每年取租谷二十石零五斗，除十四石外，六石五斗

① 三台《积合碑志》，转引自何光涛：《四川戏曲碑文述考》，《戏曲研究》第 93 辑。

② 四川省南部县衙门档案，档案编号：6-490-4。

③ 刘道胜：《明清徽州的民间资产生息与经济互助》，《史学月刊》2013 年第 12 期。

④〔乾隆〕《安岳县志》卷 8《政事部》，故宫博物院编：《故宫珍本丛刊》，海南出版社 2001 年影印本，第 208 册，第 180 页。

以为庆祝演戏之需”①。与之相应的，乾、嘉以降，各祠庙、会馆等“神明会”组织，开始设祀田、街铺、房屋招佃，收取佃租，用于焚献演戏。“蜀民多侨籍，人犹怀其故土，往往醵为公产，建为庙会，各祀其乡之神望，有若其地名宦乡贤，犹存祀典遗意”②。乡村庙、会所置产业，以经营田地招佃为主。2007 年绵阳市龙门镇出土的嘉庆年间“牛王祀田碑”，刻有《牛王祀田碑记》，该碑记反映了乡民捐资牛王胜会置买产业招佃的过程：

今我左绵西二里回龙观古刹，设有牛王胜会，历年祭祀不忒。惟是演戏，未免歉乏。凡我同人久有襄积之举，因众志不一，其事未果。今偶遇□姓之业售卖，自请中证，向会内人等说合承买。奈会资不敷，故复邀集二三里同人踊跃捐金，其资得及。幸逢我皇上爱民之心，将先年碾用信牌社仓谷石价银，颁行给领。众议散之不足以润家，积之不足济公，莫若凑合承买此业，诚为一举两得之便。众即眼（跟）同粮户等踩明田地、堰塘、房屋、竹木等项，四至定界，共成价银三百零，载粮银七分，过□在卷，而粮户即行修作社仓，以备荒年，以（贮）备□得所。而（会）首必虽每年公议，轮流经营，不得霸当，以效前尤。而牛王会首既有祀田，以便招佃，居住房屋耕种。会首仍是一年一替，经管租谷，以备培补祭祀演戏之需，不得任意浪费支消（销）。至于四至各项条例，另行开刻。自今而后，庇神庥而昭神化，民无饥馑之嗟，室有盈宇之庆。事竣勒石，永垂不朽云耳。③

---

① 王尚锦：《重修龙神祠记》，载民国《犍为县志》之《建置》，《中国地方志集成·四川府县志辑》第 41 册，巴蜀书社 1992 年影印本，第 106 页。该碑记作于道光十二年，王尚锦时为犍为知县。

② 〔民国〕《资阳县志稿》，《中国地方志集成·四川府县志辑》第 26 册，巴蜀书社 1992 年影印本，第 737 页。

③ 该碑记曾附于张一楠《绵阳龙门镇牛王会起源考》（《绵阳师范学院学报》2014 年第 3 期）文后，惜未附捐资名单及数额，笔者于 2015 年夏前往绵阳龙门镇重新考订文字及相关信息。

碑记落款为“嘉庆十五年岁次庚午十月初一日吉旦立”，后附有捐资名单及账目，共53人，捐资数额不等，多则二千文，少则二百文，共计捐资33520文。该碑记显示：①牛王胜会已设有多年，每年在回龙观酬神，但因会资匮乏，“惟是演戏，未免歉乏”；②往年早有襄积之意，但因意见不统一，并未如愿；③会内原本留有微薄会资；④所置产业包括田地、堰塘、房屋、竹木等项，用于招佃耕种等；⑤会首轮值，一年一换；⑥会首经管租谷，“以备培补祭祀演戏之需”，这是专款专用，不得作其他开支。据此可知，牛王会多年来酬神赛戏，往年虽有心襄积置产，但并未成功。对于一般平民而言，毕竟要从口粮中节约，所以遭到反对。此次之所以能达成一致，是因为官府“颁行给领”“社仓谷石价银”，才有了会底。故其目的非常明确，所收“租谷”专门作为庙观培修及酬神演戏之用。

在赛会所需租谷的具体数额上，道光年间成都市金牛区天回镇金华寺《新建乐楼碑记序》或可作参考：“牛王一会，撝出租谷拾石；观音娘娘一会，撝出租谷拾石；文昌、药王一会，撝出租谷拾贰石，以为演戏之资”[①]，每会演戏约需拾石以上稻谷。根据赵冈等《清代粮食亩产量研究》，1839年成都附近的崇庆县亩产3石，1840年亩产2.4石，平均亩产2.7石[②]，那么举办每会实际需要4亩左右的祀田，而每年仅举办以上三会，则需要12亩以上祀田所收租谷。由此看来，其演戏耗资不在少数。在招佃收租方式上，有的将戏资单列出来，如南部县所藏吕祖会土地租佃文约（同治四年二十四日所立），凌云硐吕祖会土地分别以佃钱拾千文、八千文、六千文出佃，在文约后专门约定“若值演戏之年，让佃钱一千文，不演不让”[③]。吕祖会赛戏并非逐年举办，而各佃户届时需缴纳赛戏戏资，所以才有由吕祖会让佃钱的约定。

城镇之“神明会”，则以置买房屋、门面招租收佃为主。如乾隆年间，巴县

---

① 成都市金牛区天回镇金华寺《新建乐楼碑记序》，该碑立于道光二十年（公元1840年），载戴德源辑录：《四川戏曲史料》，1986年内部刊印，第80页。

② 赵冈等编著：《清代粮食亩产量研究》，中国农业出版社1995年版，第40页。

③ 四川省南部县衙门档案，档案编号：6-230-5、6230-6、6230-7。

三楚会首置买储奇厢地基，建房招佃，收租钱以作每年会馆二月初八日、六月十四日演唱神戏之费[①]；道光年间，福建会馆设积义会“置买街房，收取租银，以供祭祀焚献之需”[②]；江西客民于万寿宫公置铺房招佃收租，“供祀典焚献”[③]。另有招佃收租，同供数会的现象。道光年间，江西商人在巴县万寿宫设永莲会，并分设有关帝真君、雷祖、中元各会，“原置有朝天坊正街铺房一座，放佃收租，以作每年四会庆祝之需”[④]，四会庆祝，均赖铺房收租，其租金收益当为可观。因房屋佃租多为事后缴纳，所以，房屋收租有时并不顺利，赊欠现象非常普遍，巴县衙门中保留了很多这类诉状。因此，有的帮会组织打算“另谋出路”，如湖南茶陵州人于乾隆年间迁至巴县后，结成移民组织“茶帮”，共同捐资置买房屋一院，有散房20余间，“佃纳租作禹庙、盂兰关帝、财神庆演费用”。而到道光年间，“茶帮”中部分成员认为招佃难于收租，故另置田产收租谷“作敬献之需”，并将原房屋出售，但却招致其他成员的不满[⑤]。尽管如此，对于城镇的商帮行会而言，房屋铺面招佃仍然是他们赚取会资的首选方式。合川涞滩文昌会则同时购置房屋和田土招租，“暨同治壬戌岁置买柳姓田业二□圻，价值三百余金，其有先年得买新老两场谭杨二姓街房园土，于咸丰年间已付。紫云宫首事招佃，每年纳租以作文昌帝君焚献”[⑥]。

实际上，有条件的民间组织，往往招佃与生息并举。如南部县民项正祥等邀集“附近十姓共齐牛王会，原无流资，每年十月初一日各出钱百文办会敬神。迨会内罚钱两串起议，民父充当总管，经放罚项生息，置买田地招佃”[⑦]。该会所

---

① 四川省档案馆编：《清代巴县档案汇编（乾隆卷）》，档案出版社1991年版，第267页。

② 四川省档案馆、四川大学历史系编：《清代乾嘉道巴县档案选编》下册，四川大学出版社1996年版，第67页。

③ 同上。

④ 同上书，第60页。

⑤ 同上书，第68页。

⑥ 合川涞滩《修建文昌宫碑记》，该碑文于同治五年刻于文昌宫大殿左侧墙壁上。黄理编著：《涞滩石刻》，重庆出版社2012年版，第166页。

⑦ 四川省南部县衙门档案，档案编号：12-830-1。

集，原出于祀神的目的，并无醵金生息的打算，但后来会内有了罚金，始起议生息，进而置买田地招佃收租，会产得以不断壮大。南部县文生赖作桢、徐希勉等人先祖曾于东路崇教乡西江寺伙积清醮会，“积流资放账，置产生息，以作酬神演戏各费”，到光绪二年会首更换时，存会银四十两、钱二百余串，每年佃钱一百四十□串、米一石二斗[①]。刘沅记其乡双流南八里，从乾隆五十八年起积有文昌会，“醵金生息历有年所，至道光二年买田二十六亩于白塔之阳，岁收所入以祭文昌，余则存之”[②]，先通过醵金生息有了一定积蓄之后，再置买田产，当为一些组建之初财力并不丰裕的民间组织的发展路径。行会也如此，巴县储奇门整容行（即理发行）于咸丰乙卯年七月十三日所议行规曰：“今特邀集同人在事公议，不论有无私会，总归同公会输，不至会期冷落。凡在储奇党开设门面或佃摊子，每年出香□钱一百文积存神前，子母生息，置买房屋，以留后世，香火永远。每逢会期，齐集至庙公算，永杜私弊，庶尤紊乱之理也”[③]。或许是刚刚成立，会资不足，所以该行会规定每年需出香火钱。

据此可见，自康熙后期以来，民间神明会组织开始尝试以生息银两和置产招佃筹集赛会戏资。生息银两类似于早期的融资借贷，置产招佃以收取田租、房租盈利，具有一定的经营性目的。无论是生息还是置产，其初衷皆以解决祀神演戏的资费为前提，皆建立在共同信仰的基础上，体现出信仰共同体的特征。然而，通过以上分析，我们发现，这两种方式属于民间资产的经营模式。虽然其出发点是通过经济互助达到酬神的目的，但是一些神明会在运作这些资产时，已不限于酬神之用。或用以建立会馆，或用以存为会产，或用以添置房屋。从目前的史料来看，尚未见有赢利分红的证据，不过，这种通过聚资盈利累积的会产，其成员

① 四川省南部县衙门档案，档案编号：12-256-3。

② 刘沅：《文昌祀田碑记》，载《槐轩杂著》卷2，《清代诗文集汇编》第491册，上海古籍出版社2010年影印本，第62页。

③《储奇党长生会公议成规》，载四川省档案局编：《清代四川巴县衙门咸丰朝档案选编》第九册（司法类二），上海古籍出版社2011年影印，第415—416页。

皆视之为当仁不让的一份子。因此，会资的盈利经营一定程度上将信仰共同体转化为利益共同体。而这一利益共同体的转化，可以说在为维持赛会之秩序建立稳妥的醵资方式的同时，也埋下的隐患。

二、末世隐喻：会资筹措机制的解体

道咸以降，民间风习日转浇漓，奢靡、好利之风蔓延。建立在传统伦理观念上的民间组织开始土崩瓦解。同时，受传教士的影响，民间的教民群体日益庞大，使传统的宗法观念受到巨大的挑战。内忧外患、财政乏力让清政府举步维艰，庙产、戏厘及民间组织的会资逐渐受到官府的多方侵占甚至巧取豪夺，基于民间赛会组织的传统戏资筹集机制面临解体，赛会秩序遭遇空前挑战。

1. 侵占与抗缴：民间赛会组织内外的失序与会资流失

民间赛会组织一般采用“会首”制进行管理，“会首的对内职责是监理会馆的一般事务，如章程的制订、祭祀的主持、银钱的收支、馆产的管理、内部纠纷的调处等等；对外的职责是代表会馆去跟官府或其他团体交涉谈判等”[①]。会首掌管着“会资”“会产”，负责会内的日常事务管理。由于缺乏有效的监管，在利欲的驱使下，逐渐出现会首利用职务之便侵吞会资、会产的现象。受民间社会奢靡趋利之风的影响，这一现象在嘉、道以后变得非常普遍，衙门档案中此类诉讼陡然增加。如南部县城隍会按定例，由上、下码头各演戏一本。光绪三年，河下会首王子仲、吴登禄等收吞会钱，会期已逾，却“抗不缴出唱戏之人”，上码头夫头不得不将此事告官，方使对方退钱了事[②]。收了戏资归为己有，并不请人唱戏。

---

① 陈会林：《地缘社会解纷机制研究——以中国明清两代为中心》，中国政法大学出版社2009年版，第250页。

② 四川省南部县衙门档案，档案编号：7-393-5。

与此明目张胆地霸占相比，有的手段则比较隐蔽，如光绪十五年正月二十九，丰都垭何家美、何传清、传刚同会首胡明海藉化会资演唱清醮会戏，仅在账簿上注户名，而不注明具体账目[①]。以上案例仅为侵吞临时性的戏资，其影响及成员损失并不大，发现后也能通过诉讼而弥补。

相较而言，霸当会首，侵吞会资行为对于组织的破坏则更为严重。西江寺清醮会为邻里之间所建之神明会，以此积资放账，置产生息以作敬神演戏之费。光绪二十年，赖作桢等状告冉天和、蔡丕周、张好俸等接充会首后，霸卖会业阴地二穴，兼当会业，私吞会资二千余金，又拒不算账，不交出会首之职[②]。又如，南部县城外前街，湖广籍同乡组织建修禹庙，积有流银，置铺出佃收租作焚献之资。江元和于同治十二年充当禹庙会会首后，账目含混，独霸公铺，滥用私吞会钱一百余串、外银二十两，被人质疑后，反而恶人先告状，将该组织另积的张王会首陈世礼等告到官府[③]。即使是同族之组织，也面临着同样的问题。在南部县衙门档案、巴县衙门档案中，藏有很多"清明会"会首侵吞会资的争讼。有的为了尽可能避免这种危害，则将会资分为若干股，分别保存，这一定程度上规避了会首独霸会资的现象，但也难免各股挪用会资。如谢氏一族在望月庵积火神会，其会资分四股各存簿据，每年酬神演戏再"伙出开支"，但光绪二十五年四月十八日戏毕后，谢应瑞却无钱支销[④]。很显然，派存于谢应瑞的会资已被他挪用。可见，仅仅依靠道德约束建立起来的民间赛会组织，在风俗浇漓的晚清社会，廉明奉公早已被会首抛之于脑后。会首之职为满足私欲打开了方便之门，成为一些见利忘义之徒藉公肥私的绝佳机会。如果他们将会内若干年积攒的会资"毁于一旦"，对于这个组织而言是致命性的。种种迹象表明，基层组织面临着空前的信任危机。缺乏有效的监督，使建立在信用基础上的民间组织出现难以愈合的裂痕。

---

① 四川省南部县衙门档案，档案编号：10-333-1。

② 四川省南部县衙门档案，档案编号：12-256-2、12-256-3。

③ 四川省南部县衙门档案，档案编号：7-86-1、7-86-6。

④ 四川省南部县衙门档案，档案编号：19-46-1。

与此同时，会资、佃银的收缴也日益困难。如董致祥曾于道光二年佃巴县真君会铺面，但道光八年董闭铺潜逃，欠真君会佃银四十余两，致使其“香火虚悬”[①]；道光十一年，巴县严肇修承佃万寿宫财神会房屋后，因倒欠客账银两而躲匿起来，拖欠佃银三百两[②]；道光十五年，刘德芳佃江南公所征州会铺面后，故意埋吞，拖欠佃银百余两，致使“神祀无奉”等。佃资难以收齐无疑对会内祀神演剧等正常开销影响不小，尤其是原本会资不丰的组织就更是捉襟见肘。甚至在清末出现集体抗缴佃资的行为，南部县文昌宫、桓侯庙祭神之费则是额外向佃户收缴，但光绪二十七年春向佃户征讨时，佃户皆推躲不给，执事无奈只得挪用会资祀神，待桓侯庙请祭前再行催缴，佃户仍然置之不理，只得求助于官府[③]。综上民间组织有关会资的各类诉讼，其实是民间社会组织内部失序的直观显现。组织内部的失序，从某种意义上，与外部社会之变迁与动荡不无关系。

教民不纳戏份，当是晚清民间社会中对传统宗法观念冲击最大的事件。随着天主教、基督教在民间的广泛传播，到晚清之时，在民间形成了一个身份特殊的群体。他们生活于传统社会之中，却因奉行洋教，又游离于传统社会之外，“教民不祀祖宗，不纳戏份，既违背中国固有的传统，又疏离现实的村社生活”[④]。这种违背传统观念的行为，自然会引发普通民众的不满。教民不纳戏份的特权，成为晚清民教冲突的导火线之一。其实由于西方传教士的压力，有官员主张除了作为乡民应当承担的差徭义务外，迎神赛戏的摊派应当尊重教民的意愿：“该教民如仍肯摊派，欲取和乡里，自无拒绝之理；该教民如不肯摊派，乃其心存不愿，亦未便强其必从。惟修桥补路，填坑挑河，以及编查保甲，看守青苗，凡乡

---

① 四川省档案馆、四川大学历史系编：《清代乾嘉道巴县档案选编》下册，四川大学出版社1996年版，第60页。

② 同上书，第62页。

③ 四川省南部县衙门档案，档案编号：15-553-1。

④ 邓常春：《晚清教民的尴尬身份：“二毛子”、另类百姓、大清子民》，《西南民族大学学报》（人文社科版）2006年第5期。

里一切守望常规，并例有差徭，皆民间分所当为之事。”[1]然而，民众似乎无视这一官府之谕令。所以，即便官府一再申令，民众却对此置若罔闻。光绪十九年三月十二日，教民会长李学正在禀文中提到，南部县邑的清醮会仍然向教民征收会资，甚至“稍有不出，动辄恃众凶辱，浮言谤教，妄生事端，每将瘟船神像抬来教民门前，乘机估拿，不许贸易，任意吓诈”，所以他请求官府再行示谕禁止估派会资等[2]。随后，在三月十八日，南部县令袁用宾果然出示谕令：“照得酬神赛会，不得派及教民，各宜安分守法，以免藉事混□，有犯定即严惩，毋得自外生成，谕尔军民人等，务各一体凛遵。”[3]由此可见，向教民估派戏份在民间非常普遍，李学正在禀文中还提到苍溪因此而酿成命案。这充分体现出民众对于教民群体的敌对态度，而迎神赛会则往往成为民教冲突的导火线。

光绪二十七年二月十六日，阆中县数百人以祈雨为由，锣鼓喧天，口诵《华严经》，成群入城，沿途需索香资，向天主堂估化祈雨香钱，打毁柜台、门窗等。显然，这次暴动是受到义和团运动的影响而起事。因此，官府也不敢怠慢，川北道、保宁府、南部县在连续三个月内多次谕令，不得向教民征收“迎神赛会、演戏、祈雨各项香资”，并要求将告示遍贴各处[4]。翌年，署南部县令邓元鏸又出示晓谕：

> 调署南部县正堂邓全衔为示谕事，照得民间酬神演戏、醮会等事，原应各听其便，凡教民既不入会焚献，即不得估令出钱。久经立约通行，叠次示谕在案，合再示谕，为此示仰县属绅民人等一体知悉：嗣后遇有酬神演戏、醮会等事，教民既不入会焚献，该会首人等即不得估令出钱，致违约章而滋

① 中央研究院近代史研究所编：《教务教案档》第一辑，中央研究院近代史研究所1974年，第720页。

② 四川省南部县衙门档案，档案编号：11-871-1。

③ 四川省南部县衙门档案，档案编号：11-871-2。

④ 四川省南部县衙门档案，档案编号：15-555-5、15-555-8、15-555-11。

争竞，各宜凛遵毋违。特示。[①]

教民不纳戏份是教民享受的特权，但这一特权却破坏了既有的秩序。就戏资而言，酬神演戏，纳供戏份，乃天经地义，也是民间约定俗成的规约。一旦化身为教民，却可不再受此约束。甚至有的教民不纳戏份，却照常看戏，正如苏萍所言，“发生的民教冲突固然有平民因教民不纳费用平民必须多摊而嫉恨教民所致，关键还是在于教民以维护信仰的纯正性为由不出戏资，却照常看戏。这种无赖、占人便宜的心理无疑是小农经济形态的反映。再如地方干旱，设坛祈雨，幸获甘露则民教一体均沾，都令平民不能容忍，为此引发的教案不在少数”[②]。因为缴纳戏份，参加迎神赛会，不仅仅是一个简单的民间信仰活动，实际上是传统社会结构的一种象征。醵金酬神既是民众的主观意愿，更是民众作为村镇居民、宗族成员或其他组织成员应尽的义务。迎神赛会使社区或组织的民众形成共同体意识，而个体也在共同体中获得身份认同。不纳戏份显然违背了共同体原则，背离了传统社会结构的约束规范，必然遭到民众的反对。由此，传统社会中形成的迎神赛会聚资机制，因组织内外的失序遭遇前所未有的挑战。

2. 国家干预：私产与公产之争

晚清以来，清政府处于内外交困之中。各项开销日益加大，致使国库亏空，财政赤字，地方财政更是被洗劫一空。民间组织所积之会资、庙产及会馆经费，成为官府觊觎的对象。

在军费、赈济、警费等公务开支上，官府早就打起了征用会资、庙产的如意算盘。同治年间，回汉矛盾激化以及“捻回合势”的反清运动，使陕甘地区军费吃紧。为解决国力空虚、军费不敷的难题，不得不寄望于其他途径弥补，陕西同乡组织——陕西会馆的会底银两首当其冲。根据南部县档案保存的一通同治七年署陕西巡抚刘典转往四川总督的公文。同治三年，当陕西回民起义撤入甘肃之

---

① 四川省南部县衙门档案，档案编号：15-957-1。

② 苏萍：《谣言与近代教案》，上海远东出版社 2001 年版，第 153 页。

时，陕甘护督恩麟曾奏请借抽四川各属陕西会馆的一半底银解充甘肃军饷，且已派员前往办理，只是转给四川总督骆秉章的文牍中，误将陕西会馆写成陕甘会馆。而据骆秉章查实，四川只有供官员宴会的陕甘公所，且并无会底银两，此事也就不了了之。同治五年，西捻军入陕与回民义军联合返陕作战，再掀反清高潮。在此背景下，同治七年，候选知县倪墉五、吕蓝翎，候选吏目杨成钰、监生张肇龄等联名禀文："陕省军务吃紧，饷项维艰，筹划大不易，若不早为设法长久之计，难资士饱马腾。查四川各属旧有陕西会馆，每馆会底银两成千累万，生息甚繁，年作演戏酒席之费，以有用之财作无益之戏。该商桑梓多事，毁家纾难，分所应尔，与其彼宴乐之余资，何坊权济枵腹荷戈之急用，以公办公，诚为两便。"于是，陕西巡抚刘典函请四川总督帮助"确查共有陕西会馆若干处，各馆共有会底银若干两，约可抽借银若干，应如何委员劝借"[①]。南部县保留的这份档案，就是由总督崇实通饬全省的文告，该文经川北道，再发至南部县，可知其核查工作已然启动。以上事例中，陕甘有乱，官府则拟议提取四川的陕西会馆会底流银，而未言及其他会馆，可见在官府的观念中，虽然在川的陕西会馆仅仅是民间商帮组织，但商帮及会馆之产业仍属陕西"管辖"之范围，其产业有一定"公产"的性质，所以才有战时借用之议。正是在此观念之下，祠庙、神明会之产业才不断遭受"借用""征用"之灾，走向了"破产"的不归路。

在官府无力赈灾时，会资庙产也成了补给之源。南部县一通光绪二十三年的档案显示，当时征集城乡庙宇、会馆等项费用赈灾救荒几成定例："此项（指庙宇、会馆之庙产）捐收银钱，除灾区现办赈济者留作本境散放粥米，并救荒善后之策，以及施制医药预防疾疫等用，其余均解交省城振捐局，掣取回文，该局亦汇报院司备拨。此非私财可比，况只取有余，以补不足。即减其燃灯、演剧诸费，而以拯饥救困，必为神之所福，而非苦人所难，自不应稍涉推吝。该州县等务将捐数分别榜示通衢，勿许保约书胥稍有弊混，至于庙会租息微薄，僧道仅能

① 四川省南部县衙门档案，档案编号：6-1-1。

自给者，亦勿庸强令稍助，致涉苛扰。切切勿违。”[①] 因为庙产、会资乃至燃灯演剧等费用不是私财，可以随意征用。虽然表述有着诸多的“体谅”之词，但征收之事却不容置疑。此外，该档案还专门对保约书胥的行为进行约束，说明当时的保约书胥借公家之便，侵吞庙产会资的现象已经比较普遍。官府上下，甚至基层役吏都盯上了这一笔并非官府的“公财”。

庙产、会产系“公财”或“私财”，均在于官府如何认定而已。宣统元年成立的四川省咨议局，重新将此类财产视为“私财”，明言不得随意侵占：“私人醵资成立之各会，即为私人团体之财产，与各个人所有之产业无异，原非公款公产可得相提并论。”[②] 但这一认识并未达成共识，也并未能得以实施，不过一纸空文。就在咨议局成立前后，金堂、蓬溪、纳溪等处自治研究所就提取庙会庙款或城隍会戏资。宣统二年，南部县设立乡警，由于警费匮乏，即有提取各场戏厘之议。翌年，经南部县巡警署警务长禀呈县令伏衍羲，决定“自本年闰六月初一日起，所属各场及各保、各甲，凡演戏处应由该镇选派巡警查收厘钱，助资警款。但收厘捐票仍由本县巡警署刊发。上月收厘若干，下月并将标根汇缴，以备查考”[③]。很显然，在“公产”的共识之下，官府已将会资、戏厘作为弥补财政亏空的主要来源，庙产兴学成为摧毁戏资筹集机制的最后一根稻草。

清政府推行教育改革，但仅仅出台政令，责令各地方财政自筹经费。“庙产兴学”的提出，主要是解决教育经费不足的问题。康有为、张之洞等先后提出有关“庙产兴学”的举措，得到了光绪帝的首肯。光绪二十九年，《奏定学堂章程》规定：“各省府厅州县，如向有义塾善举等事经费，皆可酌量改为初（高）等小学堂经费。如有赛会演戏等一切无益之费，积有公款者，皆可酌提充用。”[④] “初

---

① 四川省南部县衙门档案，档案编号：13-911-1。

② 隗瀛涛、赵清主编：《四川辛亥革命史料》上册，四川人民出版社 1981 年版，第 81 页。

③ 四川省南部县衙门档案，档案编号：22-579-1。

④《奏定初等小学堂章程》之《立学总义章》第五节；又见《奏定高等小学堂章程》之《立学总义章程》第四节，载《张百熙集》，岳麓书社 2008 年版，第 141、158 页。

等小学堂现甫创办，可借公所寺观等处为之。”[①] 明确提出将赛会演戏费用纳入教育经费，而庙产成了可随意占用的公产。实际上，此所谓庙产，并不只限于寺庙的资产，还包括会馆、祠堂以及民间所积神明会等会产[②]。而早在光绪二十四年（1898），四川学政吴庆抵通饬各府厅州县变通书院章程，“蜀中不乏可造之才，地方尽有可筹之款，如一州县中赛会演剧诸浮费，应行禁止者，悉劝谕改归学堂正用。化无益为有益，其功最巨，其效至宏，不宜狃于习俗，聪任虚縻也”[③]。庙产兴学的实施，是对会资、戏资的一次大范围搜刮。本来，在晚清以来各级官府和土豪劣绅的巧取豪夺之下，该类会资早已残存不多，而“庙产兴学”的推行，更使其难以为继。光绪二十一年，南部县令为筹迎春大典，谕令湖广、江西、陕西、福建四省客总置办社合庆贺，但四省客总称此前社合置办之费为斗行支给，并以迎春大典时值“天寒地冻，历无社合庆贺”、“生等虽充客总，仅管会务，无款可筹”等缘由相推脱[④]。按常理，参与迎春大典是各省客民“斗富”的机会，但是从以上言词来看，各省客民均有推托之意，这应与会资短缺和公差从中谋利有直接关系。

由此可见，民国所修方志中，所谓“光绪中，或提作年赈，或提作学费，会戏遂废”[⑤]，“城镇乡神会旧有基金，年必演戏多日，清末提作学费”[⑥] 的说法，殆非虚言。民国《德阳县志》更是对此不无感慨：“又有药王、衙神、火神、龙神

---

① 《奏定初等小学堂章程》之《屋场图书馆具章》第十一节，载《张百熙集》，岳麓书社 2008 年版，第 156 页。

② 参见梁勇：《清末“庙产兴学”与乡村权势的转移》，《社会学研究》2008 年第 1 期；徐跃：《清末庙产兴学政策的缘起和演变》，《社会科学研究》2007 年第 4 期。

③ 朱有瓛：《中国近代学制史料（第一辑）》（下册），华东师范大学出版社 1986 年版，第 164 页。

④ 四川省南部县衙门档案，档案编号：12-423-2。

⑤ 〔民国〕《续修涪州志》之《信仰民俗》，载丁世良、赵放主编：《中国地方志民俗资料汇编·西南卷》上卷，书目文献出版社 1991 年版，第 243 页。

⑥ 〔民国〕《资中县续修资州志》卷 8《风土志·习俗》，《中国地方志集成·四川府县志辑》第 26 册，巴蜀书社 1992 年影印本，第 193 页。

诸庙，及县城市镇之各省会馆岁时演戏，皆有常期，以庆祝各神诞辰。自清末提神会兴学校，神戏渐稀，至田军建筑马路，又加整理，两次提售，已将全县会产、僧产变卖净□，各寺庙已□半住持无人，钟磬绝响，除营业之剧院外，更无菊部之管弦可闻矣。”①

综上，迎神赛会这一传统民间社会秩序的象征，在晚清的乱局中，也未能幸免。在传统社会中建构起来的赛会醵资方式，隐含着民众对官民关系、社群组织、人神秩序的基本认同。醵资赛会，是传统社会赋予民众的权利和义务，这是民众与神灵、民众与官府、民众之间的约定与共识。就这个意义而言，迎神赛会已经超离了信仰仪式固有的功能，成为传统伦理社会中秩序稳定的符号。这个符号以儒家伦理为内核，以官民和谐、社群和谐为表征。然而，晚清社会伦理崩塌，暴乱频仍，末世之兆尽皆显露无遗。赛会戏资筹集面临着民间组织的崩坏、传统社会结构的解体、官府与刁民的多方掠夺，反映了封建王朝所依存的统治体系的颠覆性坍塌。如此，赛会戏资的遭遇，或可视为这一末世的隐喻。

第三节　袍哥与赛会秩序的重建

伴随着晚清政局之动荡，固有的社会秩序遭到颠覆性破坏，而依赖传统社会法则建立起来的赛会醵制体系也面临崩塌。在基层社会中，显现为士绅权势的转移和式微。与此同时，袍哥（哥老会）逐渐成为乡村社会的权威，发挥着秩序重建的作用。尤其是辛亥革命之后，作为秘密社会的哥老会进而发展成为近代四川

---

① 〔民国〕《德阳县志》之《风俗志·村市赛会》，《中国地方志集成·四川府县志辑》第22册，巴蜀书社1992年影印本，第49页。

民间社会最为庞大的基层组织，袍哥与军阀、地方政府在冲突中走向融合。基于此，基层社会的赛会秩序一定程度上得以重构。

一、袍哥与地方权力网络

迎神赛会作为基层社会的公共事务，从赛会的组织、资费的筹措到秩序的维护等等，无不牵涉到地方的权力网络。传统社会中，正是基于相对稳定的权力结构，为赛会秩序提供了保障。根据杜赞齐对乡村权力文化网络的界定："文化网络由乡村社会中多种组织体系以及塑造权力运作的各种规范构成，它包括在宗族、市场等方面形成的等级组织或巢状组织类型。这些组织既有以地域为基础的有强制义务的团体（如某些庙会），又有自愿组成的联合体（如水会和商会）。文化网络还包括非正式的人际关系网，如血缘关系、庇护人与被庇护人、传教者与信徒等关系。"[①] 杜赞奇在此谈到的乡村社会可能存在的巢状关系网，涉及官方的管理体系及民间各类基层组织。在个案研究中虽不能逐一对应，不过，这提醒我们在考察基层社会时，必须充分估量错综复杂的权力关系所产生的多重影响。

晚清哥老会的发展势头，已非官府所能控制。根据刘师亮的统计，哥老会自清代嘉庆十五年到宣统三年的 100 年时间，各省开山堂达到 36 个，四川有 17 个。其中，在光绪、宣统年间前，就开了 14 个[②]。而据尹恩子的考察，清末全国有 21 个省区发现哥老会踪迹，已知有 16 个省区开设的山堂数达 183 个[③]。然其统计的四川山堂仅有 1 个。显然，以上统计远未穷尽，不过也从侧面反映了开山

---

① ［美］杜赞奇：《文化、权力与国家——1900—1942 年的华北农村》，王福明译，江苏人民出版社 1996 年版，第 13—14 页。

② 刘师亮：《汉留史》，中外印刷公司 1935 年版，第 37—41 页。

③ ［韩］尹恩子：《清代哥老会山堂考——山堂组织的发展与等级结构的变迁》，《清史研究》2010 年第 1 期。

立堂现象已是遍地开花。考察袍哥与地方权力网络的权力转移，不能不注意袍哥成员的身份。本来，早期的袍哥大多数为无业游民，包括破产农民、失业手工业者、游散的兵卒以及挑夫、船民、小商贩、衙役等下层民众，他们处于“被抛离于传统结构之外”①的底层世界。然而，随着袍哥组织的发展，在“袍哥能结万人缘”“上齐红顶子，下齐讨口子”的理念下，其成员数量急剧增长，成员身份也得到极大的丰富。随着国家权力的式微，乡绅群体开始寻求新的出路，“川省会党，名目繁多。初由不法匪类结党横行，续而绅富相率效尤，亦各立会名，以图自保”②。欲求自保，对这些士绅而言，最保险的方式就是“嗨”袍哥。役吏等基层管理阶层也被吸纳进来，“各衙门、局所、丁役、差弁以及不肖地保之中，殆莫不有会党之足迹”③。在光绪、宣统年间，重庆袍哥码头仁、义、礼、智、信五堂齐备，其中仁字包括豪绅、地主、富商大贾和知识分子，义字包括商人、衙门班头、书吏等，其他三堂以下层平民为主④。光绪末年，梓潼武秀才谢与同与绅士贺凤凰等组织哥老“保安公社”⑤。由此可见，在袍哥势力的冲击之下，原本存在权力真空的地方权力网络更是不堪一击：由县官—佐杂—保甲（客长、团正）等组成的垂直管理体系土崩瓦解。

梁勇在论及晚清巴县乡村权力转移时，强调了学董对乡村权力结构的改变：“作为乡村社会新的由政府委任的管理人员，同时还拥有对地方公共资源的掌管职责，学董的出现，打破了乡村社会原有的权力结构，势必会引起原来乡村社会

---

① 吴善中：《晚清哥老会研究》，吉林人民出版社2003年版，第260页。

② 隗瀛涛、赵清主编：《四川辛亥革命史料》（上），四川人民出版社1981年版，第134页。

③ 同上书，第135页。

④ 唐绍武、李祝三、蒋相臣：《解放前重庆的袍哥》，载《重庆文史资料》第三十一辑，西南师范大学出版社1989年版，第124页。

⑤ 马春林、蒲俊礼、刘长荣：《梓潼哥老简述》，载《梓潼文史资料选辑》第六辑（内部刊印），第51页。

话语权的掌控者，如神会首事、地方团保等权势集团的反弹。”① 这是从基层管理体制层面进行的考察，实际上，结合这一时段袍哥无所顾忌的活动，我们不能忽略活跃于乡村社会的袍哥在基层权力网络中的作用，甚至，在某些地方，袍哥已然居于这一网络的核心地位。袍哥走向乡村权力网络的中心，既是其组织壮大的必然结果，也与袍哥广泛吸纳士绅、商贾等有直接的关系。正是因为袍哥组织开放的发展原则，使袍哥易于获得乡村社会的认同；而士绅等传统权力网络中核心阶层的集体转向，也使袍哥组织顺利掌握了基层社会的话语权。

不得不说，辛亥革命对袍哥的发展注入了强心剂。同盟会很早就以联络袍哥作为要务，而为了便于发动，同盟会员也都加入哥老会，从而壮大了袍哥组织。在辛亥革命之前，依托哥老会，同盟会先后在1907年前后在四川泸州、成都、叙府、广安、乐山等起事，虽然最终都失败了，但同盟会和哥老会却进一步扩大了影响。保路运动和辛亥革命无疑是袍哥发展的分水岭。满清覆亡之前，袍哥仍属于“非法”的秘密组织，而辛亥革命之后，袍哥摇身一变，成为颠覆封建政权的功臣。借助同盟会员的金色外衣，袍哥行动日益公开化。如尹昌衡担任四川军政府都督之后，创立“大汉公”，将牌子挂在都督大门上，身兼同盟会支部负责人、四川都督及哥老会总舵把子。随后陆军部长周骏挂出“大陆公”招牌，参谋部挂出“大参公”招牌。短时间内，成都仅仁字号公口达到370多个，并由此在四川全境发展开来，公口林立②，其成员包括官吏、军阀、豪绅、地主、商人、知识分子、工人、农民、流氓、盗匪、兵卒等，成年男性大多都进入了袍哥组织。

入民国后的三十多年，是袍哥发展的极盛时期。然而，由于长期的军阀混战，以及抗日战争的爆发、国民政府的内迁、内战等因素的影响，四川袍哥势力的发展越来越复杂。袍哥势力已不能用简单的清水袍哥与浑水袍哥来区分，一部分与军阀、官僚、地主恶霸、土匪、甚至国民党特务等相互勾结，沆瀣一气；当然，也有一部分袍哥在抗日战争与解放战争中发挥了积极的作用。所以，虽然同为袍

① 梁勇：《移民、国家与地方权势——以清代巴县为例》，中华书局2014年版，第245页。

② 罗仕勤：《哥老会》，载《蒲江文史资料选辑》第9辑，1995年内部编印，第118页。

哥组织，却具有不同的社会背景，代表着不同的利益集团和政治趋向。袍哥以及袍哥活动，可以说是这一时期军阀弱肉强食、官府相互倾轧、恶霸横行乡里的缩影。“有地皆公口，无人不袍哥”[①]的拓展理念，使袍哥队伍无限扩张，甚至由于袍哥在地方的权威，即便未参加哥老会的地方人士也极力与之保持良好的关系。

表 4-1　崇庆县哥老会舵把子上层头目社会职务表[②]

上层头目姓名	社会职务	其他身份
黄润琴（唐安总社舵把子）	县参议长	曾任川军 28 军旅参谋长、 青神县长
黄润生（黄润琴兄弟）	县团防局局长	/
施德全	县参议员	青年党党魁、国大代表
王耀祖	县参议员	曾任川军 29 军旅长
姚心纯	牛皮乡乡民代表主席	曾任崇庆县县长
雷绍华	济民乡乡民代表主席	曾任专署参事官
黄光辉	/	掌握陈福安匪部 曾任川军 28 军团长
白绍昆	羊马乡乡民代表主席	/
陈子渊	道明乡乡民代表主席	/
张体仁	江源乡乡民代表主席	掌握陈明武匪部
朱海帆	三江镇镇民代表主席	掌握李泽如匪部
胡仲德	县参议员、银行经理、 商会会长	/

据上表可知，唐安总社总舵把子黄润琴以县参议长的名义，将部分乡镇的乡民代民主席、县银行经理兼商会会长统属于自己的袍哥组织之内。同时，作者还罗列了 35 个乡镇长的姓名，他们几乎都兼任各乡镇哥老会的头目。由此，唐安总社事实上成为了政府行政体制之外的另一套管理体系，而且把持着行政、财

① 谢宗国：《江津的袍哥》，载《江津文史资料选辑》第 5 辑，内部编印（未标注编印时间），第 156 页。

② 袁瑞麟、周硕才：《概谈崇庆县哥老会》，载《崇庆文史资料选辑》第 1 辑，1983 年内部编印，第 98—99 页。

政、防务等地方的主要权力，成为兼具官僚、军阀、绅商、袍哥等诸多身份的名副其实的地方霸主。虽然像黄润琴这样在全县“一家独大”，建立强大权力网络的现象实为个案，但是这充分揭示了官僚、军阀、商人、士绅等具有一定社会地位的地方头面人物，无论是主动选择还是受到威逼利诱，大都以加入袍哥作为最终的归宿。袍哥身份超越其他社会职务成为他们在社交场合中的标签，具有更广泛的识别度和认可度。

二、袍哥与迎神赛会秩序之重构

袍哥与迎神赛会的关系，可以追溯到袍哥的早期活动及其神灵崇拜上。如前所论，清廷及地方官府对于迎神赛会的禁饬，大多是为了避免流民暴动以及秘密社会组织的活动。从袍哥的前身啯噜到哥老会初期的活动轨迹来看，迎神赛会是他们主要活动场所。当然，此时的袍哥，并非赛会秩序的维护者，他们是赛会秩序乃至地方秩序的破坏者，“好勇斗狠”是袍哥的标签，赛会恰恰为他们从事各类“非法”活动起了掩护作用。

吴善中说：“‘互助救援、互济贫乏’是哥老会的长期组织目标。哥老会实质上是一个以游兵散勇为主体的被抛离于传统社会结构之外下层民众的互助组织。”[①]但实际上哥老会已远远超出了互助组织的范畴，他们歃血为盟，建立了一种有神灵鉴证的“拟血缘”兄弟情谊，有着一定的组织规则甚至政治目的。袍哥效仿历史上义结金兰之故事，以“烧三把半香”的仪式标榜与约束[②]。义薄云天

① 吴善中：《晚清哥老会研究》，吉林人民出版社2006年版，第260页。

② “三把半香”说法略有不同。王纯五《袍哥探秘》（巴蜀书社1993年版，第46页）说第一把香为羊角哀、左伯桃生死之交；第二把香为刘、关、张桃园三结义；第三把香为水泊梁山结义；最后半把香为隋末瓦岗寨结义中，单雄信被杀，只有秦叔宝法场送别。刘师亮《汉留史》（中外印刷公司1935年版，第65—66页）则列为：管仲与鲍叔牙、羊角哀与左伯桃、桃园三结义三把香以及水浒聚义半把香，并指明“有以瓦岗单雄信不投唐，为半把香者，非也”。

的关公自然成为了袍哥所敬奉的主神。对于袍哥而言，关公不仅仅是保护神，更像是精神领袖，象征着袍哥一切社会活动的精神规约和核心准则。所以，祝祀关圣帝君是袍哥组织最为重要的仪式。清代民间于五月十三（关帝诞辰）普遍举行的“单刀会”，逐渐演化为袍哥组织的帮内神会。作为袍哥组织的一年之中三次或四次大盛会之一[①]，单刀会还承担着秩序建构、规模拓展的主要职能。但凡有新人入会、职位变动、违纪惩处等活动，大多选择在这几个集会尤其是单刀会上举行。袍哥公口所在的茶馆，玩友班子于此日演唱《单刀会》《临江宴》《辞曹挑袍》等“关公戏”，一些大公口则搭台邀请戏班子唱戏庆祝，在舞台上展现关公单刀赴会、英勇无敌的形象[②]。而在一些较大的场镇，袍哥将这一神会拓展为连续十天的“迎宾会”。如蒲江县寿安镇，会期从五月十三日延续到五月二十二日，其间包括迎神出驾、唱戏、耍老龙等活动。神会期间，邀请本县及邻县袍哥参加，演戏 10 本，大多为三国戏，开台戏则必演《桃园会》，但禁演《走麦城》一折[③]。显然，在祭奉关公的神会上，有损于关公正面形象的故事自然会被排斥在外。

由此可见，“迎宾会”的模式，已经由袍哥组织的内部神会向地域性赛会转变。事实上，随着袍哥组织的壮大及其各场镇公口的建立，袍哥在本地区地域性的赛会组织与发展中扮演着日益重要的角色。作为地方的公共性事务，处于权力网络中心的舵把子或龙头大爷，当仁不让地具有决策权力——迎神赛会组织与筹备中的决策权力。袍哥参与地域性迎神赛会的决策，根据部分解放前曾“嗨”袍哥的当事人的回忆，其大致情况详见表 4-2：

---

① 根据中华人民共和国成立前曾参加袍哥的相关人士的回忆录，此说并不统一，有三次之说：单刀会、盂兰会、团拜会；也有四次之说：清明会、单刀会、盂兰会、团拜会；甚至也有两次的：单刀会、团拜会。但“单刀会”皆见之于诸说。

② 王纯五：《洪门、青帮、袍哥——中国旧时民间黑社会习俗》，四川人民出版社 1993 年版，第 18 页。

③ 周开第：《民国时期蒲江的“庙会”》，载《蒲江文史资料选辑》第 1 辑，1986 年内部编印，第 113 页。

表 4-2 民国时期部分地区袍哥筹备迎神赛会简表[①]

赛会名称	地点	组织及具体事务	经费	备注
城隍会	犍为（三月）	袍哥组织飞龙会，管事人员管理城隍会经费收支。选固定装扮神像人物，飞龙会管理相关衣物，抬平台等。	两堂口各借500元，交由管事放高利贷，每年收息约500元作办会经费，不足由商会资助	招集商家，物资交流
城隍会	简阳（1921年6月）	袍哥舵把子与县长、土豪劣绅、各行帮、会馆负责人等组织。/简阳城的舵把子（幺公）一般在三、四月即开始筹备，由幺公先出面约请简城、石桥等地的帮会首领开会，商讨请戏班子和戏费分摊事宜。	各帮出钱唱戏，如桓侯帮（屠户）唱三本，药材帮唱两本等	聚赌抽头，大开烟运

① 参见李道聪：《犍为三月城隍会》，载《犍为县文史资料》第6辑，1997年内部编印，第181—183页；钟华彩口述、钟尔康整理：《简阳城隍会的形形色色》，载《简阳文史资料选辑》第2辑，1965年内部编印，第54—58页；陈水章：《阳安庙戏》，《龙门阵》2013年第3期，第77页；罗金冠：《淮口“逸情会”、土桥“码头戏”、五凤“玩友”》，载《金堂文史》，巴蜀书社1990年版，第402页；何煦民：《中江城隍庙及其他》，载《中江文史资料选辑》第9辑，1991年内部编印，第167—175页；程书铭：《荣县川剧发展史话》，载《荣县文史资料选辑》第13辑，1995年内部编印，第117—118页；王荪青：《回忆解放前崇庆元通场的“清明会”》，《崇庆文史资料选辑》第1辑，1983年内部编印，第107—108页；柴雨霖：《川西农村第一大会——元通清明会》，载《崇州市文史资料选辑》第11辑，1995年内部编印，第39—40页；龙正举：《纳溪县旧时的庙会》，载《泸州文史资料选辑》第14辑，1988年内部编印，第153—156页；刘少作、胡远光：《建国前富顺城关地区哥老会简况》，载《富顺文史资料选辑》第5辑，1991年内部编印，第85页；魏世贵：《记回龙场川主庙会的盛况》，载《富顺文史资料选辑》第4辑，1990年内部编印，第132—135页；内江地区戏曲志，内江文化局编：《内江地区戏曲志》，巴蜀书社1991年版，第356—357页；周开第：《民国时期蒲江的“庙会”》，载《蒲江文史资料选辑》第1辑，1986年内部编印，第110—111页；李秋香《川南古镇·尧坝场》，上海三联书店2013年版，第62、247页；黄寿筠《红炉场的“八大会”》，载《永川文史资料选辑》第6辑，1990年内部编印，第217—224页。

续表

赛会名称	地点	组织及具体事务	经费	备注
单刀会、城隍会、张王会等	金堂土桥（五月十三、五月二十八、八月二十三）	在赶会期间请著名班子演戏。由袍哥码头飞片子（下请客帖子），商界出海报。		物资交流，商业繁荣
城隍会	中江（五月十五）	袍哥组织各码头公口及工商业各行业，在庙内分设香堂。游驾前数天，各乡及邻县（三台、罗江、德阳、金堂）码头派专人组织队伍参加，抬大蜡、打着万民伞。		
城隍会	荣县	码头各公口推选出有威望的人为会首，若干人为执事。由会首主持在城隍庙中厅大摆祝寿宴会，酬谢政界要人、资助神会的士绅及各行业头面人物。	向各商业行帮和士绅捐助	物资交流
清明会	崇庆元通场（劝农大会）每年二月	清明会的会首由元通各行业及袍哥代表人物组成。越到后期，袍哥对该会的影响也越大。袍哥主要关注：会期内赌场烟馆的收入，外来袍哥大爷和弟兄伙的接待，具体会务仍由该会办理。袍哥负责治安巡逻。	油盐帮承担一本戏，屠宰行半本，白面行半本，绸缎帮一色（不及半本），其他铺行等各有定额，共凑戏五本，其余二本则由“码头”承担，实则由赌场、烟馆出钱	商旅云集，物资交流
各乡镇庙会	纳溪县及护国镇“城隍会”、大渡口镇“观音会”、丰乐和白节镇“火神会”等	各场镇推举会首，首先要推出官绅、龙头大爷之类的大会首作会首中的决策人。然后才推举上年买了田土的绅粮、中晚年得子者或刚升过官的人。一般会期前半月，由场镇袍哥码头发出请帖，邀请各邻近码头袍哥，在庙会期间前来观剧。会期赌场大开，由袍哥码头主持。	升官发财者、各行业帮会	商贾云集，买卖兴隆，物资交流

续表

赛会名称	地点	组织及具体事务	经费	备注
城隍会	富顺（1947年6月）	“永善会”与“两仪公”重归于好，永善会龙头大爷承头组织，举办城隍会，并请隆昌“崇圣公班”在城隍庙演大戏十五天。		熙来攘往，盛极一时
川主会（清醮会）	富顺回龙场（约三、四月间。无固定时间，视筹备和邀请戏班而定。）	每年神会之后开始筹备，由乡长、绅士、袍哥大爷、商贾大户等会商、公推八名首人筹办翌年神会。袍哥六面公社参与“行香”。	首人到各地出售“天烛”，作神会开支。“天烛”每堂是九品小烛33支，青香三柱（寓三十三天）。每年神会可售“天烛”数万堂	各类商品，一应俱全
庙会	内江	每届会大都由哥老会龙头大爷齐集仁、义、礼三堂头面人物商筹邀请戏班。会首抽出部分戏金备办酒席，邀请当地官绅、士贾、哥老会舵把子及帮会会首参加。	戏资靠会首联系，由各帮口筹集	
城隍会	蒲江	由县城十大哥老会公口和商会共同筹备，提前半月开始请戏班、搭看台和办龙灯，邀请附近各县的袍哥及各行行商赴会。	戏资则由商会分摊到各商行，每行一本，谓之“行道戏”	
东岳会、城隍会、火神会等	泸州尧坝场四月、五月	由袍哥和各行业会共同承办。/城隍会每年公选四个会首，任期一年，当年未办会则到下年办过会为止。	通过赶场开市向各摊募集粮食及商品，出售后作城隍会开支	
东岳会等“八大会”①	永川红炉场	东岳会筹备由会首、同伦社大爷、天灯会总会首、乡长等会同选定接洽戏班。		

①据《红炉场的“八大会”》（载《永川文史资料选辑》第6辑，1990年内部编印，第212—224页）介绍，“八大会”包括天灯会、炉头会、东岳会、张爷会、土地会、杜康会、清醮会、盂兰会八个神会组织，自道光十七年到1949年，前后持续达112年。由当时的乡约，也是同伦社舵把子建立了一套神会管理制度。此说待考。表4-2所列东岳会的组织，为作者对民国时期东岳会筹备半部的回忆，可信度较高一些。

据表 4-2 可知，袍哥在赛会的组织中发挥着核心作用，具有绝对的权威。从赛会的决策到具体的事务，乃至秩序的维护，都离不开袍哥的参与。从赛会的组织成员来看，涵盖了地方政府、士绅、商帮（行会）、袍哥等地方重要人士，这实际上是地方权力网络的基本构成。换言之，赛会的组织与决策是地方权力结构的一个缩影。然而，袍哥在其中的权威地位并非显示传统地方精英的权力旁落，他们可以很自然地完成华丽转身，通过获取新的社会身份——袍哥舵把子，重新拥有地方决策的话语权。当然，作为一种回忆性文字，表 4-2 对赛会组织参与成员身份的描述，显然不很规范，经不起推敲。因为，根据此前的分析，袍哥与前三类社会角色的身份重叠几乎是必然的。不过，从赋予权力的身份来看，袍哥舵把子在地方上显然具有更高的识别度，即便是军阀与官员，也需要进入哥老会才能巩固和拓展自己的地方权威。因此，在此类公共性赛会中，袍哥始终处于权力的中心，而商帮（行会）也扮演着不可替代的角色，因为，足够的资金支持，是赛会成功运转的关键。

各种迹象表明，袍哥与商帮（行会）组织与筹备赛会，并非只是展示自己在地方事务中的影响力那么简单，他们热衷于赛会，更主要的是看中赛会可以带来巨额利润的商机。据表 4-2 可见，即便都是数十年后的回忆，大多数当事人在谈到赛会时，都对赛会期间商品交易的繁盛景象记忆犹新。在这些回忆性文字中，“物资交流”成为形容赛会盛况使用频率较高的词汇。很显然，依靠赛会吸引远近各地的民众数量，是任何场镇周期性集日都难以实现的，因而成为坐贾行商都十分重视的商品交易场所。甚至在赛会组织筹备之时，也要向各地的商家发出邀请。表 4-2 中除县城庙会之外，其他如土桥、元通场、回龙场、护国镇、大渡口镇、尧坝场等，皆处于交通要冲，商帮往来方便，人员易于聚集，其赛会的规模也尤其盛大。所以，排除商帮与袍哥身份重合的情况，商帮（行会）是赛会的主要受益者；而赛会期间的袍哥，开设茶馆、赌场，甚至贩卖烟土，也从中牟利颇丰。迎神赛会向物资交易会的转变，虽然早在明清已显现出端倪，但随着商帮（行会）在近代的崛起，这一特征更为明显。当然，这与袍哥与商帮（行会）合力助推不无关系。

对于袍哥而言，从赛会中获取经济利益当然是题中之义，然而，袍哥并不仅仅满足于此。作为民间社团组织，袍哥向来重视社会网络的罗织与建构。袍哥经营的茶馆，是对外联络的日常场所。为了便于交流，还创制了一套专门的接头仪式和茶阵。除了日常的社会交往，袍哥依靠迎神赛会等活动扩大社会影响和势力范围，赛会成为本地袍哥公口间及其与周边袍哥公（堂）口交流的主要场所。如富顺“永善公”与“两仪公”于民国三十六年举行的城隍会，是为了庆祝双方重归于好。而纳溪的庙会，则一般于会期前半月，由场镇袍哥码头发出请帖，邀请各邻近码头袍哥，于庙会期间前来观剧[①]。袍哥有时将此称为“迎宾会”。永川红炉场的“东岳会”期间，同伦社在此举行“迎宾会”。顾名思义，“迎宾会”是袍哥迎接“八方来宾”的社交性集会。如川南宜宾袍哥码头“合叙同”在成都成立总社，“开山立堂”，总舵把子由彭焕章师长担任，在成都华瀛舞台举行“大迎宾”，聚集了成都2百多个码头的重要人物以及全川码头代表2800多人，参与此次迎宾会的袍哥达到3万多人，使官府也无力查禁[②]。此次“迎宾会”声势浩大，明显是对政府禁令的示威。一般的赛会“迎宾”虽然不具备如此规模，但作为“联谊活动”的基本功能是大体相近的。可见，在袍哥的主导之下，迎神赛会虽然在秩序上有了保障，而赛会的重心已发生了明显转向。

由于行帮会首也“嗨”袍哥，其赛会也大多为袍哥所控制。如射洪县太和镇，位于涪江、凯江与梓江三江交汇之处。自清代以来，成为了重要的物资集散地和繁盛的水陆码头。每年的6月6日举行三江王爷会，会期前十天，以水上船帮为主，镇上其他帮会及哥老会协助筹备。还邀请三江32市县镇的商会会长，124个哥老会码头龙头大爷前来欢庆，本镇地方官、龙头大爷、商会及十大帮首领出席。会期内邻近县市包括重庆、万县、南充、合川、遂宁、蓬溪、盐亭、三

---

① 龙正举：《纳溪县旧时的庙会》，载《泸州文史资料选辑》第14辑，1988年内部编印，第156页。

② 罗仕勤：《哥老会》，载《蒲江文史资料选辑》第9辑，1995年内部编印，第130页。

台、中江、绵阳、江油、北川等地的商人前来赶会，从事商贸活动[①]。王爷会由船帮的赛会演变为该场镇颇具规模的赛会，商会会长与龙头大爷集体前来“赶会”，进一步印证了袍哥与商帮（行会）在赛会发展中的话语权与影响力，揭示了赛会随着近代地方权力的转移，在权力阶层利益驱使之下的演化痕迹与演进规律。当然，不排除船帮也加入哥老会，或者受到哥老会的控制。比如在民国后期，富顺的袍哥组织经过极度扩张，哥老会内部又分为粮帮、炭帮、船帮、钱帮、布帮等各类行业性帮派[②]。如此，商业贸易与袍哥活动融为一体，更有助于赛会及公共事务性活动的组织与开展。当然，一些下层民众组成的袍哥公口，如“江湖跑滩匠”也组建行会定期祀神。如新津的“江湖跑滩匠”于光绪二十二年成立三皇会，在城隍庙三皇殿供奉伏羲、神农、轩辕三神，定期举行敬神仪式，持续到1940年代末。三皇会长都由袍哥大爷担任，费用由会首（民国后改称会长）筹集。

表4–3 新津县三皇会会长、管事人员名单表

时间	姓名	职务	本业	招牌	职位
民国八至十四年	刘波扬	会长	卜卦问事		新西公大爷
	白亩田	管事	算命	白亩田	河西公管事
民国十五至二十一年	徐敬臣	会长	算命	文运开	客和公大爷
	李自然	管事	折字	李自然	太平大汉公大爷
民国二十二至二十五年	黄海舟	会长	草药医病		忠义公大爷
	王在田	管事	看病发药		邓公场崇义公袍哥
民国二十六至三十八年	郭彬洲	会长	算命	大有年	邛崃
	肖尔日	管事	打风罐	半阳功	

① 曾祥郐：《繁盛的水陆码头——太和镇东路口》，载《四川文史资料选辑》第44辑，四川人民出版社1995年版，第194页。

② 刘少作、胡远光：《建国前富顺城关地区哥老会简况》，载《富顺文史资料选辑》第5辑，1991年内部编印，第81页。

“江湖跑滩”包括经、焙、漂、册四类，其中“经”指算命、拆字、看相、卜卦等；“焙”指焙药治病；“漂”指伪造名人字画或押诗条等；“册”指卖书籍及说唱等[①]。从事以上职业的民众皆处于社会的底层，朝不保夕，按常理是很难维系固定的敬神活动的。但是，该神会自1896年一直持续到1949年，前后持续半个多世纪，其中一个重要的原因当与袍哥身份有关。从民国八年起，历任会长基本为袍哥大爷担任，而且没有间断。袍哥组织增强了这些江湖跑滩匠的向心力，也使整日为生计所迫的下层民众尚有余力醵资筹办赛会。就这个层面而言，袍哥组织的互助性质的确发挥了关键作用。

综上，清初移民入川运动，使四川民间社会在较短时间内得以重建，迎神赛会这一民间信仰活动也随之复兴。迎神赛会的举办，与地方权力网络有着诸多关联。尤其是区域性的赛会，本身就是地方权力角逐的场所。权力网络中的保长、乡（场）约、客长（总）、团正、团首以及地位日益突显的商帮（行会）会首，在这颇具影响的地方公共事务中，一定程度上有着不同的利益趋向，相互之间的利益乃至权力纠葛在所难免。不过，神灵信仰的尊崇相对弱化了这样的矛盾纷争，较易形成一种共同体形态。晚清袍哥勃兴以后，随着地方权力向袍哥的转移，袍哥的权威地位得以确立，袍哥逐渐走向地方权力中心，掌握着地方的话语权。在哥老会的组织与商帮（行会）的参与下，近代赛会秩序得以恢复与重建。然而，随着袍哥身份的复杂化，尤其是入民国后官僚、军阀、地主、豪绅等三教九流加入袍哥，使袍哥组织内部的权力纷争日益明显。在各方利益的驱使之下，迎神赛会已然由民间信仰活动转化为商业性集会和社交性场合。换言之，在袍哥及组织者眼里，迎神赛会既是名利场，也是权力场——迎神赛会成为地方政治展演的核心场域。

---

① 郑绍清：《三皇会及其中的一些江湖骗术》，载《新津文史资料选辑》第2辑，1986年内部编印，第88—91页。

第五章

化茧成蝶：赛会演剧的艺术自觉

明清以来，迎神赛会与民间演剧结下了不解之缘，尤其是目连戏通过在赛会上的反复演绎，进而发展为庞大的剧目演出体系。清中叶以降，地方声腔走上了赛会的戏台，迎神赛会孕育并见证了地方戏的生成与演变历程。活跃于四川的各种声腔，正是借助于迎神赛会的舞台，借助于袍哥的组织与商帮的财力，在南北东西频繁上演，最终使“川剧”作为一个剧种从赛会中破茧而出。本章将主要围绕川剧艺术的近代蜕变，从流派与河道、表演形态等视角勾画这一轨迹。

第一节　川剧河道：历史地理视角下的赛戏生态

研究川剧史，川剧的派别是一个绕不开的话题。其流派之说虽然众说纷纭，但是“河道”却是川剧流派论说中的高频词。“河道”的描述，将流派界分与地理位置、风土人情、商业繁荣等因素相关联。如此，派别之分演化成地域文化之别，显现出地理人文在“流派”划分中所扮演的重要角色，由此也启发我们从外在于艺术本体的视角，重新审视“河道”界分的文化意义。

一、四条河道：一个历史地理视角

关于川剧之流派，1946年冉炯叔在《川剧之流派》中有比较清晰的表述：

> 川伶派别复杂，金鼓唱和，各有差异。概括言之，可分三派，一曰“成都派”，一曰“资阳派”，一曰“川北派”。成都派以词白典雅、腔调圆润胜，而其短在记问有限，华而不实。资阳派以尊重师法、打唱正确胜，而其短在不加改进，墨守成规。川北派以记戏甚多、唱做工稳胜，而其短在腔多土音，举动鄙俗。三派互相攻讦，成都派讥资阳派为“过饱瘾”，言其唱做不丢腔，金鼓不删节，有如瘾者吸烟，不肯稍懈。资阳派讥成都派为“半节龙”，言其和腔不完全，场面多苟简，为一知半解之意。成都派讥川北派为“字纸兜”，言其戏剧多而不精，有如薰莸同器。川北派讥成都派为“穷光蛋”，言其腹笥枯穷，借文词以光彩其表面。[1]

冉炯叔在此将川剧分为成都、资阳、川北三派，成都也即是通常说的川西坝子。很显然，三派的划分首先建立在地域的区分上。值得注意的是，他记录的三派之间相互诋毁的文字，表明了“派别之争”的激烈程度。当然，笔者在此无意于去考辨这一争论。只是我们发现，这些相互争论的文字在用语偏激之中，也一定程度上揭示了各派艺术的风貌与特色。由于以地域为标准的划分，艺人的“出身”注定了其派别之归属。因此，这样的“派别之争”在日常生态中又演变成

---

① 冉炯叔：《川剧之流派》，《戏剧杂志》1946年第1期。

"地域之争"。

几乎与冉炯叔同时，阎金谔在《川剧序论》中也谈到川剧之流派，"川剧在演技方面也分若干派，但以'坝调'（川人称成都为坝子）为正宗，'坝调'即成都附近所唱的川剧。川剧以成都为传播的中心，而后沿河流而分为若干小派别，其与'坝调'可说是大同小异"[1]。在流派的划分上，仍然以地域作为标准，只是，阎氏将其他流派模糊化了。这与作者论述的侧重点不无关系，在该著的架构之中，流派仅仅是依附于演技而提出的。虽然其后还提到同、光以后的"南派""北派"之分以及"浣派"之说，但作者论及演技时，则开宗明义地提出"坝调"及"河道"之流派，表明了地域标准与演技界分的直接渊源。而若干河道的提法，则将我们的视野引向了与河道相关联的传统舟楫交通层面，引向了与交通唇齿相依的传统商业视角。

1950年代，席明真在其《川剧浅谈》中，谈及咸丰、同光以后的"四川戏"演变时说，早期如"魁胜班""舒颐班"或由省外流入，或由宦蜀士人组建，多集中于成都、重庆等大中城市演出，而"'高腔'剧团却大多流行在中小城市或农村，为庆祝收获或迎神赛会时演唱。因此这一些剧团，又因群众的习惯，喜好，无形中固定在一些地区演出而成了各别的系统，如川西坝子、川北河、资阳河、下川东……等路子"[2]。此所列的四个"路子"，即通常所言之川剧四大流派。除了以上列名之派别外，尚有遂宁河、泸州河、嘉阳河等其他"小河道"，而他们的基本标准是以地域为基础的。

基于以上对川剧流派代表性描述的分析，我们看到，川剧流派之分虽然存在一定的分歧，但以地域界分流派则几成共识。而在地域性的界定当中，"河道"成为一个关键词。为何各流派皆以"河"命名或与之关联？为何将四大流派总称为"四条河道"？为此，我们有必要深入到各条"河道"，去探寻命名的隐含意

① 阎金谔：《川剧序论》，文通书局1947年版，第39页。

② 席明真：《川剧浅谈》，重庆市人民出版社1955年版，第28页。

义。众所周知，四川境内水系发达，大小河流500余条，可以通航的河流近百条。这些河流大多注入长江，形成了自然的水域交通网络。可以说，舟楫交通在蜀中商业贸易乃至生活日常中有着不容忽视的作用。川剧“四条河道”，就声腔而言，川西坝长于胡琴，资阳河长于高腔，川北河以弹戏为主，下川东各种声腔汇合①。其中，“川西坝子”又称为“成都河”派，其所辖区域包括以成都为中心的温江、郫县、崇庆、灌县等区域的南路，以及以广汉、什邡、绵竹等区域的北路，沱江、岷江流经其部分地区。“资阳河”以资阳为中心，包括简阳、资中、内江、隆昌、安岳、乐至、荣县、富顺、威远、荣县、仁寿、井研、嘉州、叙州、泸州、昌州等地，沱江、岷江流经其间，分别由泸州、叙州汇入长江。

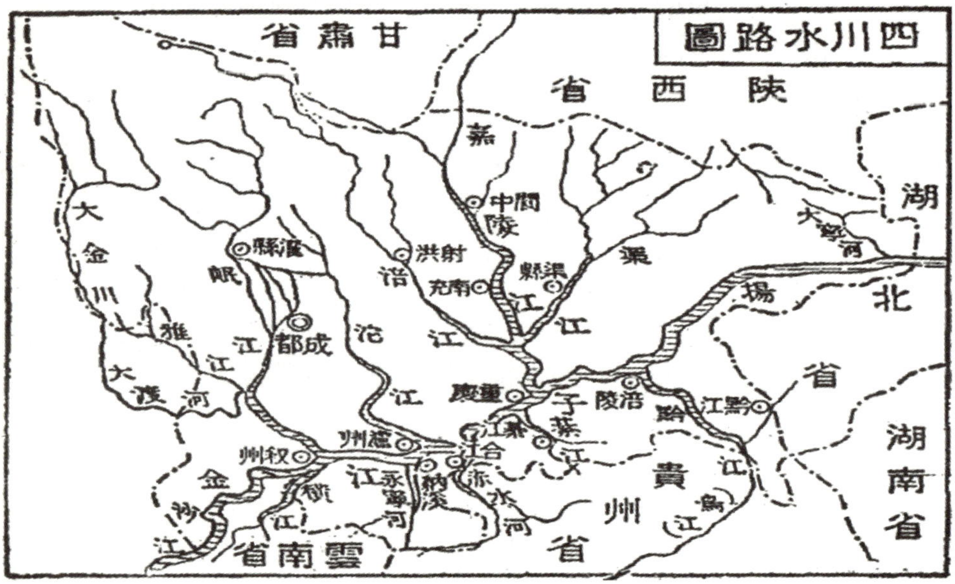

图 5-1

① 参考：安民《川剧简史》（下），天地出版社1997年版，第98—99页；谢伯淳《合川戏剧史话》，重庆出版社2011年版，第9页；谭韶华《浅谈川剧的形成与流派》，《社会科学研究》1979年第4期等。唐治东《“资阳河”流派浅谈》，《资阳文史资料》第七辑，第68页。笔者在此不拟赘述各派声腔的成因，而主要立足经济地理视角，考察商业繁荣与河道之间的渊源关系。关于“中河道”的说法，有出入，唐治东以资阳河为中河道。

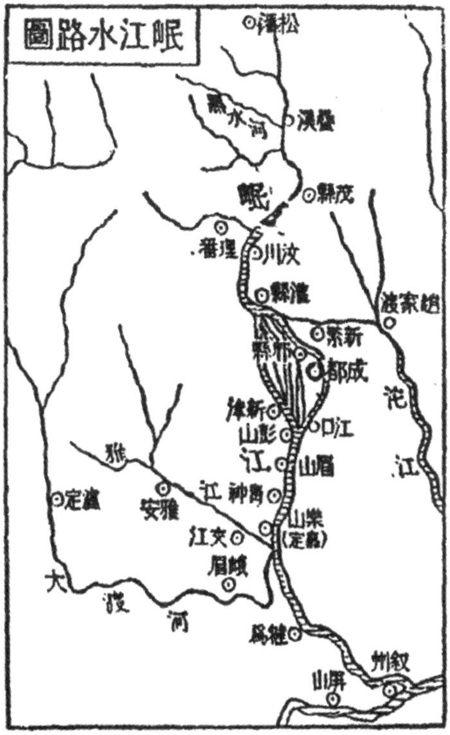

图 5-2

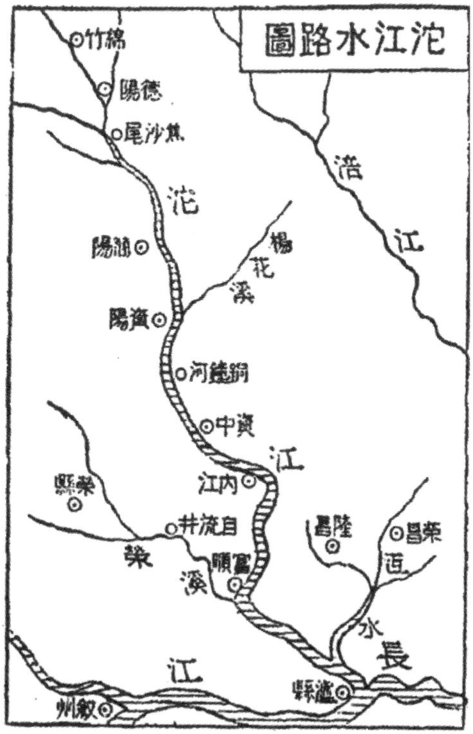

图 5-3

“川北河”包括南充、阆中、遂宁、苍溪、仪陇、营山、蓬安、岳池、广安、武胜、宣汉、渠县、巴中、南江及绵阳、江油、罗江、绵竹等部分地区，为涪江、嘉陵江、渠江主航道段覆盖区域。“下川东”，即以重庆为中心的合州、江津等，以及长寿、涪陵、万县、开县、忠州、丰都、石柱、梁山、奉节等川东地区，涪江、渠江于合州汇入嘉陵江，后者于重庆朝天门汇入长江。由此可见，“四条河道”，囊括了四川的主要通航河流：长江以及嘉陵江、渠江、涪江、岷江、沱江等支流航道。

“河道”代表着风土人情，但“河道”从地域人文的众多概念中脱颖而出，显示出“河”在区域社会的地位和价值。明清以来，随着商品经济的发展，水域交通越来越受到商业发展的重视。在传统社会中，水域交通的便捷性与承运量远非陆路交通可比，航道因而成为主要的商业通道。反之，我们也可以说，水路畅通也带来了相应区域的商业繁荣。以上“四条河道”，正好是蜀中商业贸易的主要航线，其流经区域也是明清以至近代的四川经济发达地区。岷江航道连接包括省会成都、乐山等三十余州县，承载着煤、盐、粮、药材、木材、铜、铅、银、白蜡以及棉纱、布匹等商品的往来运输；沱江航道连接金堂、简阳、资阳、资中、内江等17个州县，承载着盐、粮、糖、煤、酒、纸等货物的运输；嘉陵江、涪江、渠江等川北水运航线，承载着广元、阆中、南充、遂宁、达县等川北地区的煤、盐、粮及农副产品的货运①。

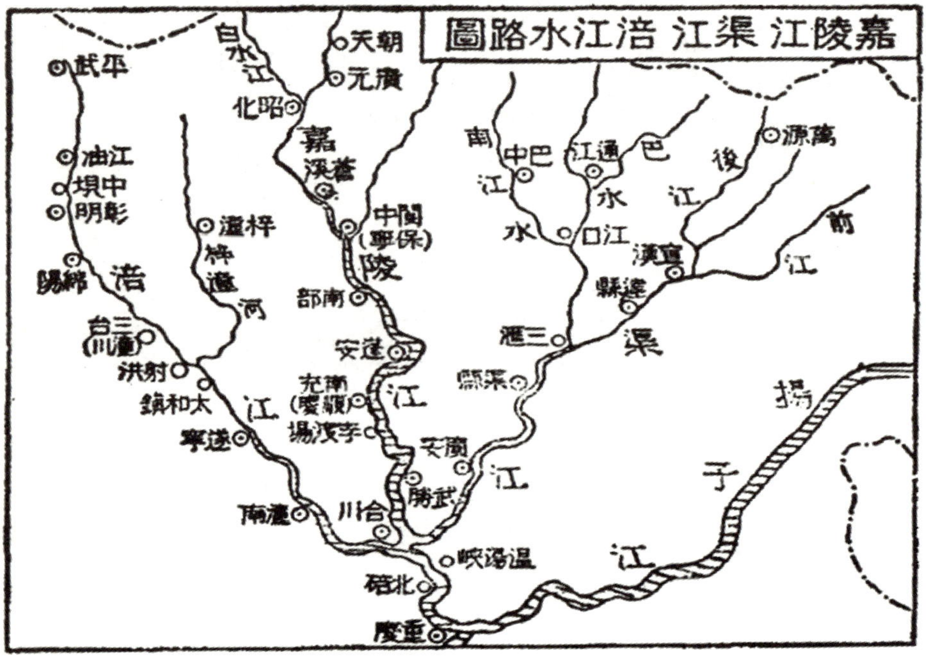

图 5-4

注：以上四图源于日本《新修支那省别全志·四川省》，转引自王笛《跨出封闭的世界——长江上游区域社会研究（1644—1911）》②。

因此，“河道”在代言区域人文之时，在很大层面上指向戏曲繁盛的商业或

① 王笛：《跨出封闭的世界——长江上游区域社会研究（1644—1911）》，中华书局2001年版，第33—37页。

② 图片源于日本《新修支那省别全志·四川省》，转引于王笛《跨出封闭的世界——长江上游区域社会研究（1644—1911）》，中华书局2001年版，第34—37页。

经济因素。正如宋俊华所言，“商业虽不是戏剧形成和发展的直接因素，但却是一个非常重要的间接因素”[①]。水路运输的便捷必然吸引各地商帮的涌入，而商帮的汇集为戏曲演出的勃兴奠定了基础条件。如此看来，“四条河道”与通常意义上的“商路即戏路”的描述动因是一致的。二者皆注意到商品经济对戏曲发展的重要作用。只是前者侧重对区域性戏曲的静态表述，而后者侧重于戏曲的传播方式与路径[②]。近年来关于“商路即戏路”的考察，可以说在一定层面上解答了剧种、声腔传播这一戏曲史的重要命题。然而，我们必须承认一个事实，商帮的会馆演剧并不等于声腔、剧种能够在异地他乡生存下来，相反，可能会出现诸多“水土不服”的现象。异地戏班如何融入“新环境”？不能仅仅依靠会馆的“豢养”，虽然也存在这一现象，却并非长久之计。异地戏班面临着文化差异，最基本的是语言、语音的差异，在相当长时间内是很难依靠冲州撞府谋得生存的。他们要真正为当地民众所接纳，必须依靠持续而繁盛的迎神赛会，在与地域文化的不断碰撞与调适中，最终实现剧种、声腔的融合与再生。所以，也许可以这样说，“商路即戏路”仅仅部分解答了戏曲传播这一问题，而完整的解答则有赖于厘清“剧种、声腔”融入地方的过程。

根据以上分析，“四条河道”实际上是蜀中四大商业繁荣的区域。行商坐贾聚集于各大商埠、码头，他们在谋取经济利益之时，也热衷于参与地方公共事务，这既是身份、地位的象征，也是商帮间竞逐奢华的表现。迎神赛会正是传统地方社会至为重要的公共事务，因而在相当长时间内演化为各路商帮表演的舞台。每遇迎神赛会，赛会组织将事先高价聘请戏班演出，与戏班先行“写戏”，相当于签订演出协议。而作为赛会资金的主要承担者，商帮聘请自己中意的戏

---

① 宋俊华：《山陕会馆与秦腔传播》，《文艺研究》2006年第2期。

② 近年来学界注重商人与戏曲传播（也即围绕“商路即戏路”）的关系研究，如刘文峰《山陕商人与梆子戏考论》（文化艺术出版社2011年版）、宋俊华《山陕会馆与秦腔传播》（《文艺研究》2006年第2期）、陈志勇《商帮、行会与近代汉口的会馆演剧——兼论中国戏曲史“商路即戏路”之命题》（《文化遗产》2018年第3期）。

班，也是情理之中的事。因此，迎神赛会实际上是各路声腔、剧种的大会演，经过赛会舞台上的反复碰撞—交流—融合的过程，各种声腔、剧种熔铸成具有地域文化风貌的新形态。“四条河道”的流派之别事实上是对这一“在地化”生态的描述。

二、商帮与“河道”的赛会繁荣——以资阳河为中心

自明末兵燹以来，历经百年的休养生息，到乾隆时期，蜀中经济社会得以复兴。各地商帮纷纷涌入“天府之国”，运销井盐、粮食、山货等，又从外地购置棉花等四川短缺物资回川，商业贸易趋于繁盛。商帮群体分布于四川各州县，尤其是物资盛产地和近水码头商埠，更是商贾云集之所。正如清人王昌南在《老人村竹枝百咏》所云：“忽官忽号忽商家，配引征厘解宪衙。满道夷歌骡马至，来时驮药去驮茶。”[①] 王昌南为咸丰时人，灌县诸生。老人村属灌县茶马古道重镇兴仁场，地处岷江沿岸。此诗非常形象地描述了茶商、药商往来繁忙的盛景。川北河腹地的阆中，“商贾列肆而居，杂致远方货物，色色俱足，然寻常交易，其利甚微，在昔商业稍大者，无过于转运丝布。收本地之丝，载至湖北沙市、汉口变卖，随即买布而归。清光绪中年，外国洋布输入，质良而价廉，沙市布利遂见攘夺，其后又有绵纱之续入，吾阆丝商因售丝及购纱之便，不能不直趋上海”[②]。资阳河的荣县为自贡盐场所在地，“商贾以贡井盐商为最，其余或列肆居奇或囤积贩卖大利，所在陕西、江西人居多，土人则十之四焉”[③]。光绪年间，参编盐源县

---

① 王昌南：《老人村竹枝百咏》，载林孔翼、沙铭璞《四川竹枝词》，四川人民出版社1989年版，第49页。

② 〔民国〕《阆中县志》卷17《实业志（三）》，《中国地方志集成·四川府县志辑》第56册，巴蜀书社1992年影印本，第698页。

③ 〔道光〕《荣县志》卷18《舆地志·风俗》，道光乙巳年刻本。

志的举人陈震宇，曾以《盐井即事》诗记录了盐源商贾繁盛之现象："天常爱物及边垂，地无弃利盐泉滋。万山蟺蟺气所聚，一井泓泓人共资。……经今阅历千百载，邻比廛市咸攘熙。椎发魋肩荜心久，蚕丛鸟道成坦夷。什一恒来楚吴客，三倍竞雄白圭赀……朱门怙势尤偃蹇，呼卢演剧惟恐迟。千金未堪一席费，岂犹赖此涓埃贻……义田义粟不可见，乃至与天争羡遗。愿将泪雨告真宰，别沛恩膏活黔黎。"① 诗中记载楚、吴客商云集于产盐大县盐源逐利，演剧欢娱、一掷千金的现象，颇具有代表性——财力日益雄厚的商帮，成为区域社会中不容忽视的一个群体。

商帮的大量涌入，相互之间自然有了斗富争胜的心态。"雅地自献逆蹂躏之后，土著者少，四方侨寓大率秦、楚、吴、粤、滇、黔之人居多，箕毕异好，趋向殊途，好气尚斗，颇难驾驭。"② 雅安作为蜀茶重要产地，又是茶马古道的起点，坐贾行商汇集于此，逐渐养成了"尚斗"的风习。祀神演剧则成为他们炫富的主要手段，"旗人游猎尽盘桓，会馆戏多看不难。逢着忌辰真个空，出城添得钓鱼竿"③，"秦人会馆铁桅竿，福建山西少者般。更有堂哉难及处，千余台戏一年看"④，你方唱罢我登场，演出时间上趋于日常化，反映了成都各商帮会馆演剧的盛况。而且，会馆演戏似乎已不限于帮内之人观看，根据以上描述，已有着半公开演出的性质，这显然有助于声腔、剧种的传播。而区域性的公共赛会，尤其为商帮所重视，他们将此类地方公共事务作为炫耀本帮财力的最好舞台。如德阳上九会：

---

① 陈震宇：《盐井即事》，光绪《盐源县志》，《中国地方志集成·四川府县志辑》第70册，巴蜀书社1992年影印本，第871—872页。

② 〔乾隆〕《雅州府志》卷5《风俗》，《中国地方志集成·四川府县志辑》第63册，巴蜀书社1992年影印本，第453页。

③ 杨燮：《锦城竹枝词》，林孔翼辑录：《成都竹枝词》，四川人民出版社1982年版，第48页。

④ 吴好山：《成都竹枝辞》，林孔翼辑录：《成都竹枝词》，四川人民出版社1982年版，第62页。

以县西姜孝子祠为最。先数日，祠外竖彩台，令乐部演戏于其上。场列百肆，邻境云集，有远自数百里者。货如山积，百戏杂呈，进香人骈肩累踵，于于而来……。同时，城中东岳庙、真武宫亦有之，惟演戏以相胜，不如祠之繁盛也。①

乐山炎帝会：

五月初一日，俗赛炎帝，会首曰神农，居北关外之泌水院。昔有术者，谓嘉州多火患，议移神住万福寺以厌之。每岁此日，城区内外各庙轮流迎赛，演剧数日，至初六、七日始，各奉神而归。欲迎神者，先一年悬牌，或前数年悬牌，后则各凑集资款。临期，斗奇争靡，务极其盛，以悦人耳目。②

商帮动辄捐以巨资，使赛会在规模上愈来愈宏大，赛会演剧的花销也愈来愈不可控制。产盐重镇资阳，每届城隍会动辄达“千余金”，东岳会也费资“三四百金”，演出者皆为省城的名班名角；叙永城隍会“游毕返庙演剧，由商界按日担负剧费，极唱酬之乐”③；合州大腊会“豪商大贾，巨家甲族，动费金钱数十万，卜昼卜夜，至于弥旬”④等。其所记或有夸张成分，但各路商帮借规模性赛会竞逐奢华则是不争的事实。也正是如此，才有陈震宇在《盐井即事》中对商帮豪奢风气的批判。

资阳河在“河道”形成中最具代表性。据乾嘉学人严如熤在《三省边防备

① 〔道光〕《德阳县新志》“信仰民俗”，丁世良、赵放主编：《中国地方志民俗资料汇编·西南卷》上册，书目文献出版社1991年版，第122页。

② 〔民国〕《乐山县志》卷3《礼俗》，《中国地方志集成·四川府县志辑》第37册，巴蜀书社1992年影印本，第719—720页。

③ 〔民国〕《叙永县志》卷4《文化篇》，《中国地方志集成·四川府县志辑》第33册，巴蜀书社1992年影印本，第769页。

④ 〔民国〕《合川县志》卷30《风俗》，《中国地方志集成·四川府县志辑》第44册，巴蜀书社1992年影印本，第56页。

览》中记载："四川之货殖最巨者为盐，川北之南部、西充、射洪、乐至、蓬溪，川南之犍为、富顺、荣县、资州、井研，川东之忠州、云阳、开县、大宁、彭水，川西之简州，上川南之盐源，州县著名产盐者二十余处，而地以咸水可以熬盐，闾阎私井不外卖者不在此数。"[①] 其中，川南为四川主要产盐区。嘉庆以后，川南产盐区"由于钻井技术的日臻完善，包括钻井、打捞、补胎、治井等工艺的成熟，促进了盐业向地层深部的开拓"[②]，川南盐业迅速崛起。太平天国运动爆发后，淮盐入楚、湘受阻，"川盐济楚"给川盐的繁荣带来了契机。川南产盐区依靠丰富的资源和精湛的开采技术，一跃成为蜀盐之翘楚。除了技术革新外，便捷的水路运输也是以自贡为代表的川南盐业崛起的重要因素。沱江流域流经资阳、自贡产盐区。清代的沱江是一条重要的交通要道，经由沱江流域，到泸州转入长江航运，可顺江而下，经川东首埠重庆，直抵荆楚与江浙。这让资阳河产盐区受到各路盐商的青睐。据乾隆二十八年增刻本《荣县志》中，荣县城内有江西会馆、湖广会馆、福建会馆、广东会馆，贡井有湖广会馆、江西会馆，龙滩场有万寿宫。乾隆二十五年刻本《富顺县志》中，城内有禹王宫、万寿宫、天后宫，自流井有湖广会馆禹王宫、江西会馆万寿宫、贵州会馆荣禄宫、陕西会馆三圣宫；另外何家场、赵化镇、戴家寺建有江西会馆，赵化镇建有湖广会馆。乾隆三十年刻本《资阳县志》中，城内有三楚宫、三圣宫、万寿宫、天后宫、南华宫等会馆。云集于此的较大商帮就有陕西帮、江西帮、广东帮、浙江帮等。除了客商，自贡盐业的发展也催生了一批本地盐商家族，如王三畏、李四友、胡慎怡、颜桂馨四大家族。商贾辐辏，往来如织，为当地戏曲的繁荣奠定了良好的基础。

据禀生赵万甲所记，资阳城隍曾于嘉庆初白莲教起义中显灵异，被敕封为显忠之爵，故其寿诞较他处更盛，"恭逢寿诞之辰，凡属资民，无分士庶，每年

---

① 严如熤:《三省边防备览》卷九，载蓝勇主编《稀见重庆地方文献汇点》(上册)，重庆大学出版社2013年版，第351页。

② 刘德林、周志征、刘瑛:《中国古代井盐及油气钻采工程技术史》，山西教育出版社2010年版，第292页。

十八人轮流办建，扮演□文，昭□□于大地，建设寿醮”[①]。或许是“显忠之爵”的影响，神会“无分士庶”，全民参与，在首事和民众的共同推动下，每年十八人轮流办建，可谓盛事。嘉庆年间，资阳县东岳会、城隍会都要从省城聘请戏班前来演出，“三月二十六日赛东岳，祈祷者远近不一，首事等募钱演戏十日，其乐部必觅于省城，约费三四百金，岁以为常”，“五月二十四日，相传邑城隍生期，神尝着灵异，近远祈祷者数十日络绎不绝，首事等募钱演戏赛神四十二日，其乐部必觅于省城，约费千余金，岁以为常，而邑人欣助”[②]。资阳县黄添乡（杨柳乡）关帝庙万年台的后台横坊上，留下了嘉庆年间各戏班前来赶会时的墨迹[③]，可以佐证当时戏班演出的繁盛状况，从左到右依次为：

癸□□（酉年）（嘉庆十八年，公元1813年）□（玉）明科班（拜）后来先生；

甲戌年（嘉庆十九年，公元1814年）金玉班（拜）后来先生；

丙子年（嘉庆二十一年，公元1816年）玉青班（拜）后来先生；

戊寅年（嘉庆二十三年，公元1818年）致知班拜后来先生，建南大顺□（班）；

己卯□（年）（嘉庆二十四年，公元1819年）笙太班拜后□□□（来先生），雁江金玉班；

庚辰年（嘉庆二十五年，公元1820年）龙盛班阁班拜后来先生，太□□（班）；

甲申年（道光四年，公元1824年）金贵班拜后来先生；

---

① 赵万甲：《修城隍庙记》，载民国《资阳县志稿》，《中国地方志集成·四川府县志辑》第26册，第729—730页。

② 〔嘉庆〕《资阳县志》卷2，《四川大学图书馆馆藏珍稀四川地方志丛刊》第7册，巴蜀书社2009年影印本，第83页。

③ 文中括号中的文字系原该文作者案语；唐治东：《“资阳河”川剧班社及其在各地万年戏台题记》，载《资阳文史资料选辑》第七辑，2000年内部刊印，第244—245页。

丙戌年（道光六年，公元 1826 年）龙□□（班）拜后来□□（先生）；

戊子年（道光八年，公元 1828 年）金贵班拜后（以下字迹不清）。

由以上题记，可管窥乾嘉以后戏班在资阳河一带辗转演出的盛况。黄添乡地近资阳城区，即今资阳雁江区迎接镇。以上戏班演出于关帝庙万年台，多出于迎神赛会之目的。而戏班留下题记，既有着戏班自我宣传的自发意识，同时也反映了当时戏班来此演出之频繁。以上戏班有的已难寻踪迹，据唐治东的记载，资阳有“老金玉班”，其班主为冯时扬，后于乾隆末期由姚艮门接办，成立“雁江金玉班”，而后又创办科班“玉明科班”，附属于“雁江金玉班”[①]。但从题记来看，金玉班于嘉庆中后期仍然存在，故以“雁江金玉班”取代“金玉班”的说法恐怕站不住脚。另或以为此处所记之“金贵班”与李调元在《续涵海・新搜神记》中所记之“金贵班”为同一戏班。然从时间来看，此金贵班与李调元所记前后相差数十年，尚缺乏可靠史料印证。不过，黄添乡的戏班题记，却向我们展现了此间民间戏班冲州撞府，赶会演出之繁盛景象。由此看来，嘉庆《资阳县志》中关于商帮为筹办迎神赛会不惜重金，约聘戏班演出的记载，殆非虚言。

“川盐济楚”是四川盐业史尤其是自贡盐业史上一个关键节点。我们在关注这一事件带来自贡盐业繁荣的同时，也不要忽略其在文化方面的影响。“川盐济楚”催生了一批自贡富商，也将原本在此已颇为频繁的戏剧活动推向了新的阶段。在咸丰、同治以后，不仅体现在迎神赛会的规模上，更直接地显现为当地戏班的涌现及一大批名角的诞生。同光时期，“资阳河派”演员的集中涌现，离不开“三字科社”的创建。据民国《泸县志》载，“清季同光间，县人谢维孟训练‘三字派科班’，生旦静（净）末丑名角均有成名者，其唱演实非他人所能及，今虽相继老死，犹为顾曲者称道不衰”[②]。该社亦称“名盛科班”，系由雁江大名班

① 唐治东：《川剧源流新探》，载《资阳文史资料选辑》第七辑，2000 年内部刊印，第 244—245 页。

② 〔民国〕《泸县志》卷 3《礼俗志》，《中国地方志集成・四川府县志辑》第 33 册，巴蜀书社 1992 年影印本，第 110 页。

聘请岳春、萧遐廷、罗开堂等，于光绪四年（1878）在内江城南二十公里隆昌双凤驿吉祥寺创办，因以“三”字为名，故称为“三字科班”。该班招徒30余人，名角有刘三凤（旦）、李三纲（净）、蔡三品（生）、石三龙（小生）、傅三千（丑）、萧三镛（净）、彭华廷（鼓师）等。经过“三字科班”的集中授业，资阳河短时间内涌现出一批青年演员，他们与“活关羽”黄炳南、“蒲大王”蒲松年、唐派宗师唐金莲等成为光绪年间资阳河的中坚力量。这一代演员，通过参与光绪二十八年的“臣字科班”教习（如傅三千、蒲松年、唐金莲等），或通过招徒传授衣钵，如张明德、张德成师事黄炳南，左青云师事彭华廷，聂丽君师事蒲松年等，使“资阳河”流派艺术发扬光大。

据此，笔者以为，“川盐济楚”促进自贡盐业繁荣，商帮财力不遗余力地注资于赛会演出，为资阳河流派的定型予以了契机。同、光年间，当地一些大盐商，纷纷出资兴办戏班，自贡盐业四大家族中的王、李二家创办或资助有文娱班、富春班、凤仪班等，此外，光绪年间资阳河一带较知名的戏班还有玉华班（资中）、昆玉班（简阳）、金玉班、翠华班（泸县）、得胜班（泸县）、玉翠班（泸州）等。一个戏剧流派的形成，体现在是否具有稳定的艺术特色和颇具张力的艺术风貌。“三字科班”以及与之同时代的一批艺人，均有着清晰的师承，各行当名角荟萃，不固囿于师门技艺，而是在传承中发展，在传承中有创新。可以说，正是通过这一代艺人，使“资阳河”作为流派艺术得以定型。从具体时间来看，“三字科班”的创办可视为“资阳河”流派形成中的一个节点，而真正走向成熟，则可以“臣字科班”的创建为标志，这一定程度上意味着以“三字科班”为代表的一批艺人，在艺术上日臻完善，真正成为“河道”的代言人。

三、品仙台：脱胎于赛会的艺术品鉴

商帮的豪奢促成了赛会会期的无限延长，赛会规模无限扩张。赛会期间，戏班云集、名角荟萃，各地艺人争相献艺，俨然梨园界的一大盛会。对戏班演员而言，赛会成为一场剑拔弩张的擂台比拼；对普通民众而言，赛会则是一场声势浩大的饕餮盛宴。习俗相因，戏曲日渐成为民众茶余饭后的谈资，而戏班演员间也日渐形成相互比较、切磋、较量的氛围。

随着演剧活动的日趋频繁，民间自发品评之风在各地逐渐兴起，但并未转化为一种“自觉”的活动，或者尚未形成一定的规模和固定的形态。有时这种品评甚而带有明显的侮辱性质。如资阳城隍会戏中，在戏台一侧排放着花红火炮和一叠叠红封（封银），若一台戏或戏中某个角色表现精彩，赢得观众喝彩连连，当场为角色或戏班挂红放炮，奖以封银。相反，戏台的另一侧则排放着扫帚等，如果某台戏或某个角色稍有闪失，即用扫帚等羞辱台上的角色，使戏班和角色颜面扫地；相对委婉一些的，则预先在台下准备花生壳，演员若出现差错，即点燃花生壳烟熏演员。此外，凡出现差错的演员和戏班，还要被迫接受“罚戏”。资阳城隍会戏的“罚戏”一般罚一至三本。四十八天演出中，很少有不被罚戏的戏班。如此，加上罚戏，可唱至两个多月。会首、士绅商贾及一般的观众习染日久，对剧情及表演都烂熟于心。或有观众故意刁难艺人，让艺人和戏班出丑难堪。如同治、光绪之时，名山小生王新文在一次雅安会戏上演唱《石秀杀嫂》，王饰演的石秀杀死了与嫂通奸的一僧一道后，随手将“人头”挂在腰间。戏毕，会首率几人前去质问王新文，说和尚没有头发，怎么能一下将和尚的人头掖入腰带，挂在腰间。王新文无言以对，被罚戏十本[①]。为了避免罚戏，赢得声誉，艺人通过“赛艺”，不断在唱、念、做、打上下功夫；观众在潜移默化中提高了赏艺水准，由外行式的“围观”发展到行家式的“品评”。

与此同时，戏班或艺人之间的同台对垒，也成为赛会舞台上的经常性节目。如阆中赛台会：“赛台会者，城东之太清观，古香城寺旧址也。内之为殿者五，外之为戏台者三。三月二十七日至二十九日各台同时演戏，互相夸耀。二十八

① 雅安地区文化局：《雅安地区戏曲志》，1987年内部刊印，第114页。

日，神像出游，亦如府城隍之仪。”[①]如清末民初，资阳城隍庙会首事孝帘公胡仁宇聘请了自贡“富春班”、简阳“昆玉班”和资阳“雁江大名班”三大戏班承演城隍会戏。三雄相争，都不甘示弱。于是戏班又从各地广聘名角，重新制备行当，欲要一决雌雄。“富春班”连演三天，服装各不相同，展现其箱底雄厚；“昆玉班”演唱《琵琶记》时，名旦谭香云饰赵五娘时，因露出手上的玉镯而穿帮，被罚戏落败；“雁江大名班”名小生蔡三品演唱《红梅记》技压群芳，在此次打擂中拔得头筹[②]。戏班之间同台角逐，既要比“箱底”实力，更要比名角技艺，这实际上源起于戏班之间的炫耀，而逐渐发展成为自觉的“同行互品”。“资阳城隍戏不仅是酬神娱民，也是各大戏班和名伶们的‘品仙台’和‘会演’地。因而，会戏名角如云，精英荟萃，相互竞技，交流切磋，年复一年愈演愈烈，逐年遂成范例。”[③]在雅安一带，也有类似品评。每遇会期，各条“河道”上的演员前来献艺，艺人们将此比作上“品仙台”，“没有点儿‘仙风道骨’，休想位列仙班”。而将获得观众一致好评的，拈了“彩头”的演员形象地比作夺了“金顶”[④]。

当这一品评之风由自发的无序开展，向“赏优罚劣”“赏罚分明”的“秩序化”转变时，“品仙台”的基本模式和现代意义已然产生。自流井在湖广会馆前的大茶馆专设“品仙台”，其品戏活动，包括观众品、名角品、自我品等多重“品戏”方式[⑤]。

一是“观众品”。观众看戏之后，多聚集于茶馆、酒肆或其他公共场合，争相讨论、品评艺人的演技，“品”选出“戏中仙”。民间有这样的说法，“阳县出

---

① 咸丰《阆中县志》之《岁时民俗》，丁世良、赵放主编：《中国地方志民俗资料汇编·西南卷》上册，书目文献出版社1991年版，第300页。

② 唐治东：《资阳庙宇、万年戏台和庙会戏》，《资阳文史资料》第七辑，2000年内部刊印，第221—222页。

③ 同上书，第221页。

④ 雅安地区文化局：《雅安地区戏曲志》，1987年内部刊印，第113页。

⑤ 自贡市文化局《戏曲志》编写组：《自贡市戏曲志》，1986年内部刊印，第56页。

个名，内江泼死人”[1]，意思是能到阳县一带演唱的艺人具有相当高的艺术水平，阳县、内江一带的观众为川剧行家，常常对演员的演出进行品评。“品仙台”成为艺人博取声誉的舞台，是获得观众认可必须的经历。故而凡遇赛会，蜀中艺人趋之若鹜，谚语“自流井是戏窝窝、银窝窝”“到资阳河去胀肚子”[2]，可以见出自流井、资阳河一带的城隍赛戏对艺人的吸引力。

二是“名角品”。即名角之间相互品评，相互借鉴的风气。神会演戏会集了各地名伶，尤其在咸丰以后，成渝两地名角争相到此献艺。同行之间相聚一起，难免会品评艺人的表现。这有助于艺人之间展示技艺，相互切磋学习。如德艺双馨的名角周慕莲与曾此君，曾相聚于资阳河赛会之上，双方一见如故，取长补短，在蜀中传为佳话。

三是“自我品”。倘若戏班之中有多名演员争演同一角色时，艺人自己往往要先衡量一下水平的高低，让水平高者出场献艺。如果明知技不如人，却硬要逞强献丑，俗谓此为“瘟好强”，往往会遭到“内盘”的嘲讽。

“品仙台”的出现，首先表明了赛会性质的变化——艺人表演成为话题的中心。赛会转化为戏班、艺人竞技的舞台，体现了观众和演员对戏曲艺术本身的回归，是对“噱头化”表演的扬弃。戏班艺人走出仪式化、功利性表演的怪圈，开始专注于对“唱、念、做、打”等戏剧表演艺术的锤炼。这是对民间赛会演剧，抑或说“万年台”演剧的反拨。赛会演剧注重仪式性，还注重闹热性，民众的关注点不在艺术本身，而是艺术之外的噱头，以噱头赢得观众的喝彩与认可。为此，赛会演出目连戏、东窗戏时，放猖捉寒、追旱魃、打叉等等，都有明显的噱头化表演性质，而“品仙台”的观众却对单纯的噱头化表演并不买账。如在资阳城隍会戏中，一位小有名气的小生自恃年轻，欲在此大显身手，在《巧云调叔》一剧中，在台上表演了很多技巧，踢尖子、施卡子、天旋子、地旋子，在舞台上满场飞，使旦角无处容身，结果当场被观众怒斥“这是《调叔》，又不是练武

① 自贡市川剧院：《川剧资阳河流派历史约言》，1962 年内部印制，第 16 页。

② 自贡市文化局《戏曲志》编写组：《自贡市戏曲志》，1986 年内部刊印，第 56 页。

场”，其表演不合剧情，被轰赶下台，并罚戏一本。资阳会戏观众对演员表演几近苛求的品评，迫使赛戏演员更加注重向戏曲本位的回归。如自流井的花旦谢海潮、红生黄炳南、名净罗黄等，在唱腔、身段上下功夫，在晚清之时名噪川南。唐金莲、曹俊臣、张德成、阳友鹤、陈书舫等经由“资阳河”的淘洗，逐渐成为名振全蜀的川剧表演艺术家。由此走出去的还有彭华廷、魏辅周、唐德彝、左青云、刘汉章等著名的鼓师、乐师。他们从“品仙台”走出去，在成渝各地巡回搭班演出，在与川剧各条河道的交流中促进了川剧表演艺术的日臻完善。据川剧老艺人回忆，晚清以来，其他各条河道的艺人都要争取到资阳河来住上几年，藉以取长补短、互相学习。民间有这样一种说法，“虽说‘无乐不成班’，不到资阳河来住上几年，总要带上一点‘坎’味”。所谓“坎”，指艺人在艺术上不大方[①]。由此可见，从酬神赛会走过来的资阳河流派，渐而摆脱了万年台演出的泥土气息，走向了对戏曲“艺术性”的追寻之中。

在“品仙台”的擂台比武中，有一个事件颇为耐人寻味。据《内江地区戏曲志》载，咸、同之际，内江人罗星洲重组“汉安聚庆乐部”与名丑岳春所在的“雁江大名班”较量。罗星洲常在民间戏班、端公班“跳乱坛”，曾于道光二十九年为内江“大成会”筹办祀孔典礼中担任舞乐教习，后来笼络其他各班，重组“汉安聚庆乐部”，任掌坛师。“汉安聚庆乐部”所演剧本多采自民间故事，缺乏文采；唱腔则多为端公道士腔、梵呗坛唱和民歌腔。而脱胎于明玉科班的“雁江大名班”走的却是另一条路线，该班岳春习昆腔，班底以雅乐为主。双方于咸同之际的第一次比拼，以罗星洲败北告终，他也被讽为习尚旁门左道的“通天教主”。罗星洲不甘于此次失败，在乐师李满满的帮助下，改组“富春乐部”，并致力对古典戏曲剧本的通俗化改编，在适当保留古腔的基础上，大量用徒歌演唱曲词，达到昆弋兼备，雅俗共赏的效果。经过一段时间的努力，罗星洲率班再赴资阳城隍会对决，终于占得花魁。而大名班的雅乐在此次比拼中失败后，班主转而

① 自贡市川剧院：《川剧资阳河流派历史约言》，1962年内部刊印，第18—19页。

邀请罗星洲与岳春合作，在隆昌双凤驿吉祥寺创办“名盛科班”，改编古典戏剧剧本，以打击乐作为唱腔伴奏，融汇儒释道（巫）三教乐章作为川戏的锣鼓曲牌，从而奠定了川剧资阳河派的基石[①]。如果所记属实，或许可将罗星洲将古典曲本的通俗化过程，视为“大”“小”传统互动交融的典型案例。甚至，在此过程中，我们无法去衡量精英与民间的“主”与“次”“大”与“小”。但有一点是可以肯定的，这是“品仙台”对戏曲艺术的选择，是“草根”万年台的赛会演剧摆脱仪式束缚，走向艺术表达的形象写照和自觉历程。

第二节 赛会演剧与川剧表演体系的建构
——以特技为中心

作为具有驱鬼逐疫、酬神祈福等现实功能的仪式展演，赛会演剧融入了民间端公、傩仪等诸多法事。在这些法事之中，巫师或演员往往借助杂技性的手段，以展现自己“通神”的神秘力量。因此，强化“神秘性”的幻术在赛会仪式中大行其道。而另一方面，赛会演剧植根于民间社会，受众群体决定了展演形态的民间风貌，演出场所——万年台影响着展演形态的世俗风味。赛会中的戏剧展演必然以适应民众的审美趣味为旨归，以“炫技性”表演呼应民众的审美快感与狂欢欲求。无论是“神秘性”法术，还是“炫技性”表演，都是展演进程中的“噱头”。其实，“噱头化”表演一直伴随着戏曲的起源与发展全过程。在相当长时间之内，“噱头”代表着民间的一种审美趋向。从早期的角抵到宋元的杂剧、南戏，其中充斥着以“技巧”取胜的展演形态。然而，明清以后，文人化的传奇虽然也

---

① 内江市文化局:《内江地区戏曲志》，巴蜀书社 1991 年版，第 392 页。

不乏“噱头”表演，但从传奇文本到演出形态来看，似乎在一定程度上有意弱化了“炫技性”表演，而民间演出却极力在这方面大做文章——尤其是从赛会舞台上脱胎而出的近代地方剧种。比如川剧，其早期的艺人奔波于各地的万年台，以是否具有高超的“技巧”，作为“看家本领”和“买米功夫”，而观众对此也乐此不疲，甚至以此作为衡量艺人水平的基本标准。不过，随着川剧表演艺术的成熟，川剧表演艺术家逐渐扬弃纯粹的“噱头化”表演，而是将“特技”融入到川剧程式之中，在倡导“戏必有技”的同时，更为注重“技”的戏剧化与性格化内涵，从而形成了一种独特的审美范式。

一、炫技：赛会展演中的仪式与噱头

沿袭着“百戏”的传统，明清的赛会戏台上，与文人传奇的典雅化形态迥然相异的，是极力满足民众祈禳意愿的以“法术”为核心的仪式展演，极度张扬着民众狂欢欲求的以“杂耍”为代表的噱头化戏剧。杂技、戏剧浑融于赛会戏台，铸就了民间戏剧演出的俗文化品格。据《吴社编》载，明代赛会中的杂技有傀儡、竿木、刀门、戏马、马上橇、走索、弄伞、广东狮子等，此外，还包括归入“缠结”“散妆”等类的部分名目①。吴稚登将“技术（杂技）”与“杂剧”“神鬼”“人物”“乐部”“珍异”等并列，足见杂技在明代赛会演出中，已属于主要的展演项目。张岱关于目连戏演出的记载②，更为清晰地呈现出明末清初目连赛戏中的“杂技”性表演场景。在其短短的两三百字中，描述了目连戏舞台上多种类型的杂技表演。其一是武打技巧类，其表演需要三四十名“剽轻精悍、能相扑跌打者”，可以想见戏台上颇为壮观的武打场面；其二是其他技巧性杂技，“度索

① 王稚登：《订正吴社编》，《四库全书存目丛书》，子部，第241册，齐鲁书社1995年影印本，第731、732页。

② 张岱：《陶庵梦忆 西湖寻梦》，上海古籍出版社2001年版，第94页。

舞絙、翻桌翻梯、觔斗蜻蜓、蹬坛蹬臼、跳索跳圈、窜火窜剑之类”，大多为现代杂技仍然盛行之项目；其三系为烘托“天神地祇、牛头马面、鬼母丧门、夜叉罗刹、锯磨鼎镬、刀山寒冰、剑树森罗、铁城血澥”等地狱怪诞，而掺杂的杂技和巫术表演。可见，此时的目连戏，既有平衡类、耍弄类、力技类、蹬技类、翻腾类等动作性技巧①，还有刀山、油锅等幻术表演，已然是民间杂耍的大杂烩。杂技表演增强了目连戏演出中的张力，使原本乏味的宗教祭祀与道德劝善，有了更为灵动的舞台展示。

身体技巧性杂技与戏曲之关系，渊源有自，此不赘言。而幻术类表演则与迎神赛会的酬谢祭祀功能不无关联。此类幻术表演带有明显的巫术性质，民间端公和巫师常于法事中施展此类法术。表演者往往借助一些道具和手段，进行看似违背常理的展演，以此蒙蔽观众，使观众相信其具有上天入地、沟通神灵的超强神通。光绪十五年，元和康芸洲曾编有《中外戏法图说》，该书系统介绍了魔术技法，列举了药发门、彩法门、符法门、江湖诸法秘诀等诸多幻术技法，其中包含有诸多的巫师常用之巫术伎俩，常见于戏剧舞台上的如“药发门”中的“吹灯复明”“口吐莲花”“吐火喷烟”“双手捧火”等，以及“江湖诸法秘诀”中的“吞碗片、竹箸法”“滚油治病”等②。此类法术是端公、巫师谋生的手段，他们在赛会的舞台上，将此融入到目连戏的演出仪式之中，从而增强了表演场域的神秘感和仪式感。

实际上，从王稚登的《吴社编》来看，整个赛会几乎是一次杂技的巡演。此后的赛会，也基本沿袭着这一模式，既有舞台演出，也有舁神巡游仪式，而杂技在赛会进程中扮演着不可或缺的角色。蜀中的规模性赛会，最晚在嘉庆年间，形成了目连戏演出与舁神出驾相结合的仪式形态。目连戏的演出可以说是张岱所记之翻版，而杂技性表演则贯穿于始终，尤其是舁神巡游仪式演变成杂技表演的移动舞台，如《芙蓉话旧录》卷三“城隍”条云：

---

① 边发吉、周大明:《杂技概论》，北京大学出版社2007年版，第75页。

② 康芸洲编著:《中国戏法图说》，上海春明书店1947年版，第108—155页。

> 成、华两神先诣府庙，与府城隍同出。伺神之卤簿，悉列于伺神轿前，衺延十余街。最前为旗、锣、伞、扇，与官府仪仗大致相似。次则扮地狱变相者，牛头马首，无常鸡神，每种二、三十人。又有阴五昌、阳五昌，每起必五人，皆扎纸钱于头，高尺有咫，朱绿涂面，状殊阴惨，提铁叉眨眨作捕人状。更有饰罪犯者，前一人作鬼役形，以铁链系罪犯而曳之，罪犯则或剸刃于身，或贯叉于腹，然当是伪作。惟挂灯者，则以银皮作小灯盏，中置菜油，燃灯于盏喙，灯后作曲柄，锐其锋，挂于肉里。其人裸上身，两手撑以红漆小杖，头束青纱，自额以迄胸乳、两肘、背际，共挂灯十余盏。又有富贵人家，饰数岁孩童，作神仙英雄等状，乘骏马，锦鞍玉辔，两豪仆左右挟持之，曰“顶马”，亦各十数起。每神轿前，必有一大汉，饰作判官状，背负大算盘，长五、六尺。神轿皆八人合舁，舁者皆以浅蓝色绸作短装，色式如一。[①]

整个出巡仪式，前有仪仗护驾，地狱变相、牛头马面、牛鬼蛇神等神怪扮相相随，其间伴有高难度的动作展示；随后则为孩童所饰之“顶马”，或谓之“高装（妆）”“平台（抬）”“彩亭”“亭子”“抬阁”等，即由优伶或小儿装扮成剧中角色，站立于众人抬舁的高台之上，属于平衡类的技巧性杂技。此外，高跷等杂技也经常出现在巡游仪式上，“时新花样女高装，脚踏风干丈二长。故把金莲三寸现，只愁难过木牌坊”[②]，自贡人詹言于光绪丙申（1896）年描述城隍出巡的竹枝词，展现了巡游仪式中的高跷表演。可以说，目连戏作为宗教祭祀剧，之所以能够长期活跃于民间社会，在于依靠嵌入到仪式的杂耍性表演，增强对地狱怪诞的表现力以及仪式的神秘性，使之转化为民众生活日常中不可或缺的信仰加持和精神慰藉；同时，多样化的噱头表演适应于庆典的世俗场域，迎合了俗世的审美

---

① 周询：《芙蓉话旧录》卷3，四川人民出版社1987年版，第47—48页。

② 詹言：《县城隍会竹枝词》，载林孔翼、沙铭璞辑《四川竹枝词》，四川人民出版社1989年版，第26页。

趣味，满足了俗民摆脱生活日常的狂欢欲求。

杂技理论家唐莹认为，“超常性是杂技美创造的基本出发点，也是它区别于其他艺术的最显明的审美特征”[①]，超常性包括奇巧、惊险和高难等杂技艺术所特有的美学范畴，“它们之间相互依存、相互制约、相辅相成，构成了杂技审美不可分割的整体”[②]。民间戏剧艺人正是在赛会的演出形态与氛围中，体悟到杂技自身的艺术魅力，体悟到杂技与戏剧的渊源关系与共生形态，体悟到俗世民众对超常性审美的追求，因而逐渐在自己的戏剧演出中渗入杂技表演，以此契合观众的审美趣味——尽管在元明的杂剧、传奇中，已不乏杂技的身影，但是，经历赛会演出的近代艺人，似乎深谙杂技对观众的吸引力，深谙杂技在戏剧演出中的重要性，于是融入戏剧舞台的杂技，开始转化为戏剧艺人的“买米功夫”，成为近代早期戏剧演员立足舞台至为重要的基本技能，而“炫技”式表演，在相当长一段时间内，是戏剧观演空间中一种共识性审美追求。

二、戏必有技：从“炫技”到表演程式

传统戏曲表演界有“戏必有技”，“戏无技不立”之俗谚或艺诀。此所谓“技”，除了包括扎实的基本功之外，更主要是指上述所言之“杂技”，由此足见“杂技”在戏曲表演中的重要性。近代人徐珂对此作了专门的描述：“戏之难，非仅做工，尤必有技而后能胜其任。武技（俗谓之“把子”）无论，即以文戏言之，其能事在衣装一方面者，则如《黄鹤楼》之冠（皇叔应以首上冠掷丈许，落于拉场人手），《李陵碑》之甲（不能见解脱痕，且须合板），《琼林宴》之履（出一出台，便须以足掷履，以首承之，不得用手扶助，自然安置顶上方合），《乌龙院》之靴（宋江应于旦膝上左右旋其靴尖，与指相和，必相左以速而善变

---

① 唐莹：《杂技美学》，龙门书局2007年版，第47页。

② 同上书，第69页。

其方位为能)，其能事在用物一方面者，则如《九更天》之刀（时刻促而准），《战蒲关》之剑（旦炷第三香时，生立旦后，剑自落手），《杨妃醉酒》之爵（衔而折腰），《采花赶府》之花（招手而出，近戏法），《虹霓关》丫鬟之盘（以两指旋转之，飞走而衔其杯，走定盘正置杯甚远，皆须应节，甚难），《打连箱》稚妓之鞭与扇（式甚多，皆非久练不能）。其技皆应弦按节，炫异惊奇，非夙能者，苟易人为之，断不能灵敏新奇也。”① 该段文字出自《清稗类钞》“戏必有技”条，其所谓之“技”，不仅包括武戏中的“把子功”，还体现在文戏中的技巧性表演，实际上指对衣装或道具的耍弄上，其中也不乏如《采花赶府》中的魔术表演。徐珂对“戏必有技”的描述，可以说代表了时人对京剧的审美标准——在唱、念、做、打的扎实基本功外，需有出彩之“炫技”以增强舞台的魅力。

“戏必有技”不仅适用于京剧，也是川剧及很多地方戏曲的审美标准。如前所述，从川剧的形成史来看，“戏必有技”作为审美标准的确立，与赛会演剧的世俗审美趣味有着必然的渊源。前述资阳河城隍会戏中，一个名小生在《巧云调叔》中踢尖子、施卡子、天旋子、地旋子等多种武术技巧的表演，虽因表现过度而受到批判，但换个角度视之，其所以肆意展现此类杂技，正是基于观众对杂技表演的喜爱，故欲以此来取悦观众的。不曾想，过犹未及，遭到观众的唾弃。这个事例表明，杂技与戏剧演出的结合，定然不是简单的叠加式展现，也不是想当然的随性为之。这一方面涉及戏曲表演中对杂技“量”的掌控；另一方面还涉及“以怎样的方式”融入到戏曲表演之中。这一问题虽然看似简单，但实际上与艺人是否认识到戏曲表演的本质，是否具有艺术自觉紧密相关。传统的赛会演剧戏台，由于追求以“闹热”取胜，或许观众并不追究杂技是否真正与剧情相协调。因为，戏台下的观众并非都是“行家”，甚至大多都属于“外行”。所谓“外行看热闹”，舞台是狂欢之源，他们更倾向于舞台上的“超常性”展示，以获得感官层面上的瞬时愉悦。随着赛会戏台向戏班“会戏”舞台的转变，演剧渐而摆

① 徐珂:《清稗类钞》第11册，中华书局1984年版，第5030—5031页。

脱“酬神仪式”的附庸，其作为审美对象的独立性在民间赛会舞台上逐渐确立。资阳河及雅安等地的“品仙台”的出现，正是戏曲表演从赛会酬神演出中分离出来，成为独立审美对象的标志，也是观演空间审美自觉的直观显现。从这个角度来看，演《巧云调叔》的小生的表演并没有错，他展示的是赛会戏台上传统的演出模式，只是世易时移，他面对的却是已熟稔戏曲艺术的戏迷和行家了。

由此看来，特技如何融入川剧演出的问题，事实上与民间赛会演出中审美风貌之转向大有渊源。这与艺人群体对戏曲表演的本质认识、观众群体对戏曲审美的艺术自觉是分不开的。而对这一问题的探讨，又与近代川剧的生成史有诸多重合与交叉。或者说，民间赛会演出中的艺术自觉，是川剧表演艺术走向成熟的标志，在川剧的发展过程中具有不容忽视的价值。

“无技不成戏”，扬弃不是摒弃，事实上，在数百个地方剧种中，川剧尤为擅长特技。这是川剧一代代艺人在演出实践中的经验总结和提炼。早期的艺人，皆以功夫或特技见长，如萧遐亭擅演红生戏，有“活关公”之誉；丑角鼻祖岳春长于功夫戏，擅长炉人、矮子功以及打骗马、登打、漩子等技巧；“成都第一名旦”黄金凤擅长跷功；名丑蒋润堂（岳春之徒）擅翻筋斗，吞服十余碗水后用内功将水逼出等；丑角九根毛功夫极佳，在《扯符吊打》中有“吊辫子”特技；萧遐亭之徒黄炳南继承其师衣钵，能用青龙偃月刀要不同的刀花子，有“活关羽”之称；名丑傅三干功夫深厚，能踢正、反左右“双尖子”、不用手起的“朝天蹬”以及矮子身形的把子、丢抢背和打骗马等；“戏圣”康子林擅长翎子功、飞冠、甩发、踢慧眼等特技；“蒲大王”蒲松年（岳春之徒）能将“提炉人”特技表演得惟妙惟肖等等。上述诸人，皆为川剧早期的名角，从出生年月来看，最早者萧遐亭约生于 1821 年，最晚者蒲松年生于 1871 年。作为川剧形成期的代表性演员，他们几乎都是各地赛会演出的常客，可以说是在赛会的舞台上摸爬滚打，最终成为一代翘楚的。也正是在上述这些早期艺人的探索与实践之下，赛会戏台上的特技才逐渐融入并定格到剧目和艺人的演出过程之中。

蔡欣欣在《杂技与戏曲》中，对戏曲特技作了如下定义：“所谓的戏曲特技，顾名思义是指戏曲的‘特殊表演技法’，通常是技术性很强的高难度表演动作，为‘异乎寻常’程式的奇特绝活，可藉由形体躯干与器物道具的变形要弄，来创造超常难能的艺术形象，以展现奇巧险美的审美情趣。”[①] 戏曲特技，已然不再是单纯的技巧展示，作为舞台艺术的组成部分，特技必然要以演绎故事，塑造人物形象为旨归，否则，脱离剧情的展示必然会遭到“行家”的唾弃。民国初年，成都一位戏迷在评《酒楼杀仇》这出戏时说：“西门庆与武松，均系小科班，夺刀相打，颇有可取处，与旧时川派不同，意是脱胎京派。惟武松连次打跟斗，殊嫌太过。武戏规则，惟妖怪及丑角、偏角可以多跌多滚，此外正角只危急时偶一滚跌，不恃此为能，否则，便成江湖卖艺家矣。武角最要者：身段、台步、手法、鼓点（所弄枪刀作各种飞舞须合鼓点），而扮妆亦不得草草。武戏精妙处极费研究，常人多不注意，南人尤不谙此，然而是夕川班武松已有大进步，不可不精益求精也。”[②] 这位戏迷堪为“行家”，熟稔京剧表演艺术，以京剧之武戏规则绳墨川剧之表演，虽然有待斟酌，但是此处从一个侧面揭示了武技乃至特技之于戏曲表演的意义。武戏中的正角与丑角（偏角）之分，是由角色各自承担的功能所决定的，前者系演绎剧情的主角，而后者多以插科打诨为要务，故而在武技的展示上有着明显的功能性区别。“江湖卖艺家”之讥诮，不仅是针对武角之“炫技”，其实也显示出走向成熟的戏曲舞台艺术对“炫技”的扬弃。

“无技不成戏，滥用不是艺。”[③]“技”是戏的基本元素，但却不宜滥用。这是传统艺人对川剧舞台如何处理“技”的概括性描述。为便于讨论，笔者对《中国戏曲志·四川卷》《重庆戏曲志》《川剧艺术概论》《川剧表演手法通览》等著述所载录剧目特技、绝活作了初步统计，现列表如下[④]。

---

① 蔡欣欣：《杂技与戏曲》，国家出版社 2008 年版，第 365—366 页。

② 南杰：《年头年尾之观剧》，载《娱闲录》1915 年第 13 期，第 52 页。

③ 《重庆戏曲志》编委会：《重庆戏曲志》，文化艺术出版社 1991 年版，第 458 页。

④ 参见《中国戏曲志·四川卷》，中国 ISBN 中心 1995 年版，第 302—313 页；《重庆戏曲志》，文化艺术出版社 1991 年版，第 295—301 页；邓运佳《川剧艺术概论》，四川社会科学院出版社 1988 年版，第 369—385 页；《川剧表现手法通览》，四川文艺出版社 2002 年版等。从以上著录来看，特技之标准并未统一。邓运佳《川剧艺术概论》中所著录范围较广，笔者统计时未将水袖功、褶子功、耍官衣、扇子功、耍手巾等列入。

表 5–1　川剧特技与剧目对应表

序号	特技		剧目 / 角色	备注
1	变脸	拭暴眼	问病逼宫（杨广）、打红台（萧方）、活捉石怀玉（石怀玉）、活捉子都（子都）	蓝光临（石）
		其他变脸方式	活捉子都（子都）、打红台（萧方）、东窗修本（秦桧）、断桥（青儿）、闹齐庭（公子昭）、金山寺（紫金铙钵）、空城计（诸葛亮）、下河东（欧阳方）、血带诏（曹操）、八阵图（陆逊）、治中山（乐羊子）、归正楼（贝戎）、竹林堂（湘东王）、三进碧游宫（通天教主）、青梅赠钗（张婆婆）、卖水记（彦贵）、杀惜（宋江）、情探（焦桂英）、望娘滩（聂郎）、放裴（裴禹影角）、活捉石怀玉（石怀玉）、青州坟 / 李存孝显魂（李存孝）、竹林堂（刘子荣）、活捉王槐（王槐）、十美图（冯金玉）、吃糠（张婆）、炮烙柱（梅伯）、跪门鉴（氓旦）、飞云剑（陈仓老魔）	曹俊臣、彭天喜、夏庭光擅演子都；赵瞎子、梅春林演秦桧；曹俊臣（陆）；周慕莲（焦）；刘成基（聂）；王友生（裴禹影角）；蓝光临（石）；张树芳（张婆）；肖荣华（梅伯）；晓艇（氓）
2	变髯口		火烧濮阳（曹操）、火烧绵山（介子推）、铁冠图（崇祯）、炮烙柱（梅伯）	甩靴变髯（铁冠图专用）张德成；肖荣华（梅）
3	绫子功		放裴（李慧娘）、活捉石怀玉（狐仙）、情探（焦桂英）、飞云剑（聂小倩）、三祭江（孙尚香）、虹霓关（东方夫人）、活捉三郎（阎惜姣）	琼莲芳（李）、谭芸仙（情探）
4	台口功（飞、梭、挂、走）		《擒洪锦》/ 双旗门（洪锦）、断桥（白素贞）、林丁犯夜（林丁）、活捉三郎、夫妻桥（何先德）、杀狗惊妻（焦氏）	潘旭初（洪锦）、彭天喜（洪锦）、夏长清（林丁）、阳友鹤（白素贞）、杨云凤（白素贞）
5	水发功		跪门吃草（须贾）、水牢摸印（董洪 / 宏）、杀狗惊妻、打红台（萧方）、铁龙山（杜后）、活捉子都（子都）、战潼关（马超）、赠绨袍（须贾）、游株林（陈灵公）	曹俊臣（萧）、阳友鹤（杜）
6	翎子功		杨广逼宫（杨广）、宫人井（白鳝仙姑）、游泾河（西湖公主）、洞庭配（龙女）、战洪州（穆桂英）、战金山（梁红玉）、金霞配（龙女霞姑）、花仙剑（芙蓉花仙）、梅绛亵（苍色狐）、八阵图（陆逊）	康子林（陆逊）等

续表

序号	特技	剧目 / 角色	备注
7	矮子功	顺天时（土行孙）、乱点鸳鸯谱（乔太守）、武大拿奸（武大郎）、晏婴说楚（晏婴）、太保庙（邱小乙）、做文章（徐子元）、三开张（新编剧《张三阳》）	陈全波、周企何等擅演徐子元
8	换装（滚地换装）	白蛇传（王道灵）、炮烙柱（梅伯）	王永昌（王）；肖荣华（梅）
9	踢蜡台	放裴（裴禹）	
10	吐水 / 喝水还水	时迁偷鸡（时迁）、裁缝偷布（裁缝）	蒋润堂（裁缝）
11	彩烛复明	活捉王魁 / 情探（王魁）、活捉石怀玉（石怀玉）、活捉三郎（张文远）	
12	钩壶	盗银壶（邱小乙）	曹俊臣创造，秦裕仁、万鹤林、李侠林等承之
13	钻箱子	香罗帕、十美图	
14	骗（片）马过椅（墙）	放裴（裴禹、裴禹影角）	曹俊臣创造、王友生（影角）
15	椅子功（飞、提、跳、睡、梭）、倒蝶下椅	铁笼山（铁木耳）、顺天时（土行孙）、游园拾巾（王文）、拦马（焦光普）、长坂坡（赵云）、扯符吊打（白素贞）	傅三干（王文）；彭天喜、潘旭初、万鹤林演擅演焦光普
16	挂柱头	金山寺（白素贞）	
17	吊辫子（吊蛤蟆）	扯符吊打（王道灵）、贼打鬼（盗贼）、三开张（新编剧《薛仲儒》）	九根毛（王）
18	藏刀	萧方杀船（萧方）	彭海清擅长，贺剑虹、蓝光临、魏发祥承之
19	踢慧眼	金山寺（韦陀）	康子林创造
20	吐獠牙	白蛇传（青儿）、九龙屿（余化龙）、飞云剑（陈仓老魔）	谢鹏飞、谢明华、陈明威、夏昭武
21	上高竿	盗冠袍、金山寺	帅志华
22	打叉滚叉	目连传、三打祝家庄、双合珠、九龙屿	谢鹏飞

续表

序号	特技	剧目 / 角色	备注
23	砍五刀（镖技）	目连传、砍五刀 / 宝光寺（孝廉妻等）	谢鹏飞
24	四方绳	捉猴（猴子）	赖志侯
25	走大绳	水擒白玉堂	刘志湘
26	拔钉	金山寺、白蛇传（泸州）（白蛇）	谢凤侠
27	钻火圈	金山寺（白素贞）	谢凤侠、薛艳秋、颜小东
28	现彩（含血泪）	哭桃园（张飞）、芦花荡（周瑜）、太平仓（花云）、杀狗惊妻（曹庄）、砍五刀 / 宝光寺（孝廉妻）、水淹下邳（吕布）、界牌关 / 盘肠战（罗通、虎超）、火烧向荣（向荣、张嘉祥）	胡春甫
29	倒硬人（桩）	绣襦记（郑元和）、八阵图（陆逊）、禹门关（杨八郎）、杀狗惊妻（焦氏）、白蛇传（许仙）、打神（焦桂英）、清风亭（张元秀）、乌盆记（刘世昌）、焚绵山（介子推）、活捉石怀玉（石怀玉）、药毒杨勇（杨勇）	阳友鹤（焦氏）
30	踩跷（脚尖功）	情探（焦桂英）、断桥（白素贞）、别洞观景（白鳝仙姑）、《四望亭捉猴》（花碧莲）、菱角配（菱角）、金鸡岭（孔宣）、南华堂 · 吊孝思春（田氏）	周慕莲（焦）、阳友鹤（白）、周慕莲（菱：踩跷踢毽）、琼莲芳（田）
31	面肌功	审吉平（曹操）、鸿门宴（楚霸王）、造白袍（张飞）、东窗修本（秦桧）、五花扇（蟒王）	唐彬如、吴培均（蟒王）
32	纱帽分扇	跪门吃草（须贾）	
33	单腿蹬剑	议剑献剑（曹操）	傅三干、陈全波等
34	挽发	跪门吃草（须贾）	刘成基、周裕祥、赵又愚
35	丢盔卸甲	失岱州（洪基）、水漫金山（韦陀）	
36	鳌鱼吃水	黄鹤楼（周瑜）	
37	高倒提	八阵图（赵云）、盗冠袍（白菊花）、《四望亭捉猴》（花碧莲）、《断桥》（青儿）	何绍光

续表

序号	特技	剧目 / 角色	备注
38	耍火（纸钱复燃）	男女盗（梁上君）、盗银瓶 / 太保庙（邱小乙）	
39	粑人（提影子）	放裴（裴禹）、活捉三郎（张文远）、活捉王魁 / 情探（王魁）、打红台（萧方）、《活捉石怀玉》（石怀玉）	曹俊臣（萧）、蓝光临（石）
40	衔笏敬酒	鹿台宴（妲己）	专用
41	大刀走路	太平仓（花云）、战袁林（鲍叔牙）、江东桥	秦裕仁、杨玉彬（鲍）
42	顶灯（跳灯、转灯、夹灯）	皮金滚灯（皮金）	鄢炳章、陈全波、赵炳林
43	抢背（硬抢背过桌）	杀狗惊妻（焦氏）、水牢摸印（董洪）、白蛇传（白素贞）；抢背过桌：十美图（冯金玉）	阳友鹤（焦氏）、杨云凤（焦氏）、沈伯厚（冯）
44	翅子功	十五贯（况钟）、反徐州（徐达）、八件衣（杨廉）、书馆悲逢（蔡伯喈）、周仁献嫂（周仁）	
45	啃蜡烛	刘氏回煞（刘氏）	刘丁丁、曹湘石、喻海燕
46	吐火	白蛇传、红梅阁等	
47	花篮献花	改编剧:《芙蓉花仙》（花仙）	
48	蜡烛走路	新编剧目:《九美狐仙》（九妹）	
49	打出手（移植京剧技巧）	杨门女将（穆桂英）、九美狐仙（九妹）、盗仙草（白素贞）	
50	带子传	盗金甲（呼延灼 / 徐宁）、刘氏四娘 · 过奈河桥（刘氏）	
51	倒滚猫	杀狗惊妻（焦氏）	杨云凤
52	转手帕	金莲调叔（潘金莲）	
53	耍菜刀	劈门（白茂林）	陈淡然
54	跪（膝）步	跪门吃草（须贾）、水牢摸印（董洪）	刘成基（须）

以上所列，仅为相关戏曲志及著作中所著录情况，实际上川剧特技及其相关剧目远不限于此。尽管如此，以上不完全的统计仍有助于我们探绎特技运用的诸多特质。

其一，川剧特技注重从杂技等相邻艺术形态中吸取营养，丰富舞台的表演形态。如上高竿、钻火圈、走大绳、四方绳、打叉滚叉、砍五刀（镖技）、踩跷、要火、纸钱复燃等，是传统赛会舞台上的常见杂技和杂要形式。杂技惊险刺激的设计能让观众在短时间内聚焦于舞台演出，获得感官性审美愉悦，这对于万年台以及民间演出是至为重要的。民间演出针对的群体是社会的底层民众，大多停留于感官层次的审美，追求生理性的宣泄与刺激。杂技的表演恰好契合狂欢的审美场域，既能在喧嚣中将观众的注意力拉回到舞台上，又能在短时间将观众的情绪推向极致。可以说，赛会舞台的杂技展演，使戏曲艺人重新认识了民众的杂技审美欲求，从而在自发与自觉之间，将杂技与杂要表演大量植入到戏剧演出之中，以此迎合俗民的审美趣味。

其二，一些经典剧目，总是伴有一种或多种特技表演。比如《白蛇传》有吐火、抢背、倒硬人、吐獠牙、滚地换装等，而其中折戏《金山寺》还有挂柱头、踢慧眼、上高竿、拔钉、钻火圈、丢盔卸甲等特技，《断桥》还有变脸、台口功、跷功、高倒提等，《扯符吊打》则有椅子功、吊辫子等。虽然在《白蛇传》全本戏中以上特技不可能一一展现，但是，该戏之所以能颇受民众喜爱，与丰富的舞台特技表演是分不开的。《情探》(《活捉王魁》) 在川剧史上能成为影响深远的剧目，除了与赵熙的成功改编有直接关系外，其中的变脸、绫子功、彩烛复明、跷功、烂人等特技展演也为其增色不少，而同为“活捉”系列的《活捉三郎》《活捉石怀玉》等也几乎蹈袭了《情探》的特技。《杀狗惊妻》这一出充满民间风味的故事，也并不以情节取胜，而是在“三追三赶”中展现出特技的魅力。可见，作为契合民间审美趣味的艺术形态，特技在川剧的近代蜕变中被广泛地吸纳进剧目的表演程式和体系之中，并在剧目的经典化历程中扮演了不可或缺的角色。

其三，传承仅仅是艺术生存的基础，但如果一门艺术只是踵履前人，必然失去固有的艺术生命。在川剧特技的演进历程中，主要体现在一些优秀的表演艺术家不固守陈规，而是结合自身对剧情、人物、乃至表演程式的理解，探索和创造新的表演技巧。比如，曹俊臣的“钩壶”与“骗马过椅”、康子林的“踢慧眼”等。跷功的发展充分体现出特技的继承与创新。在20世纪30年代，周慕莲等借鉴法国卡木儿的《蝴蝶舞》《凤凰舞》的部分动作，对焦桂英出场的身段进行改造：“斜身撑腿——蝴蝶舞的姿式——后，弓腰、提跷、垂手、偏颈（颈项）、肩斜、身子浪起，作鬼状，从风行，不说一言，走急步进场。”[①] 由于建国之后废除了踩跷，使川剧传统的跷功特技几乎无处安放，濒临失传。琼莲芳坚持“废跷不废功”，以硬底彩鞋练习脚尖舞代替跷功，丰富了川剧表演的技巧，使跷功特技获得了新的生命，其跷功也被誉为“中国的芭蕾”[②]。

其四，杂技的发展，呈现多元而开放的特征，即便是同一种特技，随艺人和剧目的不同而显现出多样化。比如变脸，如今形成了拭、揉、抹、吹、画、戴、憋、扯等多种方式，由较为简单的拭、揉、抹、吹等，以及因人而异的“憋气”，到复杂的“扯”式，显现出川剧传统艺人对于“变脸”特技的摸索与创新的过程。《活捉子都》中子都的“拭暴眼”，《血带诏》中曹操的“揉脸”，《断桥》中青儿的“抹脸”，《青州坟》中李存孝的“吹脸”，《竹林堂》中昏君刘子荣的“画变”，《活捉王槐》中王槐的“戴脸”，《卖水记》中彦贵的“憋脸”，《归正楼》(《九变化身》) 中贝戎的“扯脸”等[③]，已然与剧目之程式融为一体，如果缺少了这类“特技”，将会可能失去表演之神韵。再如“台口功”，“台口”原指万年台之台沿，离台板高约四寸，宽约三寸。早期艺人充分利用“台口”，创造了站、挂、飞、梭、走、睡台口等系列表演形式[④]，极大地拓展了戏曲演出的张力。

可以说，传统戏曲演员几乎调动了包括演员自身肢体动作、面部表情、衣

---

① 周慕莲述，胡度记录：《川剧〈情探〉的表演艺术》，文化生活出版社1955年版，第4页。

② 胡度：《川剧艺闻录》，上海文艺出版社1985年版，第107—108页。

③ 四川省川剧艺术研究院编：《川剧表现手法通览》，四川文艺出版社2002年版，第134—137页。

④ 同上书，第20页。

帽鞋袜、道具砌末、戏台结构等在内的所有元素，在有限的空间与陈设之中，以出其不意之“技”增强舞台之表现力，并经由戏曲艺人的代代相承，逐渐固化到剧目和程式之中，成为不可分割的表演形式。特技融入到川剧表演程式中，作为演绎剧情、表现人物的手段，逐渐成为川剧表演艺术家的共识。康子林曾总结为20字箴言：“不像不成戏，真像不是艺；悟得情和理，是戏又是艺。”张德成也非常重视戏之“情理”：“戏无情不感人，戏无理不服人。”周慕莲在谈到舞台演出时，也强调“艺人演剧，贵研戏情戏理”①。舞台表演要注重入情入理，是为方家。戏要符合“情理”，实际上是要求舞台上的唱、念、做、打，皆应合于人情、事理。特技，作为舞台表演之一部分，自然不能脱离于剧情而单独呈现，必须与戏情戏理相吻合。川剧导演、表演艺术家夏庭光在谈及变脸特技时说：“变脸，常用来表现剧中人物情绪、心理状态的突然变化，达到‘相随心变’的艺术效果。”②“相随心变”非常形象地描述了“变脸”特技的基本功能和运用定律，实质上也是对“变脸”特技须契合于戏情戏理的另一种表述。其实，“相随心变”不仅限于“变脸”特技的运用，也是概括川剧特技的普遍法则。《活捉王魁》中的“烛灭复明”特技，用以表现负心汉王魁内心的恐惧与不安；《肖方杀船》中“要刀”“藏刀”特技，外化了肖方欲杀害金大用的冲动以及发现露馅后着急掩饰的心理活动③；《金山寺》中的康子林“踢慧眼”，与说白“待吾睁开慧眼一观”相呼应，展现出韦陀傲慢的性格特征，为此后的失败埋下伏笔等等。据《川剧艺闻录》载，1935年初夏，程砚秋到重庆时，周慕莲曾向他谈起康子林扮演《目连戏》中郗氏时的十字语录：藏锋不易露，见戏又见人。即不能将郗氏演得像一个泼妇，要演出符合其身份的人物性格及其发展过程。程砚秋听了之后颇有同感：“演员的真本领，全在于演出剧中人。倘若离开剧中人而演戏，哗众取

① 胡度：《川剧艺诀释义》，上海人民出版社1980年版，第20、31、36页。

② 四川省川剧艺术研究院编：《川剧表现手法通览》，四川文艺出版社2002年版，第134页。

③ 王朝闻：《论戏剧》，重庆出版社1987年版，第123页。

宠，自我卖弄，没有不倒坏的。如果说‘藏锋不易露’，是对演好一个角色的经验之谈；那么这‘见戏又见人’的灼见，确可成为我们的剧艺之道啊！”[①]可见，无论是川剧还是京剧，表演艺术家在论及舞台表演时，皆强调剧中人物的中心地位，换言之，一切程式以展现人物性格，演绎剧情为宗旨。由此，曾经在赛会演出中出现的“哗众取宠，自我卖弄”式的特技展示，在一代代艺人的探索之下，经历了由观念到形态的蜕变历程。特技，摆脱了感官审美的局限，成为舞台表演体系中的有机组成部分，在塑造人物形象，推衍剧情中发挥着独特的作用。

三、从技巧到行当门类：丑角戏里的特技

丑角受到民众的喜爱，有其深层的文化内涵。而从演出形态而言，丑角欲实现观众的审美愉悦，除了巧言、活口之外，往往借助于高难度的“绝活”与技巧。邹元江曾经对丑角审美作了如下描述：“丑角的平民性，机智勇敢的讽谏精神，‘在下位而不忧’的乐天自信，惨淡经营人生的顽强个体意志，使审美主体在对象这面镜子上观照了自我，在批判的笑、自嘲的笑、否定的笑和胜利感的笑中完成了人格的洗礼和重塑，使生命的价值实现进入审美的境界——这一切完全是一种审美主体对丑角的历史文化心理的选择，虽然这选择本身也内在地包含着丑角在呈现这种巨大的历史文化心理内涵时所运用的高超的形式技巧（艺术手段）使审美主体所获得的审美快感。”[②]可见，尽管丑角审美有着平民自我实现的目的，可以从社会性的层面获得审美快感，而“高超的形式技巧”似乎与丑角审美的快感有着与生俱来的关联性。

“平民性”是丑角的基本属性，技巧性是丑角艺术的生命力。正是基于此，

---

① 胡度：《川剧艺闻录》，上海文艺出版社1985年版，第83—84页。

② 邹元江：《关于与戏曲丑角美学特征生成相关的几个问题》，《戏剧艺术》1999年第4期。

丑角在赛会演剧中成为最受观众喜爱的一类角色。近代川剧的形成与演进，川剧丑角艺人的贡献不容忽视。川剧丑行的鼻祖——岳春，也一直被推崇为“开创川剧事业的先驱”[①]。岳春与肖遐亭、谢海潮等组织的“大名班”以及“三字科社”，从剧本整理到人才培植等方面开拓性的努力，为同光年间的川剧繁荣奠定了坚实的基础，“大名班”被老艺人誉为川剧发展史上的一面旗帜[②]。据粗略统计，目前以丑角为主角或主要配角的剧目，达到四百六十多个，如果加上其他丑角配戏的剧目，其数目不可估量。可见，“无丑不成戏”，殆非虚言。川丑，之所以在川剧史上能大放异彩，与川丑艺人具有扎实的功底以及高超的表演技巧不无关系。川丑所扮演的人物类型广泛，三教九流，神仙鬼怪，无所不包。据角色身份、年龄、性别等标准，川丑分为袍带丑、官衣丑、龙箭丑、褶子丑、方巾丑、生丑、襟襟丑、烟子丑、武丑、矮子丑、老丑、娃娃丑和婆子丑 13 个门类[③]，足见其角色类型的多样化。名丑岳春提出“三小同工不同法”，要求丑角演员必须熟悉生、旦等行当的表演程式。川丑延续着这一传统，从基功训练开始即作出明确的要求：丑角演员要做到博与专的统一，即在掌握生、旦、净等各行当基功的基础上，再精研其他行当少用或不用的丑角专功。特殊的程式与绝活，是川丑异于其他行当的基本要求，表 5-1 所列之变脸、要火、挽发、吊辫子、顶灯、矮子功、粑人等皆为川丑表演的常用技巧。特技的运用，与滑稽、幽默的活口与动作相得益彰，在铸就丑角舞台展示的“灵动性”的同时，也保证了丑角审美的平民

---

① 周企旭：《川剧丑角的主体精神》，《四川戏剧》1999 年第 6 期。

② 安民：《川剧简史》（上），天地出版社 1997 年版，第 218—221 页。

③ 杜建华：《川剧丑角艺术》，《戏剧文学》2017 年第 7 期。据李笑非《川丑的特点与分类（上）》（《中国戏剧》2003 年第 7 期）周裕祥将其分为 6 类：袍带丑、（包括龙箭丑）官衣丑、褶子丑、襟襟丑、武丑和丑旦；刘成基则分为 9 类：袍带丑（包括官衣丑）、龙箭丑、方巾丑、烟子丑、襟襟丑、老丑、娃娃丑、武丑、丑旦；陈全波将官衣丑从袍带丑中抽离出来，另立一类，共 10 类；李笑非将袍带丑改为蟒袍丑，另增加褶子丑，共 11 类。

色彩。丑角也因此而契合了俗世空间的“闹热”精神，成为俗民“大闹”[①]阈限中的主要支点。

川丑与特技的渊源关系，还表现在川剧丑行的特技门类——“矮子丑”上。“矮子丑”本系指剧中丑角矮小的特征。然而，从演员表演的层面而言，“矮子丑”则是因“矮子功”而得名。演员必须擅长此“绝技”，才能扮演这一角色。矮子功虽不是川丑所独有，但川剧中的矮子功分为半蹲和全蹲两种方式，而其他剧种仅用全蹲，有其特殊性。矮子功要求在表演过程中始终保持和谐的比例，即便是翻跟斗、打把子、要把子、弹跳与旋转时也不能有所变化[②]。相当于整出戏就是一套超高难度的特技，这是“矮子功”特技对于舞台演出的贡献。自岳春、毛长福始，受到历代川剧名丑的重视和传承。川剧矮子戏中，土行孙和晏婴的形象颇受欢迎。前者兼有武丑和娃娃丑的性质，其中既有高难度（对矮子丑而言难度更高）的武打动作，也有稚气未脱的娃娃性格，土行孙的戏有《顺天时》《双旗门》《金鸡岭》(《反五关》下本）等，其中《顺天时》更是很多名丑的看家戏。后者其实具有袍带丑的性质。晏婴身高不足五尺，出使楚国而不辱使命，其固有的传奇色彩和高贵品格，使其故事早为民间所传颂。以矮子功搬上舞台，还原晏婴矮子形象，使其表现更具有张力。以矮子丑应工的晏婴戏有《晏婴说楚》《朝楚庭》《御人妻》《金桃会》《斩庄贾》等。此外，矮子戏还有《鸳鸯谱》(乔太守)、《李文吊孝》(武大郎)、《打虎游街》(武大郎)、《搬家》(武大郎)、《青城十九峡》(朱梅)、《探更夺将》(扮矮脚虎王英)、《大脚夫人》(晏子卿)、《四殿不语》(阎君)、《不糊涂》(县官)、《四川好人》(矮神)、《摇钱树》(土地)、《杜

---

① 参见李永平《“大闹”:“热闹”的内在结构与文化编码》(《民族艺术》2019年第1期):“大闹孕育着人神共睦或混沌未开的危险与生机。”“传统社会的灵验时间和神圣空间，要周期性地演述‘大闹——斩妖’仪式，通过大闹仪式，搬演‘热闹’的场面以此达到禳灾、净化的目的。”

② 李笑非:《谈川剧矮子丑》,《中国戏剧》1999年第3期。

兰朵》(太监)等以及部分剧目中的“土地丑”，也以矮子身法表演[①]，丰富了戏曲舞台的人物类型。

“矮子功”作为贯穿于剧目始终的特技，它与其他程式及技巧相结合，形成了川剧舞台上一套特定的表演程式。据李笑非介绍，矮子丑练功时要将肩和上臂捆起练，使演员习惯性完成走、跑、跳、转、打、翻等程式[②]。相当于矮子丑演员在台上的“四功五法”，皆以矮子功的特技予以了改变或变形。经过这一变形，使程式本身已具有了滑稽与幽默的效果，可以说，观其形已“忍俊不禁”。从深层的意义而言，矮子丑在为身体残缺的一类人代言的同时，在形体上承续上早期的俳优传统。“古之优人，其始皆以侏儒为之”[③]，早期的俳优，以其残疾之躯体，在嬉笑与滑稽之中，讽喻君臣与时政，用生命演绎着“外丑而内美”之丑角精神。从古之俳优，到今之丑角，戏曲在张扬娱人功能之时，并未抛弃这一传统。京剧名丑刘赶三对时局的批判，川剧名丑刘成基在1947年演出《打判官》《拾黄金》时对国民党当局的制造“米荒”的怒斥，皆与早期俳优之讽谏精神一脉相承。“矮子功”则使丑角从形态上实现对早期俳优的回归，在形神兼备的角色形象中展现其独具魅力的娱乐精神。

丑角戏中还有一类戏，故事甚至唱功、念白已退居其次，其主要的看点就是特技或技巧程式。换言之，整出戏皆为突出其特技表演—— 一种戏剧化、故事化的杂技程式。比如《皮金顶灯》，故事情节相当简单，讲述皮金外出赌博，输得精光，回家受到其妻子的责罚，其妻要求他头顶油灯做各种高难度动作。作为丑角应工戏，全剧从人物着装、对白与动作等充满喜剧色彩，而贯穿于始终的则是皮金的顶灯、滚灯等杂技展示。灯戏《赶隍会》也是以技巧取胜的剧

---

① 一些剧目中偶然也穿插到矮子身法，如《归正楼》中贝戎变为小丑脸谱时，演员将运用矮子身法。参见《川剧表现手法通览》，第136页。

② 成都市文化局编:《丑而不丑：李笑非川剧表演艺术》，天地出版社2005年版，第192页。

③ 王国维:《宋元戏曲史》，上海古籍出版社1998年版，第4页。

目。剧写石知县与城隍菩萨同一天生日，老百姓皆往城隍庙祝祷，却无人前来县衙祝寿，于是两差役劝其前往城隍庙探究竟。因轿子已坏，只好坐在一根竹竿上，由轿夫抬着前去，其间要经过跳蹬河，因体会到跳蹬过河之艰难，于是决定修桥。其间围绕竹竿的一连串高难度的身段动作，包括“探海翻身”“大鹏展翅”“搬朝天镫”“单腿脱靴”等惊险表演。其“抬竹竿”源于川北的“拗老爷”杂耍，《赶隍会》则为此杂耍敷衍了一段故事，并隐含着对官府的讽谏之意，可谓是民间艺人的一大创造。《贼打鬼》系烟子丑犯功戏，以哑剧形式表演，剧中共有贼、鬼、妇人三个角色，讲述盗贼行窃，见女主人因遭遇不幸欲寻短见，前来寻找替身的吊死鬼正极力怂恿妇人上吊。盗贼顿生怜悯之心，劝止妇人上吊。于是鬼转而要盗贼上吊，盗贼假装不知上吊之法，让鬼做示范，结果鬼被吊了起来。盗贼在绳索上的表演，其实属于杂技当中的绳索类技巧，在川剧特技中称为吊辫子（蛤蟆）。与《贼打鬼》特技表演相类似的是《扯符吊打》。《扯符吊打》本为《白蛇传》之一折，与道士王道陵告知许仙其妻白娘子为妖，予以一张灵符，并派灵官一同前去收妖。许仙惶恐不安，行至家门，拆符视之，受到惊吓，倒地昏迷。醒来后，许仙告知白娘子真相，于是白蛇派小青前去捉拿王道陵予以惩戒。王道陵一计不成，又让许仙带回雄黄放入酒中，设法让白蛇现形。在王道陵被再罚时，有吊蛤蟆、提炬人、高抢背以及白娘子和小青的椅子功等特技表演，这一系列的特技展示也使《扯符吊打》具有独特的审美价值，因而经常作为单折戏演出。综上，特技审美是此类丑角戏的核心内容，这是对民间审美的坚守乃至回归。然而，此类丑角戏里的特技俨然已走出“炫技”的怪圈，无论是顶灯、滚灯、拗老爷，还是吊蛤蟆，都恰到好处地把握了特技的度：它是特技，却是程式里的特技；它以表现特技为目的，却在一招一式中尽显剧中角色之神韵。

概而言之，作为成熟的舞台艺术形态，戏曲审美有着自身的规定性——程式化，“戏曲程式是一套特殊的符号体系，其特殊性主要表现在广泛而持久的因袭性和不容逾越的规范性上”[1]。因袭性是程式化的必然阶段，而规范性则是程式审美的核心内容。戏曲中特技展演的演变历程，也是特技程式化的过程。而程式性的特技表演，是“戴着镣铐的舞蹈”，其一招一式有着明确的标准和规制。否则，脱离程式的表演必然破坏戏曲的审美形态。从赛会舞台上走来的戏曲特技，在经历了一代代川剧艺人的传承与发展之后，最终完型于川剧舞台动作的符号体系之中。

---

① 郑传寅：《戏曲程式的文化蕴涵与历史命运》，《北京大学学报》（哲学社会科学版）2001年第1期。

结　语

伴随着20世纪末“目连戏”“傩戏”研究热的勃兴，以及一系列民间文本、戏剧文物的发掘，民间戏剧日益受到学者的普遍关注。然而，民间演剧“以一种怎样的方式生存”，又“以怎样的轨迹演变”等问题，仍然有值得深究的空间。正是基于此，本书以巴蜀地区为中心，采用历时性与共时性相结合的书写方式，围绕民间社会文化的多个面相，解析赛会演剧的文化生态及演进逻辑。

本书的立论初衷，不是为了强调“赛会演剧”的重要性，而是为了探寻“赛会演剧”植入到民众日常生活中的原因和路径。以今天的视角来看，迎神赛会与民间演剧分属于两个不同的范畴，然而，在传统的民间，似乎并不存在这样的分野。迎神赛会就是一个大熔炉，它将民间诸多文化形态熔铸为一个整体。毫无疑问，迎神赛会是民间演剧的载体，前者成就了后者的民间品格，后者丰富和完善了迎神赛会的展演形态。迎神赛会起源于早期的社祭等信仰活动，经历数千年的演绎，到明清之时已然超越了信仰的时空，转化为民众日常难以割舍的组成部分。春种秋收，节序轮替；喜怒哀乐，生老病死，无一不与迎神赛会发生关联。可以说，迎神赛会承载着庶民命运的所有苦难，浓缩着庶民对于未来的所有期许。迎神赛会通过仪式展演，营建了人神交互的独特时空，使民众在与神直接对话的过程中，摆脱生活日常的诸多羁绊，达到内心的净化与生命的升华。就这个意义而言，神灵信仰与仪式展演是迎神赛会的内核。目连戏融入迎神赛会，成为仪式展演的主要形态，是民间意志的成功运作。目连戏以故事的形式将并不系统的法事仪式整合成一体。由此，在前者由单个剧目演化为一个庞大的，包含道坛法事、杂技、杂耍、戏剧等多种民间文化样式的集成体时，民众生活中几乎所有的仪式形态与民俗活动也得到了一次再现和重构。所以，我们发现，目连戏演出不是仪式与戏剧表演的简单叠加，仪式融入到目连故事的节序与礼俗叙事中，形成了生命礼仪的完整体系。因而，民众观看目连戏，并不是视角感官的浅层体验，而是对个人、家族、群体命运的深切体悟。

由此，迎神赛会已不仅是一次法事仪式的展演，而是生命仪式的集中演绎，是民间文化的集中展示，是生活民俗的集中呈现。翻开明清以来的地方志，对迎神赛会的描述，几乎都离不开“举国若狂”这个关键词。“举国若狂”既是仪式空间中民众迷狂的表述，也是日常世界里情感宣泄的描摹；既反映了赛会中的群体心态，也是赛会基本形态的真实写照。“举国若狂”使我们感受到，迎神赛会是传统社会庶民群体的精神居所。民间演剧，也正是在这一居所中演绎着民众对人生、命运与宇宙空间的无限想象。

“举国若狂”的民间活动必然为封建官府所关照。而且，“迎神赛会”自身也隐含着官府的意志。只是，官府的“神道设教”通过基层民间的过滤，转化为毫无约束力的口号。甚至，“神道设教”为迎神赛会披上了一层“袈裟”，使其在一定空间内享受着封建王朝赐予的“自由”。当然，作为群体活动，大多数地方官员对此还是有着足够的警惕，尤其在民间秘密社团活动频繁的时期。“禁饬”，是官府在敏感时期对待迎神赛会的常用政策。不过，从清代以来的官民博弈来看，这样的“禁饬”更像是官府的“自说自话”，民间赛会并没有如官府所期望的消退，反而随着民间商业资本的注入而愈演愈烈。这不能不让我们重新审视“禁饬”行为。我们发现，“神道设教”的顶层设计，一定程度上影响了地方官员的“禁饬”政策；而更为重要的是，官府“禁饬”的执行者，与迎神赛会的组织者，存在着身份的交叉与重叠，换言之，他们都属于地方权力阶层。于是，官府的“禁饬”最终只能流于形式。

“狂欢”是民间永恒的主题。“民间戏剧的艺术价值、艺术精神是在共同的集体表演活动和表演活动形成的热烈场面、气氛中体现、升华的，演出是民间节庆的组成和核心，是民间生活最具狂欢意识和精神的仪式”[①]。戏曲展演承载着这一主题，不断调适和改变目连戏的演出结构与形态。目连戏在规模上越来越庞大，不仅是因为仪式的多方渗透，更主要的是剧目的无限拓展。“郑本目连”的故事早已无法支撑情节的延展，于是有了“前目连”，于是《封神演义》《西游记》《东窗记》等故事随之渗入，形成了可持续演出48天的连台本大戏。剧目上的拓展改换了目连的形态和神韵。然而，民间艺人的创造并未停歇。48本的连台大戏，尽管丰富了演剧之形态，但是，一些民间小戏、生旦团圆故事等仍然无法纳入到演出体系之中。因此，才有了早场、上本、下本、夜场或早场、午场、夜场的演出结构，以将目连正戏与花目连、生旦戏及其他普通剧目的演出统摄于连台大戏的体系之中。

迎神赛会的长盛不衰，与会资的筹集有着必然的关联。抑或说，正是有了比较稳定的筹资方式，从而确保了赛会的周期性运行，也为赛会规模的扩大提供了可能。赛会筹资方式是民间意志的产物，作为民间社会的经济互助形式，筹资这一行为实际上与民间秩序互为表里。在传统社会中建构起来的赛会醵资方式，隐含着民众对官民关系、社群组织、人神秩序的基本认同。醵资赛会，是传统社会赋予民众的权利和义务，这是民众与神灵、民众与官府、民众之间的约定与共识。就这个意义而言，迎神赛会已然超离了信仰仪式固有的功能，成为传统伦理社会中秩序稳定的符号。这个符号以儒家伦理为内核，以官民和谐、社群和谐为表征。

到了晚清，民间这一和谐的秩序土崩瓦解，传统的筹资方式在晚清遭到破坏甚至解体，迎神赛会也遭遇空前危机。好在袍哥进入地方权力中心，并重构了民间秩序，在商帮财力的助力之下，维系并促成了迎神赛会的近代蜕变。随着演出结构的变化和剧目体系的形成，迎神赛会演化为民间戏曲的盛会。戏剧演出之

---

① 廖明君、刘祯：《民间戏剧、戏剧文化的研究及意义——刘祯博士访谈录》，《民族艺术》2001年第3期。

形态也悄然发生着变化，艺术的自觉意识孕育于观演的空间，民间品评之风的产生显现了赛会演剧的蜕变痕迹。在此背景下，“五腔一体”的川剧艺术破茧而出，“四条河道”的流派划分既是对“赛会演剧”历程的认定，也是作为剧种的川剧走向成熟的一大标志。

从迎神赛会中走出的川剧乃至地方剧种，尽管在后来的发展中远离了乡土，但是草根与俚俗奠定了其深层的文化品格。这一品格不是对其艺术形态的否定，而是其艺术特征的内涵与魅力所在。“地方戏在舞台演技上着重发展了武技”，与“普通观众爱好热闹场面、不爱看气无烟火的旧式传奇有关”①。从舞台上丰富的特技展示到丑角行当的多样化呈现，从演出结构的仪式痕迹到“闹热”型的审美特征，无不显现出这是来自于民间的艺术，这里浓缩着庶民群体的心路历程，是民间意识的诗性阐发——民间，才是戏曲艺术永恒的家园。

行文至此，我们不得不回答一个现实的问题——戏曲振兴，路在何方？当新媒体以及伴随而生的娱乐形式消费着现代人的业余生活之时，我们回望传统的时间与频率已经越来越少。戏曲，这门传统社会的艺术，已然退出了我们的日常生活空间。戏曲的根在哪里？这是“复兴”必须回答的问题。正如本书所讨论的，戏曲的根在民间，在民众的日常生活之中。戏曲所依存的，是传统礼俗社会中的庶民世界与信仰空间。它首先不是作为一项仅供品鉴的艺术，它是民众生活的必需品，实实在在地融入到民众的生活日常里，见证着他们的歌笑歌哭，陪伴着他们的生命旅程。换言之，戏曲永远不是孤立于礼俗空间之外的艺术，她自始至终活在民众的生命意识之中。因而，“振兴戏曲”已然超越了戏曲自身的畛域，而牵涉到社会文化的多个层面。

尽管近年来从中央到地方加大了对戏曲的扶持力度，戏曲也重新进入到年轻一代的视野之中。然而，我们不得不承认，“振兴戏曲”依然任重而道远。在“振兴”之路上，我们要解决的一个关键问题是，如何让戏曲融入到现代人的生

---

① 刘彦君:《东西方戏剧进程》，文化艺术出版社2005年版，第400页。

活之中？萧放在讲到重建传统节日时谈道，“在传统节日元素中，我们应该充分重视节日的仪式形态，培养节日的仪式感，让民众的情感、民众的信仰在节日仪式中得到宣泄与表达，从而充分发挥出传统节日在文化传统的传递与社会教育方面的重要功能”①。是的，重建节日传统，需要从传统节日的仪式形态和组成元素入手，让节日的仪式感重新回到民众的心灵世界。而戏曲，其实正是传统节日的主要仪式。重建节日传统，在某种程度上为振兴戏曲找到了支点。但是，重建节日传统，不是原封不动地回归到传统社会中，而是基于当下语境的传承，因此重建的“传统”，必须契合现代人的日常生活。依附于农耕文明的信仰世界，早已消逝在工业化、城镇化的浪潮之中。我们不可能用传统的神灵信仰为戏曲招魂，必须以一种新时代的信仰观念引领着现代人走进节日传统，培养他们的仪式感，让戏曲等节日仪式与他们的生活、情感乃至精神世界血脉相连。只有这样，戏曲才能重新回到民众的日常空间，才能彻底改变“戏曲进校园”“戏曲进乡村”的一厢情愿的尴尬境地，也才能更好地发挥其在“建设中华民族精神家园中的独特作用”②。

① 萧放：《传统节日的传承与重建》，《新湘评论》2019 年第 3 期。

② 《国务院办公厅印发〈关于支持戏曲传承发展若干政策〉的通知》（国办发〔2015〕52 号）。

附录一

巴蜀地区禁戏史料辑录

一、地方法令

成化年间　陈秉彝 《禁止土主赛会记》

语云：有功德于民者，则祀之。凡颁之祀典者，宜无不当尊崇矣。然有祀之而神降之福者，有祀之而反降之灾者，岂神不宜祀耶？抑亦祀之不以其道，故神不降福而降殃也？忠州以曼子、严颜故，始于贞观八年，更置今名。顾名思义，原宜家尸户祝，隆厥俎豆。惟是俗尚奢华，以崇德报功之事，竟作角胜斗靡之场。每值会期，旗帜塞巷，金鼓鸣街，彩亭锦棚相望盈道，乡城士女走相拥挤，其男女之别，已不识矣。更可恨者，炙蜡浇烛，其大如困，饰以锦绣珠玉，以三十二人舁之，环游城关，三日乃止。他邑之逐逐来者，亦复效尤。就中为合州、铜梁、云阳、梁山，其奢侈更过于本地。如彼此相逢，多两不相下。虽地方官不时弹压，而会大人杂，势难禁止。即如今岁二月二十九日，合州士民秦书绅、张万选等，与石砫宣慰官家属赛会争道，酿成巨案，两造竟伤人至二十七名之多。除照例详办外，此种积习如不严加禁止，恐日后更积重难返。嗣此以后，尔士民务须遵巡道暨备上宪批示，每遇三月三日，不准妆演亭棚、鬼吏、鬼差，并不准人执器械，只许衣冠诣庙，香烛酬神。倘不遵循，如法定拟，尔士民其敬懔之。[（同治）《忠州直隶州志》卷十二“艺文志”，《中国地方志集成·四川府县志辑》第53册]

万历三十三年七月十五日　盒纵饮、挟妓歌唱

知州示。照得明伦堂除乡饮外，不敢滥设酒席，重祖制也。近访有携盒纵饮，挟妓歌唱，是使贤才出入之门，变为游人戏逐之场矣。以后如有此等，许令庙夫扭禀以凭枷号示众。此示。[（同治）《忠州直隶州志》卷十二“艺文志”，《中国地方志集成·四川府县志辑》第53册]

乾隆年间　安岳县禁丧礼演剧及跳端公

慎终追远，民德归厚。惟丧与葬凡附棺，为人子者尤宜尽心焉。贫富称家有无，大率以分给白布之多为尚，缙绅之家葬时必请官长或乡宦书铭旌以表路，题木主以栖神，礼也。其贫不能葬者，亲邻各助薪米钱帛，谓之孝义会。又有苦无墓地者，给其地埋之，谓之讨地葬。俗丧以不能致客为耻，甚至丧前演剧锣鼓喧杂，近已悉行禁革。惟延请僧道逢七作佛事超荐。积习相沿，只可听之耳。……

蜀人尚鬼，邑境亦然。杜诗所谓“家家祭乌鬼”是也。人有疾病，未延医服药，先请巫师禳祷，谓之跳端公。街邻有助钱物，彻夜鼓吹，谓之攒坛。甚有无病而祷，觅幼童一二人，包头如戏旦，跳跃歌唱，谓之保平安。游惰之民藉此聚饮，辄滋事端。今概行示禁，其风顿息矣。[（乾隆）《安岳县志》，卷一土地部之“风俗”，《故宫珍本丛刊》第208册]

道光初　高学濂《风俗》赛会迎神及丧葬念忏鼓乐（江安）

语曰：善启迪人心者，当因其所明而渐通之，毋强开其所闭；善移易风俗者，当因其所易而渐反之，毋轻矫其所难甚矣。教化成于上，风俗成于下，有自来也。江安边界蛮夷，宋以前人物无可考，有明如张玺、袁含兴、邓复荣、熊玺、黄登、黄思祖、杨忠节鼎和皆登高第，文章节义彪炳千秋。入国朝来几二百

年，擢科甲者仅二人。嘉庆癸酉后，七科无举于乡者，岂古今人不相及欤？抑风水之说信有之欤？余检阅戊子科落卷，笔意条鬯者颇多，然皆疏于法，又无镕铸才，此特不讲求之过也。顺治、康熙间，土旷人稀。近日五方杂处，垦辟殆尽。农民或自业或佃耕，编茅结屋，散处于山巅水涯，绝无聚族而居者。子长则析居，近者二三里，远或四五十里。父母所存田曰“膳田”，钱曰“膳钱”，自耕自食，若分所宜。然习俗相沿，恬不为怪。趁墟无虚日，俗曰“赶场”。游手群饮曰“打平伙”。武侯治蜀，酒禁尤严，此风其犹未艾欤！竹木之工，粗能制器。女红仅知纺织。虽濒临大江，商贾之所往来，然无奇技淫巧、文绣纂组列于市肆。旧志谓：劝耕务织，士朴民淳。良然！冠礼与亲迎不行久矣。婚则女家亦张筵宴，男家亲友毕集，鼓乐喧阗，名曰“做酒”。虽舆台亦用旗伞彩轿，尤可异者，乡愚于结姻之始仅用一媒，庚帖则红纸一条，插香为定，故往往有赖婚者。畏神而信巫，赛会则仪从森严，春台高架，鬼面成群，演剧多至数十本。领首者竭力出资，不惟妄希神佑，且从而饮食其间。究之聪明正直，岂以是为祸福哉？遇有疾病者，则延巫禳解。轻则送以酒浆，重则锣鼓通宵，名曰“跳端公”，愈者十无一二，甚可笑也。父母之丧，棺殓亦如礼，然必供佛饭僧，谓之超度。以为父母有罪，必如此乃升天堂，否则堕地狱矣。余警之曰：父母有罪，非人子所忍言；如其无罪，何得文致父母之罪名，而使僧道忏悔哉？且此劣僧、劣道，亦岂能为人忏悔，徒靡费而已。亲友来吊者，或龙灯、或狮灯，锣鼓宴乐，高唱入云，以为娱宾，殊不可解。凡此失礼之事，读书明理者断不出此，而乡愚则不可指数。余出示严禁，十有八条，分给保正数千纸。近颇愧悔，庶几渐反之道乎？其岁时伏腊从同者不著。(《清代诗文集汇编》第527册，高学濂《希斋文钞》卷下)。

按：高学濂（1778—1838？），字孔受，号希之。安徽无为人。1807年举人。历官四川江安、巴县、华阳等地知县，资州知州。有《希斋诗存》《希斋文存》。

道光年间　重庆府禁赛神宴会

蠲赈泽之沛于上者也，荒政法之存乎人者也。蜀称沃野，而谷性柔脆，不堪久贮，民间向无三年之蓄，岁一不登，束手待毙。谨登无名氏《救荒条款》，以资采择，……参以时下情形，敬陈条款数件，惟良有司炯鉴焉：

……九、禁赛神宴会。[（道光）《重庆府志》卷三《食货志》之“荒政”]

按：该《救荒条款》共列十七条，禁赛神宴会为其中第九条。与勘灾、保甲、平粜、救荒、劝捐、借种勤耕地、以工代赈、施米施粥、取山林河泊之利、禁私宰耕牛、禁煮酒熬糖、劝流民回籍、团练、劝勿弃男女并设育婴公所、募善医治疾疫者、劝捐木匣收埋死者等条款并举。

道光二十六年　牛树梅　《禀覆团练由》（彰明县，丙午，四十八岁）

……惟是丁壮之人，贫户居多，必各予以佣身之资，方可专其责成。除劝令富户议捐外，惟地方演戏、散会、打醮、进香等资，实属浮费，不如裁其七八，挪作团用。至于灯戏淫鄙，尤宜禁绝，以伤败风化之资，而为保全身家之用，稍有知识，当亦乐从。计一县城乡演戏，每岁不下数百本，花钱累千串，以此济用已非小补矣。总之欲清本境，必使各牌无遗漏之户，而有稽查之实；欲御外匪，必使丁壮有操练之技，而并筹应用之资。此乃至切至实，古今不易之常法。……（《省斋全集》卷之八“札禀”，《清代诗文集汇编》第604册）

按：牛树梅（1799—1875），字雪樵，一作雪桥，号省斋，甘肃通渭人。1841年进士，历官四川彰明知县、茂州直隶州知州、宁远知府、四川按察使等。主讲成都锦江书院。有《省斋全集》。

牛树梅　《厘正风俗示》（彰明县）

为厘正风俗事，照得本县莅任以来，躬行节俭，体察民情。凡地方积弊，随时谆谆劝谕，期于返朴还醇。奈德薄才浅而积习太深，于敦本务实之道，仍未尽知。今将劝谕各条开列于后，以便寓目经心，知勉知改，本县实有厚望焉。

一、劝勤俭。……至于修建寺庙，演戏做会等事，实为民间妨业耗财之大蠹，而群趋不厌，只为鬼神祸福之说锢蔽人心，无可奈何。吕新吾先生以为州县能严禁此等，可以占其政教。今后再不必以有用之财，施诸无用之地也。若夫灯戏淫鄙，尤为伤风败化，前经大宪通饬禁止在案，如敢演唱应以违禁论罪。

……

四、禁丧葬非礼。丧葬之事应遵礼制，只以哀戚为本，衣衾棺椁为重，道场超荐之说已属不经。乃近时风俗竟有酒食宴会，开场聚赌，鼓乐喧天，甚至扮演杂剧及唱板凳戏者。却像父母死了，倒是一场大喜事，平心试想，于汝安乎？近又闻有热丧在地，乘此迎娶，名为孝里成亲。病狂丧心，尤为法禁所不容，地方知礼之士急为愚民谕之。

五、戒妇女烧香及一切左道败俗之事。俗语云：在家敬父母，何必远烧香。又曰：放着活佛你不敬，深山古庙拜泥神。此言人能孝顺，自然神降之福，不在烧香也。且即要烧香，一瓣通诚，何必进庙。家有男子，安用妇人。今乃使之油头粉面，穿红戴绿，拥拥挤挤，挨肩擦背，无耻之徒前跟后看，不知成何体面。至于保福、庆坛、包头劝酒，男女混杂，甚有白马、仙娘、走阴、下神之类，引诱狂愚，败坏风俗，神如有灵，定当治其亵慢矫诬之罪，尚何福之能得？至于祈神许愿，亦人情之所应有。但祈祷之实，或思省平日罪过，对神盟心，从此改悔。或富者许钱财，贫者许心力，要行某等善事若干件。如此许愿，神必佑之。若不论善恶，只靠烧些香纸，献个刀头，唱一本板凳戏，神便欢喜你，保佑你，是神曾小人之不啻矣，恐无是理。尔等试一思之。

（《省斋全集》卷九“示谕”，《清代诗文集汇编》第604册）

道光二十六年　牛树梅　《社仓条示》（彰明县　丙午，秋收后示）

九、每年放借原有加一还仓之息，此旧例也。此项息谷不必列于正额，惟另立簿据凭众算账。除社首工力与一切支用之外，其余息谷另存，年年积累。或夫马义学，或桥梁潴堰，皆可公用，惟不准作演戏赛神等无益之费。

（《省斋全集》卷九“示谕”，《清代诗文集汇编》第604册）

牛树梅　《晓谕宣讲流弊示》（资州）

为晓谕宣讲流弊事，照得宣讲圣谕为化民成俗之本务。本署州到任以来，奉此兢兢。除本城朔望与同寅躬自宣讲外，其四乡乐善之士亦皆遵示踊跃，到处宣讲，洵堪嘉尚。惟是《圣谕十六条》谆谆切切，无非以天理人情感化斯民。初未尝有神奇怪异杂乎其间，至于阴骘果报之理，得福得祸之实，原不妨于宣讲圣谕之余，广采旁及，以资警醒。乃自世刻善书，庞杂不伦，喜谈鬼神之情状，敢斥先儒为腐迂，如《玉历》等类，幽渺荒唐，不可究诘。甚至以陋劣之诗文，谬托乩语，使上焉者嗤其妄，反弛敬信之心，而下焉者惑其诬，浸成诡诞之习。于是有诅盟之风，于是有烧香之会，于是有保福、庆坛、白马、仙娘，一切男女混杂之俗。夫岂劝善之本意哉？……为此出示晓谕，嗣后宣讲之士引说故典，总以信而有征者为主，一切荒诞不经之谈，奇杂不纯之书，慎勿滥及，以滋流弊。孔子曰：务民之义，敬鬼神而远之。圣人之言，万世定盘之针也，各宜凛遵毋违。特示。

（《省斋全集》卷九“示谕”，《清代诗文集汇编》第 604 册）

牛树梅 《禁夜戏示》（资州）

为晓谕事，照得州属乡场、市镇纷纷呈请演戏酬神，势难禁革，但所演必忠孝节义等事，方足达敬忱而资观感。乃往往扮演奸盗淫邪之事，故作淫声，曲绘丑态，以悦愚夫之耳目，坏人心而亵神明，莫此为甚。尚得谓敬神祈福乎？至于演唱夜戏，例有明禁。州属路当孔道，往往匪人及本境无聊痞徒藉观戏为名，乘间绺窃，弹钱赌博，酗酒打架，恶习相沿，深堪痛恨，合行出示严禁。为此示仰州属绅耆、铺户人等知悉：嗣后如遇神戏，不得扮演奸盗淫邪之事。且只许昼演，不准夜唱。诚恐人众繁杂，别滋他事。倘敢不遵，查出定干重究不贷。各宜凛遵毋违。特示。

（《省斋全集》卷九“示谕”，《清代诗文集汇编》第 604 册）

牛树梅 《禁止妇女赶场入庙烧香示》（资州）

为严禁妇女赶场入庙烧香，以养廉耻而挽颓风事，照得妇人女子谨守闺门，理之正也。本署州每见州属年少妇女俏妆倩服，露面出头，结队成行。或茶房酒店男女杂坐，或朝神礼佛僧道挨肩，致使轻薄之辈往来游观，实为廉耻道丧，礼义风微。推原其故，皆由不明礼义之父兄、夫男使之然也。若不严行禁止，将何以挽此颓风。为此示仰州属军民人等知悉：自示之后，如有年轻妇女仍敢结队成群，赶场入庙，或赴会看戏，立即查究，并拘纵容之父兄、夫男到案，一并重处。要知持家、赶场男子之事，安用妇女，又安用年轻妇女乎？至于媚神求福，尤属无知。譬如你存心好，行事好，就是不相识的人，闻名也要爱敬你；若是存心行事惹人贱恶，却要早晚亲近他，干求他，他心中厌烦否？人且如此，何况于神？不言平素为人，即此油头粉面入庙渎神，神如有灵，定要谴责，尚何福之能得？凡此粗浅情理，尔等为夫男者当亦懂得，何不预教也。特谕。

（《省斋全集》卷九“示谕”，《清代诗文集汇编》第 604 册）

咸丰元年　牛树梅　《劝民节俭示》（茂州）

……又如演戏做会，均属靡费。少唱几本，少摆几碗，有何不可，何必强人出钱付诸东流乎？尔地方读书知礼之士，首先倡行，并为不识字者谆谆讲说，则风俗之幸也。特谕。

（《省斋全集》卷九“示谕”，《清代诗文集汇编》第 604 册）

咸丰十年　巴县于皇上万寿庆贺时禁搭台演戏

皇上万寿庆贺事宜告示稿：并于各家首檐边张挂灯彩，不许灯悬篷下，尤不得找扎鳌山、走马各项异样，花灯及拦街搭台演戏，庶免拥挤生非。

（四川省档案馆藏，巴县礼房拟呈告示稿，《巴蜀撷影：四川省档案馆藏清史图片集》）

同治年间　伍绍曾　《下车首政三十二条》

……禁止演戏，惜财费也。……

[（同治）补修《綦江县志》卷十一“艺文”，《中国地方志集成·四川府县志辑》第 7 册）]

光绪七年　慈安太后大行，巴县禁演戏作乐

国报奉文日起，六月十九为率，一月不准嫁娶，百日不得作乐，一切宴会演戏，概宜自知检束，自此示禁之后，务须警心触目，有犯定行严惩，其各禀遵勿忽。

（四川省档案馆藏，巴县礼房拟呈告示稿，《巴蜀撷影：四川省档案馆藏清史图片集》）

南部县衙门档案，编号：8-658-2：

太子少保头品顶戴四川总督部堂客巡抚事丁　为据禀示禁事，案据永宁道延道佑禀称，窃查关帝福国佑民，神威显应，特加封号升入中祀。上年曾奉文饬禁不准演唱关帝之戏，无如日久懈生，近年各乡场市镇多有演唱关帝之戏。伏念关帝之于我朝威灵显佑，封爵特超于五等，我朝之崇祀关帝严恭寅畏，馨香永荐于千秋，岂容任意亵渎，非所以昭尊崇也。除由职道饬禁外，合无仰恳通饬严禁，以重祀典，所有请饬严禁演唱关帝之戏缘由等情，据此查关帝福国佑民神威显应，我朝特加封号，升入中祀，备极尊崇，上年曾奉文饬禁不准演唱在案，兹据前情自应再行一体严禁，以重祀典，除批卯回并行各府厅州饬禁外，合行出示严禁。为此示仰阖省军民人等知悉，嗣后演唱各戏，务须一体凛遵，毋得再演关帝之戏，俾免亵渎而昭尊崇，如敢故违，定行重究不贷，切切。特示。

光绪八年六月　告示

南部县衙门档案，编号：10-169-1：

为檄知转饬严禁　光绪十四年八月二十五日奉提督学院高　牌开。案据永宁县附生贾镜清等呈称，川省书坊渔利，多刊刻《西厢》《红楼》《锦香亭》，一切艳词小说戏本新文等板，蛊惑人心，恳请饬禁。前来本院已有访闻风化攸关，正宜痛绝根株，以维学校，除原呈批准牌示晓谕外，合行檄知。为此仰□官吏文到，即便转饬所属州县出示严禁，各书坊等如有此等板片，一切淫书立即焚毁，并谕士民人等宜深体此意，于屏绝不观之外，见有此类藏书即劝人销毁，以期读圣贤书，各致善端，同跻仁寿，切勿视为具文，本院有厚望焉，毋违。须至牌者等因，奉此合就札行，为此札仰该县即便遵照出示严禁，毋违。此札。

右札南部县准此。

南部县衙门档案，编号：8-476-1：

正堂全卫通行晓谕事。案奉各大宪檄知，光绪七年三月初十日大行皇太后仙驭升遐，奉此际谨于四月十二日举哀，遵照成服外，合行出示晓谕，为此示仰县属绅耆军民人等知悉，凡演戏宴会音乐放礟一概禁止，男去冠缨，女去首饰，成服二十七日，百日不嫁娶，不薙发，倘敢不遵，拿获重究，决不姑宽，毋违。特示。

右谕通知。　　　　光绪七年四月十一日礼房呈稿。

南部县衙门档案，编号：15-788-5:

《禁演戏示》：为示禁事，照得击壤吹豳固见休明之象，酣歌恒舞易启淫佚之萌，民间于农事余闲演戏酹神，搬做节人孝顺，兴起迁善改过之心，本为法所不禁，无奈近来戏文既多淫词，尚演之者，尤复巧作淫态，以取众欢，几有不如是而身价不增，戏场不乐者，不分男女老少，拥挤聚观桑间濮上之□，因此而最为人心风俗之害，言之殊堪痛恨。惟聪明正直之谓神，福善祸淫之谓神，神果有灵，如此之戏必不以观之为乐，且必以演之为亵矣。况各处生齿日繁谋食不易，一经演戏，舍业以观者，盈千累百，所业即荒于嬉，戏废时失事，奈有不自知者，于生计得无碍乎？其世家之子弟，书馆之学生，工贾之学徒，潜出而观，父兄师长禁之不能，经旬累月为戏所惑，随戏子而之地沦入下流者，更无论矣。至若匪徒藉戏以潜踪，游痞藉戏以滋事，赌博、绺窃之类藉戏而繁兴，犹其害之显而易见耳。现在节近清明，乡间男妇皆当料理农桑正务，所有城乡会戏应一律停止，令行示禁，为此示仰州属绅民人等一体知悉，本州为转移风俗，安靖地方起见，神而有知必当欣然首肯，如该神会首事人等希图渔戏侵蚀公费，妄称不演戏神必降殃，本州愿一人受其殃，与该首人等决无□矣。倘敢不遵，一经查知，定即拘案究惩不贷，着二十四甲领役及该管乡约随时谕禁，如有违者即行来案禀报，以凭拘究，毋得瞻徇容隐，自取咎戾，切切毋违。特示。（查此示注意本欲免盗匪□□情形，及约略言之，以告民立言贵在得体，故不重言盗匪，亦使民由不使之意耳。免示盗以怯弱而张其胆也，合并声明。）

二、社会舆论

巩建丰《风俗论》讽陕西伏羌朝山演戏习俗

风之行也自上，而俗之靡也不尽关于上。其始也，一二人倡之，既而千百人和之，如水溃堤，狂澜肆溢而莫可防遏，虽有勇者，卒无所施其力。无他，势使之然也。吾乡朝山之会，原厥根由，不过愚夫愚妇祈福邀神者，焚香礼佛，游人随喜，瞬息一会而止。初无甚害于俗也。余自作诸生时，所见大率如此。

国家休养生息，蠲租薄赋。民间家计渐充，心性渐侈，而风俗缘以颓靡。近因好事者聚会矢盟，假敬神之美号，造淫佚之恶习。朝朝演戏，夜夜开棚，酒食招要花罄腰□之钱，犹可言也；奸棍诱赌荡破家中之产，尚忍问哉？甚至游冶杂踏，男女混嚣，父兄率其子弟，师生偕尔门徒，三五成群，往来戏谑。城市乡村，比屋书林，萧然一空，成何景象。彼愚不肖者不必深论，我辈身为士夫，名列胶庠，何忍任风俗之沦胥而不思一援手也？夫俗之坏也，有人焉倡之，则俗之还也，安知无人焉维持之耶噫？天下事岂真势使之然也耶？姑附论于此。

（《朱圉山人集》卷五之《风俗论》，《清代诗文集汇编》第231册）

按：巩建丰（1673—1748），字子文，号渭川，一号介亭，又号朱围山人，甘肃伏羌（今甘谷）人。雍正二年主持四川乡试，雍正四年任云南学政。官至翰林院侍读学士。有《朱圉山人集》等。

乾隆年间　演戏属淫邪之场，可择忠孝节义之事编为词曲，劝人为善（珙县）

劝善：教诲子弟，宜以先人之言为主，而乐歌尤易感人。古之乐师皆以瞽者为之，取其心专能记且使天下无弃人也。近世演戏多属淫邪之场，耗财伤风，莫此为甚。不如择取古人善事，如芦花记（闵子骞）、百忍图（张公毅）、卧冰记（王祥）、跃鲤记（姜诗）、紫荆树（田真）、五伦全备（兄弟争死）等事，可以教人孝弟；牧羝记（苏武）、精忠记（岳武穆）、介山（介子推）、椒山（杨继盛）、五桂芳（窦仪）、八义（存赵孤）、三元（商辂母教子）、双麟（花文玉拾金不昧）、紫琼瑶（晏太守事）等，可以教人忠义廉节。编为词曲，使瞽者沿村弹唱。更将古人中，如大舜耕田、鲁子负薪、子路负米、老莱舞彩、伯俞泣杖、剡子鹿乳、蔡顺拾椹、董戎卖身、郭巨埋儿、陆绩怀橘、王裒泣墓、江革负母、唐氏乳姑、黄香扇枕、吴猛济蚊、杨香挞虎、丁兰刻木、黔娄尝粪、孟宗哭竹、寿昌寻母、程婴立孤、姜肱同被、管鲍分金、叔敖埋蛇、宋郊救蚁等事，或编曲歌唱，或说书道白，皆以瞽者为之。既不多费财物，亦可养济穷困，且处处能到，人人能晓。而童稚辈自幼听之，即可终身不忘。善念日长，恶念不生，是一维持风化之一助也。[（乾隆）《珙县志》卷之七“风俗志”，《故宫珍本丛刊》第 211 册]

乾隆年间　乐至香会演戏，有司未能概禁

祈祷邀福之念，人情所不能无，邑俗为尤甚。每岁二三月神诞之期，朝山拜佛，男女云集，名曰香会。士农工贾贸易于此，百货错陈。其扮灯者谓之灯愿，演戏者谓之戏愿。举国若狂，经十余日始散。有司未能概禁，俗使然也。[（乾隆）《乐至县志》土地部之“风俗”，《故宫珍本丛刊》第 207 册]

乾隆年间　郫县赛神演剧为害甚巨

郫之习尚，于日用所需每多俭啬。独至赛神演剧、赴会赶场，富者既破悭囊，贫者亦尽锱铢。呼朋觅类，至则群聚轰饮。或酒入舌出，妄构是非；或酒酣

气盛，动辄斗殴。甚至男女混杂，因醉成奸，货物丛辏，乘醉为窃。而废时失业之害，犹其小焉者矣。夫豢豕为酒，非以为祸也，而狱益繁酒之流，为祸如此。史言诸葛亮之治蜀，路无醉人，此风胡不再睹乎？诚礼以先之，刑以后之，吾士民当不甘为彼昏之不知也。[（乾隆）《郫县志书》（乾隆二十七年增修本）卷八风俗志之“宴会”，《故宫博物院藏稀见方志丛刊》第138册。又见（嘉庆）《郫县志》卷十八，《四川大学图书馆藏稀见方志丛刊》第1册，文字略有改动。]

乾隆年间　禁族内子弟演戏“闹丧”

《族谱图序》之《附凡例二十二条》第十六条：三年之丧通乎？上下正当寝苫枕块之时，何忍为宴会作乐之计。近世人不由礼，往往释服从吉，又其甚者。会客演戏则曰闹丧，嫁娶则曰行权，噫！是可忍也，孰不可忍也。吾族子弟遇有父母大事，三年之中惟闭门守制，凡一切庆贺酒筵概不许与，己身及儿女嫁娶概不许行，至期功缌麻，亦必待服满而后从吉，有不遵者宗长送官究治。

（李化楠，字廷节，石亭，又号让斋、醒园，四川罗江人。生于康熙五十二年（1713），卒于乾隆三十三年（1768）。乾隆七年（1742）进士，授浙江余姚知县，调平湖县，官至顺天府北路同知。性孝友，怜民苦，勤于案牍，曾言居官六字诀——眼到身到心到，仁心惠政，脍炙人口。李化楠《李石亭文集》卷三，《清代诗文集汇编》第333册）

乾隆年间　《周坦然观宅四十吉祥相》禁演戏淫邪之事

案头无淫书；架上应齐整书（但观架上便知腹中）；座上有二三十年前老友新，堂中有七八十年前古桌椅，门下有祖父遗留庞眉皓首老仆；妇女不垂帘戏剧；妇女不识字；老妾孀妇不变作尼姑；不呼优人同坐（不与同坐，俗谓之“不在行”，天下事被“在行”二字误却多少）；不在席上接优人曲，不以箸并足代为击板；外无姣童内无老婢；不教婢子演剧；纸牌不入手中；不解新令不为酒斜；肯习医卜（虽曰小道，愈于流荡无常）；席上不劝人第二日补斋（彼能信心，何必破其戒，然专靠持斋免祸祈福亦谬）。[（乾隆）《新宁县志》卷二“学校”，

《故宫珍本丛刊》第 220 册]

嘉道年间　李惺　宜禁绝妇女、子弟观剧

三姑六婆淫盗之媒，好人家断不容此辈人进门，至优伶辈亦宜禁绝。每见富贵人家遇小小喜庆事，便置酒演剧、观剧，不但非妇女所宜，即子弟亦所不宜。又坊市所卖各种小说，多半邪淫，其害不可胜言，而流毒已遍天下。有长民之责者，当思所以涤除之；或势力有所不逮，在自己家中断不容有一纸半页。大抵家规难于整齐，而人心易于荡佚，责成在家长杜渐，则在平时惟关系最重，故防闲不可不密也。(《西沤外集》卷二,《药言剩稿》,《清代诗文集汇编》第 556 册)

按：李惺（1787—1864），字伯子，别号西沤，四川垫江人。嘉庆二十二年进士。选翰林院庶吉士，散馆授检讨，擢国子监司业，迁詹事府左赞善。后乞养归，主锦江书院二十年。有《西沤全集》《西沤外集》等。

嘉道年间　李惺　结盟拜会、迎神降乩不可不豫

国家承平日久，一切法制禁令不能不渐宽渐弛，加以风俗浇漓，人心涣漫，而莠民于是乎生焉。邪教之为害，人人知之。至若结盟拜会，迎神降乩，其初非有心倡乱，而党徒既众，桀黠者因而狡焉思逞。此切近之灾，由来者，渐则亦防之不可不豫者也。

(《西沤外集》卷四,《仕宦》,《清代诗文集汇编》第 556 册)

嘉道年间　李惺　绘画美人、抟土范形宜毁

淫词艳曲摇荡人心，甚有扇头册面，绘画美人，搏土范形，模成亵态者，不惟家不可藏，并宜随所见而毁之。(《西沤外集》卷四,《琐谈》,《清代诗文集汇编》第 556 册)

嘉道年间　李惺　宜行革除涉邪秽之剧

今之院本仿佛古之乐章，每演戏时，见有孝子、弟弟、忠臣、义士流离患

难，虽妇人牧竖，往往涕泗横流，不能自已。此其动人最恳切，最神速，较之老生拥皋比讲经义，老衲登上座说佛法，功效百倍。乃近时院本，多是男女私媟之事，而世人喜为搬演，深可痛恨。主持世道者宜设法立教，凡孝弟、忠义等剧在所不禁，其有涉于邪秽者，概行革除。倘敢不遵，立拘戏子及出资演戏之人，责罚不贷，则未始非转移风化之一机也。(《西沤外集》卷四，《琐谈》，《清代诗文集汇编》第 556 册）

刘沅 《劝毁淫书征信集叙》

天地一阴阳也，阴阳播于万物而有配合夫妇者，人伦之始万化之原，然得其正则人，失其正则物焉。乌有身犯邪淫而不为禽兽者哉，既为禽兽则虽具人形，居人类，已有忝于天地父母。至于邪淫之祸，小则丧身殒命，大则绝嗣倾家，犹其次也。无如世人迷而不悟，甚至描写闺情，铺张邪事，以为风流佳话，不特宣之于口，亦且著之为书，其蛊惑人心，戕贼生民，尚复有人理乎？右后山人汇集毁淫书戒邪行等事为一编，而谭公青照等印送以广其传，用意良厚。第好色之心本于气质，气质之清浊，视乎先德之栽培。祖宗父母寡欲清心，正家善教，则本原已端；而又从事贤师友，示之以诚正修齐，习之以仁义忠孝，勿与匪人居游，切禁见闻邪僻，幼而学焉，长而安焉，庶几天理多而私妄少，可以免于禽兽焉。夫男女之欲，本于气质，气质之私变化必由学养。圣人言好德不如好色，盖德者天理之良，至中至正，从事诚意正心之功养，其本原尤须顾諟天命，知天命降鉴无微不入，一念之邪，即为罪恶之媒，必罹天诛，然后不敢纵情，而又思人之妻女即吾之妻女，设身处地，不欲无加，则能禁其萌芽，久久习惯自然可为正人君子，而福泽不待言矣，不然，徒力为克治，奚能禁其妄发哉。故此书之作戒其制外，而不能清其本原，有志世道者，其必力行克复之学，本正己以正人，使人皆好德，则邪念乃易消也。(《槐轩杂箸》卷四，《清代诗文集汇编》第 491 册）

丧葬演剧宜禁

人子择地宜择异日，不为城郭，不为沟渠、道路，不为窑灶，不为崩颓水蚁，此皆正理。不为风水而言，盖事亲之终，丧葬为大。凡附身附棺，必诚必敬，所宜尽心，果能确遵正理，而善地在其中矣。至若丧前演剧娱宾，甚属忘哀悖礼，悉宜惩禁。[（民国）《重修什邡县志》，卷七“礼俗”之“丧礼”，《中国地方志集成·四川府县志辑》第 10 册]

光绪年间　丧礼演剧及妇女入庙观剧宜禁

礼俗者，政事教治，刑禁之逆顺所因也。……丧礼敛而不袭有绞裁，足藉干而不绔有衾，晋绅家颇知屏佛事。将葬前夕，戚友俱来，奠如古礼，主人即于是夕行三献礼，则以敬夺哀矣，三献用乐或唱杂剧焉，失礼之尤矣。……凡神会妇女入庙观剧无所忌，甚至春秋祭祀杂沓孔庙中，此皆当禁者也。[（光绪）《彭县志》，卷三风俗志，《中国地方志集成·四川府县志辑》第 10 册]

光绪末《涪乘启新》数则

第二十三课：淫书益禁。书以有益人心风俗为贵。吾州流布如《金瓶梅》《梼杌闲评》《绿野仙踪》《国色天香》《情史》《艳史》《金石缘》诸书甚多，而《红楼梦》笔墨颇工，人士尤所酷好，又有《品花宝鉴》更沦人道于畜类，余若《西厢》《牡丹亭》诸院本，《西游》《封神》诸妖书，《统天卷》《万法归宗》等符录之册，《水浒》《反唐》等诲盗之作，并一应弹词小说、倡优曲调，无一非惑世诬民，导淫酿乱之本。吾涪素循礼义，不应耽此，宜举而付诸一炬，而手民镌板，书贾居奇，则当严为之禁，庶风俗人心，不至流失败坏而无底也。

第二十四课：演剧靡费。声音感人最深，今之演剧本倡优俚曲，而装点忠孝义烈则观者流涕，惜不尽出于此耳。州城演剧极繁，此外百余场镇皆有庙，庙皆有剧，计岁费不下十万金。而又多绘闺阁秘辛，长人淫志，何乐为此？近日学堂筹费，本有神金一款，愿州人撙节以育群士，他日宏济世变，多一二伟人出于涪学，基增光桑梓何如也。即谓祈报宴乐不可尽去，则当择演古豪杰与贞孝儿女歌泣慷慨之事，以鼓动吾民，庶差可为转移风化之一助也。

第二十六课：香会之多。州境香会最多，届期十百为群，伛偻神前，举国若狂，诚敝俗也。而尤以妇女结队赛观音会，礼血河忏，入庙受戒等事为最伤风化。涪与丰都接壤，每岁孟春，渝城妇女炫妆约伴，连樯巨舰，招摇过涪，涪之士女亦买舟顺流，接踵不绝。盖俗传阎罗天子纳娘娘事，谓肉身至今犹存。此与河伯娶妇康居山神取公妪同一妖诞，惜时无西门豹、宋均其人，遂使不法僧尼，诳诱科敛，流毒逮今，淫祀宜禁，秕俗宜革，有转移风会之责者当，必有以处此矣。

第二十九课：醮禳无益。州城三、七两月，必举行清醮、盂兰二大会，各乡市镇亦同时建设。复有皇经火神会等名目，究其所以然，则曰资超度也，事解禳也。庸岂知谄佛媚神，弃人事鬼，既坏民风违圣训，而膰幢帛楮之费，縻财不资，况财所由来，又出之捐派，剥小民贩负微资，以饱僧巫欲壑，此弊不除，民间岁多一分耗资，即全境岁少一分母财，暗中亏损，以至地方贫薄，为害实非浅也。

第三十六课：巫风宜革。州中每岁城乡行巫事者，十家而九。盖尚苗俗之遗也。巫之为教，与祟为缘，故为神怪，妄谈休咎，其巧立之名，有拴胎、跳坛、和送、解结、送瘟火、立仙娘、扎茅人替死退病诸类。而女巫婆娑乐神，婉转歌唱，俳优侏儒，备极丑状。巫所奉为茅山、梅山诸神，约字书所载，喜音乐之山都木客然。境内执是业者，不下数百户，尝询之彼人，亦自知诬妄，奈无计谋生，故出于此，情亦可悯。宜禁州人行巫事，而令群巫别营他业，庶几靖妖衅之萌孽，拔隐怪之根株，而风俗可以转移也。(《四川大学图书馆藏珍稀四川地方志丛刊》第二册，《涪乘启新》卷三“风俗门”)

附录二

巴蜀方志所载赛会演剧史料辑录

赛会名称	时间	赛会演戏活动	出处
川主神降诞	六月二十四	乡人皆演戏	(乾隆)《大邑县志》卷三
祭川主	六月二十四	二十四日，祭川主。如遇岁旱，各共迎川主祈雨，应则签点会首，演剧酬神，谓之“雨戏”。	(民国)《大邑县志》卷四
川主会	六月二十四	乡民于二十四日演剧庆祝。	(嘉庆)《彭山县志》“岁时民俗”
		往时川主宫必演戏数十部。	(民国)《重修彭山县志》卷二
川主会	六月二十四	祭李冰父子。是期演戏，或三五日，而灌江前后，凡经月余。有功德于民者也。	(嘉庆)《井研县志》“岁时民俗”
川主会	六月	每值神会，必演剧庆祝，以五月之城隍会、六月之川主会为最，亦犹是古人祈赛之遗风。	(光绪)《铜梁县志》地理志
川主会	六月二十四	州人演戏。	(乾隆)《涪州志》卷七

续表

赛会名称	时间	赛会演戏活动	出处
川主、谷神	六月初六	乡村演傀儡，祀川主、谷神。	（同治）《重修涪州志》卷一“舆地志”
文昌圣诞	仲春朔三日	文昌帝君圣诞。庠士演剧庆祝事毕，师儒官吏相聚饮福。	（乾隆）《彭山县志》卷四
文昌帝君圣诞	二月朔三日	士庶演剧庆祝。	（乾隆）《大邑县志》卷三
文昌会	二月初三	州人又存有生息银两百余金，每岁二月初三日神诞首事人收息演戏恭祝。	（乾隆）《涪州志》卷七祀典
文昌会	二月初三	文昌宫，城南郊一里许，春秋继文庙祀之。又存生息银两，每岁二月初三日神诞，首事人收息演戏恭祝。	（乾隆）《大竹县志》卷七
文昌会	二月初二	以新进生员为会首，一年岁学，一年科学，一年武学，递相轮换。	（道光）《金堂县志》（杨得质补刻本）之“岁时民俗”
		士人多入庙行礼，相戒勿演戏，恐渎神也。	（民国）《金堂县续志》卷一
文昌寿诞	二月初三	近入祀典，士子亦有演戏庆祝者。	（嘉庆）《邛州直隶州志》卷六
文昌帝君圣诞	二月初三	士庶演剧庆祝。	（民国）《大邑县志》卷四
祭文昌帝君	二月初三	乡村有演戏者，城内各官致祭，绅士颁胙。	（道光）《江油县志》“岁时民俗”
文昌会	二月初三	设笙乐、杂剧，作“文昌会”。	（乾隆）《珙县志》卷之七
祀文昌	二月初三	遂有娱神演剧者。	（嘉庆）《洪雅县志》卷三
文昌会	二月初二	城市乡村凡建有文昌宫者，无不演戏迎神，以祈福庇。	（咸丰）《南充县志》（洪璋增修本）之“岁时民俗”

续表

赛会名称	时间	赛会演戏活动	出处
文昌寿诞	二月初三	二月：初三日，文昌夫子寿诞绅士必于庙中庆祝，亦有演戏进香者，春分家家将糯米作巴谓之泥鹊嘴，使不啄田中粟也，一日之内无论男女不理生活，到处游乐。过此则归本业。	（光绪）《青神县志》卷十八
文昌会	二月初三	文昌帝君诞辰，各官至祭颁胙，绅士集会演剧。今停。	（宣统）《广安州新志》卷三十四
梓潼帝君诞	二月初三	演戏庆祝。	（乾隆）《蒲江县志》卷二
梓潼会	二月初三	娱神演戏数日。	（乾隆）《丹棱县志》卷六
梓潼帝君寿诞	二月初三	梓潼帝君寿诞，有演戏庆祝者。	（光绪）《蒲江县志》卷三
祀梓潼神君	二月初三	各村塾宴会。	（嘉庆）《眉州属志》卷九
梓潼帝君	二月初三	乡村有演戏者，城内各官致祭，绅士颁胙。	（嘉庆）《井研县志》“岁时民俗”
梓潼会	二月初二	城市办梓潼会，妆演戏剧，板舆转街。是日苗男女必邀集入城，酒家聚饮，日暮始归。	（民国）《古宋县志初稿》卷八
文昌会	二月初三	设笙乐杂剧作文昌会。	（光绪）《珙县志》卷五
文昌会	二月初	二月初为文昌会，演剧六日，观者最众。	（民国）《南溪县志》卷四
文昌会	二月初二	二月二日城乡建有文昌祠者，无不演戏迎神，士女云集，以祈福庇。	（民国）《新修南充县志》卷七掌故志
城隍圣诞	二月十一 因忌辰改为十三	二月十一城隍圣诞，因忌辰改至十三，五街街民轮流会首，先期备猪羊香帛神之袍服仪仗执事等，临期迎神出驾至东岳等祠，诸衙役兵壮摆队喝道，鼓乐高妆等导于前，各门首设香案烛帛迎接。威仪至肃，莫敢怠玩，游毕送圣归祠，演戏祝寿。	（乾隆）《青神县志》卷六

续表

赛会名称	时间	赛会演戏活动	出处
城隍会	四月初十	邑人扮演抬阁故事，朝献或供大烛集梨园称觞上寿，远近辐辏不下万余人。	（乾隆）《彭山县志》卷四
城隍会	三月初一	扮演杂剧，人民聚观，但接禹帝东岳于庙中，不免请客压主之失焉。	（乾隆）《蒲江县志》卷二
城隍尊神降诞	三月十一	邑人预于初七日具仪仗扮演故事迎神于南郊，驻节演剧预祝，至初十日回驭。是日演剧称觞上寿，远近辐辏进香者不下万余人。	（乾隆）《大邑县志》卷三
城隍会	岁祭无常期	城隍祠康熙壬辰年重建，雍正乙巳年复修戏楼横屋揆，县署右荒田五亩载粮一斗以为庙中焚献之资。每岁祭无常期，春秋二仲合祀于山川坛厉坛，祭日皆主其祭，至水旱祷祈，官司莅任皆特祭焉。	（乾隆）《隆昌县志》卷三
关帝磨刀会与城隍会	五月十三到五月二十三	此十数日中，县城村市随庙衍剧。	（乾隆）《丹棱县志》卷六
城隍会	二月初一至二月初十	对棚作彩楼，梨园搬演四门，轮流装扮故事，置木架上凌空而行，谓之扮会。至初十日为神庆寿诞，已乃送神归庙。	（康熙）《峨眉县志》卷七
城隍会	五月二十八	州人演戏。	（乾隆）《涪州志》卷七祀典
城隍会	五月十一	岁无专祭，惟春秋上戊日合祭于西坛。又主厉祭，若新官到任特行祭告，遇水旱则祷之，每月朔望至此行香，又五月十一日县人演戏共祝神诞。	（乾隆）《大竹县志》卷七
城隍会	五月二十四	近远祈祷者数十日络绎不绝，首事等募钱演戏赛神四十二日，其乐部必觅于省城，约费金千余金，岁以为常，而邑人欣助。	（嘉庆）《资阳县志》
城隍会	暮春初	邑城隍祠每暮春初，都人士祝以优觞，男女数万人聚观，花团锦簇，耳目一新，会舆出东郊，村妪鳞萃持楮先生扇其后。	《蒲江县乡土志》卷八

续表

赛会名称	时间	赛会演戏活动	出处
城隍夫人生日	十一月初十	县民皆诣庙进香，讽经演戏。	（道光）《金堂县志》（杨得质补刻本）之“岁时民俗”
城隍会	五月二十八	阖州士民以次演剧，视邻邑为最。各衙门官弁镇会。	（嘉庆）《汉州志》卷十五
城隍会	十一月十八	（十八日）舁神出游，谓之“出驾”。前夕，装演判官、鬼卒及各种罪犯，赭衣缧绁，荷校桎梏，或挂灯于肘，或剸刃于腹，群列于殿之两旁，谓之“站班”。届日，神将出，则先驱以行，周游街巷，炉亭旗鼓，喝道鸣锣，辐辏喧嚣，观者如堵。庙中则演剧酬神，牲牢交错；街衢则高张彩幔，缀以华灯，累累然望之无际。士女嬉游，乐而忘返，诚太平景物也。民国久废。	（民国）《新繁县志》卷四
城隍会	五月二十八	城隍诞辰。演戏辄匝月，为邑中神会之最。	（道光）《新津县志》卷十五
城隍会	三月初一	为“城隍会”。扮演杂剧，人民聚观。但接禹帝、东岳于庙中，不免主压主之失焉。	（光绪）《蒲江县志》卷三
城隍会	三月初十	初十日为“城隍会”。先于初七日奉神如南郊观音阁驻节，至初十日回驾，两处演剧迎送，远近辐辏，浃旬乃止。	（民国）《大邑县志》卷四
城隍会	五月二十八	祀城隍，演剧十数日。	（同治）《彰明县志》卷十九
城隍会	六月二十四	二十四日，“城隍诞辰”。先一日演剧，各乡民醵金结社，入城与会。或衬竹蒙纱，饰五色为画船，长约丈许，剪彩作朵朵莲花，绰约掩映，装七八岁童子为驾娘，容与荡桨，三两成剧。舆抬以夜出，灯火荧煌，丝管嗷杂，不一队蜂拥历市廛，会于庙中。次日，城隍乘舆出，夫人驾从，警策在前，呵殿在后，旌麾日卷，幢盖云屯，羽	（道光）《蓬溪县志》“岁时民俗”

续表

赛会名称	时间	赛会演戏活动	出处
		葆缁黄以仪卫，钲鼓镗铙以序鸣。选俊秀童子扮演诸杂剧，以健卒舁之，层高累上，危出驾前。又，民间祈福禳灾，有缧绁以从者，有赭衣荷校以出者，有自涂面为鬼卒、被发前驱者，有雕盘盛诸重器、肃衣冠而淳者，行队分明，香烟罨霭，诣厉坛仍还至庙。一时拜者、兴者、献袍服者、供酒馔者、焚疏表者、妇女燃巨烛长跽持者，肩相摩，踵相接，阶以下无寸隙，有叩不得至地者，烛泪四溢，纵横成渠。于是，大门外俳优剧作，士女设棚幔，列坐观之，逢场不可数计。但见万首一黔，如蜂处房而已，凡十日罢。	
城隍会	四月初八	俗传城隍夫人生辰，故妇女进香尤多，来必以夜，谓夫人之义主乎阴也。灯烛晖光，照彻如昼，达旦不息，阶墀廊庑有遗簪堕珥焉。官尝设禁，惟许白日演戏致祀而已。	（道光）《德阳县新志》“岁时民俗”
城隍会	六月初一	时值会期，则以八人舁偶像，服袍服，金爪（瓜）钺斧，仪仗导前，鬼卒次之。必择士绅行香，手持茶盘燃香。前列用优人装扮演目，或二人一抬，或三人一抬不等，名曰“平抬”。远近妇孺，奔走若狂。乡关吃斋老妪，百十为群，身拴黄带，项挂菩提子，呢喃随后，名曰“念佛”，即露宿庙内，不以为苦。	（民国）《简阳县志》卷二十二
城隍神会	仲夏	男妇入庙进香甚众。届日，舁神游行，具仪仗箫鼓、杂戏，簇拥于道。儿童扮古装，乘马或乘彩舆随行。彩舆有用罗绮、海菜或花卉缀成，颇具钩心斗角之盛。更有流氓扮鬼卒，面目狰狞，或缧绁自负，名曰“了了愿”，实不良习俗。于智识稍有增进者，厥	（民国）《叙永县志》卷四文化篇

续表

赛会名称	时间	赛会演戏活动	出处
		惟陈设古物，如汉瓦铜鼓，彝鼎瓿瓶之属，用桌平抬，可为考出之助。游毕返庙演剧，由商界按日担负剧费，极唱酬之乐。	
城隍会		三月十八日为府城隍会，八月八日为县城隍会，由府县衙差敛钱举办。诵经演戏而外，必舁神像出游，妆饰鬼怪或扮小说中故事导以前行，拿扇旗锣鼓吹交作，执事者咸□□□事，所过之家焚香致敬，名为出神。现府官制废，惟县城隍会按时举行耳，近以城乡中年以上之妇女称为居士者，于府城隍庙中作十王会，通年皆有佳期，其来聚者每至数百，惟不诵经演戏，仅焚香跪拜而已。	（民国）《阆中县志》卷十一
城隍会	六月二十八	前一日，以明轿舁神像，优人扮诸杂剧，前后音乐、旗帜，仪仗整齐，出游街市，谓之“出神”。	（同治）《筠连县志》卷三
府城隍诞辰	五月二十八	先于二十日迎神出巡，亦如二月。	（民国）《乐山县志》卷三
城隍诞辰	二月初二	扮诸鬼卒，舁神游街，鼓乐喧阗。	（民国）《乐山县志》卷三
城隍神诞期	五月二十三	随庙衍剧，极为烦嚣。	（光绪）《丹棱县志》卷之四
城隍神诞期	五月二十三	二十五日，城隍诞期，出巡演戏，极为烦嚣。	（民国）《丹棱县志》卷二
城隍神降诞	四月初十	邑人扮演抬阁故事朝献，或供大烛，集梨园称觞上寿，远近辐辏，不下万余人。	（嘉庆）《彭山县志》“岁时民俗”
城隍神降诞	四月初十	岁必演戏，供大烛拜香，迎神出巡，来观者如云集。	（民国）《重修彭山县志》卷二
城隍会	二月十二	阖邑市镇醵金演戏，至十余日。民气和乐不倦，商贾亦习而相忘。	（嘉庆）《井研县志》“岁时民俗”

续表

赛会名称	时间	赛会演戏活动	出处
城隍会	二月朔	旧请城隍出郊祭赛，作彩楼，演梨园为神寿，至初十日送神归庙乃止。今皆祭于城中，不复出郊矣。	（嘉庆）《峨眉县志》卷一
城隍会	五月二十八	城乡人献供大烛，演戏匝月。	（光绪）《铜梁县志》地理志
城隍会	五月二十八	先期二日，扮土地、驿丞诸故事出巡，曰打扫街道。数日内有雨，谓之洗街雨。神诞前一日出会，扮杂剧，抬游街市，曰亭子。扮鬼卒者，多至百余人；又有无常、鸡爪神等类，例皆乡人许愿者为之。每至闹市，排列成行，以铁叉交互击刺，口中作胡哨声，俗谓必如此始能逐祟，殆亦乡人傩之意欤。少顷，盛陈仪仗，奏音乐，会首庙祝，扈从出驾，神坐八人露车，逍遥过市，周行城隅。沿门焚香致敬，观者如堵墙。盐场另有城隍庙，亦于是日赛会，大致略同。城无城垣，亦祀隍神，不知何取义。	（光绪）《大宁县志》卷一
府城隍会	三月十八	十八日为“府城隍会”，以优伶一部演剧数日。择期，舆神像出游，妆饰鬼怪，或扮演小说中故事导以前行，伞扇旗锣，鼓吹交作，执事者咸肃恭从事，所过之家焚香致敬，名曰“出神”。“县城隍会”亦如之，其期则八月八日也。赛台会者，城东之太清观，古香城寺旧址也。内之为殿者五，外之为戏台者三,三月二十七日至二十九日各台同时演戏，互相夸耀。二十八日，神像出游，亦如府城隍之仪。	（咸丰）《阆中县志》“岁时民俗”
城隍会	四月初八	演剧如前。必择日舆神像出游，妆饰鬼怪，导以前往，仪仗整齐，锣鼓交作，所过之家焚香致敬焉。	（同治）《仪陇县志》卷二

续表

赛会名称	时间	赛会演戏活动	出处
城隍诞辰	五月十一	十一日，“城隍诞辰”，前后赛会。男女百十为群，首青巾，腰黄犊鼻，手小凳，插香于上，口诵经，似歌似谣，数步一拜，旗伞香亭，钲鼓、木鱼聒耳，曰烧架香，曰烧拜香。先一日，优巫扮土地骑马，鬼卒鸣锣，曰“清扫街道”。次日，舁城隍及夫人像出行，通城宜仗卤簿、二十八宿、幢幡宝盖之属，绵亘络绎，饰功曹、鬼判、无常、金童、玉女、八仙诸故事，房班约总执香盘、香炉前导，人家设香烛、茶果迎拜，焚纸钱、爆竹□中土龙袍彩红，白衣花鞋，连日香火、牲醴不绝，烟霏雾结，烛泪纸灰山积。各行演剧一本。	（宣统）《广安州新志》卷三十四
东西城隍会	二月初一	巧制花舆，由城隍祠舁二神像分出东西城，演戏于行台，士女聚观，道路阗塞，香烛缥缈，角抵、鱼龙之属，五光十色，戏资岁耗千金，越半月还。（余盛珠《竹枝词》所谓：山城真个弹丸地，戏费犹掷百万钱也）是日为农会，东关外竹木、镔铁诸农器环列江干，自晓至于日中，一望无际，需购云集。	（民国）《雅安县志》卷四
城隍会（玉烛宝会）	三月初二	迎祀城隍，尤极侈盛。制巨烛约千二、三百斤，以献于神，至迎神日从神像出游，旋舁入庙，燃之可至次年。男女远近入城聚观，街衢阗咽，曰玉烛宝会。九、十月后盖藏，既毕，乡市不问遐迩，皆设座演剧，舁神游观，争先恐后，遍周县境，大要冬春数月，城隍神像皆不得安居于庙也。	（光绪）《名山县志》

续表

赛会名称	时间	赛会演戏活动	出处
城隍会（玉烛宝会）	三月初二	初二日迎玉烛。按，文脍上治则四时调于玉烛。县城是日有“玉烛会”。玉烛重约三、四百斤（六十年前重率千斤），以燃彻周年为度，因迎玉烛并迎城隍神。先夕，宿卫发先驱作清尘状。比日午间，备銮舆迎神出殿，公曹按辔，卤簿执戟。于时，步骑之会，高竿之戏，笙箫鼓乐之音，鱼龙爵马之玩，六街巡幸，香火供迎，玉烛导前，神驾列后，士女聚观，阗咽街巷，极一时盛会。毕，城隍暂居行宫，演戏以乐之，而玉烛则供之城隍祠。	（民国）《名山县志》卷十
迎城隍炳灵太子神像	二月初八	神像魁伟庄严，艺术绝精，令人起敬。饰高装、平抬、马会、狮灯、龙灯，并演庙内狰狞各神像以威吓人，装社会各恶趋事以警醒人，焚柏枝、香蒿者千百人，烟雾腾空，音乐悠扬，百里外民众蜂集争观。德昌于是日迎东岳城隍，礼州三月三日亦迎城隍，其情事相类。	（民国）《西昌县志》卷五
城隍会	二月初八	初八盐井城隍会，舆神出庙游街，扮演判卒，狰狞丑怪，倛头虎首，举国若狂，较烛会尤盛，男女献花进香者塞途也。盐中亦然。	（光绪）《盐源县志》“风俗”
城隍神诞	二月十三	十三日城隍神寿诞，演戏办高椿会，城隍出游四街，诸会从之，前呼后拥，真巨观也。	（光绪）《青神县志》卷十八
城隍会（浴佛会）	四月初八	此日又为城隍会，俗传为城隍神生辰，届时各商帮雇梨园演戏酬神二十余日，八大帮行商咸来列货求售，为子女谋婚嫁者多于此时购备焉。	（民国）《德阳县志》风俗志
城隍会	四月十六	亦如东皇出神，第少诸神像，游遍四城，即安神座于较场观戏数日乃止，其时四乡老妇俱来拜经祈福，夜则花灯龙灯，极其喧闹，县中本俭朴，此会少侈云。	（同治）《高县志》卷十八

续表

赛会名称	时间	赛会演戏活动	出处
城隍神诞	五月二十八	（五月）二十八日为城隍诞辰，先期二日扮土地驿丞诸故事出巡，曰打扫街道，数日内有雨，谓之洗街雨，神诞前一日出会，扮杂剧，抬游街市，曰亭子，扮鬼卒者多至百余人，又有无常鸡爪神等类，例皆乡人许愿者为之，每至闹市排列成行，以铁叉互击刺口中，咸作胡哨声，俗谓必如此始能逐祟，殆亦乡人傩之意欤。少顷，盛陈仪仗，奏音乐，会首庙祝扈从出驾神坐八人露车逍遥过市，周行城隅沿门焚香致敬，观者如堵墙。盐场另有城隍庙，亦于是日赛会，大致略同。	（光绪）《大宁县志》卷一
城隍会	清明、五月二十七、七月十五、十月朔日	每岁清明、五月二十七日、七月十五日、十月朔日出府至厉坛祭孤，惟五月中会事甚盛，先期扮土地驿丞打扫街道，至期扮牛头马面鬼卒判官无常鸡爪等像，各数十，龙灯高跷亭子周历城垣，神坐显轿过市，市人焚香膜拜极其诚敬。又大昌城亦于是日演会赛神，为尤盛云。	（光绪）《巫山县志》卷十五
城隍会	五月二十八	（五月）二十八日，城隍会与东岳会同义。	（民国）《芦山县志》卷一
城隍会	六月二十八	（六月）二十八日，为邑城隍会，前一日，以明轿舁神像，优人扮诸杂剧，前后音乐旗帜，仪仗整齐，出游街衢，谓之出神。	（民国）《续修筠连县志》“风俗”
城隍诞辰	五月二十八	此会极胜，必择梨园名部演唱，凡廿有四日，北坛别建净宫，是日神出行或以娘娘从驾，仪仗排列，钲铙锣鼓众音毕作，提炉前导，焚□名香，呵殿后从，倾城随观，午后回庙，戏始作，士庶或专献信香者，或燃大烛还心愫者，或答重囚带枷者，或诸行铺	（道光）《乐至县志》卷三

续表

赛会名称	时间	赛会演戏活动	出处
		户盌馔盒果以祈福者，或就庑持花爆竹上寿者，迭番而□，不可计数。两庑前有楼，此宴会所，楼外两旁架版为台，妇女妆束鲜妍，列坐看剧，亦有助资入楼宴者，岁两日堕珥遗簪昼无停趾，俗成久已。诸色市鬻人幔肆棚屋，倍获所利。亦有拆阅，谓之赶会。	
城隍夫人诞辰	十月十五	为城隍夫人诞辰，演戏数日，商帮□集者一如城隍会期。	（民国）《德阳县志》风俗志
城隍会	三月望日	三月望日，会赛城隍，演剧十有五部，一时称胜，远乡近村，老幼咸集，摩肩擦背，瞻仰神玉，信众之多，拜不成礼，烟花两夜，炫采争奇，叫嚣喧哗，征观盛世，人众之夥，数以万计，远道闻风，百货云臻，商业畅茂，经济流通，贫民生计，多藉于此。	（民国）《重修广元县志稿》第四编第十五卷
东岳会	三月二十八	（三月）二十八日东岳会，城乡绅□轮充值年首事，盖斯时春耕初毕，醵饮演戏十日以答神庥而慰民。□同时负贩赶集甚盛，习俗相沿，由来已久。近则民生日蹙，此会停顿矣。	（民国）《芦山县志》卷一
东岳大帝圣诞	二十八日	城东有庙亦演传奇申祝，乡村市镇有庙处所亦然。	（乾隆）《大邑县志》卷三
东岳诞辰	三月二十八	四境随庙演戏数日。	（乾隆）《丹棱县志》卷六
东岳会	三月二十六	祈祷者远近不一，首事等募钱演戏十日，其乐部必觅于省城，约费三四百金，岁以为常。	（嘉庆）《资阳县志》卷二
东岳胜会	正月初九	初九日，城东岱宗出巡，西关外里许法相寺演剧三日，十二日回跸，复演剧四日，名曰“东岳胜会”。	（民国）《大邑县志》卷四

续表

赛会名称	时间	赛会演戏活动	出处
东岳圣诞	三月中旬至二十八日	各街各帮分日庆祝演戏。市人多挈榼提壶，结伴侣于东岳庙，或庙内聚饮，或就庙外草地群饮，拇战猜拳，喧声聒耳，彼此赌胜，不醉无归。男女老少，至于浃旬。谓之上东岳庙。	（民国）《合川县志》卷三十
东岳会	三月二十八	三月二十八日为东岳会，以优伶一部演剧数日，香火不绝。	（同治）《仪陇县志》卷二
东岳神诞	三月二十八	二十八日则东岳神寿诞，亦演戏进香如土主会然。	（光绪）《青神县志》卷十八
大佛会	二月初八	每年二月初八日圆通寺大佛会，三月二十八日东岳会，五月十一日城隍会，而大佛会为盛。自二月朔日起，汉女番妇妆饰入城，献花进香，口宣佛号，手击钹鼓，俯伏蒲团，竞诵经卷，观者云集。市香烛者万计，还愿、饰扮功曹鬼卒者千计。至初八日，大佛出，游巡四街，高妆遝举，旗帜横飞，盈溢闾巷，男女混杂（自咸丰三年，宋紫临明府示禁后，此风渐息）。	（咸丰）《冕宁县志》卷九“风俗”又见：（咸丰）《邛巂野录》卷之十三
东岳会	三月二十八		
城隍会	五月十一		
东岳出驾	三月二十八	东岳庙在机器局侧。出驾前数日，即经会首遍贴斋戒黄纸告白，并晓谕巡幸街道，打扫洁静。至期则各街高搭五色天花棚，或迎驾之彩台，香花灯烛。二十七日，彻夜达旦。盐道街、南门大街等处，迷信尤甚。出巡之日，两首县之差役、武边之兵丁，多与其事，装出牛鬼蛇神及许愿枷杖各犯状，挂灯于体上者，缧绁者，种种怪象。神轿后随行跟香者，尚数百人，轰动城乡。男女杂沓，妇女虽受人调笑，被人拍摩，亦不怨也。其实看神驾之人甚少，藉以看妇女之人甚多也。圣驾经过，男女家家焚香膜拜。俗语有云：鼓楼南街衣铺之老陕，一年都在打瞌睡，只有四（当应为三）月二十八日是醒的。可见是日游人太多，虽睡者亦不睡矣。	《成都通览》

续表

赛会名称	时间	赛会演戏活动	出处
东岳会	三月二十七	中所坝则二月八日迎城隍，大树堡则五月十六日迎。凡此数日，男妇入庙烧香者以千计。所办社火，有高妆，有一切各戏，有涂面包头、乘马居神前游戏者，有步行者，有神头鬼脸办鸡脚神、无常、吴二娘、李狗、刘氏、小鬼诸戏沿街跪走者，不一而足。街房人家于是日请姊，邀请女眷，谓之看会。书馆学生于是日不入塾，亦谓之看会。各乡村，老幼男女沿街填塞。习俗沿流，年年如是。	（光绪）《越嶲厅志》卷十之一
迎城隍	五月二十七		
迎川主	六月二十五		
赛社神	六月初六	赛社神祈谷也，曰秧苗土地，社中人咸在焉。扮影戏，燕饮醉饱，亦一日之泽也。	（嘉庆）《井研县志》“岁时民俗”
秧苗戏	四月	男子插秧，三耨既毕，合村醵酒，择日演剧，祈田祖，去蟊贼，曰秧苗戏。	（宣统）《广安州新志》卷三十四
青苗会	/	俗重田神，插秧甫毕，以傀儡演剧为青苗戏，并诵虫蝗经，至稻将成熟建谷花醮，就乡村附近寺观给钱米于缁流，择吉讽诵三日为度，此皆祈谷于田祖也。	（同治）《新宁县志》卷三
禾苗会	六月	六月耕耘已毕，农民出资比户数十家于高阜处演傀儡戏，以祀田祖，以卦断一方休咎，饮福而散，名曰禾苗会。过会则苗不生蠹。	（同治）《营山县志》卷之十舆地
秧苗会	四五月之间	四五月之间禾苗盛长，各团醵演傀儡祈神除蝗，名曰秧苗戏，乡农会聚，藉以联欢。	（民国）《新修武胜县志》卷六
青苗会	四月	四月稻苗逾尺，分插之，醵钱演傀儡乐稷神，曰青苗会，神曰青苗土地。凡插，有鸣钲鼓，歌俚辞以乐，插者和之，间以嬉虐为节劳也。	（民国）《潼南县志》卷之六，杂记志
青苗会	四月	乡人于栽种毕，农工稍闲，建坛“青苗会”。击鼓烧钱，舁神周巡四隅，间有演剧者，此迎猫祭虎遗意。	（嘉庆）《汉州志》卷十五

续表

赛会名称	时间	赛会演戏活动	出处
青苗会	四月	稻苗逾尺，分插之，醵钱演傀儡乐稷神，曰“青苗会”，神曰“青苗土地”。凡插，有鸣钲鼓，歌俚辞以乐插者，插者和之，间以嬉谑，为节劳也。	（光绪）《蓬溪县续志》“岁时民俗”
秧苗会	三月末	是月之末，民间醵钱，择吉日，延僧道打醮，双龙船以驱除瘟疫。村庄于是月作秧苗会，演唱傀儡神戏，天旱祈雨，则舁川主神像出游。	（民国）《续修筠连县志》“风俗”
青苗会	立夏后	乡农各建青苗会，祈去螣蟊，演以影戏或傀儡，亦古齐明击鼓御田祖之遗，蜀通俗也。	（道光）《乐至县志》卷三
青苗会	五六月间	五六月之间又有青苗会，首事恒募钱演戏于社祠中，以祈谷于土谷之神。	（民国）《德阳县志》风俗志
秋苗戏	三四月	农家相约祀土谷之神，乐用傀儡，时禾方苗，谓之“秋苗戏”，农民尽欢。	（道光）《大竹县志》“岁时民俗”
秧苗会	三月	村庄于是月作“秧苗会”，演唱傀儡神戏。	（同治）《筠连县志》卷三
祀田祖	二月初	张公八堰田舍翁雇梨园子弟歌舞升平，欢迎田祖预祝有秋，爆竹声与丝管声相杂耳。可讶者楼台歌儿无量化身，捉上下数千年忠臣孝子儿女英雄，被以优孟衣冠一毛孔中百万莲花，一刹那间几千浩劫，缓歌漫舞，石破天惊，声音之道感人深矣。	《蒲江县乡土志》卷八
报赛	八月朔	城厢内外延僧唪经，祈天报赛，亦非古制也，宜禁。乡人多演傀儡。	（道光）《忠州直隶州志》
衙神土地降诞	二月初二	书役乡民演剧庆祝。	（乾隆）《彭山县志》卷四 又见:（嘉庆）《彭山县志》“岁时民俗”
土地	九月	城中赛土地，各街自出资，演戏十余日，亦岁以为常。此外乡间镇市或因干旱或庆丰年其赛神大约于夏秋时。	（嘉庆）《资阳县志》卷二

续表

赛会名称	时间	赛会演戏活动	出处
土地会	中秋	街巷“土地会”，各演剧。	（嘉庆）《汉州志》卷十五
土地生日	二月初二	土地者，社也。街乡遍立小祠，是日祀而饮，或演傀儡，有至累月者。	（光绪）《蓬溪县续志》“岁时民俗”
土地	中秋	城内外街衢巷口及各寺观山门外，均有土地庙，市人于中秋节醵金备香烛、供果，或演影戏，或唱围鼓，或打洋琴，谓之闹土地。	（民国）《合川县志》卷三十
土地会	二月初二、八月初二	二月二、八月二日为社公社母诞辰，城市临街搭台演剧，乡村桥梁山宅有庙处所，皆醵金祀神聚饮，曰土地会。	（宣统）《广安州新志》卷三十四
土地会	二月初二	乡村祭祀，以土地祠为最盛。乡人醵金为土地会，每届仲春祀期与青苗会，辄各演戏经月，此亦先世并祀社稷之意也。/ 岁时民俗补：乡人醵燕演剧为乐，八月中秋日亦如之。	（民国）《渠县志》“岁时民俗”
秋社	/	俗称“土地诞”，虽僻壤，无不陈梨园杂供，视“春社”有加。	（民国）《巴县志》卷五
谷王会	正月二十	相传为“谷王诞辰”。县之清流场于是日演剧赛神，凡乡农用具及竹木铁器，贩商云集陈列于场之内外，远近咸争趋之。	（道光）《新繁县志》“岁时民俗”
赛社神祈谷	六月初六	是日为赛社神祈谷节，曰“秧苗土地”。社中人咸扮影戏，宴饮醉饱，亦一日之泽也。	（道光）《江油县志》“岁时民俗”
牛王会	十月初一	民间赛会，从古蜡息之遗也。田事而外，商贾、百工各有由始，即各有所报。民于诸神，或生日，或塑像始期，皆谓之赛，所谓索而飨之也。至期，乡人醵资演戏酬神，旗帜鼓吹，周游街市。虽事近戏亵，其报本反始之意不可诬也。	（嘉庆）《夹江县志》“信仰民俗”
牛王神诞	十月初一	一日为“牛王神诞”。乡人于此日捣糯米饼虔供奉，醵金演戏三四日不等，无所少吝。	（道光）《江油县志》“岁时民俗”

续表

赛会名称	时间	赛会演戏活动	出处
牛王神诞	十月初一	农民演剧庆祝。	（嘉庆）《彭山县志》“岁时民俗”
赛牛神	十月朔	四乡以次演剧，报赛牛神。	（嘉庆）《汉州志》卷十五
牛王会	十月初一	十月初一日，牛王会，农家辍耕一日，以糯米作巴请僧道为牛王神念佛，亦间有于庙演戏者。	（光绪）《青神县志》卷十八
牛王会	十月初二	农家尤重之，城市则皆祀牛王庙，乡村则寺观亦塑有牛王像，比户合钱演戏酬神，彼此争先，乐部为之增价。	（民国）《德阳县志》风俗志
土地会	二月初二 八月初二	八月二日与二月二日，为社公社母诞辰，乡间多兴土地会，演傀儡庆神，亦春祈秋报之意。	（民国）《达县志》卷九
土地生日	二月初二	土地生日，土地者社也，街乡遍立小祠，是日祀而饮，或演傀儡，有至累日者。	（民国）《潼南县志》卷之六，杂记志
瘟祖会	五月望日	五月望日，瘟祖胜会，先日诵经禳除瘟疫，及期演剧谓答神庥，纸帆送瘟，瘟祖出巡，伶人乡愚，装饰鬼怪，市民候迎，焚香拜礼，瘟船撒以五谷，盖餍之也，传乃行军相遗，嗣即成为故事。	（民国）《重修广元县志稿》第四编第十五卷
瘟祖会	五月十五	较诸会为盛，神像出游亦如“城隍会”之仪，而演剧倍之。每日远近诣庙拜跪者，香烛如雾，彻夜不息，其期则五月十五也。	（同治）《仪陇县志》卷二
瘟祖会	五月十五	十五日为“瘟祖会”，其地亦在太清观中，而此会较诸会为盛。瘟祖之神，谓即梓潼帝君。先是会中人有不洁而赴道场者，于稠人中自言土神谴责，随即伏地受杖，自数其所杖之数，视其臀则已青肿，以故人咸敬畏。居人有忿争不决者，或云于瘟祖前赌咒，则无情者必惶恐谢罪。一会分数十行，	（咸丰）《阆中县志》“岁时民俗”

续表

赛会名称	时间	赛会演戏活动	出处
		各行咸先期于殿外结板屋为公所，以便执事其醮，曰“息瘟大醮”。醮天之夕，铙钹箫鼓，响遏云衢。醮毕，演戏十日。每夜香烟如雾，火光不息，其所为灯山者，亦如“上元”时。十五日，神像出游，一切仪仗较诸会更鲜明整齐。男女之进香者，骈肩叠跪，不必其至神殿也。	
瘟祖会	五月十五	五月十五日为瘟祖会，旧在城隍庙，后移于太清观中，而此会较诸会为盛。瘟祖之神俗谓梓潼帝君，先是会中人有不德而赴道场者，于稠人中自言遭神谴责，以故人咸敬畏，居人若有忿争及嫌疑情事，或云于瘟祖前赌咒则亏理者必惶恐谢罪，自投承。一会分数十行，各行咸先期于殿外结板屋为公所，以便执事，其醮曰息瘟大醮，醮天之夕铙鼓箫鼓响遏云衢，演戏十日，每夜焚香如雾火光不息，其所为灯山者，亦如上元时，十五日神像出游，一切仪仗较诸会更鲜明整齐。男女之进香者骈肩叠踵，随处拜跪，不必其至神殿也。	(民国)《阆中县志》卷十一
上九会	正月初九	县西孝子祠为最先，正月初七、八、九日，祠外竖□台雇乐部演戏于其上，场列百肆，邻境八大帮商业云集，有远至数百里来者，农器字画，花草禽鱼与青羊宫花市略同，货如山积，百戏杂呈，进香人骈肩踩踵，于于而来，缁流素侣，持幢幡宝盖，鱼贯蜂拥，钲鼓铙吹之声，喧阗震耳。祠前拜疏者、求签者、跌珓者，捧垆焚楮，庞杂莫辨。香烟缥缈，烛焰熏蒸，会毕乃已。同时，各市镇亦有之，惟不如姜孝祠之繁盛耳。	(民国)《德阳县志》风俗志

续表

赛会名称	时间	赛会演戏活动	出处
上九会		正月九日为上九会，城北过街楼前优伶演戏，士女往观，络绎不绝，路为之塞。乡间各神庙亦于此前后数日中举行清醮会，诵经演戏迨无虚日，盖皆以为务闲之时，不妨藉以寻乐耳。	（民国）《阆中县志》卷十一
上九会	正月初九	登紫金山，礼昊天上帝。山顶竖长竿，燃七星灯，十数里皆见。士女毂击肩摩，殿上烛泪盈尺，寺外石台演剧，数日方止。乡镇妇女皆至庙观拜佛。	（宣统）《广安州新志》卷三十四
土主会	三月二十	视城隍会稍杀，祀汉越雋太守任贵，惟农器陈列，喧嚣不异。（按，境内诸会肇始，泰半通功易事以羡补不足，而报赛因之。有德于民则祀，礼固宜，然侑以鞠部，亦古神弦曲遗意，争妍斗靡历久，遂偏重娱乐场。）	（民国）《雅安县志》卷四
长泉土主圣诞	二月二十九	二十九为长泉土主圣诞，乡民亦照常规演戏庆贺。	（乾隆）《青神县志》卷六
壁山神寿诞	七月初七	七月：初七日壁山神寿诞，演戏进香者以衣服靴鞋献之，神皆以纸为之。案前堆集如山焉。	（光绪）《青神县志》卷十八
郭达将军庙会	六月十五	是日将军出驾，笙箫鼓乐，旗锣幡伞，高桩平台，装神扮鬼，出游街市，与成都城隍东岳神会相同（泸定每年四月二十七日亦有城隍出驾之会，情形与此无异），亦一时之盛也。该庙现有大法轮一，高约丈余，直径五尺许，喇嘛及康民每日多往推转焉。	《西康综览》
白马土主神寿	二月十九	又十九日白马土主神寿诞，演戏办高桩会，观者云集，虽跋山涉水而来不惮劳焉。	（光绪）《青神县志》卷十八
清醮	春社日	立春五戊为春社，城厢内外士民延僧唪经，祀天祈谷，谓之清醮，非古制也，宜禁。乡人多演傀儡，其傩之一端欤。	（道光）《忠州直隶州志》

续表

赛会名称	时间	赛会演戏活动	出处
清醮会 / 龙王会	二月	演高台。各乡场建清醮，城内演剧祀龙王。	（同治）《彰明县志》卷十九
清醮会	正月	每岁新年过后，乡间天堂寺□例有清醮会、春祈会、观音会，蝉联□演木偶剧，由甲地而乙地。至二月杪（梢）乃已。	（民国）《泸县志》卷三
媒神圣母诞	三月初三	三月三日邑人庆祝，媒神圣母诞日演剧求嗣，众邻封州县士女进香。	（乾隆）《大邑县志》卷三
火神降诞		常例建火星祛瘟斋醮讫，搬演传奇。	（乾隆）《大邑县志》卷三
香会	二三月神诞之期	每岁二三月神诞之期，朝山拜佛男女云集，名曰香会，士农工贾贸易于此，百货错陈其扮灯者谓之灯愿，演戏者谓之戏□，举国若狂经十余日始散，有司未能概禁，俗使然也。易于上经，演戏。	（乾隆）《乐至县志》土地部“时序志”
三婆会	三月初三	演剧庆祝，妇女求子者集沓。	（乾隆）《彭山县志》卷四
碧山神诞	七月初八	四方男妇或数十里拜道焚香赴庙酬信，或以牛马驼楮，演戏半月。	（乾隆）《丹棱县志》卷六
四王会	六月初六	州人演戏庆祝神诞。	（乾隆）《涪州志》卷七祀典
歇圣庙		州人演戏恭祝神诞。	（乾隆）《涪州志》卷七祀典
火神庙	六月二十三	每年演戏恭祝神诞。	（乾隆）《大竹县志》卷七
牛马会	十月朔	间有兴设“牛马会”，演戏庆祝者。	（光绪）《增修灌县志》“岁时民俗”
蓥华会	六月初六	是日为“蓥华祖师寿诞”。县之河屯场旧有蓥华会，演剧为神寿。复有诸商麇集，乡村男女均往观焉。	（民国）《新繁县志》卷四
上元会	上元节	演剧数日，百戏杂呈，为赛会之极盛者。	（道光）《新津县志》卷十五

续表

赛会名称	时间	赛会演戏活动	出处
炎帝会	五月初一	初一日，俗赛“炎帝会”，首曰神农，居北关外之泌水院。昔有术者，谓嘉州多火患，议移神住万福寺以厌之。每岁此日，城区内外各庙轮流迎赛，演剧数日，至初六、七日始各奉神而归。欲迎神者，先一年悬牌，或前数年悬牌，后则各凑集资款。临期，斗奇争靡，务极其盛，以悦人耳目。神为明正统年制，近今五百年不衰。	（民国）《乐山县志》卷三
彭女降诞/媒神圣母降诞（三婆会）	三月初三	四方男女朝拜，祭赛者前后十日络绎不绝。/又为媒神圣母降诞，士人名为三婆会，演剧庆祝，妇女求子者杂沓。民国彭曰山县志：初三曰“三婆会”（仙女山是日乡会最盛，四方朝拜者男女如云）。为此会者，以木刻童男女掷于众，众争捉之，得者夜导以鼓乐送于无子人。捉时曰抢童子，送时曰送童子。	（嘉庆）《彭山县志》“岁时民俗”
太阳神诞	十一月十九	士民演剧庆祝。	（嘉庆）《彭山县志》“岁时民俗”
观音会	二月中旬	二月中旬，抬观音像于东水门外河坝，设坛诵经，烧香还愿者甚多。经毕撤坛，搭台演戏，城中妇女无长无少，至坝之左右随喜，至十九日止。观音历祀东城，城边民房因假此地诵经演戏，故呼其地为观音坝。	（民国）《合川县志》卷三十
大腊会	/	其不经者，大河坝有大腊会，铺张甚盛。来赴者重趼数百里，扶老携幼，裹粮而至，一时士女如云。扮演装抬彩亭，穷工极巧，供张之盛，陈设之繁，水陆毕具，诸戏杂陈，市声嘈切，饮食若流，为涪江巨观。豪商大贾，巨家甲族，动费金钱数十万，卜昼卜夜，至于弥旬。客舍居停，坐客为满，故人鸡黍餐宿为艰。村妪乡女，逐街	（民国）《合川县志》卷三十

续表

赛会名称	时间	赛会演戏活动	出处
		上下，乐而忘归，到处为家，或野宿，或露处，不以为怪，甚矣，亦风俗之不正矣。	
龙会	五月二十、二十三	二十日为龙会，宜雨。二十三日为分龙，宜晴。谚云：但看五月二十三，大落大干，小落小干。官行礼龙神祠，观剧。	（宣统）《广安州新志》卷三十四
三圣会	三月十七、十八	三汇镇有三圣祠者，中塑女神三：一司送子，一司天花，一司麻疹，世之蕲子禳灾争趋焉。每岁三月十七、八日，高缀彩亭，四人舁之，招摇过市，又有三圣行象，珠冠冕旒，衮衣绣裳，亦舁之以行，男女游观，填塞街巷，邻封士女不远数百里争赴胜会，殆有举国若狂之概。民国四年，祠宇毁于群盗，而此典阙如矣。	（民国）《渠县志》“岁时民俗”
娘娘会	正月十五、三月二十、三月二十二	凡三：治东慕义场白衣庵正月十五日，市农器；城内患泽宫三月二十日，东城外惠泽宫三月二十二日，均迎神演戏，岁率为常。	（民国）《雅安县志》卷四
迎天官神像	上元节	上元迎天官神像巡市，晚放爆竹花筒，龙灯蜿蜒，火花灿发，焰冲斗牛。乡村灯宵，有请背篼、扁担、七姑娘神诸游戏者。神降，背篼、扁担能自转动，幼女七人天然舞蹈，旁人唱曲歌，声转变，舞势随之，神采意趣，愈出愈奇。	（民国）《西昌县志》卷五
庆坛	冬至后	请巫师、优伶至家庆五显、赵侯、娘娘、篼篼等坛，装演神像，杂以戏剧，无论贫富、识与不识皆来贺，酒食醉饱民，近于腊祭。	（民国）《西昌县志》卷五
庆坛	冬至	祀先祖、宗祠，受胙饮福，合族属观谱添注丁口。家户皆有坛神，曰“养牲坛”，三年小庆，五年大庆。延巫连日彻夜演法，巫装女饰，唱俚歌，宾友贺饮，曰庆坛。	（宣统）《广安州新志》卷三十四

续表

赛会名称	时间	赛会演戏活动	出处
赛台会	三月二十八	三月二十八日为赛台会，于城东北之太清观即古香城寺地址举行之，其地内之为殿者五，外之为戏台者四，由城乡居民聚钱于前三台上同日演戏，互相夸耀竞胜。前一日亦舁东南二岳神出游，如城隍会之仪。前清末年县令侯公利用其名移其期于五月瘟祖会日举行，征集远近贩卖品同在是地相比赛，颇合今日赛会名实，惟规模较小耳。惜仅是年举行一次，以后无复嗣音矣。	（民国）《阆中县志》卷十一
东皇出巡	三月二十六	百姓醵钱于城外东皇殿演戏出神，多办杂剧，庙内诸神像用明轿舁随东皇后，前后音乐旗帜仪仗整齐，多办鬼判、无常、鸡爪、神八仙、彩女及诸带枷针状。	（同治）《高县卷》十八
火神寿诞	四月十五	十五日火神寿诞，祀神演戏，士农工商无不相约进香，更有还愿演戏者，盖民非水火不生活，故报赛之诚不约而同耳。	（光绪）《青神县志》卷十八
晒经会	六月初六	释子陈经晒于日中，礼佛者亦云集，以歌螺山佛寺为最盛。县西高斗寺是日亦必演戏，往观者亦众。	（民国）《德阳县志》风俗志
浴佛会	四月初八	四月初八日演戏诵经办佛会。	（同治）《营山县志》卷之十舆地
上皇会	正月初九	（正月）九日谓之上九，俗传玉皇诞辰，故有延道士于庙做上皇会者，有登高者，有祭祖茔者，市镇地方于十二日之夕耍龙灯顽狮子，妆扮各种杂剧，火炮锣鼓喧阗盈耳，谓之出灯。	（民国）《万源县志》卷五教育门
奎星会	七月初七	科举时代士子为奎星会，演旧剧数日，为赴秋闱者饯行。	（民国）《四川宣汉县志》卷十五
/	/	二月初邀饮春酒，迭为宾主，寺观中或建醮诵经，或演二郎神捉孽龙戏剧，皆以驱瘟祈福。	（光绪）《江油县志》卷十一

续表

赛会名称	时间	赛会演戏活动	出处
单刀会	五月十三	祭武庙。相传武圣单刀赴吴会，曰磨刀会，雨曰磨刀雨。向设席演剧，今停。	(宣统)《广安州新志》卷三十四
单刀会	五月	故老相传，庆祝关帝，由来已久。市镇好事者或令梨园演水淹七军故事。傍江边搭戏棚，看周将军水中擒操将庞德、于禁为戏谑。	(嘉庆)《井研县志》“岁时民俗”
单刀会	五月十三	庆祝关圣，演戏数日。	(嘉庆)《峨眉县志》卷一
关圣大帝降诞	五月十三	秦人工馆，工歌庆祝。	(嘉庆)《彭山县志》“岁时民俗”
关圣大帝降诞	五月十三	秦晋会馆，工歌庆祝。	(乾隆)《大邑县志》卷三
单刀会	五月十三	民间演戏庆贺。	(嘉庆)《温江县志》“岁时民俗”
单刀会	五月十三	演戏数日。	(康熙)《峨眉县志》卷七
关帝会	五月十三	秦人会馆，工歌庆祝。	(乾隆)《彭山县志》卷四
单刀会	五月十三	在城及乡镇，俱演戏庆祝关圣帝君。	(乾隆)《蒲江县志》卷二
单刀会	五月十三	在城及乡镇，俱演戏庆祝关圣帝君。	(光绪)《蒲江县志》卷三
单刀会	五月	“端午节”“单刀会”，儿童竞携角黍、香囊，故老相传庆祝关帝，由来已久。市镇好事者，彼此醵金，或令梨园演戏，或造龙舟竞渡，连朝欢会。民气和乐不倦，商贾亦习而相忘。	(道光)《江油县志》“岁时民俗”
关帝磨刀会与城隍会	五月十三到五月二十三	此十数日中县城村市随庙衍剧。	(乾隆)《丹棱县志》卷六
关帝磨刀会	五月十三	关帝磨刀之辰，城市乡场多演戏庆祝。	(道光)《新津县志》卷十五

续表

赛会名称	时间	赛会演戏活动	出处
禹王生日	正月十三	（正月）十三日称禹王生日，湖广来侨居之民演剧而祀。	（民国）《潼南县志》卷之六，杂记志
磨刀会	五月十三	关圣会俗名磨刀会，不演戏，杀牛以祭，是日必雨。	（道光）《乐至县志》卷三
关帝会	五月十三	（五月）十三日关帝会，相传关帝是日过江饮宴，多学戏酬神，是日遇雨曰磨刀水。	（民国）《新修南充县志》卷七掌故志
磨刀会	五月十二	俗谓关圣磨刀之辰，前后日必有雨为验，各市村有庙像处，莫不演戏礼敬焉。	（民国）《德阳县志》风俗志
关帝寿诞	九月十三	十三日关帝寿诞祀神演戏，为神上寿，即于庙中燕毕而散。	（光绪）《青神县志》卷十八
关夫子大刀会	五月十三	十三日关夫子大刀会，凡有庙宇之处，附近居民皆于庙进香，亦有募化银钱演戏敬神者，农夫望雨多，指此日为期，谓之磨刀水云。	（光绪）《青神县志》卷十八
药王会	正月初三	观临江馆演剧。	（宣统）《广安州新志》卷三十四
药王庙	未详	县人公建，每岁演戏恭祝神诞。	（乾隆）《大竹县志》卷七
药王会	四月二十八	庙中演剧，医家设筵，病愈者具财酬谢医之良者，家累数十席，获利无算。	（宣统）《广安州新志》卷三十四
药王会	四月二十八	医家皆祀。唐孙思邈为药王，相传是日成道。……是日，医家、药铺皆张灯彩，燃爆竹，开宴庆祝，并受酬焉。	（民国）《巴县志》卷五
王爷生日	六月初六	王爷者，秦蜀守李冰，载在祀典之通佑王，然民不知谁何也，曰王爷而已。近水业贾必祭之，或演戏，甚至逾旬。县属三江均有是庙，城居、乡居悉祭于家，是日备牲醴焉。	（民国）《合川县志》卷三十
王爷会	六月初六	六月六日王爷会，相传杨四将军斩蛟得道，封为镇江王，凡城市建有王爷庙者，必演戏迎神，醵饮而散，船帮尤尊敬之。	（民国）《新修南充县志》卷七掌故志

续表

赛会名称	时间	赛会演戏活动	出处
王爷生日	六月初六	王爷者秦蜀守李冰，载在祀典之通佑王，然民不问谁何也，曰王爷而已。近水业贾必祭之，或演剧甚至逾旬，县属涪江两岸均有是庙，远于涪者无之。	（民国）《潼南县志》卷之六，杂记志
镇江王杨泗将军神诞	六月初六	演戏。	（乾隆）《大邑县志》卷三
镇江王爷会	六月初三	杨四将军斩蛟得道，封镇江王，各乡市码头立庙处皆赛神演剧，紫云宫为最。	（宣统）《广安州新志》卷三十四
王爷生日	六月初六	王爷者，秦蜀守李冰，载在祀典之通佑王，然不知其谁何也，曰王爷而已。近水业贾必祭之，或演剧，甚者至逾旬。	（光绪）《蓬溪县续志》“岁时民俗”
王爷会	六月初六	相传杨四将军斩蛟得道封镇江王，凡村市建有王爷庙者，是日率演戏酬神，醵饮而散。	（咸丰）《南充县志》（洪璋增修本）之“岁时民俗”
许真君诞辰	八月初一	许真君诞辰，万寿宫演剧。	（宣统）《广安州新志》卷三十四
许真君会	八月初一	凡城市建有万寿宫者，是日必酬神演戏。	（咸丰）《南充县志》（洪璋增修本）之“岁时民俗”
萧公会	四月初一	江西馆向有迎萧公之会，备极观瞻，今但设筵演剧。	（宣统）《广安州新志》卷三十四
镇江神降诞	六月初六	楚人会馆演剧庆祝，凡舟楫、贩商者多攒金祭赛。	（嘉庆）《彭山县志》“岁时民俗”
镇江神降诞	六月初六	初六曰王爷会，双江口王爷庙岁必演戏。	（民国）《重修彭山县志》卷二
萧公钦启王降诞	孟夏朔日	孟夏朔日为江西会馆萧公钦启王降诞，豫章客民演传奇介神庥，聚观多人。	（乾隆）《大邑县志》卷三
许真君降诞	仲秋朔	江西会馆演剧庆祝，多聚观者。	（乾隆）《大邑县志》卷三

续表

赛会名称	时间	赛会演戏活动	出处
禹王宫	正月十三	楚省众姓公建，每岁各会演戏恭祝神诞。	（乾隆）《大竹县志》卷七
禹王宫	正月十三	三楚客商公建，每年各省演戏恭祝。	（乾隆）《涪州志》卷七
禹王会	正月十三	城中湖广馆观剧，乡镇各办会。	（宣统）《广安州新志》卷三十四
禹王会	正月十三	城市建有禹王庙者，是日必演戏酬神。	（咸丰）《南充县志》（洪璋增修本）之“岁时民俗”
禹王生日	正月十三	湖广来侨居之民，演剧而祀。	（光绪）《蓬溪县续志》“岁时民俗”
三元宫	/	关中客商公建，每年各会演戏恭祝神诞。	（乾隆）《涪州志》卷七
龙母宫	五月初八	粤省众等公建，每岁演戏庆祝神诞。	（乾隆）《大竹县志》卷七
天后宫	三月二十三	闽省众等公建，每岁演戏庆祝神诞。	（乾隆）《大竹县志》卷七
三圣宫	六月二十四	蜀人众姓公建，每岁演戏庆祝神诞。	（乾隆）《大竹县志》卷七
万寿宫	未详	江右众姓公建，各会演戏恭祝神诞。	（乾隆）《大竹县志》卷七
祀祝融	六月二十四	南丹宫各街演剧一本。	（宣统）《广安州新志》卷三十四
/	七月二十八	江西馆祀太保康公。	（宣统）《广安州新志》卷三十四
天后宫	/	闽省客商公建，每年演戏庆祝。	（乾隆）《涪州志》卷七
寿佛宫	/	湖广彬（郴）州人共建。上各省会馆乃各乡人共建，以不忘其所自者。岁以各神寿辰庆祝，赛会演戏，用答神庥。各乡镇多有之，兹不备载。	《金堂县乡土志》卷三

续表

赛会名称	时间	赛会演戏活动	出处
帝主诞辰	三月十五、九月二十九	黄州馆赛会演剧，九月二十九日同。	（宣统）《广安州新志》卷三十四
真武帝降诞	三月初三	楚人会馆真武宫集梨园庆祝。城北圣母殿亦如之。观者如堵。	（乾隆）《大邑县志》卷三
真武成道	九月初九	楚人集会馆演戏。	（乾隆）《大邑县志》卷三
真武庙	四月初一	豫章客商公建，每年各会演戏恭祝神诞。	（乾隆）《涪州志》卷七
六祖会	八月初三	粤省人演剧庆祝。	（嘉庆）《彭山县志》“岁时民俗”
/	/	演剧赛神为县属最流行事，凡神会均有会庄神金，清末变法兴学，城镇乡场各神会基金完全拨充各处学欵，其风仍未大衰，每逢神会演剧醵敛资财，或挨户摊派，人亦乐输，治城城隍庙会期原系夏历六月二十四日，时令火热，好事者以不便于演剧赛会，于民国十六年倡改会期于八月初二日，创兴十大商帮分担戏资，县城本无商务可言，所谓十帮中即凉粉担花生水果摊，亦各为一帮，其苛细如此，县知事伍彝章竟准予立案，示谕后遂相仍为习惯焉。	（民国）《蓬溪近志》卷七“风土篇”
/	/	又有药王、衙神、火神、龙神诸庙，及县城市镇之各省会馆岁时演戏，皆有常期，以庆祝各神诞辰，自清末提神会兴学校，神戏渐稀，至田军建筑马路，又加整理两次提售，已将全县会产、僧产变卖净□，各寺庙已泰半住持无人，钟磬绝响，除营业之剧院外，更无菊部之管弦可闻矣。	（民国）《德阳县志》风俗志
/	/	礼仪民俗：俗尚淫祀，各庙神诞，或醵金作会，或演剧，或诵经，所费不惜，独于家祭简略，亦可谓不知本末	（光绪）《大宁县志》卷一

续表

赛会名称	时间	赛会演戏活动	出处
		矣。乡人有疾病，多不信医药，延医禳之，曰“跳端公”，此尤愚而可笑也。	
/	/	旧志民无嗜好，亦无迎神赛会之事。嗜好谓欲也，迎神赛会俗尚梨园，选色评声，故联类而及今。城乡风俗除元宵演剧外，神会侈陈乐部，到处皆然，昔之蟋蟀山讴一变而为锦城丝管。	（光绪）《威远县志》卷二学校志
/	/	每岁新年过后，乡间天堂寺□例有清醮会、春祈会、观音会，蝉联□演木偶剧，由甲地而乙地，至二月秒（梢）乃已。每一会开，乡人士女倾户往观，会场男女杂沓，深夜始散，熙然太平景象也。而城内于三月有火神会，四月有江西人私会（万寿宫为江西公共会馆，私会为吉安人之会，神为□主），六月有城隍会，每会必唱演戏剧数十日，正会之日神驾出府，前具仪仗，鸣钲喝道，箫鼓杂剧随之，香烟缭绕，所过处沿户焚香燃烛，礼拜如仪，更有少年玩友（□□□鼓学唱川剧，不扮脚色谓之玩友）竞赛锣鼓，追逐其后，观者如堵，尤极一时之盛也。民国后斯风寖杀。	（民国）《泸县志》卷三
/	/	清世城治商帮各有庙会，岁必演剧，而城隍会演最多，辄逾旬月，任人听观，乡镇亦每于报赛时演剧，农氓妇子攒簇而观，穰穰然相乐也，入民国后城治之剧专于戏园，既取戏资，贫人裹足，与众乐乐之意泯矣。	（民国）《合江县志》卷四
/	/	正月初一日九神会，昔称土主会，十八日二郎会。二月初三日文昌会，妇女祀蚕神以祈蚕，十六日城隍会。三月初三日三宵会，俗呼童喱会，初十日蔡翁会，十五日财神会。四月初一日萧公会，初八日浴佛会。五月初	（民国）《夹江县志》卷二

续表

赛会名称	时间	赛会演戏活动	出处
		一日炎帝会，十三日单刀会，二十三日南安土主会。六月初六日镇江王爷会，又祀青苗土地以祈年，俗呼秧苗会，二十四日川主会、灵官会。七月初二日壁山会，十五日盂兰会。八月十五日月光会，二十四日张爷会。九月初一日火神会，初九日葛翁会，各地有九皇会。十月初一日牛王会。以上各会至期乡人醵资演戏酬神，旗帜鼓吹周游街市，虽事近戏亵，具报本反始之意，不可诬也。	
/	/	旧时邑有城隍愿戏，有各庙会各工商帮愿戏，皆以酬神为题，其资各庙有会底，工商各帮派逗，每岁春夏之交，必接班演戏四五十日，任人入场纵观，民国各庙会底解散消减，愿戏亦废。间有数人联络开戏园，卖客坐者。地方贫瘠，期间不入学堂，每有期会演说运动外，必演新剧，而街坊围鼓甚盛，一般人专习，人家吉凶庆吊及他节序期会团坐高唱，知音者赏焉。晋绅之室嘉宾鼓坐，则有留音机器演幻术逞技巧者，曰把戏……闲时一来，乡报赛田祖有秧苗戏（或木偶或用人装扮），祀神祈福有羊戏，一人独演炫弄者有猴戏……有桶桶戏……皆最简陋者也。	（民国）《南川县志》卷六
/	/	城厢内外，有此数会，四乡之醵而赛神者，亦随时有之。饮食宴乐，不免糜费，即不免伤财，然相沿已久，不能禁，亦无庸禁也。惟生齿加繁，生计转绌，父老言民间此等会场，较之乾隆、嘉庆年间已觉不逮。盖尔时物力有余，钱易敛，故事易集。今则“散包”，未必能多，虽极力铺张，未	（咸丰）《阆中县志》“岁时民俗”

续表

赛会名称	时间	赛会演戏活动	出处
		免涉于勉强，运会推迁，正不无盛衰升降之感耳。欲其入会，先期招饮，以桐叶或蕉叶蒸肉，约重半斤，于酒后各给一包，携之以归，名曰“散包”。	
/	/	川俗多神会，而西南为甚，犍人每逢神会先期鸣锣警众妆饰童男为戏，至舁神同出，遍游街市，杂踏征逐，举国若狂，相沿已久，视为固然，记云：修其教不易其俗齐其政；不易其宜无害于治者，听之可也。	（乾隆）《犍为县志》卷二
/	/	傀儡戏所在有之，民间以供祈禳祈谷曰青苗戏，养牛马者生犊驹则设之曰愿戏，又有影戏张灯设幕镂革作像亦生动有节目，其值尤轻。	（民国）《云阳县志》卷十三
/	/	邑之神会无日不有，如正月禹王、二月文昌观音，三月真武财神，四月佛祖药王，五月城隍关帝，六月王爷川主，火神雷祖，七月地藏，八月许真君灶王，九月九皇莲台，十月牛王，十一月太阳，此皆通告者。	（民国）《新修南充县志》卷七掌故志
/	/	各省会馆，万寿宫江西人会、天上宫福建人会、禹王宫湖广人会、南华宫广东人会、寿福宫广西人会，清时各届会期，演戏多至半月，各街骑街搭台，演唱秋报之戏，自八月起，至十月下旬止。城外大小两河各街，亦于十一月起至腊月底止。凡演唱秋报戏文，每日必有酒席，衣冠文物，共乐太平，尊酒言欢，此风犹古。又，铺户年内获利，腊底酬报神庥，柬帖迎宾，就城隍庙演戏治酌，戚友作贺，亦甚盛事。	（民国）《合川县志》卷三十

续表

赛会名称	时间	赛会演戏活动	出处
/	/	同业神会：旧俗同业神会，每年必演戏，各有基金。城中神会戏最多，大镇乡亦尝演二、三十日，因而聚赌，为害不细。光绪中，或提作年赈，或提作学费，会戏遂费，此举较变而近道。	（民国）《续修涪州志》“信仰民俗”
/	/	正月初十日土主会，士女云集；四月八日大佛会，进香；五月二十七日城隍会，舁城隍神出游，还愿者随其后以扇扇之。	（道光）《荣县志》卷十八舆地志

参考文献

一、方志、档案、文史资料类

[1] 常璩撰，刘琳校注:《华阳国志》，巴蜀书社 1984 年版。

[2] 乐史:《太平寰宇记》，中华书局 2007 年版。

[3]〔嘉靖〕《洪雅县志》,《天一阁藏明代方志选刊》第 66 册，上海书店 1963 年影印本。

[4]〔嘉靖〕《马湖府志》,《天一阁藏明代方志选刊》第 66 册，上海书店 1963 年影印本。

[5]〔正德〕《蓬州志》,《天一阁藏明代方志选刊续编》第 67 册，上海书店 1990 年影印本。

[6]〔康熙〕《邛州志》(民国抄本),《南京大学图书馆藏稀见方志丛刊》第 60 册，国家图书馆出版社 2014 年影印本。

[7]〔康熙〕《绵竹县志》,《南京大学图书馆藏稀见方志丛刊》第 62 册，国家图书馆出版社 2014 年影印本。

[8]〔康熙〕《夹江县志》,《南京大学图书馆藏稀见方志丛刊》第 65 册，国家图书馆出版社 2014 年影印本。

[9]〔康熙〕《嘉定州志》,《南京大学图书馆藏稀见方志丛刊》第 65 册，国家

图书馆出版社 2014 年影印本。

[10]〔乾隆〕《荣县志》,《南京图书馆藏稀见方志丛刊》第 163 册，国家图书馆出版社 2014 年影印本。

[11]〔同治〕《荣昌县志》,《南京图书馆藏稀见方志丛刊》第 164 册，国家图书馆出版社 2014 年影印本。

[12]《蜀故》,《北京大学图书馆藏稀见方志丛刊》第 300 册，国家图书馆出版社 2013 年影印本。

[13]〔乾隆〕《直隶泸州志》,《北京大学图书馆藏稀见方志丛刊》第 303 册，国家图书馆出版社 2013 年影印本。

[14]〔嘉庆〕《嘉定府志》,《北京大学图书馆藏稀见方志丛刊》第 305 册，国家图书馆出版社 2013 年影印本。

[15]〔乾隆〕《犍为县志》,《北京大学图书馆藏稀见方志丛刊》第 310 册，国家图书馆出版社 2013 年影印本。

[16]〔乾隆〕《苍溪县志》,《北京大学图书馆藏稀见方志丛刊》第 311 册，国家图书馆出版社 2013 年影印本。

[17]〔乾隆〕《大邑县志》,《故宫珍本丛刊》第 205 册，海南出版社 2001 年影印本。

[18]〔乾隆〕《蒲江县志》,《故宫珍本丛刊》第 205 册，海南出版社 2001 年影印本。

[19]〔雍正〕《江油县志》,《故宫珍本丛刊》第 206 册，海南出版社 2001 年影印本。

[20]〔乾隆〕《中江县志》,《故宫珍本丛刊》第 207 册，海南出版社 2001 年影印本。

[21]〔乾隆〕《乐至县志》,《故宫珍本丛刊》第 207 册，海南出版社 2001 年影印本。

[22]〔乾隆〕《安岳县志》,《故宫珍本丛刊》第 208 册，海南出版社 2001 年影印本。

[23]〔乾隆〕《隆昌县志》,《故宫珍本丛刊》第 209 册，海南出版社 2001 年影印本。

[24]〔乾隆〕《珙县志》,《故宫珍本丛刊》第 211 册，海南出版社 2001 年影印本。

[25]〔康熙〕《筠连县志》(乾隆补修本),《故宫珍本丛刊》第 212 册，海南出版社 2001 年影印本。

[26]〔乾隆〕《丹棱县志》,《故宫珍本丛刊》第 213 册，海南出版社 2001 年影印本。

[27]〔康熙〕《峨眉县志》,《故宫珍本丛刊》第 214 册，海南出版社 2001 年影印本。

[28]〔乾隆〕《江津县志》,《故宫珍本丛刊》第 215 册，海南出版社 2001 年影印本。

[29]〔乾隆〕《璧山县志》,《故宫珍本丛刊》第 216 册，海南出版社 2001 年影印本。

[30]〔乾隆〕《涪州志》,《故宫珍本丛刊》第 216 册，海南出版社 2001 年影印本。

[31]〔乾隆〕《夔州府志》,《故宫珍本丛刊》第 218 册，海南出版社 2001 年影印本。

[32]〔乾隆〕《大竹县志》,《故宫珍本丛刊》第 220 册，海南出版社 2001 年影印本。

[33]〔乾隆〕《新宁县志》,《故宫珍本丛刊》第 220 册，海南出版社 2001 年影印本。

[34]〔康熙〕《芦山县志》,《故宫珍本丛刊》第 221 册，海南出版社 2001 年影印本。

[35]〔康熙〕《彭水县志》,《故宫博物院藏稀见方志丛刊》第 136 册，故宫出版社 2012 年影印本。

[36]〔乾隆〕《郫县志书》,《故宫博物院藏稀见方志丛刊》第 138 册，故宫出

版社 2012 年影印本。

[37]〔乾隆〕《资阳县志》,《故宫博物院藏稀见方志丛刊》第 141 册，故宫出版社 2013 年影印本。

[38]〔乾隆〕《富顺县志》,《故宫博物院藏稀见方志丛刊》第 143 册，故宫出版社 2013 年影印本。

[39]〔乾隆〕《合江县志》,《故宫博物院藏稀见方志丛刊》第 145 册，故宫出版社 2013 年影印本。

[40]〔乾隆〕《青神县志》,《故宫博物院藏稀见方志丛刊》第 148 册，故宫出版社 2013 年影印本。

[41]〔乾隆〕《彭山县志》,《故宫博物院藏稀见方志丛刊》第 148 册，故宫出版社 2013 年影印本。

[42]〔康熙〕《重庆府涪州志》,《日本藏中国罕见地方志丛刊》，书目文献出版社 1992 年影印本。

[43]〔康熙〕《涪州志》,《日本藏中国罕见地方志丛刊》，书目文献出版社 1990 年影印本。

[44]〔乾隆〕《荣县志》,《南京图书馆藏稀见方志丛刊》第 163 册，国家图书馆出版社 2012 年影印本。

[45]〔民国〕《江北县志稿》,《重庆图书馆藏稀见方志丛刊》第 5 册，国家图书馆出版社 2014 年影印本。

[46]〔乾隆〕《峨眉县志》,《上海图书馆藏稀见方志丛刊》第 220 册，国家图书馆出版社 2011 年影印本。

[47]〔嘉庆〕《郫县志》,《四川大学图书馆藏珍稀地方志丛刊》第 1 册，巴蜀书社 2009 年影印本。

[48]〔光绪〕《金堂县乡土志》,《四川大学图书馆藏珍稀地方志丛刊》第 2 册，巴蜀书社 2009 年影印本。

[49]〔光绪〕《涪乘启新》,《四川大学图书馆藏珍稀地方志丛刊》第 2 册，书蜀书社 2009 年影印本。

[50]〔光绪〕《浦江乡土志》,《四川大学图书馆藏珍稀地方志丛刊》第6册,巴蜀书社2009年影印本。

[51]〔嘉庆〕《资阳县志》,《四川大学图书馆藏珍稀地方志丛刊》第7册,巴蜀书社2009年影印本。

[52]〔嘉庆〕《金堂县志》,《中国地方志集成·四川府县志辑》第4册,巴蜀书社1992年影印本。

[53]〔道光〕《重庆府志》,《中国地方志集成·四川府县志辑》第5册,巴蜀书社1992年影印本。

[54]〔民国〕《巴县志》,《中国地方志集成·四川府县志辑》第6册,巴蜀书社1992年影印本。

[55]〔道光〕《綦江县志》(同治补修本),《中国地方志集成·四川府县志辑》第7册,巴蜀书社1992年影印本。

[56]〔民国〕《郫县志》,《中国地方志集成·四川府县志辑》第8册,巴蜀书社1992年影印本。

[57]〔民国〕《灌县志》,《中国地方志集成·四川府县志辑》第9册,巴蜀书社1992年影印本。

[58]〔嘉庆〕《汉州志》,《中国地方志集成·四川府县志辑》第11册,巴蜀书社1992年影印本。

[59]〔民国〕《新繁县志》、〔道光〕《新津县志》、〔光绪〕《蒲江县志》,《中国地方志集成·四川府县志辑》第12册,巴蜀书社1992年影印本。

[60]〔嘉庆〕《邛州直隶州志》,《中国地方志集成·四川府县志辑》第13册,巴蜀书社1992年影印本。

[61]〔民国〕《大邑县志》,《中国地方志集成·四川府县志辑》第14册,巴蜀书社1992年影印本。

[62]〔民国〕《绵阳县志》、〔民国〕《三台县志》,《中国地方志集成·四川府县志辑》第17册,巴蜀书社1992年影印本。

[63]〔同治〕《彰明县志》、〔光绪〕《江油县志》,《中国地方志集成·四川府

县志辑》第 18 册，巴蜀书社 1992 年影印本。

[64]〔民国〕《重修广元县志稿》，《中国地方志集成·四川府县志辑》第 19 册，巴蜀书社 1992 年影印本。

[65]〔光绪〕《射洪县志》、〔咸丰〕《重修梓潼县志》，《中国地方志集成·四川府县志辑》第 20 册，巴蜀书社 1992 年影印本。

[66]〔民国〕《蓬溪近志》、〔民国〕《中江县志》，《中国地方志集成·四川府县志辑》第 21 册，巴蜀书社 1992 年影印本。

[67]〔民国〕《德阳县志》，《中国地方志集成·四川府县志辑》第 22 册，巴蜀书社 1992 年影印本。

[68]〔嘉庆〕《安县志》（同治补修本），《中国地方志集成·四川府县志辑》第 23 册，巴蜀书社 1992 年影印本。

[69]〔道光〕《乐至县志》、〔道光〕《安岳县志》、〔光绪〕《续修安岳县志》、〔光绪〕《威远县志》，《中国地方志集成·四川府县志辑》第 24 册，巴蜀书社 1992 年影印本。

[70]〔民国〕《资阳县志稿》、〔民国〕《资中县续修资州志》，《中国地方志集成·四川府县志辑》第 26 册，巴蜀书社 1992 年影印本。

[71]〔民国〕《简阳县志》，《中国地方志集成·四川府县志辑》第 27 册，巴蜀书社 1992 年影印本。

[72]〔民国〕《南溪县志》，《中国地方志集成·四川府县志辑》第 31 册，巴蜀书社 1992 年影印本。

[73]〔民国〕《合江县志》、〔民国〕《叙永县志》、〔民国〕《泸县志》、民国《古宋县志》，《中国地方志集成·四川府县志辑》第 33 册，巴蜀书社 1992 年影印本。

[74]〔光绪〕《珙县志》、〔同治〕《高县志》，《中国地方志集成·四川府县志辑》第 35 册，巴蜀书社 1992 年影印本。

[75]〔同治〕《筠连县志》、〔民国〕《续修筠连县志》，《中国地方志集成·四川府县志辑》第 36 册，巴蜀书社 1992 年影印本。

[76]〔民国〕《乐山县志》,《中国地方志集成·四川府县志辑》第37册，巴蜀书社1992年影印本。

[77]〔嘉庆〕《洪雅县志》、〔光绪〕《洪雅县志》、〔民国〕《夹江县志》、〔民国〕《丹棱县志》、〔光绪〕《青神县志》,《中国地方志集成·四川府县志辑》第38册，巴蜀书社1992年影印本。

[78]〔嘉庆〕《眉州属志》,《中国地方志集成·四川府县志辑》第39册，巴蜀书社1992年影印本。

[79]〔民国〕《重修彭山县志》,《中国地方志集成·四川府县志辑》第40册，巴蜀书社1992年影印本。

[80]〔民国〕《犍为县志》、〔嘉庆〕《峨眉县志》,《中国地方志集成·四川府县志辑》第41册，巴蜀书社1992年影印本。

[81]〔光绪〕《铜梁县志》,《中国地方志集成·四川府县志辑》第42册，巴蜀书社1992年影印本。

[82]〔民国〕《合川县志》,《中国地方志集成·四川府县志辑》第44册，巴蜀书社1992年影印本。

[83]〔民国〕《潼南县志》、〔同治〕《璧山县志》,《中国地方志集成·四川府县志辑》第45册，巴蜀书社1992年影印本。

[84]〔同治〕《重修涪州志》,《中国地方志集成·四川府县志辑》第46册，巴蜀书社1992年影印本。

[85]〔民国〕《重修南川县志》,《中国地方志集成·四川府县志辑》第49册，巴蜀书社1992年影印本。

[86]〔光绪〕《大宁县志》、〔光绪〕《巫山县志》,《中国地方志集成·四川府县志辑》第52册，巴蜀书社1992年影印本。

[87]〔同治〕《忠州直隶厅志》、〔民国〕《云阳县志》,《中国地方志集成·四川府县志辑》第53册，巴蜀书社1992年影印本。

[88]〔民国〕《新修南充县志》,《中国地方志集成·四川府县志辑》第55册，巴蜀书社1992年影印本。

[89]〔民国〕《阆中县志》,《中国地方志集成·四川府县志辑》第56册，巴蜀书社1992年影印本。

[90]〔同治〕《仪陇县志》,《中国地方志集成·四川府县志辑》第57册，巴蜀书社1992年影印本。

[91]〔同治〕《营山县志》、〔宣统〕《广安州新志》,《中国地方志集成·四川府县志辑》第58册，巴蜀书社1992年影印本。

[92]〔民国〕《新修武胜县志》,《中国地方志集成·四川府县志辑》第59册，巴蜀书社1992年影印本。

[93]〔民国〕《达县志》、〔同治〕《新宁县志》、〔民国〕《万源县志》,《中国地方志集成·四川府县志辑》第60册，巴蜀书社1992年影印本。

[94]〔民国〕《四川宣汉县志》,《中国地方志集成·四川府县志辑》第61册，巴蜀书社1992年影印本。

[95]〔民国〕《渠县志》,《中国地方志集成·四川府县志辑》第62册，巴蜀书社1992年影印本。

[96]〔乾隆〕《雅州府志》,《中国地方志集成·四川府县志辑》第63册，巴蜀书社1992年影印本。

[97]〔民国〕《雅安县志》、〔民国〕《名山县新志》、〔民国〕《芦山县志》,《中国地方志集成·四川府县志辑》第64册，巴蜀书社1992年影印本。

[98]〔咸丰〕《邛嶲野录》,《中国地方志集成·四川府县志辑》第68册，巴蜀书社1992年影印本。

[99]〔民国〕《西昌县志》,《中国地方志集成·四川府县志辑》第69册，巴蜀书社1992年影印本。

[100]〔咸丰〕《冕宁县志》、〔光绪〕《盐源县志》、〔光绪〕《越嶲厅全志》、〔同治〕《会理州志》,《中国地方志集成·四川府县志辑》第70册，巴蜀书社1992年影印本。

[101]熊梦祥:《析津志辑佚》，北京古籍出版社1983年版。

[102]〔嘉庆〕《四川通志》，扬州古籍书店1986年影印本。

[103] 傅崇矩:《成都通览》，巴蜀书社 1987 年版。

[104] 丁世良、赵放主编:《中国地方志民俗资料汇编·西南卷》(上册)，书目文献出版社 1991 年版。

[105]《雅安市志》编纂委员会编:《雅安市志》，四川人民出版社 1996 年版。

[106] 成都市龙泉驿区地方志编纂委员会:《成都市龙泉驿区志》，方志出版社 2013 年版。

[107] 四川省地方志编纂委员会编:《四川省志·文化艺术志》，四川人民出版社 2000 年版。

[108] 四川档案馆编:《清代巴县档案汇编》(乾隆卷)，档案出版社 1991 年版。

[109] 四川省档案馆、四川大学历史系编:《清代乾嘉道巴县档案选编》上册，四川大学出版社 1989 年版。

[110] 四川省档案馆、四川大学历史系编:《清代乾嘉道巴县档案选编》下册，四川大学出版社 1996 年版。

[111] 四川省档案局编:《清代四川巴县衙门咸丰朝档案选编》(全十六册)，上海古籍出版社 2011 年影印本。

[112] 四川省南部县衙门档案，四川南充档案馆藏。

[113] 四川省档案馆编:《巴蜀撷影——四川省档案馆藏清史图片集》，中国人民大学出版社 2009 年影印本。

[114] 彭泽益辑:《清代工商行业碑文集粹》，中州古籍出版社 1997 年版。

[115] 隗瀛涛、赵清主编:《四川辛亥革命史料》，四川人民出版社 1981 年版。

[116] 朱有瓛:《中国近代学制史料(第一辑)》，华东师范大学出版社 1986 年版。

[117] 中国社会科学院历史研究所清史室、资料室:《清中期五省白莲教起义资料》，江苏人民出版社 1982 年版。

[118] 苏州历史博物馆、江苏师范学院历史系、南京大学明清史研究室编:

《明清苏州工商业碑刻集》，江苏人民出版社1981年版。

[119] 王志行：《四川文史资料选辑》第36辑，四川人民出版社1987版。

[120]《安岳文史资料》第21、22辑，1987年内部编印。

[121]《南岸文史资料》第4辑，1988年内部编印。

[122]《南充文史资料》第3辑，1988年内部编印。

[123]《南充文史资料》第7辑，1992年内部编印。

[124]《重庆文史资料》第34辑，西南师范大学出版社1991年版。

[125]《荣县文史资料选辑》第13辑，1995年内部编印。

[126]《资阳文史资料》第7辑，2000年内部编印。

[127]《古蔺文史资料》第7辑，1999年内部编印。

[128]《蓬溪文史资料》第34辑，2012年内部编印。

[129]《蒲江文史资料选辑》第1辑，1986年内部编印。

[130]《蒲江文史资料选辑》第9辑，1995年内部编印。

[131]《重庆文史资料》第31辑，西南师范大学出版社1989年版。

[132]《梓潼文史资料选辑》第6辑，1988年内部编印。

[133]《江津文史资料选辑》第5辑，内部编印（未标注编印时间）。

[134]《崇庆文史资料选辑》第1辑，1983年内部编印。

[135]《简阳文史资料选辑》第2辑，1965年内部编印。

[136] 徐德勋主编：《金堂文史》，巴蜀书社1990年版。

[137]《中江文史资料选辑》第9辑，1991年内部编印。

[138]《崇州市文史资料选辑》第11辑，1995年内部编印。

[139]《泸州文史资料选辑》第14辑，1988年内部编印。

[140]《富顺文史资料选辑》第4辑，1990年内部编印。

[141]《富顺文史资料选辑》第5辑，1991年内部编印。

[142]《永川文史资料选辑》第6辑，1990年内部编印。

[143]《四川文史资料选辑》第44辑，四川人民出版社1995年版。

[144]《新津文史资料选辑》第2辑，1986年内部编印。

二、其他古籍及史料

[1] 郑玄注，孔颖达正义，吕友仁整理:《礼记正义》，上海古籍出版社 2008 年版。

[2] 王文锦:《礼记译解》(下)，中华书局 2001 年版。

[3] 黄寿祺、张善文:《周易译注》，上海古籍出版社 2001 年版。

[4] 郑玄注，贾公彦疏，彭林整理:《周礼注疏》，上海古籍出版社 2010 年版。

[5] 程俊英:《诗经译注》，上海古籍出版社 2010 年版。

[6] 金良年撰:《大学译注 中庸译注 论语译注》，上海古籍出版社 2010 年版。

[7] 张双棣撰:《淮南子校释》，北京大学出版社 2013 年版。

[8] 章樵注、钱熙祚校:《古文苑》，四部丛刊初编，集部，第 196 册。

[9] 释惠皎撰:《高僧传》卷十，汤用彤校注，中华书局 1992 年版。

[10] 张唐英撰:《蜀梼杌校笺》，王文才、王炎校笺，巴蜀书社 1999 年版。

[11] 郑之珍:《目连救母劝善戏文》，古本戏曲丛刊本。

[12] 杜甫撰:《杜甫全集》，高仁标点，上海古籍出版社 1996 年版。

[13] 曾枣庄、刘琳主编:《全宋文》，巴蜀书社 1992 年版。

[14] 陈淳:《北溪大全集》,《文渊阁四库全书》本。

[15] 吴自牧:《梦粱录》，浙江人民出版社 1980 年版。

[16] 费著:《岁华纪丽谱》,《文渊阁四库全书》，台湾商务印书馆股份有限公司影印本。

[17] 孟元老撰:《东京梦华录校注》，邓之诚注，中华书局 1982 年版。

[18] 黄征、张涌泉校注:《敦煌变文校注》，中华书局 1997 年版。

[19] 庄绰、张端义撰:《〈鸡肋编〉〈贵耳集〉》，李保民校点，上海古籍出版社 2012 年版。

[20] 李东阳撰，申时行重修:《大明会典》,《中华再造善本》据正德六年司

礼监刻本影印本。

[21] 王稚登:《订正吴社编》，北京图书馆分馆藏明刻本，四库全书存目丛书本，齐鲁书社 1995 年影印本。

[22] 张谊:《宦游纪闻》,《丛书集成续编》第 213 册。

[23] 焦循:《剧说》,《中国古典戏曲论着集成》第 8 册，中国戏剧出版社 1959 年版。

[24]《清实录》之《世祖实录》《世宗实录》《高宗实录》《仁宗实录》，中华书局 1985 年、1986 年影印本。

[25] 张百熙:《张百熙集》，岳麓书社 2008 年版。

[26] 徐珂编撰:《清稗类钞》，中华书局 2010 年版。

[27] 周询:《芙蓉话旧录》，四川人民出版社 1987 年版。

[28] 傅崇矩:《成都通览》，巴蜀书社 1987 年版。

[29] 张岱:《陶庵梦忆　西湖寻梦》，上海古籍出版社 2001 年版。

[30] 李调元:《新搜神记》，嘉庆六年刊本。

[31] 李调元:《雨村诗话》，嘉庆六年刊本。

[32] 李调元:《童山文集》,《续修四库全书》集部第 1456 册。

[33] 释赞宁撰:《大宋僧史略》,《续修四库全书》子部第 1286 册。

[34] 纪大奎:《双桂堂稿续编》,《续修四库全书》集部第 1470 册。

[35] 阎尔梅:《白耷山人诗集》,《清代诗文集汇编》第 19 册，上海古籍出版社 2010 年影印本。

[36] 杨思圣:《且亭诗抄》,《清代诗文集汇编》第 74 册，上海古籍出版社 2010 年影印本。

[37] 巩建丰:《朱圉山人集》,《清代诗文集汇编》第 231 册，上海古籍出版社 2010 年影印本。

[38] 林愈蕃:《林青山先生文集》,《清代诗文集汇编》第 334 册，上海古籍出版社 2010 年版。

[39] 吴省钦:《白华前稿》,《清代诗文集汇编》第 371 册，上海古籍出版社

2010 年影印本。

[40] 钱楷:《绿天书舍存稿》,《清代诗文集汇编》第 457 册，上海古籍出版社 2010 年版。

[41] 高学濂:《希斋诗存》,《清代诗文集汇编》第 527 册，上海古籍出版社 2010 年影印本。

[42] 张香海:《听莺池馆闲咏》,《清代诗文集汇编》第 646 册，上海古籍出版社 2010 年版。

[43] 张香海:《宦蜀草》,《清代诗文集汇编》第 646 册，上海古籍出版社 2010 年版。

[44] 李化楠:《李石亭文集》,《清代诗文集汇编》第 333 册，上海古籍出版社 2010 年影印本。

[45] 李惺:《西沤外集》,《清代诗文集汇编》第 556 册，上海古籍出版社 2010 年影印本。

[46] 牛树梅:《省斋全集》,《清代诗文集汇编》第 604 册，上海古籍出版社 2010 年影印本。

[47] 王曾祺:《聊园诗存再续》,《清代诗文集汇编》第 760 册，上海古籍出版社 2010 年影印本。

[48] 刘沅:《槐轩杂着》,《清代诗文集汇编》第 491 册，上海古籍出版社 2010 年影印本。

[49] 黄勤业:《蜀游日记》,《小方壶斋舆地丛钞》第 9 册，杭州古籍书店 1985 年影印本。

[50] 方象瑛:《使蜀日记》,《小方壶斋舆地丛钞》第 9 册，杭州古籍书店 1985 年影印本。

[51] 臧晋叔:《元曲选》，文学古籍刊行社 1955 年版。

[52] 许慎:《说文解字》，上海书店 1989 年版。

[53] 佚名:《无上玄元三天玉堂大法》,《中华道藏》第 30 册，华夏出版社 2004 年版。

[54] 高汝栻:《皇明续纪三朝法传全录》，明崇祯九年刻本，《四库禁毁书丛刊补编》第 11 册，北京出版社 2005 年版。

[55] 萧嵩:《大唐开元礼》,《文渊阁四库全书》“史部”第 404 册，台湾商务印书馆股份有限公司影印本。

[56] 释法显撰:《法显传校注》，章巽校注，中华书局 2008 年版。

[57] 宋濂等:《元史》，中华书局 1976 年版。

[58] 赵尔巽等:《清史稿》，中华书局 1977 年版（内部发行）。

[59] 高楠顺次郎主编:《大正新修大藏经》第 80 册，财团法人佛陀教育基金会出版部 1990 年版。

[60] 凌蒙初:《二刻拍案惊奇》，孙逊、李时人校点，浙江古籍出版社 1997 年版。

[61] 吕坤撰，王国轩、王秀梅整理:《忧危疏》,《吕坤全集》上册《去伪斋集》，中华书局 2008 年版。

[62] 钱泳:《履园丛话》，中华书局 1979 年版。

[63] 严如熤:《三省边防备览》，蓝勇主编《稀见重庆地方文献汇点》（上册），重庆大学出版社 2013 年版。

[64] 吕天成:《曲品校注》，吴书荫校注，中华书局 1990 年版。

[65] 祁彪佳:《远山堂曲品》,《中国古典戏曲论著集成》第 6 卷，中国戏剧出版社 1959 年版。

[66] 朱权:《太和正音谱》,《中国古典戏曲论著集成》（三），中国戏剧出版社 1959 年版。

[67] 李渔:《闲情偶寄》,《中国古典戏曲论著集成》第 7 卷，中国戏剧出版社 1959 年版。

[68]《汉天师世家》卷 3,《道藏》第 34 册，文物出版社、上海书店出版社、天津古籍出版社 1988 年影印本。

[69] 王稚登:《宝颜堂订正吴社编》,《丛书集成新编》第 91 册。

[70] 王利器辑录:《元明清三代禁毁小说戏曲史料》，上海古籍出版社 1981

年版。

[71] 林孔翼、沙铭璞辑:《四川竹枝词》,四川人民出版社 1989 年版。

[72] 林孔翼辑:《成都竹枝词》,四川人民出版社 1986 年版。

三、近现代著述

[1] 刘师亮:《汉留史》,中外印刷公司 1935 年版。

[2] 窦季良:《同乡组织之研究》,正中书局 1943 年版。

[3] 康芸洲编著:《中国戏法图说》,上海春明书店 1947 年版。

[4] 阎金谔:《川剧序论》,文通书局 1947 年版。

[5] 席明真:《川剧浅谈》,重庆市人民出版社 1955 年版。

[6] 周慕莲述,胡度记录:《川剧〈情探〉的表演艺术》,文化生活出版社 1955 年版。

[7] 自贡市川剧院:《川剧资阳河流派历史约言》,1962 年内部印制。

[8] 胡度:《川剧艺诀释义》,上海人民出版社 1980 年版。

[9] 钱南扬:《戏文概论》,上海古籍出版社 1981 年版。

[10] 赵景深:《曲论初探》,上海文艺出版社 1982 年版。

[11] 广东、广西、湖南、河南辞源修订组、商务印书馆编辑部:《辞源》,商务印书馆 1983 年修订版。

[12] 四川省川剧艺术研究院、川剧艺术理论研究会编:《川剧基础理论探讨》,1984 年内部刊印。

[13] 胡度:《川剧艺闻录》,上海文艺出版社 1985 年版。

[14] 乌丙安:《中国民俗学》,辽宁大学出版社 1985 年版。

[15] 戴德源辑录:《四川戏曲史料》,《中国戏曲志·四川卷》编辑部 1986 年内部刊印。

[16] 自贡市文化局《戏曲志》编写组:《自贡市戏曲志》,1986 年内部刊印。

[17] 四川省川剧艺术研究院、南充地区文化局编:《川北灯戏》，四川文艺出版社 1986 年版。

[18]《中国戏曲志·四川卷》编辑部:《四川灯戏　四川傩戏》，1987 年内部刊印。

[19] 雅安地区文化局编:《雅安地区戏曲志》，1987 年内部刊印。

[20] 绵阳市文化局、《绵阳市戏曲志》编辑部:《绵阳市戏曲志》，1987 年内部刊印。

[21] 王朝闻:《论戏剧》，重庆出版社 1987 年版。

[22] 邓运佳:《川剧艺术概论》，四川省社会科学院出版社 1988 年版。

[23] 顾颉刚编:《妙峰山》，国立中山大学语言历史学研究所民国十七年印行，上海文艺出版社 1988 年影印本。

[24] 卿希泰主编:《中国道教史》，四川人民出版社 1988 年版。

[25] 郭英德:《世俗的祭礼——中国戏曲的宗教精神》，国际文化出版公司 1988 年版。

[26] 中国艺术研究院戏曲研究所、安徽省艺术研究所、安徽省祁门县人民政府编:《目连戏研究文集》，1988 年编印。

[27] 廖奔:《宋元戏曲文物与民俗》，文化艺术出版社 1989 年版。

[28] *Ritual Opera Operatic Ritual: "Mu-Lien Rescues His Mother" in Chinese Popular Culture*，edited by David Johnson，XI. Califonia: University of Califonia，1989.

[29] 四川省南充地区文化局编:《川北皮影戏》，四川文艺出版社 1989 年版。

[30] 曲六乙:《傩戏·少数民族戏剧及其它》，中国戏剧出版社 1990 年版。

[31] 郑传寅:《传统文化与古典戏曲》，湖北教育出版社 1990 年版。

[32] 段玉明:《寺庙与中国文化》，三环出版社 1990 年版。

[33] 赵清:《袍哥与土匪》，天津人民出版社 1990 年版。

[34] 庹修明:《傩戏·傩文化》，中国华侨出版公司 1990 年版。

[35] 叶大兵、乌丙安主编:《中国风俗辞典》，上海辞书出版社 1990 年版。

[36]［德］贝·布莱希特:《布莱希特论戏剧》，丁扬忠等译，中国戏剧出版社 1990 年版。

[37] 绵阳市文化局、《中国戏曲志·四川卷》编辑部、梓潼县文化局编:《梓潼阳戏》，1991 年内部刊印。

[38] 重庆市川剧研究所编:《四川目连戏资料论文集》，1990 年内部刊印。

[39]《重庆戏曲志》编辑部:《重庆戏曲志》，文化艺术出版社 1991 年版。

[40] 涪陵地区文化局编:《涪陵地区戏曲志》，1991 年内部刊印。

[41] 内江地区戏曲志，内江文化局编:《内江地区戏曲志》，巴蜀书社 1991 年版。

[42]《泸州戏曲志》编辑部:《泸州戏曲志》，四川人民出版社 1992 年版。

[43] 罗竹风主编:《汉语大辞典》，汉语大辞典出版社 1992 年版。

[44] 萧兵:《傩蜡之风：长江流域宗教戏剧文化》，江苏人民出版社 1992 年版。

[45] 顾朴光等:《中国傩戏调查报告》，贵州人民出版社 1992 年版。

[46] 江玉祥:《中国影戏》，四川人民出版社 1992 年版。

[47] 云南省、贵州省、四川省戏曲志编辑部:《民间戏曲研讨会论文集》，1992 年内部编印。

[48]《中国戏曲志·四川卷》编辑部、绵阳市文化局编:《巴蜀面具艺术》，成都出版社 1992 年版。

[49]《四川戏剧》编辑部:《目连戏与巴蜀文化》,《四川戏剧》编辑部 1993 年编印。

[50] 朱恒夫:《目连戏研究》，南京大学出版社 1993 年版。

[51] 王跃:《江北县复盛乡协睦村四社谌宅的“庆坛”祭仪调查》，财团法人施合郑氏民俗文化基金会 1993 年版。

[52] 费孝通:《乡土中国　乡土重建》，风云时代出版社 1993 年版。

[53] 王纯五:《袍哥探秘》，巴蜀书社 1993 年版。

[54] 王纯五:《洪门、青帮、袍哥——中国旧时民间黑社会习俗》，四川人民

出版社 1993 年版。

[55] 王纯五:《袍哥探秘》，巴蜀书社 1993 年版。

[56] 邓运佳:《中国川剧通史》，四川大学出版社 1993 年版。

[57] 王跃:《四川省江北县舒家乡上新村陶宅的汉族“祭财神”仪式》，财团法人施合郑民俗文化基金会 1993 年版。

[58] 于一、王康、陈文汉:《四川省梓潼县马鸣乡红寨村一带的梓潼阳戏》，财团法人施合郑民俗文化基金会 1994 年版。

[59] 王先谦:《土地与城隍信仰》，学苑出版社 1994 年版。

[60] 石生朝、黎建明:《目连戏南戏源流与声腔形态研究》，文化艺术出版社 1994 年版。

[61] 林河:《傩史——中国傩文化概论》，台北东大书局 1994 年版。

[62] 段文杰等编:《敦煌学国际研讨会文集 1990》，辽宁美术出版社 1995 年版。

[63] 赵冈等编著:《清代粮食亩产量研究》，中国农业出版社 1995 年版。

[64]《中国戏曲志·四川卷》编委会:《中国戏曲志·四川卷》，中国 ISBN 中心 1995 年版。

[65] 胡孚琛主编:《中华道教大辞典》，中国社会科学出版社 1995 年版。

[66] 江巨荣:《古代戏曲思想艺术论》，学林出版社 1995 年版。

[67] 李亦园:《人类的视野》，上海文艺出版社 1996 年版。

[68] 于一:《巴蜀傩戏》，大众文艺出版社 1996 年版。

[69] 于一:《古傩神韵》，大众文艺出版社 1996 年版。

[70] 廖奔:《中国戏剧图史》，河南教育出版社 1996 年版。

[71] 敦煌研究院编:《段文杰敦煌研究五十年纪念文集》，世界图书出版公司北京公司 1996 年版。

[72] 卿希泰主编:《中国道教史》第 3 卷，四川人民出版社 1996 年版。

[73] 廖奔:《中国古代剧场史》，中州古籍出版社 1997 年版。

[74] 刘祯:《中国民间目连文化》，巴蜀书社 1997 年版。

[75] 安民:《川剧简史》，天地出版社 1997 年版。

[76] 蓝勇:《西南历史文化地理》，西南师范大学出版社 1997 年版。

[77] 刘峻骧:《中国杂技史》，文化艺术出版社 1998 年版。

[78]［美］施坚雅:《中国农村的市场与社会结构》，史建云、徐秀丽译，中国社会科学出版社 1998 年版。

[79] 凌翼云:《目连戏与佛教》，广东高等教育出版社 1998 年版。

[80] 蒋维明:《移民入川与舞台人生》，成都科技大学出版社 1998 年版。

[81] 高有鹏:《中国庙会文化》，上海文艺出版社 1999 年版。

[82] 李亦园:《田野图像》，山东画报出版社 1999 年版。

[83] 麻国钧主编:《祭礼・傩俗与民间戏剧》，中国戏剧出版社 1999 年版。

[84] 段玉明:《中国寺庙文化论》，吉林教育出版社 1999 年版。

[85] 康保成:《傩戏艺术源流》，广东高等教育出版社 1999 年版。

[86] 胡天成、段明:《民间祭礼与仪式戏剧》，贵州民族出版社 1999 年版。

[87] 四川省川剧艺术研究院、四川省川剧学校、四川省川剧院编:《川剧剧目辞典》，四川辞书出版社 1999 年版。

[88] 寒声主编:《上党傩文化与祭祀戏剧》，中国戏剧出版社 1999 年版。

[89] 冯俊杰主编:《太行神庙及赛社演剧研究》，台北财团法人施合郑民俗文化基金会 2000 年版。

[90] 廖奔、刘彦君:《中国戏曲发展史》第四卷，山西教育出版社 2000 年版。

[91] 苏萍:《谣言与近代教案》，上海远东出版社 2001 年版。

[92] 车文明:《20 世纪戏曲文物的发现与曲学研究》，文化艺术出版社 2001 年版。

[93] 王笛:《跨出封闭的世界——长江上游区域社会研究（1644—1911）》，中华书局 2001 年版。

[94]［美］理查德・谢克纳:《环境戏剧》，曹路生译，中国戏剧出版社 2001 年版。

[95] 四川省川剧艺术研究院编:《川剧表现手法通览》，四川文艺出版社 2002 年版。

[96] 四川省文物管理局、四川省川剧艺术研究院:《四川民间戏曲雕刻选》，巴蜀书社 2002 年版。

[97] 赵世瑜:《狂欢与日常——明清以来的庙会与民间社会》，生活·读书·新知三联书店 2002 年版。

[98] 吴新雷主编:《中国昆剧大辞典》，南京大学出版社 2002 年版。

[99] 程芸:《世味的诗剧——中国戏剧发展史》，湖南人民出版社 2002 年版。

[100] 欧阳恩良、潮起龙:《中国秘密社会》，福建人民出版社 2002 年版。

[101] 冯尔康、常建华:《清人社会生活》，沈阳出版社 2002 年版。

[102] 欧阳恩良、潮起龙:《中国秘密社会》，福建人民出版社 2002 年版。

[103] 胡天成:《中国仪式戏剧的形态》,《戏苑探幽》，贵州人民出版社 2003 年版。

[104] 胡天成:《戏苑探幽》，贵州人民出版社 2003 年版。

[105] 王日根:《明清民间社会的秩序》，岳麓书社 2003 年版。

[106] 吴善中:《晚清哥老会研究》，吉林人民出版社 2003 年版。

[107]［英］菲奥纳·鲍伊:《宗教人类学导论》，金泽、何其敏译，中国人民大学出版社 2004 年版。

[108]《中国歌谣集成·四川卷》编辑委员会编:《中国歌谣集成·四川卷》（上），中国 ISBN 中心 2004 年版。

[109] 康保成:《中国古代戏剧形态与佛教》，东方出版中心 2004 年版。

[110] 严福昌主编:《四川傩戏志》，四川文艺出版社 2004 年版。

[111] 成都市文化局编:《丑而不丑：李笑非川剧表演艺术》，天地出版社 2005 年版。

[112] 王廷信:《昆曲与民俗文化》，春风文艺出版社 2005 年版。

[113] 卜键:《从祭赛到戏曲》，文化艺术出版社 2005 年版。

[114] 刘彦君:《东西方戏剧进程》，文化艺术出版社 2005 年版。

[115] 刘效民:《四川坊刻曲本知见录》，中国戏剧出版社 2005 年版。

[116] 车文明:《中国神庙剧场》，文化艺术出版社 2005 年版。

[117] 任半塘:《唐戏弄》，上海古籍出版社 2006 年版。

[118] 段明、胡天成:《巴渝民俗戏剧研究》，贵州人民出版社 2006 年版。

[119] 曲六乙、钱茀:《东方傩文化概论》，山西教育出版社 2006 年版。

[120] 麻国钧、刘祯主编:《赛社与乐户论集》，中国戏剧出版社 2006 年版。

[121] 冯俊杰:《山西神庙剧场考》，中华书局 2006 年版。

[122] 曲六乙、钱茀:《东方傩文化概论》，山西教育出版社 2006 年版。

[123] 刘正刚:《广东会馆论稿》，上海古籍出版社 2006 年版。

[124]［美］维克多·特纳:《象征之林：恩登布人仪式散论》，商务印书馆 2006 年版。

[125]［美］维克多·特纳:《仪式过程：结构与反结构》，黄剑波、柳博赟译，中国人民大学出版社 2006 年版。

[126] 严福昌主编:《四川灯戏集》，四川文艺出版社 2006 年版。

[127] 严福昌主编:《四川少数民族戏剧》，四川大学出版社 2007 年版。

[128]［美］维克多·特纳:《戏剧、场景及隐喻：人类社会的象征性行为》，刘珩、石毅译，民族出版社 2007 年版。

[129] 边发吉、周大明:《杂技概论》，北京大学出版社 2007 年版。

[130] 唐莹:《杂技美学》，龙门书局 2007 年版。

[131] 王日根:《中国会馆史》，东方出版中心 2007 年版。

[132] 杨庆堃:《中国社会中的宗教》，上海人民出版社 2007 年版。

[133]［日］田仲一成:《中国祭祀戏剧研究》，布和译，北京大学出版社 2008 年版。

[134]［英］王斯福:《帝国的隐喻：中国民间宗教》，赵旭东译，江苏人民出版社 2008 年版。

[135] 秦宝琦、孟超:《秘密结社与清代社会》，天津古籍出版社 2008 年版。

[136] 费孝通:《乡土中国》，人民出版社 2008 年版。

[137] 陈建勤主编:《中国风俗小辞典》，上海辞书出版社 2008 年版。

[138] 蔡欣欣:《杂技与戏曲》，国家出版社 2008 年版。

[139] Catherine Bell. *Ritual: Perspectives and Dimensions*. Oxford University Press.2009.

[140] 李秋香:《川南古镇 · 尧坝场》，上海三联书店 2009 年版。

[141] 黄天骥、康保成主编:《中国古代戏剧形态研究》，河南人民出版社 2009 年版。

[142] 王雪梅、彭若木:《四川会馆》，巴蜀书社 2009 年版。

[143] 王尔敏:《明清社会文化生态》，广西师范大学出版社 2009 年版。

[144] 卢国龙、汪桂平:《道教科仪研究》，方志出版社 2009 年版。

[145] 陈会林:《地缘社会解纷机制研究——以中国明清两代为中心》，中国政法大学出版社 2009 年版。

[146] 王见川、皮庆生:《中国近世民间信仰：宋元明清》，上海人民出版社 2010 年版。

[147] 麻国钧:《中国古典戏剧流变与形态论》，文化艺术出版社 2010 年版。

[148] 王馗:《鬼节超度与劝善目连》，国家出版社 2010 年版。

[149] 刘德林、周志征、刘瑛:《中国古代井盐及油气钻采工程技术史》，山西教育出版社 2010 年版。

[150]［美］杜赞奇:《文化、权力与国家：1900—1942 年的华北农村》，江苏人民出版社 2010 年版。

[151]［法］阿诺尔德 · 范热内普:《过渡仪式》，张举文译，商务印书馆 2010 年版。

[152] 谢伯淳:《合川戏剧史话》，重庆出版社 2011 年版。

[153] 刘文峰:《山陕商人与梆子戏考论》，文化艺术出版社 2011 年版。

[154] 谢伯淳编著:《合川戏剧史话》，重庆出版社 2011 年版。

[155] 李跃忠:《演剧、仪式与信仰——中国传统例戏剧本辑校》，中国戏剧出版社 2011 年版。

[156] 陈宝良:《中国的社与会》，中国人民大学出版社 2011 年版。

[157] 翁之藏:《西康之实况》,《西南边疆》第二辑，第十六册，中央编译出版社 2011 年影印本。

[158] 曹飞:《敬畏与喧闹：神庙剧场及其演剧研究》，中国戏剧出版社 2011 年版。

[159] 车文明:《中国古戏台调查研究》，中华书局 2011 年版。

[160]［日］田仲一成:《中国戏剧史》，布和译，吴真校译，北京大学出版社 2011 年版。

[161] 杜建华:《川剧》，文化艺术出版社 2012 年版。

[162] 麻国钧、段明主编:《中国重庆阳戏（傩戏）国际学术研讨会论文集》，中国戏剧出版社 2012 年版。

[163] 雅安市人民政府、四川省文物管理局编:《茶马古道文化遗产保护（雅安）研讨会论文集（边茶藏马）》，文物出版社 2012 年版。

[164] 黄理编著:《涞滩石刻》，廖国伟、尹宏杰摄影，重庆出版社 2012 年版。

[165] 严福昌主编:《四川灯戏集续集》，四川文艺出版社 2010 年版。

[166] 严福昌主编:《四川民俗戏剧》，贵州人民出版社 2011 年版。

[167] 全汉升:《中国经济史论丛》，中华书局 2012 年版。

[168] 李跃忠:《演剧、仪式与信仰 民俗学视野下的例戏研究》，湖南人民出版社 2012 年版。

[169] 王旭晓:《美学原理》，东方出版中心 2012 年版。

[170] 黄理编著:《涞滩石刻》，重庆出版社 2012 年版。

[171] 黎方银主编:《2009 年中国重庆大足石刻国际学术研讨会论文集》，重庆出版社 2013 年版。

[172]［美］罗威廉:《救世：陈宏谋与十八世纪中国的精英意识》，陈乃宣等译，中国人民大学出版社 2013 年版。

[173]［美］萧公权:《中国乡村——论 19 世纪的帝国控制》，张皓、张升译，

联经出版事业股份有限公司 2014 年版.

[174] 梁勇:《移民、国家与地方权势——以清代巴县为例》，中华书局 2014 年版。

[175]［美］武雅士:《中国社会中的宗教与仪式》，彭泽安、邵铁峰译，江苏人民出版社 2014 年版。

[176] 郁喆隽:《神明与市民：民国时期上海迎神赛会研究》，上海三联书店 2014 年版。

[177] 冯俊杰:《古剧场与神庙·神系研究》，西安交通大学出版社 2014 年版。

[178] 于一主编:《四川傩戏剧本选》，四川科学技术出版社 2014 年版。

[179] 重庆湖广会馆管理处编:《重庆会馆志》，长江出版社 2014 年版。

[180]［法］安托南·阿尔托:《残酷戏剧——戏剧及其重影》，桂裕芳译，商务印书馆 2015 年版。

[181]［英］科大卫:《明清社会和礼仪》，曾宪冠译，北京师范大学出版社 2016 年版。

[182] Rostislav Berezkin: *Many Faces of Mulian: The Precious Scrolls of Late Imperial China*. University of Washington Press.2017.

四、学术论文

[1] 南杰:《年头年尾之观剧》,《娱闲录》1915 年第 13 期。

[2] 冉炯叔:《川剧之流派》,《戏剧杂志》1946 年第 1 期。

[3] 周企旭:《戏曲诸腔的入川与流变》,《戏曲研究》第 64 辑。

[4] 杨端六:《关于清朝银钱比价变动的问题》,《武汉大学学报》（人文科学学报）1956 年第 1 期。

[5] 谭韶华:《浅谈川剧的形成与流派》,《社会科学研究》1979 年第 4 期。

[6] 蒋维明:《酬神赛会与川剧的兴起》,《川剧艺术》1980 年第 3 期。

[7] 蔡少卿:《关于哥老会的起源问题》,《南京大学学报》1982 年第 1 期。

[8] 周传家:《白莲教和梆子戏》,《戏剧艺术》1987 年第 2 期。

[9] 罗华庆:《9 至 11 世纪敦煌的行像和浴佛活动》,《敦煌研究》1988 年第 4 期。

[10] 郑传寅:《节日民俗与戏曲文化》,《四川戏剧》1988 年第 4 期。

[11] 胡天成:《论“川目连”受封地藏王之缘起》,《四川戏剧》1990 年第 1 期。

[12] 杨林:《关于巴县档案起始时间》,《历史档案》1990 年第 3 期。

[13] 张紫晨:《中国傩文化的流布与变异》,《北京师范大学学报》(社会科学版)1991 年第 2 期。

[14] 赵世瑜:《明清时期华北庙会研究》,《历史研究》1992 年第 5 期。

[15] 萧放:《东岳庙与城市社会信仰空间的构建——以北京东岳庙为例》,《华中师范大学学报》(人文社会科学版)2009 年第 1 期。

[16] 杜建华:《巴蜀传统文化与四川目连戏中的独有剧目》,《四川戏剧》1992 年第 4 期。

[17] 黄伟瑜:《川剧目连戏中的神事活动与巴蜀巫道之风》,《四川戏剧》1992 年第 2 期。

[18] 王跃:《川剧花目连的搬演形式和演出特色》,《四川戏剧》1990 年第 3 期。

[19] 胡邦炜:《宗教祭祀与民俗风情的艺术载体》,《四川戏剧》1993 年第 2 期。

[20] 黄伟瑜:《川剧目连戏剧本的源流与演变》,台湾《民俗曲艺》1992 年第 77 期。

[21] 冯树丹:《伟大而奇幻的戏剧场面》,《川剧学习》1985 年 9 月 1 日。

[22] 温余波:《川剧资阳河搬目连实况忆述》,《四川戏剧》1993 年增刊。

[23] 肖士雄:《自贡目连戏演出风貌和特色摭微》,《四川戏剧》1993 年增刊。

[24] 王定欧:《目连文化与地方民俗的融合演进》,《四川戏剧》1991 年第 3 期。

[25] 于一:《民俗，目连戏生存的社会基础》,《四川戏剧》1991 年第 4 期。

[26] 刘新尧:《川北搬目连追忆》,《四川戏剧》1993 年增刊。

[27] 温余波:《四川“搬目连”十本戏文本事特色》,《四川戏剧》1993 年增刊。

[28] 严树培:《叙府民国年间的一次搬目连始末》,《四川戏剧》1993 年增刊。

[29] 杜建华:《巴蜀传统文化与四川目连戏的演变》,《四川戏剧》1992 年第 4 期。

[30] 王廷信、黄竹三:《试论“目连文化”》,《民族艺术》1993 年第 4 期。

[31] 刘源:《“湖广填四川”与四川流民问题》,《清史研究》1994 年第 1 期。

[32] 冯天瑜:《中国文化：生态与特质》,《中国文化研究》1994 年“秋之卷”。

[33] 赵婕妤:《雅安市发现三通地方戏曲史石刻碑》,《四川文物》1995 年第 1 期。

[34] 王定欧:《试论四川目连戏的开发价值》,《民族艺术》1995 年第 2 期。

[35] 王定欧:《试析四川目连戏的平民意识》,《戏曲艺术》1995 年第 1、2 期。

[36] 王定欧:《试析四川目连戏的形态特征》,《戏剧》1995 年第 4 期。

[37] 王定欧:《试析四川目连戏的演进法则》,《戏曲研究》第 52 辑。

[38] 袁珂:《简论巴蜀神话》,《中华文化论坛》1996 年第 3 期。

[39] 赵世瑜:《中国传统庙会的狂欢精神》,《中国社会科学》1996 年第 1 期。

[40] 廖奔:《目连及双下山故事文本系统及源流》,《文献》1996 年第 4 期

[41] 楼嘉军:《农耕文明和民间娱乐——中国古代民间游憩活动浅析》,《历史教学问题》1996 年第 5 期。

[42] 吴善中:《从啯噜到哥老会》,《扬州大学学报》(人文社会科学版)1997 年第 4 期。

[43] 萧放:《社日与中国古代乡村社会》,《北京师范大学学报》(社会科学版)1998 年第 6 期。

[44] 黄天骥:《元剧的“杂”及其审美特征》,《文学遗产》1998 年第 3 期。

[45] 张士闪:《游艺民俗与艺术的起源》,《民间文化》1999 年第 2 期。

[46] 邹元江:《关于与戏曲丑角美学特征生成相关的几个问题》,《戏剧艺术》1999 年第 6 期。

[47] 周企旭:《川剧丑角的主体精神》,《四川戏剧》1999 年第 11 期。

[48] 李笑非:《谈川剧矮子丑》,《中国戏剧》1999 年第 3 期。

[49] 张研:《清代中后期中国基层社会组织的纵横依赖与相互联系》,《清史研究》2000 年第 2 期。

[50] 小田:《“庙会”界说》,《史学月刊》2000 年第 3 期。

[51] 卞利:《明代中后期至清前期徽州社会变迁中大众心态研究》,《安徽大学学报》(哲学社会科学版)2000 年第 6 期。

[52] 朱万曙:《郑之珍与目连戏剧文化》,《艺术百家》2000 年第 3 期。

[53] 廖明君、刘祯:《民间戏剧、戏剧文化的研究及意义——刘祯博士访谈录》,《民族艺术》2001 年第 3 期。

[54] 郑传寅:《戏曲程式的文化蕴涵与历史命运》,《北京大学学报》(哲学社会科学版)2001 年第 1 期。

[55] 卿希泰:《有关道教发源于四川的几个问题》,《世界宗教研究》2001 年第 4 期。

[56] 范正义、林国平:《闽台宫庙间的分灵、进香、巡游及其文化意义》,《世界宗教研究》2002 年第 3 期。

[57] 李笑非:《川丑的特点与分类(上)》,《中国戏剧》2003 年第 7 期。

[58] 朱万曙:《祁门清溪郑氏家乘所见郑之珍生平资料》,《文学遗产》2004 年第 6 期。

[59] 黄天骥:《闹热的〈牡丹亭〉论明代传奇的“俗”和“杂”》,《文学遗产》2004 年第 2 期。

[60] 孙俪:《中国人的观音信仰》,《中国宗教》2004 年第 5 期。

[61] 戴云:《康熙旧本〈劝善金科〉管窥》,《湖南社会科学》2004 年第 5 期。

[62] 潮起龙:《试析清代的游民与会党》,《贵州社会科学》2005 年第 2 期。

[63] 王廷信:《社祭仪式中的戏剧扮演》,《艺术百家》2005 年第 5 期。

[64] 谢元鲁:《〈岁华纪丽谱〉〈笺纸谱〉〈蜀锦谱〉作者考》,《中华文化论坛》2005 年第 2 期。

[65] 于向东:《榆林窟第 19 窟目连变相与"目连变文"》,《敦煌学辑刊》2005 年第 3 期。

[66] 宋俊华:《山陕会馆与秦腔传播》,《文艺研究》2006 年第 2 期。

[67] 邓常春:《晚清教民的尴尬身份:"二毛子"、另类百姓、大清子民》,《西南民族大学学报》(人文社科版)2006 年第 5 期。

[68] 钟国发:《道教神灵谱系简论》,《传统中国研究集刊》2006 年。

[69] 丁淑梅:《汤斌、田文镜示禁赛戏与清前期的赛会演剧》,《中华戏曲》第 35 辑，文化艺术出版社 2007 年版。

[70] 徐跃:《清末庙产兴学政策的缘起和演变》,《社会科学研究》2007 年第 4 期。

[71] 陈翘:《〈东京梦华录〉"中元节"条两种版本一字之差的思考》,《中国戏曲学院学报》2007 年第 4 期。

[72] 车锡伦:《最早以"宝卷"命名的宝卷——谈目连救母出离地狱生天宝卷》,《宁夏师范学院学报》2007 年第 3 期。

[73] 苗怀明:《两套西游故事的扭结——对〈西游记〉成书过程的一个侧面考察》,《明清小说研究》2007 年第 1 期。

[74] 丁淑梅:《元明清三代禁毁戏曲史料补遗》,《中国文学研究》第 9 辑。

[75] 邓运佳:《关于川剧形成于明代的论争》,《中华戏曲》第 37 辑，文化艺术出版社 2008 年版。

[76] 梁勇:《清末"庙产兴学"与乡村权势的转移》,《社会学研究》2008 年第 1 期。

[77] 王东杰:《"乡神"的建构：方志所见清代四川地区移民会馆崇祀中的地域认同》,《历史研究》2008 年第 2 期。

[78] 王馗:《山西上党赛社演出中的行业变迁与演剧形态》,《戏曲研究》第82辑。

[79] 崔陇鹏:《四川会馆建筑与川剧》,《华中建筑》2008年第4期。

[80] 萧放:《东岳庙与城市社会信仰空间的构建——以北京东岳庙为例》,《华中师范大学学报》(人文社会科学版)2009年第1期。

[81] 默林:《工匠文居礼、胡僧取经像及其他——四川泸县延福寺北宋石刻造像考察简记》,中山大学艺术史研究中心编:《艺术史研究》第12辑,中山大学出版社2010年版。

[82] [韩]尹恩子:《清代哥老会山堂考——山堂组织的发展与等级结构的变迁》,《清史研究》2010年第1期。

[83] 吴善中:《清初移民四川与啯噜的产生和蔓延》,《清史研究》2011年第1期。

[84] 程芸、何博:《英语学界中国古典戏曲研究的新动向》,《戏曲研究》第86辑。

[85] 范春义:《关于古代禁毁戏剧研究的几个问题——评丁淑梅〈中国古代禁毁戏剧史论〉》,《文艺研究》2012年第7期。

[86] 刘道胜:《明清徽州的民间资产生息与经济互助》,《史学月刊》2013年第12期。

[87] 陈水章:《阳安庙戏》,《龙门阵》2013年第3期。

[88] 赵娓妮、里赞:《城隍崇拜在清代司法中的影响》,《四川大学学报》(哲学社会科学版)2013年第6期。

[89] 刘道胜:《明清徽州的民间资产生息与经济互助》,《史学月刊》2013年第12期。

[90] 董上德:《小说、说唱文学与戏剧——从演出角度看叙事方式的转换》,《文化遗产》2013年第2期。

[91] 张志全:《民俗节庆戏曲展演研究现状述评》,《民族艺术研究》2013年第6期。

[92] 林移刚:《清代四川土地崇拜和土地神信仰》,《农业考古》2014 年第 3 期。

[93] 林移刚:《民间信仰与清代四川移民社会整合》,《云南民族大学学报》2014 年第 2 期。

[94] 龚德全:《何谓“端公戏”：称谓辩证与形态结构解析》,《文化遗产》2014 年第 3 期。

[95] 张志全:《四川方志所载节庆演剧史料辑考》,《贵州文史丛刊》2014 年第 2 期。

[96] 张志全:《清代以来巴渝民俗节庆演剧考论》,《湖北民族学院学报》（社会科学版）2014 年第 4 期。

[97] 张志全:《巴蜀地区的城隍信仰与民间演剧》,《中华戏曲》第 50 辑。

[98] 何光涛:《四川戏曲碑文述考》,《戏曲研究》第 93 辑。

[99] 李祥林:《巴蜀地区的城隍信仰与民俗演剧》,《宗教学研究》2015 年第 1 期。

[100] 李小强、姚淇淋:《大足石刻宋代两组取经图简说》,《敦煌研究》2015 年第 6 期。

[101]［日］田仲一成:《目连戏的成立过程——以宋代佛典〈佛说目连救母经〉为起点的考察》,《戏曲与俗文学研究》2016 年第 2 期。

[102] 张志全:《地方衙门档案中的戏曲史料及其价值发微》,《戏曲艺术》2017 年第 1 期。

[103] 杜建华:《川剧丑角艺术》,《戏剧文学》2017 年第 7 期。

[104] 丁淑梅:《清代乡约族训禁戏的次权力话语与传播禁止》,《戏剧艺术》2018 年第 6 期。

[105] 马丽娜:《论敦煌本〈佛说十王经〉图卷与目连变文、目连图卷之间的互文性》,《浙江学刊》2018 年第 5 期。

[106] 陈志勇:《商帮、行会与近代汉口的会馆演剧——兼论中国戏曲史“商路即戏路”之命题》,《文化遗产》2018 年第 3 期。

[107] 萧放:《传统节日的传承与重建》,《新湘评论》2019 年第 3 期。

[108] 李永平:《“大闹”:“热闹” 的内在结构与文化编码》,《民族艺术》2019 年第 1 期。

[109] 白秀芹:《迎神赛社与民间演剧》,中国艺术研究院 2004 年博士论文。

[110] 丁淑梅:《中国古代禁毁戏剧史论》,华东师范大学 2006 年博士论文。

[111] 王学锋:《贾村赛社及其戏剧活动研究》,中国艺术研究院 2007 年博士论文。

[112] 齐静:《会馆演剧研究》,南京大学 2011 年博士论文。

[113] 于频:《唐僧取经图像研究——以寺窟图像为中心》,首都师范大学 2011 年博士论文。

后　　记

在本书的写作过程中，我无数次闪现着一个镜头：大年三十，我小心翼翼地取出毛笔、墨汁以及写有祖宗名单的册子；外公在旁边准备着草纸和捆绑用的稻草。一切就绪后，我开始用并不规范的字体书写符纸。“虔具冥钱”“大包奉上”等字眼至今记忆犹新。写完后，外公和我用稻草小心谨慎地将写好的符纸一摞摞捆绑起来。然后，在堂屋中央设立供桌，点上油灯，符纸摆成一道弧线，祭奠先灵。此时母亲已在厨房忙碌着大年三十的午餐。等到几道热菜出来后，先摆到供桌前，然后盛上三碗米饭，以恭请祖先的魂灵回家过年、享用。在供桌上摆放一会儿后，外公让我用筲箕装上所有的符纸，他端着一小碗掺水的米饭，到屋后烧毁符纸，米饭则泼在周围。整个过程，唯有“虔诚”可以形容。摆放菜品的选取、言语的禁忌、焚烧符纸的忌讳等等，都宣告这是不容半点马虎的祭奠仪式——直到焚烧完毕，回到家，禁忌才相对解除。不过，也有例外，小时候不懂事，会先在菜里面偷嘴，外公和母亲就会说“请祖先原谅”之类的话语。供桌上的油灯则一直亮着，待其油枯自然熄灭……

烧符纸的仪式，从我记事之时即如此。待到我学会写毛笔字，外公则将写符纸这一重任交给我——此前，是拿到街上请人书写。我欣然接受，并将此视为外公对我的信任，也视为我获得“大人”认可的象征。于是，我的关于“年”的记忆，便多了一种至今看来，少有的仪式感——也许，从那时开始，注定我与这样的仪式有了难以分割的情缘！

外公在我十八岁那年，匆匆走了！至今已二十五年！此后，我外出读书、在外地工作，已经很少有写符纸的机会。尽管如此，只要我在老家过年，仍然会写符纸，但是已没有了当时的心境——我不得不面对，曾经坐在我旁边捆绑着符纸的外公，现在成为我不得不写下的名字……

这样的仪式，将孝道融入到我的血脉之中，也许当初并不明白。但是，如今每每看到“慎终追远”这个词语，浮现在我眼前的就是这段仪式以及仪式中的虔诚心态。这样的虔诚心态，是心灵在仪式阈限中获得净化的真切体验。年复一年的仪式实践，使我在与祖先魂灵的交互之中，领悟到责任、亲情与爱的力量。

也许是这样的“虔诚”，使我一路走来，总能得到幸运之神的眷顾：让我遇见人生最重要的老师，让我感受生命中最珍贵的师友之谊。

我与博士导师程芸师的缘分，源于九年前冒昧发给老师的一封咨询考博事宜的邮件。当时老师正在哈佛访学，很快就收到老师肯定的答复。此后，我有幸忝列程师门墙，得求学于江城。本书的完稿，离不开程师多年来的悉心指导和鼓励，老师甚至还亲自帮我收集资料，让我有了完成书稿的信心和底气。

十七年前，我离开中学的讲台，得拜于熊笃师门下，攻读硕士学位。那算是我人生一次重要的转折……十多年来，老师对我的关爱与期许，融入到每一次见面的循循善诱之中——可惜弟子太过愚钝，竟未能领悟一二。也许唯有加倍努力，才能弥补内心的惶恐与愧疚。

感谢我的访学导师马克梦（Keith McMahon）教授。为我提供了此次访学机会，并为我在堪萨斯大学完成书稿予以诸多便利和指导。感谢东亚图书馆馆长傅玉波（Vickie Fu Doll）老师为我收集相关资料给予的无私帮助。

感谢我生命中遇见的朋友、同事与同学，请恕我不能逐一列名。尽管在日常中疏于交流，但是那些给予我的所有帮助与支持，我都铭记于心，并时刻督促着我的脚步。感谢中国戏剧出版社张霞编辑为本书的出版所做的严谨细致的工作。

最后，我要感谢我的家人！我的父母、妻子和亲友，你们对我的支持和包容，至今无以为报。我把后记的最后一句话留给已然长大的儿子：也许我对你有很多的期许，但最重要的是对爱与责任的领悟和践行。

2019 年 3 月于劳伦斯